本项目由国务院侨务办公室立项
彭磷基外招生人才培养改革基金资助

中国刑事诉讼法
CHINA CRIMINAL PROCEDURE LAW

梁玉霞　杨胜荣　编著

暨南大学出版社
JINAN UNIVERSITY PRESS

中国·广州

图书在版编目（CIP）数据

中国刑事诉讼法/梁玉霞，杨胜荣编著 . —广州：暨南大学出版社，2012.11
ISBN 978 - 7 - 5668 - 0324 - 5

I. ①中… II. ①梁…②杨… III. ①刑事诉讼法—中国—高等学校—教材 IV. ①D925.2

中国版本图书馆 CIP 数据核字（2012）第 200549 号

出版发行：暨南大学出版社

地 址：	中国广州暨南大学	
电 话：	总编室（8620）85221601	
	营销部（8620）85225284　85228291　85228292（邮购）	
传 真：	（8620）85221583（办公室）　85223774（营销部）	
邮 编：	510630	
网 址：	http：//www.jnupress.com　http：//press.jnu.edu.cn	

排 版：广州市天河星辰文化发展部照排中心
印 刷：湛江日报社印刷厂

开 本：787mm×1092mm　1/16
印 张：24
字 数：570 千
版 次：2012 年 11 月第 1 版
印 次：2012 年 11 月第 1 次

定 价：49.80 元

前　言

　　刑事诉讼法是一个历史悠久的法律部门。中华人民共和国于1979年制定了第一部刑事诉讼法典,1996年进行了比较大的修改,2012年3月14日第十一届全国人民代表大会第五次会议《关于修改〈中华人民共和国刑事诉讼法〉的决定》的通过,是对刑事诉讼法的第二次大幅度的修正。

　　本书根据最新修改的《中华人民共和国刑事诉讼法》,吸收近年来国家立法、司法机关颁发的各种有效的法律文件以及司法改革的成就,认真梳理分析而成。本书强调通用性、系统性、新颖性,注重理论解说与实例分析相结合,具有文字简明通俗、内容全面充实、知识新颖实用、体例生动活泼的特点。每章篇首用"要点提示"概括了全章的核心内容,便于阅读掌握。

　　本书由国务院侨务办公室立项,由彭磷基外招生人才培养改革基金资助,为高等学校法学专业港澳台及外籍学生学习使用,也适于各高等学校内地学生、法律工作者、社会读者选用。

　　本书的出版得到暨南大学出版社的大力支持和苏彩桃主任的精心安排,在此表示衷心的感谢!

梁玉霞

2012年7月于广州

目　录

第一章　刑事诉讼法概述

要点提示

诉讼，是原告对被告提出控告，由法院解决双方争议的活动，俗称"打官司"。刑事诉讼，是指国家专门机关在当事人及其他诉讼参与人的参加下，依照法律规定的程序，追诉犯罪，解决被追诉人刑事责任的活动。

特征：国家专门机关主持进行，实现国家刑罚权的活动，有当事人和其他诉讼参与人的参加，依照法定程序进行。

刑事诉讼范畴：诉讼目的、诉讼阶段、诉讼职能、诉讼模式。

刑事诉讼价值理念：打击犯罪与保障人权并重，公正与效率兼顾，实体与程序平衡。

刑事诉讼法：国家制定的用于规范国家专门机关和诉讼参与人刑事诉讼行为的法律规范的统称。

渊源：宪法、刑事诉讼法典、有关法律规定、司法解释、行政法规、地方性法规、国际条约。

第一节　刑事诉讼概述

一、诉讼的概念和特征

诉讼，是原告对被告提出控告，由法院解决双方争议的活动，俗称"打官司"。现代诉讼，按照解决的实体争议的不同，可分为刑事诉讼、民事诉讼和行政诉讼三种。诉讼具有如下基本特征：

（1）诉讼是解决社会冲突的和平公力救济方式。诉讼是和平解决冲突的方式，不会导致暴力，如战争，复仇。公力救济是与私力救济相对的，是国家干预冲突的一种形式。作为公力救济的诉讼，不同于私人报复，如古代的血亲复仇或同态复仇，也不同于仲裁、调解。调解与仲裁虽然也有第三方居中劝导、解决纠纷，但调解的基础是争议各方基于自由意志而自行解决矛盾，仲裁通常也是以争议各方事前约定为前提，将纠纷提交社会组织帮助解决。诉讼意味着冲突各方对国家意志及法律权威的接受与服从。诉讼的存在，一方面是由于私力救济的力所不及，另一方面也是由于维护国家统治秩序的需要。因为社会冲突的适当解决不仅关系个体权益，而且关系国家统治秩序和社会的整体利益，因此必须由国家介入，以国家强制力进行处置。公共权力的使用以及对诉讼结果的确认，往往使诉讼成为一种合法的、最有效的，从而也是最终的冲突解决手段。所以，除了少数自诉案件外，国家通常不允许刑事案件私了。

（2）诉讼是一种"三方组合"关系。在诉讼中，必然存在争议的双方和居中裁判的法官。从古流传下来的规则是：没有原告就没有诉讼，没有被告也没有诉讼。有纠纷才会有诉讼，而纠纷必然发生在至少两方当事人之间。法官是独立于争议双方的第三方，是依法对纠纷给予裁决的权威的公断人。当然，在不同时代，不同国家，诉讼中的三方组合关系都会有所不同。

（3）诉讼具有一系列的程序规则。从古至今，诉讼中都有一系列的程序规则供参与诉讼程序的各方遵守。要使具有不同利益追求的三方坐下来和平地解决冲突或纠纷，就必须制定三方能够认同的行为规则。当然，时代不同，国家不同，诉讼的程序规则也各有差异，如古代有水审、火审、独角兽神判等。进入文明社会，诉讼程序规则就由法律加以规定，相对文明而科学，以确保司法裁判的公正和权威。因而，诉讼法也叫程序法。

（4）诉讼是一个动态的纠纷解决过程。诉讼从开始到结束，要经历若干个诉讼阶段，通过多种法定的动态流程来实现。诉讼过程具有构成要素的复杂性、程序化处理方式的可选择性以及时间上的延续性等特点，使诉讼具有一定的运作周期和成本投入。而这种诉讼运作的成本和诉讼裁决的权威性，使一项特定的诉讼在经历一个过程后，不得再随意反复。

二、刑事诉讼的概念和特征

根据所要解决的社会冲突的不同属性，诉讼大体上分为刑事诉讼、民事诉讼和行政诉讼三种形式。刑事诉讼，就是解决有关犯罪与刑罚方面争议的诉讼形式，具体是指国家专门机关在当事人及其他诉讼参与人的参加下，依照法律规定的程序，追诉犯罪，解决被追诉人刑事责任的活动。刑事诉讼有广义和狭义之分。狭义的刑事诉讼指起诉到审判期间的诉讼程序，即以审判为中心的诉讼活动。广义的刑事诉讼还包括侦查程序和执行程序。我国刑事诉讼采用广义说，其全过程包括立案、侦查、起诉、审判和执行五个阶段。

刑事诉讼具有如下基本特征：

1. 刑事诉讼由国家专门机关主持进行，属于国家的司法活动

在我国，国家专门机关包括公安机关、人民检察院和人民法院等，可以合称为公安司法机关。公安司法机关主持刑事诉讼的进行，在多数情况下，推动并决定刑事诉讼的进程。这一点不同于民事诉讼和行政诉讼，因为后两者基本上是当事人启动并推动程序。刑事诉讼与后两者的差别主要是公权力比重的大小。

2. 刑事诉讼是实现国家刑罚权的活动

刑罚权是国家对犯罪者施加刑事处罚的国家权力。刑事诉讼的中心内容就是查明犯罪

是否发生、犯罪嫌疑人或被告人是否实施了犯罪及应如何适用法律给予惩治，也就是通过追诉、审判犯罪，解决犯罪嫌疑人、被告人的刑事责任问题，从而实现国家的刑罚权。

3. 刑事诉讼必须有当事人和其他诉讼参与人的参加

刑事诉讼要解决犯罪嫌疑人、被告人的刑事责任问题，就必须要有被追诉者参加，这既是查证犯罪、追究犯罪的需要，也是保障辩护权的需要，是诉讼民主的要求。同时，为了确保程序和实体的公正，被害人、证人、鉴定人、翻译人员、辩护人、代理人等，根据需要也都要参加诉讼。

4. 刑事诉讼必须依照法定程序进行

既然刑事诉讼是以惩罚犯罪分子和保障无罪的人不受刑事追究为己任，这就不仅关系到公民人身、财产等重大权益而且涉及国家的稳定和社会的秩序。由于诉讼涉及的利益的重大性以及诉讼针对的社会冲突的尖锐性，依法进行诉讼具有突出的意义。严格的程序，可以防止公权力的滥用，确保公民的合法权利不受侵害。这就要求公安司法机关不仅必须依照刑法规定正确评断被告人行为的性质，同时必须严格按照法律规定的程序制度实施诉讼行为，以保证案件得到及时、正确的处理。当事人和其他诉讼参与人同样必须根据法律规定的权利和义务，采用法律规定的方式，遵照法律规定的手续进行诉讼活动。所以，依照法定程序，有助于在根本上实现刑事诉讼的公正与效率。程序还有保障公务人员自身安全，防范职业风险的作用。

第二节 刑事诉讼的理论范畴

一、刑事诉讼目的

刑事诉讼目的，是指立法者预先设定的、进行刑事诉讼所要达到的具体目标。刑事诉讼是控、辩、审三方共同活动的过程，各方在诉讼中有不同的利益追求，立法者根据占社会主导地位的价值观念对诉讼各方的直接利益及其所反映的潜在利益的权衡，使各方在诉讼中的活动受到统一的目的制约，任何一方都不得毫无限制地追求本方的利益，为自己的诉讼需要而不择手段。因此，刑事诉讼目的与控、辩、审中的任意一方参加刑事诉讼的目的是不同的，它们之间是包容与被包容的关系。

关于刑事诉讼目的的学说，在日本有实体真实说与正当程序说，前者主张刑事诉讼的目的就是要发现案件的实体真实，对犯罪予以查究和处罚；后者认为刑事诉讼的目的重在维护正当程序，也就是强调对刑事诉讼程序的严格遵守，以保障诉讼中的人权不受侵犯。当然，多数学者认为，实体真实与正当程序应当兼顾，共同构成刑事诉讼目的的两个方面。在我国，学界普遍认为，刑事诉讼的目的应当包括两个不可偏废、不可分割的方面，即惩罚犯罪与保障人权。因此我国刑事诉讼的目的就是惩罚犯罪与保障人权并重。新近有学者主张，刑事诉讼的目的不是别的，仍然是消解冲突、解决纠纷，是解决国家与犯罪实施者之间发生的刑事冲突。因为诉讼的目的是解决纠纷，刑事诉讼虽然与民事诉讼、行政诉讼解决的案件类型不同，但它仍然是一种诉讼，因而不能背离诉讼的基本规律而人为地另行设置一个目的。

二、刑事诉讼阶段

按照诉讼任务、主体、方式等的不同，可以将刑事诉讼划分为若干独立的阶段。在我国，刑事诉讼有公诉和自诉两种类型，因而，诉讼阶段也有差异。公诉案件一般有立案、侦查、审查起诉、审判和执行五个阶段；自诉案件包括起诉、审判和执行三个阶段。

诉讼阶段的特点：①各阶段有不同的任务、不同的诉讼方法；②按顺序排列，不能前后颠倒或任意编排顺序；③各阶段不能相互替代。

三、刑事诉讼职能

刑事诉讼职能，是指国家机关和诉讼当事人在刑事诉讼中所承担的特定职责与法定权能。在现代刑事诉讼中，由于控诉与审判的分离，被告人获得为自己辩护的权利，因而形成控、辩、审三种基本诉讼职能共存的格局。控诉职能，是指揭露、证实犯罪并要求法院对被告人定罪处罚的职能。控诉职能一般由侦查机关、检察机关或自诉人及其代理人承担。辩护职能，是犯罪嫌疑人、被告人及其辩护人针对有关犯罪的指控进行反驳，说明犯罪嫌疑或指控不存在、不成立，要求宣布犯罪嫌疑人、被告人无罪、罪轻或者从轻、减轻、免除刑罚处罚的职能。审判职能，是指通过审理确定被告人是否犯有被指控的罪行和应否处以刑罚以及处以何种刑罚的职能。审判职能由法院承担，法院是世界各国公认的行使审判权的唯一主体。

控、辩、审三大诉讼职能是相互联系、相互制约、缺一不可的，但审判始终是刑事诉讼的中心。控诉是审判的前提和根据，审判必须限定在控诉的事实和被告人范围内；审判是控诉的法律结果，控诉如果没有审判支持也就毫无意义；辩护必然针对控诉进行，对控诉成立起制衡作用；在审判中必须保障被告人的辩护权，没有辩护的控诉和审判是纠问式的武断专横的诉讼；辩护则促进审判的民主和公正。控诉、审判和辩护共同构成刑事诉讼活动的主要内容，确保刑事诉讼目的的实现。除了这三大职能外，刑事诉讼还有侦查职能、监督职能等。

四、刑事诉讼模式

刑事诉讼模式，又称刑事诉讼构造或刑事诉讼结构，是指由一定的刑事诉讼价值追求所决定的，体现控诉、辩护、裁判三方基本法律地位和法律关系，并按特定程序和规则处理刑事案件的基本方式。历史上曾经出现过弹劾式诉讼和纠问式诉讼两种类型，近代以来存在以英国、美国为代表的英美法系国家的当事人主义模式（也称对抗式），以法国和德国为代表的大陆法系国家的职权主义模式（也称审问式），"二战"后又出现以日本、意大利为代表的职权主义与当事人主义相结合的混合模式。

1. 弹劾式诉讼模式

弹劾式诉讼模式是早期由私人追诉犯罪，原、被告平等对抗，裁判者居中处理刑事案件的模式。据考察，古巴比伦、古希腊、古罗马共和时期以及日耳曼法前期时代，大体上都采用这种弹劾式诉讼制度。其主要特征是：①控、辩、审职能分离；②原告和被告基本上由私人担当，都有主体地位，可以平等对抗，被告人有辩护权；③诉讼程序简单；④广泛实行神示证据。

2. 纠问式诉讼模式

中世纪后期，为巩固中央集权君主专制统治，加强对农民起义和异己力量的镇压，欧洲大陆国家普遍实行纠问式诉讼制度。所谓纠问式诉讼制度，是指国家司法机关对犯罪行为，不论是否有被害人控告，均依职权主动进行追究和审判的诉讼制度。其主要特点是：①对刑事案件的追究不再取决于被害人的控告，而是由司法机关主动追究犯罪；②侦查、控诉、审判权集中由法官行使，控、审不分；③对被告人实行有罪推定，被告人沦为诉讼客体，成为刑讯逼供的对象；④由于纠问式诉讼的审理不允许当事人在法庭上辩论，审讯通常又不公开进行，判决主要以审讯被告人的书面记录或被告人的认罪供词为根据，因此这种诉讼模式下的审理又被称为书面审理主义或间接审理主义。

3. 当事人主义诉讼模式

当事人主义诉讼模式是英美法系国家形成和采用的诉讼结构，当事人在对抗式诉讼结构中发挥主导作用。其基本特征主要有：①法官居于消极仲裁者地位；②诉讼双方的律师主导证据的提出和事实调查程序。双方当事人地位平等，证据的提出和事实的调查是通过诉讼双方以攻击和防御的形式进行的，因而体现出强烈的对抗色彩；③当事人的诉讼权利较大，地位平等。在当事人主义诉讼模式中，当事人及其律师起主导作用。在诉讼中，双方积极主动的互相争辩，各种程序的开始和进行，证据的收集、提出、审查、适用，均以当事人为主，法官不主动进行调查，甚至不参加提问，在法庭上只起居中裁判的作用。在刑事诉讼中，双方还可达成辩诉交易。另外，在这种模式中，当事人还具有证人地位；④刑事诉讼强调对程序公正价值的追求。

4. 职权主义诉讼模式

基于控制犯罪的需要和国民对公共权力的信赖催生出职权主义诉讼模式。这种模式的特征是：①以实体真实为刑事诉讼的首要价值，对案件事实的查证主要依赖侦查机关的侦查取证，侦查成为整个刑事诉讼的基础；②法官以积极姿态出现，在审判中起主动指挥作用，法官享有调查证据、查明真相的职权；③诉讼双方在证据提出和事实调查程序中居于次要和辅助地位，作用有限。诉讼双方提出证据和对证据进行调查，只能在法官提出证据并发问之后，并经过其同意才能进行；④当事人的诉讼权利相对较少。当事人一般很少能够获得与对方证人对质的机会。在刑事诉讼中，尽管有一些简易程序，但法律一般不允许被告人与控诉方进行辩诉交易。

5. 混合式诉讼模式

"二战"后，日本作为战败国被强行地进行了美国式当事人主义诉讼模式的改造。

1988 年，意大利在修改刑事诉讼法中，大幅度地借鉴了英美法系的当事人主义诉讼元素。俄罗斯刑事诉讼法也抛弃了苏联时期的超职权主义的刑事诉讼模式，借鉴了当事人主义诉讼的许多内容。我国刑事诉讼在传统上具有明显的职权主义审问式特征，1996 年修改刑事诉讼法时，改采当事人主义对抗式庭审方式，形成了"流水作业式"加对抗辩论式的刑事诉讼模式。

第三节　刑事诉讼的基本价值理念

一、打击犯罪与保障人权并重

打击犯罪与保障人权，是现代刑事司法活动的基本价值取向。打击严重危害国家、社会和人民利益的犯罪行为，是维护社会稳定，保证人民安居乐业的需要；尊重和保护人权，在法治框架下行使司法权力，是法治文明的内在要求，是促进社会健康和谐发展的重要保障。二者在促进社会发展和保护人民利益方面具有内在的统一性，在刑事司法活动中应当并重，不能偏废。正确认识并恰当处理二者之间的关系，对于在新时期新阶段进一步发挥法律功能，具有至关重要的意义。

二、公正与效率兼顾

公正在刑事诉讼中居于核心地位，刑事诉讼公正包括实体公正和程序公正两个方面。实体公正，是指公正地惩治犯罪，包括准确认定犯罪事实，正确分清罪与非罪界限，准确认定罪名，适度量刑。程序公正，是指诉讼程序本身符合公正标准，如程序中要求的裁判中立和独立，诉讼参与人尤其是当事人的诉讼权利要予以充分保障，在法律关系上最大限度地实现权利、义务平等及诉讼过程中的机会平等等。而刑事诉讼中的效率也称效益，是指以一定的司法资源投入换取尽可能多的刑事案件处理，即提高单位时间内的有用工作量，加速刑事程序的运作效率，降低诉讼成本，减少案件积压和司法拖延等现象。在刑事诉讼中，公正与效率两种价值有时会发生冲突，追求充分的公正可能会牺牲效率，过分追求效率则可能失去公正。一般性原则是兼顾公正与效率，如果二者发生了直接的冲突，应该以公正为第一选择，因为公正是刑事诉讼诸价值的核心价值。

三、实体与程序平衡

在实体与程序公正之间，有程序优先说、实体优先说、程序实体并重说等。正确的选择应当是程序、实体并重，因为片面强调程序公正而忽视实体公正，司法公正就无法实现。司法实践中有时需要程序优先，但有时基于其他考虑，程序还得让位于实体公正，我们反对过分强调一个方面而忽视另一个方面的做法。我国传统上一直重实体轻程序，在司法实践中各种侵害犯罪嫌疑人、被告人权利的现象就是对程序轻视的表现。所以，现在强调程序的重要性只不过是返还程序应有的位置。而且从刑事诉讼法来看，现有的刑事诉讼法对程序的保障体现不够，司法实践中对程序屡屡侵犯，因而目前适度强调程序优先有一定现实意义。

第四节　刑事诉讼法的概念

一、刑事诉讼法的概念

刑事诉讼法是调整刑事诉讼活动的法律规范。具体讲，是指国家制定的用于规范国家专门机关和诉讼参与人刑事诉讼行为的法律规范的统称，是国家专门机关和诉讼参与人进行刑事诉讼都必须严格遵守的行为准则。在部门法中，刑事诉讼法涉及的范围是非常广泛的，包括国家的司法体制、司法理念、司法人员、诉讼原则与制度、诉讼程序等。从体制、制度、机制到具体的程序，都属于刑事诉讼法可调整的范围。

刑事诉讼法有广义和狭义之分，狭义是指国家制定的单行刑事诉讼法典，广义则包括各种法律文件中有关刑事诉讼的法律规范。

二、刑事诉讼法的渊源

刑事诉讼法的渊源，是指刑事诉讼法律规范的存在形式或载体。我国刑事诉讼法的渊源主要有以下数种：

（1）宪法。宪法是国家根本大法，也是刑事诉讼法的制定根据。在国家法律中，宪法与刑事诉讼法的关系极为密切，宪法关于公民基本权利的规定，都需要在刑事程序中给予直接的保护。

（2）刑事诉讼法典。是指1979年制定，1996年和2012年两次修正的《中华人民共和国刑事诉讼法》（以下简称《刑事诉讼法》）。它是我国主要的刑事诉讼法渊源。

（3）有关的法律规定。是指全国人大及其常委会制定的法律中有关刑事诉讼的规定，如《中华人民共和国刑法》（以下简称《刑法》）、《中华人民共和国人民法院组织法》（以下简称《人民法院组织法》）、《中华人民共和国人民检察院组织法》（以下简称《人民检察院组织法》）等，以及全国人大常委会所作的关于刑事诉讼的立法解释。

（4）司法解释。是指最高人民法院、最高人民检察院就刑事诉讼法的实施所作出的具体规定或解释，是司法机关办案的具体指导性规范。

（5）行政法规、规定。是指国务院制定的法规和主管部、局制定的规定中有关刑事诉讼的规定，如公安部 1998 年制定的《公安机关办理刑事案件程序规定》（以下简称公安部《办案程序规定》）。

（6）地方性法规。享有地方立法权的机关制定的适用于本地区的法规中涉及刑事诉讼的内容。也有人认为，行政法规和地方性法规不能成为刑事诉讼法的渊源，因为刑事法律涉及人权问题，只能由国家最高立法机关制定。

（7）国际条约。国际条约是国际法的主要渊源，本不属于我国国内法的范畴。但我国缔结或加入的国际条约是经过人大常委会批准的，体现了我国的国家意志，也属于我国国内法渊源之一，具有法律约束力。

综上所述，刑事诉讼法就是由调整刑事诉讼活动的法律规范所构成的有机整体。一般来说，国家确认的，规范执法、司法机关和诉讼参与人诉讼行为的法律、法规、司法解释和判例都属于刑事诉讼法。其中，判例作为刑事诉讼法的法律渊源，只存在于实行判例法的国家。我国不属于判例法国家，在法律意义上，已生效的判决不能作为今后同样案件的判决依据。

三、刑事诉讼法的任务

我国《刑事诉讼法》第二条规定："中华人民共和国刑事诉讼法的任务，是保证准确、及时地查明犯罪事实，正确应用法律，惩罚犯罪分子，保障无罪的人不受刑事追究，教育公民自觉遵守法律，积极同犯罪行为作斗争，维护社会主义法制，尊重和保障人权，保护公民的人身权利、财产权利、民主权利和其他权利，保障社会主义建设事业的顺利进行。"根据这条规定，我国《刑事诉讼法》负有下列四项具体任务：

1. 保证准确、及时地查明犯罪事实，正确应用法律

刑事诉讼法是决定国家刑罚权有无及其范围的程序手段，其基本功能是从诉讼程序方面保证刑法的正确实施。因此，保证准确、及时地查明犯罪事实，正确应用法律，是确保案件得到正确、有效解决的基础，是刑事诉讼法的首要任务。

2. 惩罚犯罪者，保证无罪的人不受刑事追究

将犯罪者绳之以法，并保证不冤枉无辜，即不枉不纵，是刑事诉讼法有史以来所共同追求的终极目标，是刑事实体公正和程序公正的集中体现，更是社会主义法治国家在刑事司法方面的必然要求。中国刑事诉讼法不仅要求司法机关通过刑事诉讼正确地惩罚犯罪，不放纵一个坏人，同时还要求保障一切无罪的人不受刑事追究，不冤枉一个好人。在中国，公民的人身自由和民主权利受到法律保护，任何公民，只要没有触犯法律，没有构成犯罪，就不应被追究刑事责任。

3. 尊重和保障人权，保护公民的人身权利、财产权利、民主权利和其他权利

刑事诉讼是国家通过侦查、起诉、审判等公权力活动，对犯罪嫌疑人、被告人认定、追究刑事责任的过程。犯罪嫌疑人、被告人，无论其原先有多么猖狂，在强大的国家机关面前都是不堪一击的弱者；无论其所犯的罪行有多么严重，在公平说理的诉讼程序中，都是可以理性对话的一方。因而，尊重和保障犯罪嫌疑人、被告人的人权，在诉讼中给予其

作为人的尊严和基本权利，是现代刑事诉讼民主、文明的一个重要标志。除此之外，刑事诉讼法还应当保护被害人的权利，保护证人、鉴定人及其他诉讼参与人的权利不受侵犯。因而，我国新修改的刑事诉讼法将权利保障明确规定为刑事诉讼法的一项重要任务。

4. 教育公民自觉遵守法律，积极同犯罪斗争，维护社会主义法制

这是刑事诉讼法教育功能和刑法一般预防功能的体现。

刑事诉讼法的上述四项任务是相互联系、紧密结合的，必须全面理解，才能正确地贯彻执行，只有圆满完成了这四个方面的任务，才能最终完成维护社会主义法制，保护公民的人身权利、财产权利，民主权利和其他权利，保障社会主义建设事业的顺利进行这一根本任务。

四、刑事诉讼法与其他部门法的关系

1. 刑事诉讼法与刑法的关系

刑事诉讼法与刑法的关系是实体法与程序法之间的关系，实质上是一种直接配套的关系。刑事诉讼的过程既是刑法实现的过程，也是刑事诉讼法实现的过程。刑法是衡量某一行为是否构成犯罪，应否处罚及如何处罚的标准或依据，失去刑法就不知道什么是犯罪，惩罚什么。刑事诉讼法就会无的放矢，徒具形式。同样，没有法定的程序就不能进行刑罚（程序法定主义）。刑事诉讼法是具体揭露、证实、惩罚犯罪的司法程序和国家司法机关及诉讼参与人职责、权利和义务分配的准绳，失去这一实现手段，定罪量刑就成了无本之木、无源之水。

2. 刑事诉讼法与民事诉讼法、行政诉讼法的关系

刑事诉讼法、民事诉讼法、行政诉讼法都是程序法，它们共同构成了一国司法程序法的基本体系。由于均为法院审判案件须遵循的程序，三者在原则、制度、审判程序安排方面有许多共同点，如以事实为根据、以法律为准绳原则、回避和辩护制度、两审终审等。

但基于各自特定的任务不同，它们之间在所保障解决的实体问题、遵循的基本原则、起诉和应诉主体、举证责任等方面又存在诸多不同。

三个诉讼法既相互区别又相互联系，彼此不能相互代替和混淆，但在所解决的实体问题密切关联时，有时会出现在一种诉讼中适用两种不同形式的原则和程序的情况。如在某一刑事诉讼中，当被害人（其人身、财产及其他权益受到犯罪行为侵害的人）就被告人的犯罪行为遭受物质损失要求赔偿时，在诉讼程序上就既适用刑事诉讼程序，也适用民事诉讼程序，最终在追究被告人刑事责任的同时，一并处理其民事赔偿问题。

3. 刑事诉讼法与其他相邻部门法的关系

（1）刑事诉讼法与法院组织法、检察院组织法、监狱法的关系。《人民法院组织法》、《人民检察院组织法》、《中华人民共和国监狱法》（以下简称《监狱法》）是规定人民法院、人民检察院、监狱的职权任务、组织设置、活动程序的法律。人民法院、人民检察院和监狱是追究、审判、惩罚犯罪的国家专门机关，因而组织法、监狱法的规定必然会涉及部分的刑事诉讼问题。相对地，刑事诉讼法在规定刑事诉讼原则、制度和程序时，也必然要就人民法院、人民检察院和监狱在刑事诉讼中的具体地位、职责、活动方式、相互关系

等作出详细规定。因此它们之间有交叉重叠、互为补充和解释的部分。但它们又有各自特定的调整对象和调整方法，既不能相互代替，也不能相互抵触，只能相互协调，共同设定和规范相关司法机关或执行机关的职责及其行使规则。

（2）刑事诉讼法与法官法、检察官法、律师法和警察法的关系。《中华人民共和国法官法》（以下简称《法官法》）等四部法律分别规定了法官、检察官、律师、警察等4种刑事诉讼的重要角色的资格、权利和义务。例如，《中华人民共和国律师法》（以下简称《律师法》）就是设定律师制度，保障律师依法执业、规范律师行为的法律，既有律师执业条件、律师事务所和律师协会等资格、组织性的规定，也包括刑事诉讼在内的律师诉讼业务活动程序的整体性规定，后者必然指导律师在刑事诉讼代理中的具体活动。而律师作为刑事诉讼中的诉讼代理人、辩护人，刑事诉讼法必然要对律师在刑事诉讼中的地位、权利、义务、办案程序作出规定，这是对《律师法》相关整体性规定的具体化和扩展。显然，《律师法》与刑事诉讼法就规范律师行业而言，是整体与部分的关系。其他三部法律与刑事诉讼法的关系也是同样的关系，既相互交叉，相互协同，又相互区别。

案例分析

【案例】被告人李某，男，32岁，某信用社主任。被告人唐某，女，25岁，某信用社会计。某农业银行办事处将一张支票（诈骗犯陈某伪造的支票）通过银行内部清算手续转入某信用社。被告人李某、唐某收到该张支票后，审查了支票上的户名、账号、收付款单位、大小写金额，但对印鉴用途未认真核对，即按支票上的户名、账号和付款单位，从万佳建筑公司的账上划款清算给农业银行办事处。事隔三天，万佳建筑公司的会计到该信用社办理汇兑时发现该公司的资金被无故划走3万元，当即提出异议。经信用社工作人员仔细检查，发现支票上的印章与预留印模不符。信用社当即向公安局报案并向上级部门报告。

某县人民检察院以玩忽职守罪向人民法院提起公诉。法院在审理过程中，认为人民检察院提供的证据有问题，于是宣布休庭，对证据进行调查核实。经过人民法院的认真调查，根据各种证据全面进行综合分析，最终认定李某、唐某二人误核支票的行为应属于由诈骗犯罪所造成的会计工作中的差错，不宜认定为犯罪。后人民法院宣告二人无罪释放。

【问题】

1. 某县人民法院审判中是否有权调查核实证据？

2. 从本案来看，按照刑事诉讼结构理论，我国的刑事诉讼属于何种模式？

【解析】

1. 我国《刑事诉讼法》第一百九十一条规定："法庭审理过程中，合议庭对证据有疑问的，可以宣布休庭，对证据进行调查核实。人民法院调查核实证据，可以进行勘验、检查、扣押、鉴定和查询、冻结。"因此，该县人民法院在审理该案时因对证据有疑问而进行证据调查是有法律依据的。人民法院通过证据查明了事实真相，作出了正确的判决，是正确行使职权的行为。

2. 从人民法院有比较广泛的调查权这一点来看，我国的刑事诉讼具有明显的职权主义色彩。刑事诉讼的结构是指控诉、辩护和审判三方在刑事诉讼过程中的组合方式和相互关系。它主要反映的是控、辩、审三方的不同地位以及国家权力与个人权利之间的关系。

就中国刑事诉讼模式而言，学者比较普遍认为传统上属于强职权主义模式。我国2012年修订的《刑事诉讼法》则体现了职权主义与当事人主义融合的新格局。但从法院在审判中所享有的权力来看，法院对审判还具有相当的控制能力，并非完全消极被动。这与英美国家仍有相当大的区别，但与传统大陆法系的做法也有很大不同。所以，我国的刑事诉讼具有混合的色彩，在一定程度上形成了自己的特色，但职权主义色彩仍相当浓重。

思考与练习

1. 刑事诉讼的目的、职能是什么？
2. 刑事诉讼有哪几种模式？
3. 刑事诉讼的基本价值理念是什么？
4. 刑事诉讼法的渊源有哪些？
5. 被告人刘某，自下岗后，就经常拿妻子出气。一天刘某打了其妻王某一耳光，王某悲痛欲绝，要收拾东西回娘家。被告人上前劝阻，情急之下猛推了王某几下，自幼患有心脏病的王某被推倒在地，当场昏迷过去。刘某意识到自己闯了祸，急忙叫了出租车将妻子送到附近的医院。王某经抢救无效而死亡。王某的父母就一个独女，与女婿关系一向很好，在被告人刘某拿出3万元赔偿费且签订了一份赡养协议后，三人约定：对外就说王某是意外死亡，与任何人无关。后邻居向公安机关报案。经法医鉴定，王某系外力因素诱发心脏病而死亡。公安机关随即逮捕了刘某。刘某不解：我与两位老人签订的协议为什么不管用呢？

请根据诉讼原理予以分析。

第二章　刑事诉讼中的专门机关和诉讼参与人

要点提示

人民法院是审判机关，代表国家独立行使审判权。它的职权有案件受理与立案，审理和裁判，决定强制措施，调查核实证据，赃款、赃物的收缴处理，某些判决裁定的执行。

人民检察院是国家专门的法律监督机关，代表国家行使检察权。它的职权有职务犯罪立案侦查，公诉，诉讼监督，违法行为监督，检察建议。

公安机关是国家的治安保卫机关，在刑事诉讼中行使主要刑事侦查权。地方公安机关、国家安全机关、军队保卫部门、海关缉私部门、监狱警察，各自侦查不同的案件。刑事职权：立案、侦查、采取各种强制措施、部分裁判的执行权。

刑事诉讼参与人主要包括当事人、法定代理人、诉讼代理人、辩护人、证人、鉴定人和翻译人员。

当事人包括犯罪嫌疑人、被告人、被害人、自诉人、附带民事诉讼的原告人与被告人。

第一节　人民法院

一、人民法院的性质和任务

1. 性质

人民法院在性质上是国家专门的审判机关，代表国家独立行使审判权。《中华人民共和国宪法》（以下简称《宪法》）第一百二十三条规定："中华人民共和国人民法院是国家的审判机关。"《刑事诉讼法》第三条规定："审判由人民法院负责。"人民法院作为我国唯一的审判机关，代表国家集中行使对各种案件的审判权。

2. 任务

人民法院在刑事诉讼中的主要任务是：通过刑事审判活动，调查核实证据，查明案件事实，确定被告人的行为是否构成犯罪、构成何种犯罪、应否判处刑罚、判处何种刑罚，并作出相应的判决和裁定。

二、人民法院的组织体系和领导体制

1. 组织体系

根据《人民法院组织法》的规定，我国人民法院的组织体系包括最高人民法院、地方各级人民法院（见下图）和专门人民法院。

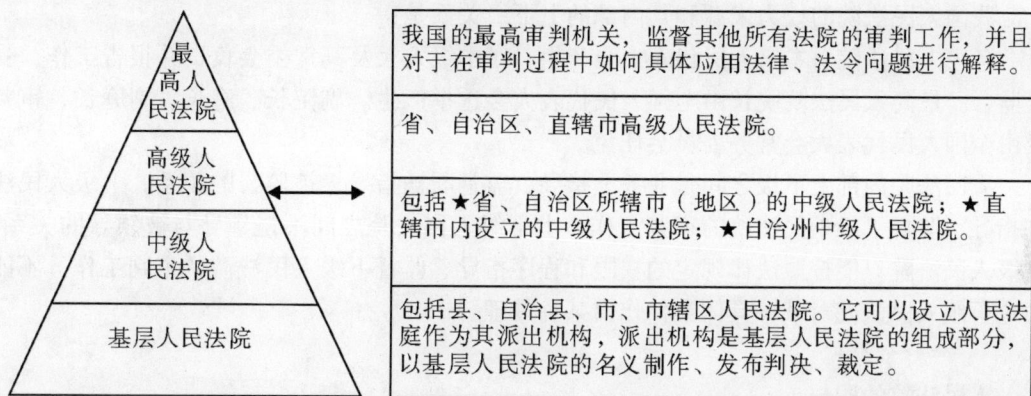

最高人民法院	我国的最高审判机关，监督其他所有法院的审判工作，并且对于在审判过程中如何具体应用法律、法令问题进行解释。
高级人民法院	省、自治区、直辖市高级人民法院。
中级人民法院	包括★省、自治区所辖市（地区）的中级人民法院；★直辖市内设立的中级人民法院；★自治州中级人民法院。
基层人民法院	包括县、自治县、市、市辖区人民法院。它可以设立人民法庭作为其派出机构，派出机构是基层人民法院的组成部分，以基层人民法院的名义制作、发布判决、裁定。

（1）最高人民法院。《人民法院组织法》第三十条规定："最高人民法院是国家最高审判机关"，负责监督地方各级人民法院和专门人民法院的审判工作，代表国家行使对各种案件的终审权。最高人民法院由院长、副院长、庭长、审判员等组成，内设刑事审判庭、民事审判庭、行政审判庭和根据需要设立的其他审判庭。最高人民法院在刑事诉讼中的主要职权有：审判法律、法规规定由它管辖的和它认为应当由自己审判的第一审刑事案件；对高级人民法院、专门人民法院判决和裁定的上诉案件、抗诉案件进行二审审判；对依照审判监督程序提起的再审案件进行再审审判；对死刑案件进行复核。此外，最高人民法院还依法享有司法解释权，对审判过程中如何具体应用法律的问题进行权威解释。

（2）地方各级人民法院。地方人民法院分设三级，即高级人民法院、中级人民法院和基层人民法院。

高级人民法院包括省高级人民法院、自治区高级人民法院和直辖市高级人民法院。高级人民法院负责审判法律、法令规定由其管辖的第一审案件；下级人民法院移送审判的第一审案件；对下级人民法院的判决和裁定提起上诉和抗诉的案件；人民检察院按照审判监督程序提起的抗诉案件；死刑复核案件等。

中级人民法院包括省、自治区所辖市（地区）的中级人民法院；直辖市内设立的中级人民法院；自治州中级人民法院。中级人民法院负责审判的案件有：法律、法令规定由其管辖的第一审案件；基层人民法院移送审判的第一审案件；对基层人民法院判决和裁定的上诉和抗诉案件；人民检察院按照审判监督程序提出的抗诉案件。

基层人民法院包括县人民法院、县级市人民法院、基层自治县人民法院、市辖区人民法院。《人民法院组织法》第二十条规定："人民法院根据地区、人口和案件情况可以设立若干人民法庭。人民法庭是基层人民法院的组成部分，它的判决和裁定就是基层人民法院的判决和裁定。"

（3）专门法院。专门法院是在普通人民法院之外设立的专门性法院，包括军事法院、铁路运输法院和海事法院，其中海事法院只审理海事海商类民事案件，不审理刑事案件。军事法院分中国人民解放军军事法院、各大军区、军兵种军事法院和军区军事法院三级。铁路运输法院也分高级、中级和基层三级。

2. 领导体制

我国人民法院的权力来源和其内部的上下级关系是：

各级人民法院由本级人民代表大会产生，对本级人大及其常委会负责并报告工作，受其监督。最高人民法院院长由全国人民代表大会选举产生。副院长、庭长、副庭长、审判员由全国人民代表大会常务委员会任免。

人民法院内部上下级之间是业务上指导、监督与被指导、被监督的关系。上级人民法院指导、监督下级人民法院的审判工作。上下级人民法院之间不是领导与被领导的关系，上级人民法院只能按照法律规定的权限和程序指导、监督下级人民法院的审判工作，不能命令下级人民法院对某一具体案件作出某种处理。

三、人民法院的职权

为了保证人民法院实现其法律规定的任务，切实履行审判职能，《刑事诉讼法》和《人民法院组织法》赋予人民法院可以依法行使下列职权：

1. 案件受理或立案权

案件受理或立案权是人民法院行使审判权的第一步，是审判权的重要组成部分。该项职权包括对人民检察院提起公诉的刑事案件依法受理权和对直接受理的自诉案件决定立案权。

2. 对刑事案件的审理和裁判权

刑事审判权的核心是对刑事案件的审理和裁判。审理是一种了解认识案情的过程，裁判则是一种处理决定或结果。所以，人民法院刑事审判权的重心是审理和裁判案件。作为一项具体的职权，审理权包括人民法院对刑事案件的审查、开庭审理、主持指挥法庭审判活动，以及对违反法庭秩序的人给予惩戒的权力。裁判权具体是指人民法院依照法定程序，对受理的刑事案件具体作出的判决或裁定，如判决被告人有罪、无罪等。

3. 强制措施决定权

人民法院根据案件的需要，有权对犯罪嫌疑人、被告人决定采取拘传、取保候审、监视居住、逮捕措施。

4. 调查核实证据权

为了正确行使审判权，人民法院有权调查核实证据，在必要的时候，可以进行询问、勘验、检查、扣押、鉴定、查询和冻结等调查活动。当然，人民法院的庭外调查取证权，在 1996 年《刑事诉讼法》规定实行对抗制庭审方式以来,受到了较大的限制,一般只在特殊情况或经当事人、律师申请使用。

5. 赃款、赃物的收缴、处理权

对刑事案件所涉及的赃款、赃物及其孳息,有权依法予以收缴与处理。

6. 某些判决裁定的执行权

人民法院对部分生效刑事判决、裁定,如罚金刑、没收财产刑等,享有执行权。

第二节　　人民检察院

一、人民检察院的性质和任务

1. 性质

根据我国《宪法》第一百二十九条的规定,人民检察院是国家专门的法律监督机关,代表国家行使检察权。人民检察院通过检察监督,维护宪法和法律在全国范围内的统一正确实施。

2. 任务

人民检察院的任务是:通过行使检察职权,镇压一切叛国的、分裂国家的和其他危害国家安全的活动,追查犯罪分子,维护国家的统一;维护人民民主专政制度;维护社会主义法制,维护社会秩序、生产秩序、教学科研秩序和人民群众的生活秩序;保护国家财产和劳动群众集体所有的财产,保护公民私人所有的合法财产,保护公民的人身权利、民主权利和其他权利,保卫社会主义现代化建设的顺利进行。

二、人民检察院的组织体系和领导体制

1. 组织体系

根据我国《宪法》和《人民检察院组织法》的规定,人民检察院的组织设置包括最高人民检察院、地方各级人民检察院和专门检察院。

最高人民检察院是我国的最高检察机关,是全国检察机关的领导机关,领导地方各级人民检察院和专门检察院的工作。最高人民检察院检察长领导最高人民检察院的工作。最高人民检察院内设反贪污贿赂总局、渎职侵权检察总局、侦查监督厅、公诉厅、民事行政检察厅、监所检察厅、职务犯罪预防厅、控告检察厅、刑事申诉检察厅、铁路运输检察厅等业务部门。

地方各级人民检察院包括:①省、自治区、直辖市人民检察院;②省、自治区、直辖市人民检察院分院,省辖市、自治州人民检察院;③县、市、自治县和市辖区人民检察

院。省一级人民检察院和县级人民检察院，根据工作需要，经提请本级人民代表大会常务委员会批准，可以在工矿区、农垦区、林区等区域设立人民检察院，作为派出机构。此外，为适应检察工作的需要，地方各级人民检察院还先后在监狱、劳教所、看守所设立驻监、驻所检察室，在税务机关设立税务检察室等。

专门检察院是在特定的行业部门内设置的。我国的专门检察院有军事检察院和铁路运输检察院。铁路法院、检察院正在逐步回归普通司法机关体制内。

2. 领导体制

人民检察院的权力来源及其内部上下级关系是：

人民检察院由人民代表大会产生，对人民代表大会及其常委会负责并报告工作。最高人民检察院对全国人民代表大会及其常委会负责，最高人民检察院检察长由全国人民代表大会选举和罢免，最高人民检察院副检察长、检察委员会委员和检察员，由最高人民检察院检察长报请全国人大常委会任免。省、自治区、直辖市人民检察院及其分院的检察长，由省、自治区、直辖市人民代表大会选举和罢免。自治州、省辖市，县、市、自治县人民检察院检察长，由本级人民代表大会选举和任免。下级人民检察院检察长的任免，须报上级人民检察院检察长提请其同级人大常委会批准。

我国人民检察院实行检察一体的领导体制——上级人民检察院领导下级人民检察院的工作，最高人民检察院领导全国的检察工作，检察长统一领导检察院的工作。上级人民检察院对下级人民检察院作出的决定，有权予以撤销或变更；上级人民检察院发现下级人民检察院已经办结的案件有错误的，有权指令下级人民检察院纠正。下级人民检察院对上级人民检察院的决定应当执行，如果认为决定有错误，应当在执行的同时向上级人民检察院报告。

三、人民检察院的职权

人民检察院在刑事诉讼中的职权，主要体现为立案侦查权、公诉权和诉讼监督权，具体包括如下方面：

1. 自行立案侦查权

根据《刑事诉讼法》第十八条第二款的规定，人民检察院对于国家机关工作人员的职务犯罪或者利用职务之便实施的犯罪，如贪污、贿赂、渎职、侵权等案件，有权直接立案侦查。人民检察院的自行立案侦查权原则上由反贪污贿赂局和渎职侵权检察局负责行使，但近年来，监所检察部门、民事行政检察部门也可以进行立案侦查或者启动司法调查，以整合检察机关内部力量，强化自行侦查权。

2. 公诉权

对于一切公诉案件，人民检察院享有提起公诉权，或者决定不起诉。在刑事诉讼中，人民检察院代表国家行使控诉职能，对各种严重的刑事犯罪，依法进行刑事追诉，启动审判程序，以打击、惩罚犯罪。对于不需要刑事追究的，则及时作出不起诉决定，维护当事人的合法权益。公诉权中包含了起诉权与不起诉权两个方面。

3. 批捕权

对于公安机关侦查的案件，人民检察院有权依法决定批准逮捕或者不批准逮捕。批捕权是人民检察院对于涉及公民人身自由的强制措施实行法律监督的具体权能，具有对逮捕发放司法令状的含义。

4. 立案监督权

人民检察院对于公安机关不立案的决定，有权予以监督，如果认为其不立案的决定有错误，有权要求公安机关立案。

5. 抗诉权

对于人民法院所作出的判决或裁定，无论是否已经生效，人民检察院如果认为确有错误，都有权提出抗诉，要求上级人民法院重新审判并予以纠正。

6. 违法行为监督权

人民检察院对于公安机关的侦查活动，人民法院的审判活动，监狱、看守所的执行、监管活动以及有关机关在监外执行、减刑、假释方面的处理决定等，有权进行检察，发现违法行为，有权要求相关机关及时予以纠正。

7. 检察建议权

基于法律监督职责，人民检察院对各机关、团体、企事业单位和个人，都可以提出检察建议，以防范违法犯罪行为的发生。

第三节　公安机关和其他专门机关

一、公安机关的性质、任务和组织体系

1. 公安机关的性质和任务

公安机关是国家的治安保卫机关，是武装性质的国家行政力量和刑事司法力量，是各级人民政府的组成部分，负责社会治安和国内安全保卫工作。

公安机关的职责涉及治安、户籍、交通、消防、边防等管理工作和刑事侦查多方面。在刑事诉讼中，公安机关的主要任务就是负责刑事案件的侦查，通过各种侦查手段和措施，收集证据，查明犯罪事实，查获犯罪嫌疑人，为公诉和审判奠定基础。《刑事诉讼法》第十八条规定："刑事案件的侦查由公安机关进行，法律另有规定的除外。"在刑事诉讼中，绝大部分刑事案件由公安机关立案侦查，公安机关处在同犯罪做斗争的第一线，肩负着揭露犯罪、证实犯罪、查获犯罪嫌疑人的使命。

2. 公安机关的组织体系及领导体制

公安机关是各级人民政府的组成部分。在中央人民政府，国务院设立公安部，负责组织和领导全国公安部门的工作。公安部设有国际刑警组织中国国家中心局，负责与国际刑警组织和境外警方联络，打击跨国、跨境刑事犯罪和国际侦查协助。

地方各级人民政府分别设立负责本地公安工作的公安部门，在乡镇或街道等可设公安

派出所。此外，国家在铁路、民航、林业等具有行业特殊性的系统和大型企业、事业单位中设立公安局、处或具有派出机构性质的保卫处、科，负责本系统或者本单位的治安保卫工作。

作为各级人民政府的职能部门、公安机关实行双重领导体制。公安机关在接受本级人民政府领导的同时，下级公安机关还必须接受上级公安机关的业务领导。

表 2 - 1

各级行政机关	属下相应公安机关
国务院	公安部
省、自治区、直辖市	公安厅、直辖市公安局
自治州	公安处（局）
县、自治县、县级市	公安局
市辖区	公安分局
	公安派出所

二、公安机关的职权

在刑事诉讼中，公安机关的职权主要有：

1. 立案权

对于属于自己管辖的案件，公安机关有权决定是否立案。立案权是公安机关启动刑事诉讼程序，有效控制与打击犯罪的重要权力。与立案权相对应的是撤案权。公安机关对于已经立案，但后来发现不应当或不需要追究刑事责任的案件，有权作出撤销案件的处理。

2. 侦查权

公安机关是我国主要的刑事侦查机关，除了法律规定的少部分刑事案件由其他机关侦查外，公安机关担负着绝大多数刑事案件的侦查任务。公安机关的侦查职权全面而强大，主要包括依法讯问犯罪嫌疑人；询问证人、被害人；进行勘验、检查，搜查；扣押物证、书证；冻结存款、汇款；进行鉴定；通缉在逃案犯；对现行犯和重大嫌疑分子实施拘留；对犯罪嫌疑人采取拘传、取保候审、监视居住等强制措施；向人民检察院提请批准逮捕和执行逮捕。

3. 执行权

在刑事诉讼的执行阶段，公安机关负责对被判处管制、拘役、剥夺政治权利的罪犯的执行，或者缓刑、假释、监外执行犯的监督与考察等。

三、其他专门机关及其职权

在我国刑事诉讼中，承担诉讼职能的专门机关除公、检、法机关以外，还有国家安全

— 18 —

机关、军队保卫部门、海关和监狱，因此，这些机关也是刑事诉讼中的专门机关。在许多时候，为了省却烦琐用语，人们在一般情况下论及公安机关的职责权限时所说的"公安机关"，其实是包括了国家安全机关、军队保卫部门、海关和监狱在内的。所以，"公安机关"的范围有广、狭两义。

1. 国家安全机关

国家安全机关负责立案侦查特务、间谍等危害国家安全的刑事案件。敌特案件，过去也是由公安部门立案侦查的，为适应改革开放的需要，1983 年国家成立了国家安全部，在省、市、自治区设立国家安全厅，专门负责对特务、间谍等案件的立案侦查和监控工作。1993 年 2 月 22 日，第七届全国人民代表大会常务委员会通过的《中华人民共和国国家安全法》（以下简称《国家安全法》），规定国家安全机关是国家安全工作的主管机关，对于涉及国家安全的刑事案件，依法行使立案侦查、拘留、预审和执行逮捕以及法律规定的其他职权。

2. 军队保卫部门

军队保卫部门是武装力量内部设立的安全保卫机构，负责军队内部发生的刑事案件的立案侦查。

3. 海关

海关负责对走私犯罪的立案侦查。从 1998 年开始，国家在各级海关设立走私犯罪侦查部门，专门负责对走私犯罪案件的立案侦查工作。海关总署下设"走私犯罪侦查总局"，下级海关设立"走私犯罪侦查局"，专门配备有缉私警察。海关在侦查活动中，享有与地方公安机关同样的权力，具有与公安机关同等的诉讼地位。

4. 监狱

监狱在刑事诉讼中的职权分为两部分：立案侦查权和执行权。一方面，刑事诉讼法规定，对罪犯在监狱内犯罪的案件，由监狱进行侦查。监狱警察在侦查中，享有公安机关侦查案件的各种职权，如讯问犯罪嫌疑人、询问证人、勘验、检验、搜查、扣押、鉴定等。侦查终结后，监狱认为应当追究犯罪嫌疑人刑事责任的，写出起诉意见书，连同案卷材料、证据一并移送人民检察院审查起诉。另一方面，监狱是执行法院生效刑事判决与裁定的场所。在我国，刑罚的执行也是刑事诉讼程序的重要组成部分，所以，监狱也是刑事诉讼中不可缺少的专门机关。监狱在刑罚执行过程中还有提出监外执行意见，减刑、假释建议等权力。

第四节　刑事诉讼参与人

刑事诉讼参与人，是指在刑事诉讼中除专门机关以外的，依法参加刑事诉讼活动并享有一定诉讼权利、承担一定诉讼义务的人。根据《刑事诉讼法》第一百零六条的规定，我国刑事诉讼参与人主要包括当事人、法定代理人、诉讼代理人、辩护人、证人、鉴定人和翻译人员。诉讼参与人通过行使诉讼权利和承担诉讼义务，对刑事诉讼的进程和结局发挥着不同的影响和作用，保证刑事诉讼活动得以顺利进行。根据诉讼参与人与案件结局的利害关系以及对诉讼进程的影响，刑事诉讼参与人一般可以被分为当事人和其他诉讼参与人。

表 2 - 2

诉讼参与人	当事人	犯罪嫌疑人、被告人
		被害人
		自诉人
		附带民事诉讼的原告人
		附带民事诉讼的被告人
	单位诉讼当事人	单位犯罪嫌疑人、被告人
		单位被害人
	其他诉讼参与人	法定代理人
		诉讼代理人
		辩护人
		证人
		鉴定人
		翻译人员

一、当事人

当事人是指与刑事案件的结局有直接利害关系，对诉讼进程有较大影响的诉讼参与人。当事人与案件的结局有直接的利害关系。刑事诉讼一旦开始，当事人的人身自由、财产、甚至于生命都处于待定状态，与诉讼结果有着密切关系。因此，与其他诉讼参与人相比，当事人享有更多的诉讼权利，也承担更多的诉讼义务。

根据《刑事诉讼法》第一百零六条的规定，我国刑事诉讼的当事人包括犯罪嫌疑人、被告人、被害人、自诉人、附带民事诉讼的原告人和被告人。

表 2 - 3

案件	双方当事人	
公诉案件	被害人	被告人（起诉前称"犯罪嫌疑人"）
自诉案件	自诉人	被告人
附带民事诉讼案件	附带民事诉讼的原告人	附带民事诉讼的被告人

1. 犯罪嫌疑人和被告人

（1）犯罪嫌疑人、被告人的概念和诉讼地位。在刑事公诉案件中，犯罪嫌疑人和被告人是对因涉嫌犯罪而受到刑事追诉的人在诉讼过程的不同阶段的两种称谓，实质上指的是同一个人。以检察机关制作起诉书并向人民法院提起公诉为界限，受刑事追诉人在公诉以前被称为"犯罪嫌疑人"，公诉以后则被称为"被告人"。

刑事诉讼就是一个对犯罪嫌疑人和被告人的刑事责任进行认定的过程，因此，犯罪嫌疑人和被告人是刑事诉讼的中心人物，刑事诉讼中的一切活动都是围绕确定犯罪嫌疑人和被告人的刑事责任展开的，没有犯罪嫌疑人、被告人，就没有刑事诉讼。所以，犯罪嫌疑人和被告人在刑事诉讼中具有不可替代性。犯罪嫌疑人和被告人一旦死亡，刑事诉讼活动即告终止。

犯罪嫌疑人、被告人的诉讼地位归纳起来为三个方面：①是享有诉讼权利、具有诉讼主体资格的当事人。犯罪嫌疑人、被告人的诉讼主体资格不是从来就有的，它是近现代人权运动和刑事诉讼制度文明的产物。其主体性表明，犯罪嫌疑人、被告人不再仅仅是被动接受追诉和审判，甚至遭受合法刑讯、任人随意摆布的诉讼客体，而是可以积极进行诉讼防御、维护自己合法权益，并能够理智地参与、选择或决定自己诉讼命运的主体。②是与案件结局有直接利害关系的被追诉者。③是重要的证据来源。在我国，犯罪嫌疑人、被告人的供述和辩解是法定的七种刑事证据之一，具有证据价值但并非"最好"的证据。法律要求不能轻信口供。

（2）犯罪嫌疑人、被告人的诉讼权利和义务。在现代诉讼制度下，法律为犯罪嫌疑人和被告人确立了一系列诉讼权利。根据权利的性质和作用不同，犯罪嫌疑人、被告人享有的诉讼权利可分为两类：一类是防御性权利，即指犯罪嫌疑人、被告人为对抗追诉方的指控，抵消其控诉效果所享有的权利。如：①使用本民族语言进行诉讼的权利；②及时获知被指控的罪名和理由的权利；③在羁押申请取保候审的权利；④进行辩护的权利，该权利也包括聘请辩护人辩护、拒绝辩护人继续为其辩护和另行委托辩护人；⑤申法或获得法律援助的权利；⑥核对讯问笔录并要求补充和修改的权利；⑦开庭前及时获得起诉书副本的权利；⑧参加法庭调查，就指控事实发表陈述，就书面证据发表意见，申请新的证人到庭，调取新的物证，申请重新鉴定或者勘验的权利；⑨参加法庭辩论的权利；⑩向法庭作最后陈述的权利；⑪自诉案件的被告人对自诉人提出反诉的权利。

另一类是救济性权利，即指犯罪嫌疑人、被告人对国家专门机关所作的对其不利的行为、决定或裁判，要求另一专门机关予以审查并作出改变或撤销的权利。如：①对于侦查、检察和审判人员侵犯其诉讼权利，侮辱其人格的行为，有权提出控告；②对于公安机关、人民检察院、人民法院采取强制措施超过法定期限的，有权要求解除强制措施；③有权申请回避，对驳回申请回避的决定，有权向上级机关申请复议；④对法院的一审判决和裁定不服，有权提起上诉；⑤对人民法院已生效的判决、裁定，有权向人民法院、人民检察院提出申诉等。

在享有广泛的诉讼权利的同时，犯罪嫌疑人、被告人也必须履行一些诉讼义务，主要包括：①在符合法定条件的情况下接受拘传、拘留、逮捕、监视居住、取保候审等强制措施，接受侦查人员的讯问、检查、鉴定、搜查、扣押等侦查行为；②不得伪造、毁灭证据或者串供，不得威胁、收买或以其他方式影响证人作证；③不得自杀或者逃跑；④依法按时出庭等。

2. 刑事被害人

（1）概念。刑事被害人，是指其人身、财产及其他合法权益遭受犯罪行为直接侵害的人。权益遭受侵害一方，应包括公诉案件的被害人、自诉人、附带民事诉讼的原告人，但依据我国《刑事诉讼法》第一百零六条之规定，被害人特指公诉案件的被害人。

（2）诉讼地位。刑事被害人的诉讼地位的确定，是一个较为重要的问题，在世界其他国家和我国都有一个发展变化过程。在古代弹劾式诉讼中，被害人担当着原告人的角色；在封建纠问式诉讼中，被害人则处于证人地位；在现代诉讼中，一般都确立了被害人作为刑事诉讼当事人的地位，我国也如此。

公诉案件中的被害人的地位比较复杂。被害人保护问题在"二战"后倍受世界各国重视。在我国被害人的地位可以从以下4个角度来阐述：①被害人是刑事诉讼当事人；②行使控诉职能；③作为当事人，其权利受到一定限制。因为在公诉案件中，被害人作为当事人的部分诉讼权利，实际上已经转移给了公诉机关，被害人的当事人权利就不再完整，在我国，刑事被害人没有独立的诉权；④是重要的证据来源。依据我国《刑事诉讼法》的规定，被害人陈述也是刑事诉讼七种证据之一。

我国刑事诉讼法赋予被害人广泛的诉讼权利。除了与其他当事人共同享有的诉讼权利外，被害人享有的特有诉讼权利主要有：①有权报案或者控告，要求专门机关进行立案；②有权委托诉讼代理人，经济困难的有权申请获得法律援助；③对于有关机关不依法立案的决定，有权获知原因，并申请复议；对于公安机关应立案而不立案的，有权向人民检察院提出，由后者要求公安机关说明理由，并予以纠正；④对于公安机关和人民法院不予追究的公诉案件，被害人可以自己向法院提起刑事诉讼；⑤对于人民检察院作出的不起诉决定，有权获得不起诉决定书，并向上一级检察院申诉；⑥对地方各级人民法院的第一审判决不服的，有权请求人民检察院提起抗诉。

3. 自诉人

自诉人，是指自诉刑事案件中依法直接向人民法院提起刑事诉讼的人。自诉人通常是权益受侵害一方，但在权益受侵害者死亡或者丧失行为能力的情况下，其法定代理人、近亲属有权向人民法院提起诉讼，担当自诉人的角色。在自诉案件中，自诉人的诉讼地位是原告，执行控诉职能，具有独立的诉讼地位。

4. 附带民事诉讼的原告人和被告人

（1）附带民事诉讼原告人。是指因被告人的犯罪行为而遭受物质损失，并在刑事诉讼中提出赔偿请求的人。

（2）附带民事诉讼被告人。是指在刑事诉讼中因其犯罪行为所造成的物质损失而被起诉承担民事赔偿责任的人。

二、单位诉讼当事人

1. 单位犯罪嫌疑人、被告人

单位犯罪日益成为一种普遍的社会现象。《中华人民共和国刑法》（以下简称《刑法》）第三十条规定："公司、企业、事业单位、机关、团体实施的危害社会的行为，法律规定为单位犯罪的，应当负刑事责任。"第三十一条规定："单位犯罪的，对单位判处罚金，并对其直接负责的主管人员和其他直接责任人员判处刑罚。本法分则和其他法律另有规定的，依照规定。"可见，我国对单位犯罪采取"双罚制"，既处罚单位，又处罚直接责任人员，但在刑法另行规定的情况下，可以单独处罚单位。

刑法中明确将单位作为犯罪的主体，但单位能否成为刑事诉讼的主体，立法中并没有解决。根据单位承担刑事责任的理论，单位构成犯罪是单位内部成员构成犯罪的前提和依据，也是对单位内部成员实施处罚的前提。因此，在所有单位犯罪案件中，不论是适用"单罚制"，还是适用"双罚制"，单位均应成为独立的犯罪嫌疑人、被告人，并以此身份参与诉讼活动。

至于单位参与刑事诉讼的方式，根据最高人民法院《关于执行〈中华人民共和国刑事诉讼〉若干问题的解释》（以下简称最高人民法院《解释》）第二百零八条规定，代表涉嫌犯罪单位参加诉讼的诉讼代表人，应当是单位的法定代表人或者主要负责人；法定代表人或者主要负责人被指控为单位犯罪直接负责的主管人员的，应当由单位的其他负责人作为涉嫌犯罪单位的诉讼代表人参加诉讼。

被告单位的诉讼代表人代表单位进行诉讼活动，其权利来源于单位的正式授权，他不是作为个人嫌疑人或个人被告人为维护其本人的利益而参加诉讼活动，而是以单位的名义，代表单位的利益并在单位授权范围内从事诉讼活动，他本人一般也不承担诉讼后果，因而他不是犯罪嫌疑人、被告人。

诉讼代表人应是独立的诉讼参与人，具有独立的诉讼地位。其地位和特点如下：①他本人是单位的诉讼代理人。诉讼代表人在单位授权的范围内从事的诉讼行为，就视为单位的诉讼行为。其从事的诉讼行为对单位具有约束力；②不是嫌疑人、被告人，不承担刑罚后果，但他的陈述是犯罪嫌疑人、被告人的供述和辩解，而不是证人证言；③有权代表单位嫌疑人、被告人行使各种诉讼权利，如辩护权、申请回避权、上诉权等，同时也负有程序义务，如无正当理由不到庭的，公、检、法机关可以对其采取必要的强制性措施，如传唤、拘传等；④如果故意提供虚假的陈述，将承担伪证责任。而非单位犯罪嫌疑人、被告人故意作虚假陈述是不承担法律责任的。

2. 单位被害人

被害人一般是指自然人，但单位也可以成为被害人。首先，单位是能够作为民事法律关系主体的社会组织，有其特定的财产，在侵犯财产等刑事案件中也可能遭受犯罪行为的直接侵害，成为被害人。其次，根据《刑事诉讼法》第七十七条的规定，被害人在刑事诉讼中因犯罪行为遭受物质损失的，有权提起附带民事诉讼。因此，单位在其物质、财产利益受到损害的情况下，得以被害人的身份，提起附带民事诉讼。再次，允许单位以被害人的身份参加刑事诉讼，有利于保护国家、集体的合法利益，维护和发展社会主义市场经济。

单位被害人参与刑事诉讼时，应由其法定代表人作为代表参加诉讼。根据《刑事诉讼法》的规定，法定代表人也可以委托诉讼代理人参加诉讼，单位被害人在刑事诉讼中的诉讼权利和诉讼义务，与自然人作为被害人时大体相同。

三、其他诉讼参与人

其他诉讼参与人，是指除诉讼当事人以外的诉讼参与人。他们在刑事诉讼中不是独立执行诉讼职能的诉讼主体，而是协助当事人或者专门机关进行诉讼活动的人。

1. 法定代理人

法定代理人，是指根据法律规定，对被代理人负有保护义务、并有权代理其进行诉讼活动的诉讼参与人。

2. 诉讼代理人

诉讼代理人，是指接受被害人、自诉人、附带民事诉讼的当事人及其法定代理人或者被害人近亲属的委托，代理委托人参加诉讼活动的诉讼参与人。诉讼代理人在诉讼中不具有独立的诉讼地位。

3. 辩护人

辩护人，是指受犯罪嫌疑人、被告人及其法定代理人或者近亲属的委托，或者受人民法院指定，帮助犯罪嫌疑人、被告人行使辩护权，依法维护其合法权益的诉讼参与人。辩护人在诉讼中具有独立的诉讼地位，既不从属于犯罪嫌疑人、被告人，也不从属于诉讼专门机关。辩护人在诉讼中的职责主要是根据事实和法律，提出证明犯罪嫌疑人、被告人无罪、罪轻或者应当减轻、免除其刑事责任的材料和意见，维护委托人的合法权益。

辩护人既可以是律师，也可以是人民团体或者犯罪嫌疑人、被告人所在单位推荐的人，还可以是犯罪嫌疑人、被告人的监护人、亲友。由律师担任辩护人，是委托辩护的主要形式。法律赋予辩护律师较其他辩护人更为广泛的诉讼权利。

4. 证人

证人，是指除当事人以外的了解案件情况而向专门机关作证的自然人。证人是独立的诉讼参与人。在我国，凡是知道案件情况的人，都有作证的义务。

5. 鉴定人

鉴定人，是指受司法机关的聘请或者指派，运用自己的专门知识和技能对案件事实中的专门性问题作出书面鉴定意见的诉讼参与人。

6. 翻译人员

翻译人员，是指受专门机关的聘请或者指派，在刑事诉讼中进行语言文字或者手势翻译的诉讼参与人。

案例分析

【案例】1996 年 11 月 15 日晚，某县农民李某与于某在同村的何某家喝酒，因收电费一事发生争执并厮打。被人劝开后，李某又在何某家院门外与于某厮打在一起。厮打中李某朝于某肋部、腋部和肩胛处连刺三刀，导致于某右腋动脉破裂，引起急性大出血休克死亡。李某作案后潜逃，于 2001 年 4 月被公安机关抓获。此案由该县所在地的市人民检察院以故意杀人罪向市中级人民法院提起公诉。在诉讼过程中,于某之妻史某向中级人民法院提起了附带民事诉讼。史某聘请的律师胡某、李某聘请的律师韦某均到庭参加了诉讼。何某等人提供了证词,某县公安局法医出具了于某死亡原因的法医学鉴定,人民法院依法作出了判决。

【问题】

1. 本案中哪些是刑事诉讼中的专门机关?其各自的职能是什么?

2. 本案中哪些是诉讼参与人?哪些属于当事人?哪些属于其他诉讼参与人?

【解析】

1. 刑事诉讼中的专门机关,是指依照法定职权进行刑事诉讼活动的国家执法、司法专门机关,包括公安机关、人民检察院和人民法院等,它们依法分别行使侦查、检察和审判职能。此外,刑事诉讼法还授权国家安全机关、军队保卫部门、海关、监狱等机关对特定案件进行侦查。本案中所涉及的刑事诉讼专门机关有公安机关、人民检察院和人民法院,其分别行使侦查、检察和审判职能。

2. 诉讼参与人,是指在刑事诉讼中享有一定诉讼权利、负有一定诉讼义务的除国家专门机关工作人员以外的人。大体可分为两大类:一是当事人;二是其他诉讼参与人。一般而言,当事人在刑事诉讼中要么处于原告地位,要么处于被告地位。在刑事诉讼法中,公诉案件的被害人也被纳入当事人范围。

本案中当事人有犯罪嫌疑人、被告人、附带民事诉讼被告人李某,被害人于某以及附带民事诉讼原告人史某;其他的人员如律师胡某是诉讼代理人,韦某是本案辩护人,何某是证人,还有鉴定人员等,在本案中属于其他诉讼参与人。

市人民检察院、市中级人民法院的办案人员属于诉讼主体,不是诉讼参与人。①

思考与练习

1. 人民法院的性质和职责是什么?

2. 人民检察院在刑事诉讼中有什么职权,其性质是什么?

3. 享有公安机关侦查职权的机关有哪些?它们都有哪些侦查权?

4. 什么是刑事诉讼参与人?什么是刑事诉讼当事人?

5. 犯罪嫌疑人、被告人在刑事诉讼中的地位是什么?

6. 刑事被害人在刑事诉讼中处于什么地位?

7. 什么是自诉人?

8. 聋哑人王某21岁,将15岁的李某打成重伤(该伤情由法医何某鉴定),路人赵某看到了案件发生的经过。此案经公安机关侦查终结后,人民检察院向法院起诉,王某的姐姐为王某提供翻译,为其聘请了律师梁某提供辩护。李某的父亲起诉王某要求进行民事赔偿并委托法学院教师周某代理其参与诉讼。

试用所学内容分析本案中的专门机关和诉讼参与人。

---

① 赵同聚. 刑事诉讼法案例教程. 北京:中国人民公安大学出版社,2002. 25~26.

第三章 刑事诉讼法的基本原则

要点提示

侦查权、检察权、审判权由专门机关依法行使原则。侦查权、检察权和审判权只能由公安机关、人民检察院和人民法院统一行使，不能混淆和互相取代，依法行使职权。

人民法院、人民检察院依法独立行使职权原则。司法权只能由人民法院和人民检察院专门行使，其他任何机关、组织、个人都不能行使；人民法院行使审判权，人民检察院行使检察权时只服从宪法和法律，不受行政机关、社会团体和个人的干涉。要正确处理好司法独立与党的领导、人大监督、社会监督的关系。

分工负责、互相配合、互相制约原则。职权分工有利于专业化，制约是目的，配合是完成整个刑事诉讼的保证。

未经人民法院依法判决不得确定有罪原则。定罪权只能由人民法院统一行使，未经人民法院依法判决，对任何人都不得确定有罪。

人民检察院依法对刑事诉讼实行法律监督。包括立案监督、侦查监督、审判监督和执行监督。

具有法定情形不予追究刑事责任原则。《刑事诉讼法》第十五条规定的情形不追究，包括：不立案或不予受理，撤销案件，不起诉，终止审理，宣告无罪。

第一节 侦查权、检察权、审判权由专门机关依法行使原则

一、该原则的基本内容

《刑事诉讼法》第三条规定："对刑事案件的侦查、拘留、执行逮捕、预审，由公安机关负责。检察、批准逮捕、检察机关直接受理的案件的侦查、提起公诉，由人民检察院负责。审判由人民法院负责。除法律特别规定的以外，其他任何机关、团体和个人都无权

行使这些权力。人民法院、人民检察院和公安机关进行刑事诉讼，必须严格遵守本法和其他法律的有关规定。"这是侦查权、检察权和审判权由专门机关行使的法律依据。该原则也称为职权原则。主要包括以下三层含义：

（1）侦查权、检察权和审判权只能由公安机关、人民检察院和人民法院统一行使。

即未经特别授权，任何机关、团体和个人都不得行使侦查权、检察权和审判权。这三种权力是重要的国家权力，具有排他性。所谓"除法律特别规定的以外"，是指在法律有特别规定的情况下，公、检、法以外的机关才可以行使这些权力。根据《刑事诉讼法》第四条和附则的规定，下列四个机关可行使侦查权：①国家安全机关对危害国家安全的刑事案件行使侦查权；②军队保卫部门对军队内部发生的刑事案件行使侦查权；③监狱对罪犯在监狱内犯罪的案件行使侦查权；④海关对于走私犯罪享有刑事侦查权。

（2）公安机关、人民检察院和人民法院必须分别行使侦查权、检察权和审判权，不能混淆和互相取代。

（3）公安机关、人民检察院和人民法院必须严格依照刑事诉讼法和其他法律有关规定行使侦查权、检察权及审判权，尽职尽责，不得违反法律、滥用权力。

二、意义

确立和实施侦查权、检察权、审判权由专门机关依法行使的原则具有重要意义：

（1）侦查权、检察权和审判权由国家专门机关行使，明确了专门机关与犯罪做斗争的职责和权力。一旦犯罪发生，各专门机关应当依法分别行使各自的职权，主动及时查明犯罪，正确运用法律惩罚犯罪，以实现国家刑罚权，有效地保障国家安全和社会公共安全，维护社会主义社会秩序。

（2）侦查权、检察权和审判权由国家专门机关行使，可以防止其他机关、团体或个人擅自私设公堂、非法搜查、非法拘禁，避免在追究犯罪问题上发生混乱状态，以保障公民个人的合法利益，维护国家法律的统一和正确实施。对于非法搜查、关押或审讯，任何公民都有权拒绝和向有关机关提出控告。

第二节　以事实为根据、以法律为准绳原则

一、该原则的基本内容

《刑事诉讼法》第六条规定："人民法院、人民检察院和公安机关进行刑事诉讼……必须以事实为根据，以法律为准绳。"这一规定确立了我国刑事诉讼"以事实为根据，以法律为准绳"的基本原则，体现了实事求是的思想路线和依法办事的法治精神。

以事实为根据，是指公安司法机关决定提起刑事诉讼、采取具体的诉讼措施以推进刑事诉讼的进程和最终定案处理时，必须以业已查明的案件客观事实为基础。它要求公安司法机关必须依法收集证据，尽可能地查明案件的事实真相，使案件的实体问题或程序问题的解决都建立在证据能够证明的客观事实基础之上，而不允许把主观想象、推测、怀疑作为处理案件的根据。为此，《刑事诉讼法》第五十一条规定："公安机关提请批准逮捕书、人民检察院起诉书、人民法院判决书，必须忠于事实真相。故意隐瞒事实真相的，应当追究责任。"为了保证公安司法机关能够查明案件的事实真相，刑事诉讼法对拘留、逮捕等强制性措施的适用条件以及立案、侦查终结、决定起诉和判决的事实条件均作出了明确的规定。该法还具体规定了证据的种类、证人的资格、收集证据的一般原则和审查判断证据的方法。

以法律为准绳，是指公安司法机关在刑事诉讼过程中以及在各个诉讼阶段对案件作出最终的结论时，必须严格遵守程序法和组织法等法律关于国家专门机关的职权分配、相互关系以及办案程序的规定，并根据实体法关于犯罪的构成要件、量刑标准、量刑原则等规定作出适当的处理。

以事实为根据和以法律为准绳二者之间是相互依存、密不可分的。查明案件事实真相是依据法律规定推进诉讼进程和对案件作出处理结论的前提。如果案件事实没有查清，或者弄错了，就很难正确适用法律；以法律为准绳，又是正确处理刑事案件的关键。因为如果违反程序法和组织法的规定，就是执法违法或越权办案，导致已经进行的诉讼活动无效，也难以查明案件的事实真相，如果违反实体法的规定，就会在采取拘留、逮捕等强制性措施和定案处理时，作出错误的决定，其结果不是放纵犯罪，就是侵犯人权。因此，以事实为根据和以法律为准绳是一个有机的整体，必须在刑事诉讼中全面地贯彻执行。

二、意义

以事实为根据、以法律为准绳的原则，是我国司法工作长期实践经验的科学总结，在我国刑事诉讼基本原则体系中居于核心地位，是对公安司法机关进行刑事诉讼的最基本的要求，也是贯彻执行其他诉讼原则的根本保证。即使在公安司法人员的素质已经得到明确提高、国家法律制度基本健全的今天，这一原则仍然具有重要的现实意义。实践证明，公安司法机关在刑事诉讼中遵守这一原则，就能保证办案质量，既能准确、及时地查明犯罪事实，惩罚犯罪分子，又能保障无罪的人不受刑事追究，保护诉讼参与人的合法权益，树立法律的权威；反之，若违反这一原则，就会产生冤假错案，侵犯公民的基本人权，损害法律的尊严。

三、贯彻该原则需要注意的方面

1. 查明案件的事实真相必须受法定程序的约束

这就要求应特别坚持"重证据，重调查研究，不轻信口供"的指导原则，严禁刑讯逼供和以威胁、引诱、欺骗以及其他非法的方法收集证据。依据无罪推定原则的精神，充分保障犯罪嫌疑人、被告人的辩护权，决不允许为了追求主观想象的所谓"客观真实"而不择手段，随意抓人、越权办案、非法取证。

2. 要正确认识和妥善处理事实不清、证据不足的案件

由于主客观多方面的原因，一些案件事实在法定期限内没有查清或者定案处理时发现证据不足的情况，也是存在的。对于这样的案件，公安司法人员必须严格依据法律的规定作出相应的处理，如变更强制措施、退回补充侦查、决定不起诉或者宣告无罪等。不允许在法定办案期限届满的情况下，为了查明案件事实而继续羁押犯罪嫌疑人、被告人，更不允许为了追求控制犯罪的效果而通过相关部门的"协调"把本来证据不足的案件勉强定罪处罚。

3. 公安司法人员应不断提高业务素质

应该注意培养公安司法人员忠于事实、忠于法律的敬业精神，更新诉讼观念，增强法律意识，坚决排除外来干扰，严格依法办案。

第三节　对一切公民在适用法律上一律平等原则

一、该原则的基本内容

对一切公民在适用法律上一律平等的原则，是我国诉讼法基本原则之一。《刑事诉讼法》第六条的规定确立了我国刑事诉讼中对一切公民在适用法律上一律平等的基本原则，这是"公民在法律面前一律平等"的宪法原则在刑事诉讼中的具体体现。

这一原则规定有两方面的含义：一是指人民法院、人民检察院、公安机关、国家安全机关进行诉讼时，对一切公民的合法权益，不分民族、种族、性别、职业、社会地位、宗教信仰、文化程度、财产状况、居住年限等一律依法予以保护。包括那些违法犯罪分子的合法权益。二是指对于一切公民的违法犯罪行为，不论违法犯罪人的社会地位高低，财产多寡等都必须依法处理。该逮捕的逮捕，该起诉的起诉，该判刑的判刑，绝不允许因违法犯罪人的出身、社会地位等不同于一般公民就在适用法律上给予不平等的对待，甚至法外施恩。社会主义的诉讼法绝不允许在适用法律上出现一部分人享有特权，而另一部分人却受到歧视的现象存在。对一切公民在适用法律上的一律平等的原则与在法律规定的范围内实行区别对待的原则并不矛盾。对犯罪分子的情况进行具体分析，根据不同情况，包括犯罪事实本身的情节，造成社会危害的程度以及犯罪后的认罪态度等，予以区别对待，分别量刑。这种实事求是、区别对待的原则正是公民在适用法律上一律平等的具体体现。对一切公民在适用法律上一律平等的原则，是社会主义制度下法律制度的必然要求，体现了社会主义法制的民主精神。在奴隶制、封建制的国家中，法律公开规定不平等的原则，如我国封建制度时期的《唐律》就规定有"八议"之制，皇亲显贵犯罪，有议请减罪或免刑

的特权，这就不是一切公民在适用法律上的一律平等。

二、该原则的适用

在司法实践中具体适用该原则时，要注意以下问题：一是公安司法机关在进行刑事诉讼中，必须严肃执法，公正司法，对任何犯罪的公民，都必须严格依法追究刑事责任，不能以党纪行政处分代替刑事处罚，也不能以罚代刑，以经济制裁代替刑事处罚。二是对所有诉讼参与人都应平等对待，保障一切诉讼参与人充分行使诉讼权利，平等履行诉讼义务。三是贯彻公民在适用法律上一律平等的原则，还包括使公民获得平等的司法保护，对某些经济困难或特殊案件的当事人，不能因其经济困难请不起律师或因身体残疾等其他原因而造成事实上适用法律的不平等。必要时应当启动法律援助制度，对他们提供特殊的司法救济。

第四节　人民法院、人民检察院依法独立行使职权原则

一、该原则的基本内容

该原则被认为是我国的司法独立原则。主要包括两层含义：一是审判权、检察权的"专属性"，即国家的司法权只能由宪法和法律规定的依法设立的人民法院和人民检察院专门行使，其他任何机关、组织、个人都不能行使；二是人民法院、人民检察院的职务行为具有不受干涉的"独立性"，人民法院行使审判权，人民检察院行使检察权时只服从宪法和法律，不受行政机关、社会团体和个人的干涉。

《宪法》第一百二十六条规定："人民法院依照法律规定独立行使审判权，不受行政机关、社会团体和个人的干涉。"第一百三十　条规定："人民检察院依照法律规定独立行使检察权，不受行政机关、社会团体和个人的干涉。"《刑事诉讼法》第五条、《人民法院组织法》第四条以及《人民检察院组织法》第九条也有相同的规定。这是司法独立原则在中国宪法和法律中的体现。

1. 司法独立具有政治性和技术性双重属性

在法治国家，司法独立既是调整国家政治体制的一项宪政原则，也是解决政府和人民直接利益冲突的刑事诉讼的一项基本原则，具有政治性和技术性双重属性。资产阶级启蒙思想家孟德斯鸠指出："如果司法权不同立法权和行政权分立，自由就不存在了。如果司法权同立法权合二为一，则将对公民的生命和自由施行专断的权力，因为法官就是立法者。如果司法权同行政权合二为一，法官便将握有压迫者的力量。"根据这一学说，法治国家普遍将司法独立规定为一项宪法原则。第二次世界大战以后，司法独立演变为一项国

际刑事司法准则，得到国际社会的广泛认同和多个国际规范性文件的确认。如《公民权利与政治权利国际公约》第十四条第一款规定："在判定对任何人提出的任何刑事指控或者确定他在一件诉讼案件中的权利和义务时，人人有资格由一个依法设立的合格的、独立的和无偏倚的法庭进行公正的和公开的审讯。"联合国 1985 年 11 月 29 日通过的《关于司法机关作用的基本原则》首先就强调"司法机关的独立"，并且具体规定：各国应保证司法机关的独立，并将此项原则正式载入其本国的宪法或法律之中；尊重并遵守司法机关的独立，是各国政府机构及其他机构的职责；司法机关应不偏不倚、以事实为根据并依法律规定来裁决其所受理的案件，而不应有任何约束，也不应为任何直接或间接的不当影响、怂恿、压力、威胁或干涉所左右，不论其来自何方或出于何种理由；司法机关应对所有司法性质的问题享有管辖权；不应对司法程序进行任何不适当或无根据的干涉。

2. 司法独立原则在现代政治法律制度中具有极其重要的意义

从政治上讲，司法独立是现代民主宪政的基础，其本质是要求在政府与政府权力的相对人之间的利益发生冲突时，始终由独立的司法机关进行裁决，把政治问题纳入司法程序，予以技术化。这既维护政府的政治权威，又保障个人的基本人权，从而维护社会的持久和平与稳定，防止社会因为政治势力的起伏而出现动荡。这样，社会便真正成为自由人的自治与联合体，人的个性能够得到充分的发展。从技术上讲，司法独立是司法公正的前提，是法院、检察院排除各方面的干扰、公正处理具体案件的保障。只有实行司法独立原则，才能使处于弱势地位的个体或社会群体得到公平的司法救济。具体到刑事诉讼而言，只有实行司法独立原则，才能保证被告人接受公正审判的权利，使受到政府追究的个人在程序上受到公平的对待、在实体上受到公正的处理。从民主宪政的角度来看，司法独立不仅仅是对司法机关和司法人员的制度性保护，更重要的是所有的社会成员在法治状态下应该享有的一项基本权利。没有司法独立，受到损害的不止是个案中的一方当事人或者政府权力的具体相对人，而是全体社会成员。

二、遵守此原则需要处理的几个关系

正确理解和执行人民法院和人民检察院依法独立行使职权原则，还应妥善处理好以下三个方面的关系：

1. 依法独立行使职权与中国共产党领导的关系

中国共产党是执政党，是领导我们一切事业的核心力量。坚持党对司法机关的领导是人民法院、人民检察院依法独立行使职权的根本保证。党的方针政策是制定法律的根据，是执行法律的灵魂，该原则同正确执行党的方针政策是一致的。执政党对司法工作的领导，是通过方针、政策，在思想上、组织上进行领导，一般不介入个案的处理，不在法院、检察院正常行使权过程中加以干涉。

2. 依法独立行使职权与国家权力监督的关系

在我国国家机关体系中，各级人民法院和人民检察院均由同级国家权力机关产生，并向同级国家权力机关负责并报告工作，自觉接受监督。国家权力机关对法院、检察院的监督是以集体的方式进行，不会影响法院、检察院办案活动的正常进行，更不应代替法院、检察院行使审判权、检察权。

3. 依法独立行使职权与人民群众监督、社会舆论监督的关系

法律规定"不受行政机关、社会团体和个人的干涉"是指干扰诉讼活动正常进行的非法行为，而不是指正常工作建议或批评意见。人民法院、人民检察院在依法独立行使职权中，应自觉接受来自各方面的监督，虚心听取各方面的批评、建议和意见，改进工作，更好地履行自己的职责。

第五节 分工负责、互相配合、互相制约原则

一、该原则的基本内容

《刑事诉讼法》第七条规定："人民法院、人民检察院和公安机关进行刑事诉讼，应当分工负责，互相配合，互相制约，以保证准确有效地执行法律。"这是调整公、检、法三机关在刑事诉讼中的相互关系的基本准则，是依据《宪法》第一百三十五条确立的，是一项重要的宪法原则。分工负责，是指人民法院、人民检察院和公安机关在刑事诉讼中应当根据法律规定的职权分工，在各自的职权范围内进行活动，各司其职，各负其责，既不能互相代替，也不能互相推诿。互相配合，是指人民法院、人民检察院和公安机关进行刑事诉讼时，应当在分工负责的基础上，互相支持，通力合作，使案件的处理能够前后衔接，协调一致，共同完成查明案件事实，揭露、证实、惩罚犯罪的任务。互相制约，是指人民法院、人民检察院和公安机关在刑事诉讼过程中，应当按照职能的分工和程序的设置，互相制衡，互相约束，以防止发生错误或及时纠正错误，做到不错不漏，不枉不纵。

根据《刑事诉讼法》的有关规定，公、检、法三机关在刑事诉讼中的分工负责主要体现在两个方面：一是职能上的分工，即公安机关负责侦查、拘留、执行逮捕、预审；人民检察院负责检察、批准逮捕、对直接受理的案件的侦查、提起公诉；人民法院负责审判。二是案件管辖上的分工，即人民法院直接受理自诉案件；人民检察院负责立案侦查贪污、贿赂犯罪、国家工作人员的渎职犯罪以及国家机关工作人员利用职权侵犯公民民主权利、人身权利的犯罪等；公安机关则负责上述案件以外的案件的侦查。

在分工负责、互相配合、互相制约的原则中，分工负责是互相配合、互相制约的前提和基础，没有分工，配合与制约就无从谈起。互相配合、互相制约是同一问题的两个方面，二者不可偏废。互相配合主要是要求各机关认真履行自己的职责，依法完成本机关的诉讼任务，就是对其他机关的支持和配合。如果公、检、法三机关都能按照法律的规定尽职尽责，依法前后协调、上下衔接，就能共同完成代表国家揭露犯罪、证实犯罪、惩罚犯罪的任务。互相制约则要求三机关互相监督，防止或减少工作中的偏差和错误，及时发现和纠正违法现象。从保证法律正确实施的角度来看，在分工的前提下互相制约是正确处理

公、检、法三机关相互关系的关键。因为诉讼职能的分工和侦查、起诉与审判权的制衡正是现代法制为保障诉讼的民主性、科学性而确立的一种基本结构，如果没有互相制约，三机关的分设与权力的分立就失去了意义。

二、该原则在刑事诉讼中的体现

公、检、法三机关互相配合、互相制约的关系体现在刑事诉讼的各个阶段。

1. 在侦查阶段中的体现

公安机关需要逮捕犯罪嫌疑人时，必须提请人民检察院审查批准，人民检察院对不符合逮捕条件的案件，可以作出不批准逮捕的决定；公安机关如果认为人民检察院不批准逮捕的决定有错误，可以要求复议，如果意见不被接受，可以提请上一级人民检察院复核。

2. 在审查起诉阶段中的体现

公安机关侦查终结的案件，认为需要追究刑事责任的，应当写出起诉意见书，连同案卷材料、证据一并移送人民检察院审查起诉；人民检察院审查后，如果认为符合起诉条件的，应当依法决定提起公诉；如果认为案件事实不清、证据不足的，可以退回公安机关补充侦查，也可以自行补充侦查；如果认为不应追究刑事责任的，或者犯罪情节轻微、不需要判处刑罚或可以免除刑罚的，则依法作出不起诉决定；公安机关认为人民检察院不起诉决定有错误的，可以要求复议，如果意见不被接受，可以提请上一级人民检察院复核。

3. 在审判阶段中的体现

人民法院对于人民检察院依法起诉的案件，应当进行审查，对符合条件的，应当决定开庭审判；人民检察院对人民法院依普通程序审判的案件，应当派员出庭支持公诉；人民法院经过审理以后，应当依法对被告人是否犯有被指控的罪行、应否判刑以及如何判刑作出判决；人民检察院认为人民法院的判决确有错误的，可以依据法定程序提出抗诉。

第六节　犯罪嫌疑人、被告人有权获得辩护原则

一、该原则的基本内容

1. 辩护原则的主要内容

《宪法》第一百二十五条规定："被告人有权获得辩护。"《刑事诉讼法》第十一条规定："被告人有权获得辩护，人民法院有义务保证被告人获得辩护。"辩护原则，是指在法律上确认犯罪嫌疑人、被告人享有辩护权并在刑事诉讼过程中体现和保障这一权利的诉讼原则。

在我国，犯罪嫌疑人、被告人在刑事诉讼的任何阶段都有权进行辩护，既可以自行辩

护，也可以通过律师或其他人进行辩护。第二次世界大战以后，不断扩大和充实辩护权，成为法治国家刑事诉讼法发展的主流趋势之一，辩护原则由国内法的原则演变为国际刑事司法准则。为了保障犯罪嫌疑人、被告人的辩护权，国际人权法和各国国内法律普遍规定应当赋予犯罪嫌疑人、被告人一系列相应的诉讼权利，如有权知悉被指控犯罪的性质和理由；有权被告知可以获得律师的法律帮助；有相当的时间和便利准备辩护，并与自己的律师进行联络；有权询问证人和鉴定人；有权借助于国家的力量强制有利于自己的证人出庭作证；有权对判决、裁定提出上诉等。

2. 辩护原则的基本要求

（1）犯罪嫌疑人、被告人在整个诉讼过程中享有辩解和自我辩护的权利；

（2）犯罪嫌疑人、被告人享有获得律师帮助的权利。犯罪嫌疑人、被告人通过具有与检察官相当法律专业水平和能力的律师的辩护，一般能有效地维护自己的合法权益；

（3）公安司法机关应当保证犯罪嫌疑人、被告人获得辩护。这不仅是指在符合法律规定的必要情况下，为没有委托辩护人的被告人指定辩护人，而且包括告知犯罪嫌疑人、被告人受到指控的犯罪性质和理由，并且为犯罪嫌疑人、被告人及其辩护人行使辩护权提供必要的条件。如至迟在开庭审理以前向辩护人公开控诉证据，保证辩护人与犯罪嫌疑人、被告人之间的会见交流权，保证辩护律师的调查取证权和法庭举证、质证权等。

二、辩护权的理论基础

（1）人权理论。辩护权的实质是人权，是在刑事诉讼中体现对人的保护。将嫌疑人、被告人当人看待，当作诉讼的主体，而不是客体或对象。

（2）诉讼构造理论。诉讼是三方组合，缺少任何一方都是不符合诉讼的特征的。中国古代就是两方组合的诉讼，显然是诉讼的变形。要确立公正的刑事诉讼结构，就应当赋予犯罪嫌疑人、被告人以辩护权，以有效抗衡控方错误、无根据的指控，保障司法裁判的实体正确性和程序公正性。

（3）查明真相的竞技理论。这是英美法系当事人主义诉讼的理论基础。给予控辩双方平等的权利和机会，使诉讼两造在如同体育竞技般的对抗中充分揭露案件的事实真相，比单方面的事实查证要高效而彻底。辩护权的充分行使有助于事实真相的发现。

（4）权力制约理论。刑事诉讼主要是公权力运行的舞台，赋予犯罪嫌疑人、被告人以辩护权，是对国家公权力的必要抗衡与制约。

第七节　未经人民法院依法判决不得确定有罪原则

《刑事诉讼法》第十二条规定："未经人民法院依法判决，对任何人都不得确定有罪。"从而确立了未经人民法院判决不得确定有罪的原则。

一、该原则的基本内容

1. 定罪权只能由人民法院统一行使

除人民法院以外，其他任何机关、社会团体和个人都无权确定被告人有罪。定罪权由法院统一行使，是审判权的应有之义，因为审判权的重要内容就是通过审理认定被告人是否应当承担刑事责任以及在何种程度上承担刑事责任。前者是定罪问题，后者是量刑的问题。定罪权只能由人民法院行使，意味着承担侦查职能的公安机关和承担控诉职能的人民检察院，均不能行使定罪权。他们在刑事诉讼中只能对刑事案件作出程序性处理决定，案件的实体处理决定只能由人民法院进行。

2. 未经人民法院依法判决，对任何人都不得确定有罪

这是要求在人民法院作出最终判决前，不得将嫌疑人、被告人视为有罪之人。为此：

（1）应当区分"犯罪嫌疑人"与"被告人"的概念。公诉案件在人民检察院提起公诉前，称为"犯罪嫌疑人"，提起公诉后才称为"被告人"，以防止在起诉前对嫌疑人产生有罪推定。

（2）应当有控诉方承担证明责任。证明被告人有罪的责任应当由控诉方承担，被告人不负提供证据证明自己无罪的责任。不能因为被告人无法提供证据证明自己无罪，就推定被告人有罪。

（3）疑罪从无。当控诉方因为不能提供证据证明被告人有罪时，或者提供的证据不足、不能认定被告人有罪的，应当作出无罪认定。如在审查起诉阶段作不起诉处理；在审判阶段，人民法院应当作出证据不足、指控罪名不能成立的无罪判决。

二、关于无罪推定的理论争议

关于"未经人民法院依法判决不得确定有罪"原则是否就是国际通行的"无罪推定"原则，理论上存有争议。有立法人士解释："按照《刑事诉讼法》的规定，我国的诉讼程序不是'无罪推定'，也不是'有罪推定'，而是以事实为根据，以法律为准绳。""我们坚决反对有罪推定，但也不是西方国家那种无罪推定，而是以客观事实为依据"，中国刑事诉讼法"没有规定，法院判决有罪前推定为无罪。因为，如果这样规定，在法院判决前推定为无罪，那么侦查机关为什么还要侦查？为什么还要采取强制措施？既然推定为无罪，那么检察机关为什么有的还要审查起诉？法院为什么还要开庭审理？我们坚持以事实为根据的原则，在法院判决有罪前，不能说是罪犯，但也不能说就没有犯罪嫌疑，而是实事求是，进行侦查，客观地依法收集有罪、无罪、罪重、罪轻的各种证据，是否犯罪，最后由法院根据事实来审判确定。"[①]

但是，多数人认为《刑事诉讼法》第十二条的规定，与无罪推定的精神吻合，实际上就是关于无罪推定原则的表述。因为，犯罪嫌疑人、被告人在刑事诉讼中的法律地位只有

---

① 胡康生，李福成. 中华人民共和国刑事诉讼法释义. 北京：法律出版社，1996. 15.

两种：或有罪，或无罪。如果在法律上不能确定未受有罪判决的被告人有罪，则当然可以推定其在法律上无罪。既然《刑事诉讼法》第十二条规定"未经人民法院依法判决，对任何人都不得确定为有罪"，那么其反对解释即为，"未经人民法院依法判决，任何人都是无罪之人"，这正与无罪推定原则的表述和意旨相符。

第八节　保障诉讼参与人的诉讼权利原则

一、该原则的基本内容

《刑事诉讼法》第十四条规定："人民法院、人民检察院和公安机关应当保障犯罪嫌疑人、被告人和其他诉讼参与人依法享有的辩护权和其他诉讼权利。诉讼参与人对于审判人员、检察人员和侦查人民侵犯公民诉讼权利和人身侮辱的行为，有权提出控告。"根据此条规定，保障诉讼参与人诉讼权利的原则有两方面内容：

1. 国家专门机关承担诉讼关照义务

诉讼参与人所享有的诉讼权利，是诉讼参与人参加刑事诉讼、维护自身合法权益的必要条件。作为国家专门机关的人民法院、人民检察院和公安机关在进行刑事诉讼活动时，应当尊重和维护诉讼参与人的各种诉讼权利，对其不得以任何借口予以限制或剥夺。不仅如此，考虑到诉讼参与人并非法律专家，不一定完全清楚、了解自己所享有的诉讼权利和义务，因此，国家专门机关的工作人员负有关照和提醒的义务，这叫做诉讼关照义务。

保障诉讼参与人依法享有的诉讼权利是我国刑事诉讼法确定的一项基本原则，是社会主义民主在刑事诉讼中的具体体现。对于不同的诉讼参与人依法享有的各项权利，人民法院、人民检察院和公安机关在刑事诉讼中，应当切实予以保障，这是公、检、法三机关应尽的义务，不得以任何借口进行限制或者剥夺。

2. 诉讼参与人有权对侵犯权利的行为提出控告

诉讼参与人对于审判人员、检察人员和侦查人员以限制、剥夺等形式侵犯公民依法享有的诉讼权利和对其进行人身侮辱的行为，有权提出控告。对于控告，任何人不得阻止。如果查证属实，应当严肃处理，构成犯罪的，应当依法追究其刑事责任。

二、保障措施

首先，履行权利告知义务，保障诉讼参与人的知情权。知情权是诉讼参与人行使其他诉讼权利的基础，刑事诉讼法中有许多权利告知、文书送达的规定，公安机关、检察机关和人民法院，必须认真履行告知、送达义务，否则，就是对诉讼参与人权利的侵害。

其次，给诉讼参与人行使权利提供便利和条件，不得阻挠、限制、诉讼参与人正当行使其权利，更不能剥夺他们的权利。

再次，赋予诉讼参与人以控告权。根据法律规定，诉讼参与人对于侵犯其诉讼权利以及侮辱人身的行为有权提出控告。

保障诉讼参与人诉讼权利的意义，在于保障所有参加刑事诉讼活动的公民的诉讼权利和人格尊严免遭侵犯，有助于公、检、法机关正确文明地进行刑事诉讼。

第九节　人民检察院依法对刑事诉讼实行法律监督原则

一、检察机关在刑事诉讼中的地位

《刑事诉讼法》第八条规定："人民检察院依法对刑事诉讼实行法律监督。"这是根据《宪法》关于"中华人民共和国人民检察院是国家的法律监督机关"的规定，在1996年3月修改《刑事诉讼法》时新增加的一项基本原则，反映了我国刑事诉讼法的社会主义性质和特色。

二、法律监督在刑事诉讼中的内容

人民检察院对刑事诉讼实行法律监督是贯穿刑事诉讼全过程的一项基本原则，但在不同的诉讼阶段，监督的对象、内容、方式和程序是不完全相同的。概括起来，人民检察院对刑事诉讼的法律监督主要包括四个方面的内容：

1. 立案监督

人民检察院认为公安机关对应当立案侦查的案件而不立案的，或者被害人认为公安机关对应当立案侦查的案件而不立案侦查，向人民检察院提出的，人民检察院应当要求公安机关说明不立案的理由；人民检察院如果认为公安机关不立案理由不能成立的，应当通知公安机关立案，公安机关接到通知后应当立案。

2. 侦查监督

人民检察院在审查批捕、审查起诉过程中，应当对公安机关的侦查活动是否合法进行监督，发现有违法情况的，应当通知公安机关纠正，公安机关应当将纠正情况通知人民检察院；同时，人民检察院根据需要可以派员参加公安机关对于重大案件的讨论和其他侦查活动，发现违法行为时，应当监督纠正；人民检察院在审查案件时，还可以要求公安机关提供法庭审判所必需的证据材料。

3. 审判监督

人民法院按照普通程序审判公诉案件时，人民检察院应当派员出庭支持公诉，并对审判活动是否合法进行监督；如果发现庭审活动违反法定的诉讼程序，应当由人民检察院在庭审以后向人民法院提出纠正意见；人民检察院认为人民法院的判决、裁定确有错误的，可以通过第二审程序或者审判监督程序提出抗诉。

4. 执行监督

人民检察院对执行机关执行刑罚的活动是否合法实行监督，如果发现有违法的情况，应当通知执行机关纠正；如果认为主管机关对罪犯监外执行的决定或者人民法院对罪犯的减刑、假释裁定不当，应当依法提出纠正意见，有关机关必须在法定期限内重新审查处理。

需要说明的是，人民检察院对于刑事诉讼实行法律监督与公、检、法三机关之间的互相制约是不同的。因为互相制约是双向的，三机关都有制约权，而检察监督是单向的，是人民检察院依法享有的一项专门职权，其监督对象是公安机关的立案侦查活动、人民法院的审判活动和执行机关的执行活动；不仅如此，检察监督的方式和程序也是法定的、特有的，如提出口头纠正意见、提出书面纠正意见、提出抗诉等，与程序上的互相制约措施是有区别的。

第十节　具有法定情形不予追究刑事责任原则

一、法定不追究的情形

《刑事诉讼法》第十五条确立了具有法定情形的不予追究刑事责任原则。实行这一原则，可以防止和及时纠正对不应追究刑事责任人的错误追究，可以节约司法资源，避免无效劳动。

法定不予追究刑事责任的情形如下：

1. 情节显著轻微、危害不大，不认为是犯罪的

根据《刑法》的有关规定，情节显著轻微、危害不大的，不构成犯罪。这是罪与非罪的界限，对于不构成犯罪的，当然不能追究其刑事责任。

2. 犯罪已过追诉时效期限的

《刑法》规定了刑事犯罪的追诉期限，法定最高刑为不满 5 年有期徒刑的，经过 5 年；法定最高刑为 5 年以上不满 10 年有期徒刑的，经过 10 年；法定最高刑为 10 年以上有期徒刑的，经过 15 年；法定最高刑为无期徒刑、死刑的，经过 20 年等。追诉时效具有法定约束力，超过追诉时效的，不再追究刑事责任。

3. 经特赦令免除刑罚的

依据《宪法》规定，全国人民代表大会常务委员会有权决定特赦。一经特赦，对罪犯不得再予以追究。

4. 依照《刑法》告诉才处理的犯罪，没有告诉或者撤回告诉的

我国《刑法》规定了四类案件告诉才处理，即侮辱、诽谤案（严重危害社会秩序和

国家利益的除外）；暴力干涉婚姻自由案；虐待案；侵占案。这几种犯罪的追究以被害人等的告诉为必要条件，如果没有法定人员告诉，或告诉以后又撤诉的，不得追究刑事责任。

5. 犯罪嫌疑人、被告人死亡的

我国刑法实行罪责自负、反对株连的原则，加之刑事诉讼中没有缺席审判，如果犯罪嫌疑人、被告人死亡，追究其刑事责任已经没有意义，因此不予追究。

6. 其他法律规定免予追究刑事责任的

如果按照刑法应当追究刑事责任，但其他生效法律规定免予追究刑事责任的，依据特别法优于普通法的原则，不予追究。

二、不予追究刑事责任的处理方式

1. 不立案或不予受理

对于公诉案件，如果在刑事诉讼开始前，就已经发现具有上述六种情形之一的，公安机关或检察机关应当决定不立案；如果法院对于检察院已经提起公诉的案件，在庭前审查阶段发现具有上述六种情形之一的，法院应当决定不予受理。

2. 撤销案件

如果在侦查阶段发现案件具有上述情形之一的，公安机关或人民检察院应当撤销案件。

3. 不起诉

如果在审查起诉阶段发现案件具有上述情形之一的，人民检察院应当作出不起诉决定。应当特别注意的是，人民检察院对于公安机关移送审查起诉的案件：①发现犯罪嫌疑人没有违法犯罪行为的，应当书面说明理由将案卷退回公安机关处理；②发现犯罪事实并非犯罪嫌疑人所为的，应当书面说明理由将案卷退回公安机关并建议公安机关重新侦查。人民检察院审查起诉部门对于本院侦查部门移送审查起诉的案件，发现具有上述情形之一的，应当退回本院侦查部门，建议作出撤销案件的处理。

4. 终止审理

如果在审判阶段发现案件属于《刑事诉讼法》第十五条规定的第二至第六这五种情形之一的，人民法院应当裁定终止审理。

5. 宣告无罪

如果在审判阶段发现案件具有《刑事诉讼法》第十五条规定的第一种情形，即情节显著轻微、危害不大，不认为是犯罪的，或者被告人死亡，但根据已经查明的案件事实和认定的证据材料，能够确认被告人无罪的，应当判决宣告被告人无罪。最高人民法院《关于执行〈中华人民共和国刑事诉讼法〉若干问题的解释》第一百七十六条第四款规定："证据不足，不能认定被告人有罪的，应当以证据不足，指控的犯罪不能成立，判决宣告被告人无罪。"

实行依法不追究原则的意义在于保障国家的追诉权能够得到统一正确的行使，防止扩大追诉范围，保障依法不应当受到刑事追究的人不被追诉和不被判刑。

第十一节　追究外国人刑事责任适用我国刑事诉讼法原则

这项原则实际上是刑事司法主权原则的体现，其法律依据是《刑事诉讼法》第十六条的规定："对于外国人犯罪应当追究刑事责任的，适用本法的规定。对于享有外交特权和豁免权的外国人犯罪应当追究刑事责任的，通过外交途径解决。"

一、该项原则的内容和要求：

（1）外国人（含无国籍人和国籍不明的人）犯罪，主要是指外国人在中华人民共和国领域内的犯罪，但同时也应包括外国人在中华人民共和国领域外对我国国家和公民的犯罪。外国人犯罪案件由我国公安、司法机关管辖，由我国公安、司法机关按照我国刑事诉讼法规定的原则、制度和程序进行处理。

（2）如果我们国家缔结或者参加的国际条约中，有关于刑事诉讼程序的具体规定的，除我国声明保留的条款外，在处理外国人犯罪案件时，也应当适用该国际条约中的有关规定。

（3）对于享有外交特权和豁免权的外国人犯罪应当追究刑事责任的，不受我国司法管辖，只能通过外交途径解决。

二、该原则的意义

既能体现和维护我国的司法主权，保护我国国家和公民的利益，维护我国的法律尊严；又可以妥善处理我国与外国的关系，防止因对刑事案件处理不当而影响我国同其他国家之间平等正常的交往。

案 例 分 析

【案例一】某晚，某市荷花公园发生一起杀人案。女被害人送到医院经抢救脱离危险。公安机关根据女青年的陈述，很快查明凶手及杀人原因。凶手是被害人同单位的职工张某。被害人与张某曾谈过恋爱，后发现张某很难沟通，提出了分手。张某认为被害人玩弄自己，蓄意行凶。凶杀案发生当日，张某约被害人到荷花公园拔刀向被害人猛刺之后逃离现场。张某回家后，被父母察觉，经追问，张某据实相告。其父母向被害人父母道歉，要求放其子一次，并承诺负责被害人医疗及康复费用加赔偿 3 万元。与被害人父母达成协议，双方签名盖章。当侦查人员到张某家中逮捕张某时，张某的父母拿出双方协议阻止侦查人员行使职权。张某所在单位领导闻讯后也赶到现场，对侦查人员说："双方已达成协议，公安机关就不要管了。"

【问题】张某的父母与被害人父母达成的协议对公安机关是否有约束力？

【解析】张某的父母与被害人父母达成的协议对公安机关是没有法律约束力的。

根据我国刑事诉讼中的职权原则和司法权独立原则，侦查权、检察权、审判权由公、检、法机关专门行使，其他任何单位和个人都不得行使这些权力。人民法院、人民检察院依照法律规定独立行使审判权、检察权，不受行政机关、社会团体和个人的干涉。该案是严重的刑事案件，是专门机关依照职权必须查究的犯罪，公、检、法机关独立行使职权，不可能受当事人协议的限制。所以，张某的父母及其单位领导不能以所谓的协议来阻止公安机关依法独立行使职权。

【案例二】在淮南市中级人民法院审理的一起故意杀人案中，第一被告的辩护人在法庭上对公安机关所出具的勘验笔录提出了异议，其理由是勘验笔录是用手写的，不是打印的，因此他认为勘验笔录不具合法性，不能作为证据使用。他的质证意见一出口，使所有听众为之一笑。因法律没有规定勘验笔录必须用打印件，而辩护人竟不顾事实地由此对被害人的身份提出了荒唐的质疑。当时，被害人的母亲就在法庭上，在法庭调查中，被害人的母亲已经认可了死者就是他的儿子。第一被告的辩护人在没有任何证据的情况下，公然对被害人身份的真实性提出了质疑，他的质疑令公诉人啼笑皆非。

【问题】如何做到有效辩护？

【解析】辩护律师必须依据事实和法律进行辩护，无论什么案件，律师都不能不顾事实和法律地硬辩、强辩和狡辩。如果这样，既达不到辩护的目的，又会引起极其恶劣的社会效果。首先，必然会引起公诉人的反击；其次，必然会引起审判人员的反感；最后，必然会引起听众的质疑。我们应当根据事实和法律，做到敢辩、善辩和会辩。如何实现这一目的呢？这就要求我们在法庭上该说的一定要说，要说就说到位，这叫敢辩；说的观点要正确，要系统和全面，这叫善辩；要会用自己的语言技巧把自己的观点阐述清楚，说得明白，让他人清楚，这叫会辩。千万不能无理狡辩和不顾法律地硬辩。否则，既败坏了律师的声誉，也损害了被告人的利益，更引起了人们的反感。

思考与练习

1. 什么是职权原则？
2. 如何理解未经人民法院依法判决不得确定有罪原则？
3. 我国的司法独立原则包含哪些内容？
3. 检察监督原则的内容是什么？
4. 辩护原则的内容及其意义是什么？

第四章　刑事诉讼法的基本制度

要点提示

辩护，是指刑事诉讼中的犯罪嫌疑人、被告人及其辩护人反驳控方对嫌疑人、被告人的指控，提出有利于犯罪嫌疑人、被告人的事实和理由，以说明犯罪嫌疑人、被告人无罪、罪轻或者应当减轻、免除处罚，维护犯罪嫌疑人、被告人合法权益的诉讼活动。

犯罪嫌疑人自被侦查机关第一次讯问或者采取强制措施之日起，有权委托辩护人，被告人有权随时委托辩护人。

能够担任辩护人的包括：律师，人民团体或所在单位推荐的人，犯罪嫌疑人、被告人的监护人、亲友。辩护人是犯罪嫌疑人、被告人合法权益的专门维护者，具有独立的诉讼地位，既不依附于犯罪嫌疑人或被告人，也不从属于法官、检察官。辩护人与控诉方地位平等，诉讼立场相对，共同维护法律的正确实施。

应当指定辩护的情形：盲、聋、哑人，精神病人，可能被判处无期徒刑、死刑的人，未成年人。

刑事代理制度，是指基于法律规定或当事人委托，由诉讼代理人代理犯罪嫌疑人、被告人以外的当事人进行诉讼行为的制度。分法定代理和委托代理，公诉代理、自诉代理和附带民诉代理。

刑事法律援助是犯罪嫌疑人、被告人、自诉人或被害人，依法申请免费律师或者直接由国家减免收费，提供法律帮助的一项司法救济保障制度。

回避，是指侦查人员、检察人员和审判人员，包括鉴定人、翻译人员、书记员，因与案件或案件的当事人有利害关系，可能影响刑事案件的公正处理，而不得参加该案职权活动的诉讼制度。回避分自行回避、申请回避与指令回避三种。侦查人员、检察人员和审判人员的回避，由各机关负责人决定。院长的回避，由审判委员会决定，公安局长和检察长的回避，由同级检察委员会决定。

第一节　辩护制度

一、辩护、辩护权和辩护制度

（1）辩护。是指刑事诉讼中的犯罪嫌疑人、被告人及其辩护人反驳控方对犯罪嫌疑人、被告人的指控，提出有利于犯罪嫌疑人、被告人的事实和理由，以说明犯罪嫌疑人、被告人无罪、罪轻或者应当减轻、免除处罚，维护犯罪嫌疑人、被告人合法权益的诉讼活动。辩护是针对控诉而言的，有控诉才有辩护。辩护是一种诉讼活动，辩护的主体包括犯罪嫌疑人、被告人及其辩护人，这些人都可以进行辩护活动。

（2）辩护权。是法律赋予犯罪嫌疑人、被告人反驳刑事指控的一种权利。任何一个公民，一旦被怀疑犯有罪行，按照现代法律，他就具有辩护权。辩护权只有犯罪嫌疑人和被告人才享有，其他人包括辩护人都没有这个权利，辩护人只是代为行使辩护权。

（3）辩护制度。是由国家关于刑事辩护的一系列法律规则所构建的制度，其中包括辩护主体、辩护种类、辩护方式、辩护人等多种内容。在古罗马时代就有辩护制度，那时被告人不仅可以进行辩护，还可以请法律家作辩护士帮助辩护。中国古代也有讼师之类的社会角色，但是，传统的纠问式诉讼方式决定了辩护不可能盛行。

二、辩护的种类

依据《刑事诉讼法》第三十二条、第三十四条的规定，我国刑事诉讼中的辩护有三种，即自行辩护、委托辩护和指定辩护。

1. 自行辩护

自行辩护是犯罪嫌疑人、被告人自己针对控诉方的指控进行的反驳和辩解，是自己为自己所作的辩护。这种方式贯穿在刑事诉讼的整个过程，无论是刑事案件的侦查、起诉或者审判阶段，犯罪嫌疑人、被告人都有权自行辩护。自行辩护是犯罪嫌疑人、被告人实现其辩护权的最基本的方式。犯罪嫌疑人、被告人是刑事诉讼的中心人物，是被追究刑事责任的对象，而且他们对是否实施了犯罪、如何实施犯罪以及犯罪的后果最清楚。为保护自己不受非法追究或者是罚当其罪，他们会竭力提供对自己有利的各种事实和证据，证明自己无罪、罪轻和应当或者可以从轻、减轻、免除处罚。

2. 委托辩护

为更有效地维护犯罪嫌疑人、被告人的合法权益，法律允许犯罪嫌疑人、被告人在自行辩护的同时，可以委托一至二人作为辩护人帮助其进行辩护。这种委托依犯罪嫌疑人、被告人的意愿进行，是其重要的诉讼权利。辩护人在刑事诉讼中与犯罪嫌疑人、被告人一起共同承担辩护职能。犯罪嫌疑人、被告人在押期间要求委托辩护人的，人民法院、人民检察院和公安机关应当及时转达其要求。犯罪嫌疑人、被告人在押的，也可以由其监护人、近亲属代为委托辩护人。

（1）可以被委托作辩护人的人。依照法律规定，如下人员可以被委托作辩护人：①律师；②人民团体或者犯罪嫌疑人、被告人所在单位推荐的人；③犯罪嫌疑人、被告人的监护人、亲友。

（2）不能被委托担任辩护人的人。根据《刑事诉讼法》第三十二条第二款以及相关司法解释的规定，下列人员不能被委托担任辩护人：①正在被执行刑罚的人。应当注意，正在执行的刑罚包括主刑，也包括附加刑。主刑已被执行完毕，但仍在执行剥夺政治权利的，也不得担任辩护。被宣告缓刑的人也不得担任辩护人。②依法被剥夺、限制人身自由的人。③无行为能力或者限制行为能力的人。④人民法院、人民检察院、公安机关、国家安全机关、监狱的现职人员。⑤本法院的人民陪审员。⑥与本案审理结果有利害关系的人。⑦外国人或者无国籍人。⑧法官、检察官从人民法院、人民检察院离任后2年内，不得以律师身份担任诉讼代理人或者辩护人。⑨法官、检察官从人民法院、人民检察院离任后，不得担任原任职法院或检察院办理案件的诉讼代理人或者辩护人。⑩法官、检察官的配偶、子女不得担任该法官或检察官所任职法院或检察院办理案件的诉讼代理人或者辩护人。应当注意的是，对属于上述不得担任辩护人范围中第④～⑦项的人员，如果是犯罪嫌疑人或者被告人的近亲属或者监护人，并且不属于第①～③项情形的，可以由犯罪嫌疑人或者被告人委托担任辩护人。

（3）委托辩护的时间。根据《刑事诉讼法》第三十三条的规定，委托辩护的时间分四种情况：①侦查阶段，犯罪嫌疑人自被侦查机关第一次讯问或者采取强制措施之日起，有权委托辩护人。在侦查期间，只能委托律师作为辩护人。侦查机关在第一次讯问犯罪嫌疑人或者对犯罪嫌疑人采取强制措施的时候，应当告知犯罪嫌疑人有权委托辩护人；②审查起诉阶段，人民检察院自收到移送审查起诉的案件材料之日起三日以内，应当告知犯罪嫌疑人有权委托辩护人。③审判阶段，无论是公诉案件还是自诉案件，被告人有权随时委托辩护人。人民法院自受理案件之日起三日以内，应当告知被告人有权委托辩护人。④人民法院决定开庭审理后，应当将起诉书副本至迟在开庭10日以前送达被告人。对于被告人未委托辩护人的，告知被告人可以委托辩护人。

辩护人接受犯罪嫌疑人、被告人委托后，应当及时告知办理案件的机关。

3. 指定辩护

指定辩护是在遇有法定情形时，公、检、法机关指定承担法律援助义务的律师为犯罪嫌疑人、被告人进行辩护。指定辩护是法律的强制性规范，一经法院指定，便具有强制辩护的效力，犯罪嫌疑人、被告人有权拒绝自己认为不称职的律师的辩护，也可要求另行指定其他辩护律师，但不得拒绝办案机关的依法指定。通过法律援助为犯罪嫌疑人、被告人指定辩护，有利于提高辩护质量，有利于我国刑事司法与国际刑事司法准则的接轨。联合国《关于律师作用基本原则》规定："任何没有律师的人在司法需要的情况下，均有权获得按犯罪性质指派给他的一名有经验和能力的律师以便得到有效的法律援助，如果他无足够力量为此种服务支付费用，可不交费。"我国的辩护制度从整体上来看也体现了该原则的精神。

我国刑事诉讼中的指定辩护原来只适用于刑事案件的审判阶段。人民法院指定的辩护人，只能是依法承担法律援助义务的律师。因此指定辩护又称刑事法律援助。新刑事诉讼法将指定辩护扩大到犯罪嫌疑人，表明在统查审查起诉阶段公安、检察机亲也可以指一辩护。但如何操作尚待细化。

指定辩护的法定情形。根据《刑事诉讼法》第三十四条、二百六十七条的规定，犯罪嫌疑人、被告人属于下列情形时，人民法院、人民检察院和公安机关应当通知法律援助机构指派律师为其提供辩护：

（1）是盲、聋、哑人而没有委托辩护人的；

（2）是尚未完全丧失辨认或者控制自己行为能力的精神病人而没有委托辩护人的；

（3）可能被判处无期徒刑、死刑而没有委托辩护人的；

（4）是未成年人而没有委托辩护人的。

2012 年修订的《刑事诉讼法》取消了对因经济困难或其他原因没有委托辩护人的指定辩护。原因在于，经济困难与否以及其他原因，通常不易判断且涉及人数众多，既增加了法院审查的负担，又容易导致适用上的不公。因此，新法规定，犯罪嫌疑人、被告人因经济困难或者其他原因没有委托辩护人的，本人及其近亲属可以向法律援助机构提出申请。对符合法律援助条件的，法律援助机构应当指派律师为其提供辩护。

三、辩护人的诉讼地位

在我国，辩护人是诉讼参与人之一，《刑事诉讼法》第三十五条明确规定其责任是：根据事实和法律，提出犯罪嫌疑人、被告人无罪、罪轻或者减轻、免除其刑事责任的材料和意见，维护犯罪嫌疑人、被告人的诉讼权利和其他合法权益。可见，辩护人在刑事诉讼中的法律地位是独立的诉讼参与人，是犯罪嫌疑人、被告人合法权益的专门维护者。具有独立的诉讼地位，既不依附于犯罪嫌疑人或被告人，也不从属于法官、检察官。与控诉方地位平等，诉讼立场相对，共同维护法律的正确实施。具体而言：

（1）辩护人是犯罪嫌疑人、被告人合法权益的维护者，并不维护当事人的非法利益，不是犯罪的帮凶或庇护人。

（2）辩护人行使的是辩护职能，因而不能充当控告者对当事人进行检举、揭发。如果发现当事人有隐瞒的犯罪事实，可以劝其自首或者拒绝为其辩护。

（3）辩护人依据事实和法律，独立进行辩护，不受当事人意见的约束，不受法院、检察院的干涉。

四、辩护人的权利

辩护人依法享有诉讼权利和履行诉讼义务是正确开展辩护活动的重要保障。需要注意的是，在刑事诉讼中，律师与其他辩护人的诉讼权利不同，辩护人在不同诉讼阶段的诉讼权利也不同。2012 年修订的《刑事诉讼法》，对辩护人的权利给予了较大幅度的扩充与完善，辩护人依法享有的权利主要有：

（1）阅卷权。《刑事诉讼法》第三十八条规定，辩护律师自人民检察院对案件审查起诉之日起，可以查阅、摘抄、复制本案的案卷材料。其他辩护人经人民法院、人民检察院许可，也可以查阅、摘抄、复制上述材料。这里所说的案卷材料，应当是全部的侦查卷宗材料。

（2）会见、通信权。根据《刑事诉讼法》第三十七条，辩护律师可以同在押的或者被监视居住的犯罪嫌疑人、被告人会见和通信。其他辩护人经人民法院、人民检察院许可，也可以同犯罪嫌疑人、被告人会见和通信。辩护人会见犯罪嫌疑人、被告人时不被监听。

辩护律师持律师执业证书、律师事务所证明和委托书或者法律援助公函要求会见在押的犯罪嫌疑人、被告人的，看守所应当及时安排会见，至迟不得超过48小时。危害国家安全犯罪、恐怖活动犯罪、特别重大贿赂犯罪案件，在侦查期间辩护律师会见在押的犯罪嫌疑人，应当经侦查机关许可，其他案件则无须获得侦查机关的批准。上述案件，侦查机关应当事先通知看守所。辩护人会见在押的犯罪嫌疑人、被告人，可以了解案件有关情况，提供法律咨询等；自案件移送审查起诉之日起，可以向犯罪嫌疑人、被告人核实有关证据。

（3）调查取证与申请调查取证权。根据《刑事诉讼法》第三十九条、第四十一条的规定，辩护人的调查取证权分三个方面：①辩护律师经证人或者其他有关单位和个人同意，可以向他们收集与本案有关的材料。辩护人也可以申请人民检察院、人民法院收集、调取证据，或者申请人民法院通知证人出庭作证。②辩护律师经人民检察院或者人民法院许可，并且经被害人或者其近亲属、被害人提供的证人同意，可以向他们收集与本案有关的材料。③辩护人认为在侦查、审查起诉期间公安机关、人民检察院收集的证明犯罪嫌疑人、被告人无罪或者罪轻的证据材料未提交的，有权申请人民检察院、人民法院调取。

（4）职业保密权。《刑事诉讼法》第四十六条规定，辩护律师对在执业活动中知悉的委托人的有关情况和信息，有权予以保密。但是，辩护律师在执业活动中知悉委托人或者其他人，准备或者正在实施危害国家安全、公共安全以及严重危害他人人身安全的犯罪的，应当及时告知司法机关。

（5）要求回避、申请复议权。

（6）独立进行辩护权。辩护人依据证据、自己对案件事实的看法和对法律的理解，独立进行辩护，不受任何机关和个人的干涉，其人身权利和诉讼权利受法律保护。同时，依照《律师法》，律师在法庭上发表的代理、辩护意见不受法律追究。但是，发表危害国家安全、恶意诽谤他人、严重扰乱法庭秩序的言论除外。这种独立辩护权还包含了特殊情况下的拒绝辩护权。

（7）重要事项的知情权。为保障辩护人、诉讼代理人履行职责，《刑事诉讼法》对辩护人的知情权作了三方面的规定：①公安机关侦查终结移送审查起诉时，应将案件移送情况告知犯罪嫌疑人及其辩护律师；②法院开庭前，应将人民检察院的起诉书副本至迟在开庭十日以前送达被告人及其辩护人；③判决书应当同时送达辩护人、诉讼代理人。

（8）发表辩护意见的表达权。在侦查、审查起诉和审判各阶段，依照法律要求，办案机关都要听取辩护人的意见，因此，向公安司法机关提供辩护意见，是2012年修订后的

《刑事诉讼法》新赋予辩护人的一项重要权利。作为专业人士的辩护律师，及时向办案机关表达意见和看法，有助于案件的正确、快速推进。辩护人的表达权体现在各个重要阶段：①在案件侦查终结前，辩护律师提出要求的，侦查机关应当听取辩护律师的意见，并记录在案。辩护律师提出书面意见的，应当附卷。（第一百五十九条）②人民检察院审查批准逮捕，可以询问证人等诉讼参与人，听取辩护律师的意见；辩护律师提出要求的，应当听取辩护律师的意见。③人民检察院审查案件，应当讯问犯罪嫌疑人，听取辩护人、被害人及其诉讼代理人的意见，并记录在案。辩护人、被害人及其诉讼代理人提出书面意见的，应当附卷。（第一百七十条）④在开庭以前，审判人员可以召集公诉人、当事人和辩护人、诉讼代理人，对回避、出庭证人名单、非法证据排除等与审判相关的问题，了解情况，听取意见。⑤第二审人民法院决定不开庭审理的，应当讯问被告人，听取其他当事人、辩护人、诉讼代理人的意见。（第二百二十三条）⑥最高人民法院复核死刑案件，应当讯问被告人。辩护律师提出要求的，应当听取辩护律师的意见。（第二百四十条）

（9）申请解除或者变更对犯罪嫌疑人、被告人强制措施的权利及其答复权。根据《刑事诉讼法》第九十五条、第九十七条的规定，辩护人对于人民法院、人民检察院或者公安机关采取强制措施法定期限届满的，有权要求解除强制措施。对于已经采取的强制措施，有权申请予以变更。人民法院、人民检察院和公安机关收到申请后，应当在三日以内作出决定；不同意变更强制措施的，应当告知申请人，并说明不同意的理由。

（10）出庭进行辩护权。法庭是辩护人进行辩护、全面阐述辩护意见的主要舞台，因此，出庭辩护是辩护人履行职责的一项特别重要的权利。这项权利包含三个方面：①获取出庭通知权。《刑事诉讼法》规定，人民法院决定开庭审判后，应当在开庭三日以前将出庭通知书送达辩护人。②参加法庭调查权。在法庭审理过程中，辩护人经审判长许可，可以向被告人发问；可以对证人、鉴定人发问；有权申请通知新的证人到庭，调取新的物证，申请重新鉴定或者勘验。③参加法庭辩论权。经审判长许可，公诉人、当事人和辩护人、诉讼代理人可以对证据和案件情况发表意见并且可以互相辩论。在自诉案件中，被告人及其辩护人可以同自诉人及其诉讼代理人互相辩论。

（11）非法证据排除的申请权。根据《刑事诉讼法》第五十六条的规定，当事人及其辩护人、诉讼代理人有权申请人民法院对以非法方法收集的证据依法予以排除。

（12）经被告人同意，代为上诉的权利。辩护人经被告人同意，可以代被告人提出上诉。

（13）控告、申诉权。辩护人享有的控告、申诉权包含两个方面：一是对妨碍履职的申诉、控告权。《刑事诉讼法》第四十七条规定，辩护人、诉讼代理人认为公安机关、人民检察院、人民法院及其工作人员阻碍其依法行使诉讼权利的，有权向同级或者上一级人民检察院申诉或者控告。人民检察院对申诉或者控告应当及时进行审查，情况属实的，通知有关机关予以纠正。二是在当事人的权利受到侵害时为当事人进行控告、申诉。如关于人、财、物强制性措施的控告与申诉。

五、辩护人的义务

辩护人在刑事诉讼中承担的义务主要有：

（1）根据事实和法律，提出证明犯罪嫌疑人、被告人无罪、罪轻或者减轻、免除其刑事责任的材料和意见。辩护律师在接受委托或指定后，有义务为犯罪嫌疑人、被告人辩护，无法定理由不得拒绝辩护。

（2）会见在押犯罪嫌疑人、被告人时，应当遵守看管场所的规定。

（3）参加法庭审判时要按时出庭，履行辩护职责并遵守法庭规则。

（4）及时开示收集到的积极抗辩证据。根据《刑事诉讼法》第四十条的要求，辩护人收集的有关犯罪嫌疑人不在犯罪现场、未达到刑事责任年龄、属于依法不负刑事责任的精神病人的证据，应当及时告知公安机关、人民检察院。这是与辩护人享有的阅卷权、调查取证权相对应的诉讼义务。

（5）辩护律师在执业活动中知悉委托人或者其他人，准备或者正在实施危害国家安全、公共安全以及严重危害他人人身安全的犯罪，应当及时告知司法机关。这是律师执业保密特权的例外。

（6）根据《刑事诉讼法》第四十二条的规定，辩护人或者其他任何人，不得帮助犯罪嫌疑人、被告人隐匿、毁灭、伪造证据或者串供；不得威胁、引诱证人作伪证以及进行其他干扰司法机关诉讼活动的行为。

（7）其他义务。根据《律师法》的规定，辩护律师还有如下义务：应当保守在执业活动中知悉的国家秘密和当事人的商业秘密，不得泄露当事人的隐私；不私自接受委托，私自向委托人收取费用，收受委托人的财物；不利用提供法律服务的便利牟取当事人争议的权益，或者接受对方当事人的财物；不违反规定会见法官、检察官；不向法官、检察官以及其他有关工作人员请客送礼或者行贿，或者指使、诱导当事人行贿；不提供虚假证据，不隐瞒事实或者威胁、利诱他人提供虚假证据，隐瞒事实以及妨碍对方当事人合法取得证据；不扰乱法庭秩序，干扰诉讼活动的正常进行。

第二节　刑事代理制度

一、刑事代理概述

所谓刑事代理，是指犯罪嫌疑人、被告人以外的当事人方委托诉讼代理人，由诉讼代理人代理委托人进行诉讼行为的法律制度。犯罪嫌疑人、被告人委托的人称为辩护人，其他当事人委托的人都称为诉讼代理人。

刑事诉讼中的代理可分为法定代理和委托代理两种。法定代理是基于法律规定而产生的代理，委托代理则是基于被代理人的委托、授权而产生的代理。刑事诉讼中的代理人可以是律师，也可是律师之外的其他公民。根据《刑事诉讼法》第三十二条、第四十五条的规定，委托诉讼代理人的范围与辩护人的范围相同，即律师；人民团体或者被代理人所在单位推荐的人；被代理人的监护人、亲友。不能充当辩护人的情形的人，也不能被委托为诉讼代理人。

刑事代理只是诉讼代理，其原理与民事代理相同。诉讼代理人应当向人民法院提交由被代理人签名或盖章的委托书，或授权委托书。

诉讼代理人的责任是根据事实和法律，维护被害人、自诉人或者附带民事诉讼当事人的合法权益。无论是律师代理还是其他人的代理，代理人都必须在代理权限范围内进行代理活动，代理人在代理权限范围内的诉讼行为和法律行为与委托人自己的诉讼行为和法律行为具有同等效力，其法律后果由被代理人承担。

律师担任诉讼代理人，可以查阅、摘抄、复制与本案有关的材料，了解案情。其他诉讼代理人经人民法院准许，也可以查阅、摘抄、复制与本案有关材料，了解案情。代理律师向证人或者其他有关单位和个人收集、调取与本案有关的材料，因证人、有关单位和个人不同意，申请人民法院收集、调取，人民法院认为有必要的，应当同意。代理律师直接申请人民法院收集、调取证据，人民法院认为代理律师不宜或者不能向证人或者其他有关单位和个人收集、调取，并确有必要的，应当同意。人民法院根据代理律师的申请收集、调取证据时，申请人可以在场。人民法院根据代理律师的申请收集、调取的证据，应当及时复制移送申请人。

二、刑事代理的种类

1. 公诉案件中的代理

公诉案件中的被害人或其法定代理人、近亲属，依法可以委托诉讼代理人，代理被害人进行诉讼活动，维护刑事被害人的合法权益。委托代理人的时间是自案件移送审查起诉之日起。

2. 自诉案件中的代理

自诉人及其法定代理人有权委托代理人代理诉讼行为。自诉人可以随时委托代理人，法院自受理案件之日起3日内，应当告知自诉人及其法定代理人有权委托诉讼代理人。

3. 附带民事诉讼中的代理

附带民事诉讼的原告与被告都可以委托诉讼代理人进行附带民事诉讼。附带民事诉讼代理如同民事诉讼代理，如果要进行和解、撤诉、反诉，则要特别授权。

第三节　刑事法律援助制度

刑事法律援助是指刑事案件中的犯罪嫌疑人、被告人、自诉人或被害人，如果符合法律规定的具体条件，可以申请援助或者直接由国家减免收费，提供法律帮助的一项司法救济保障制度。法律援助实质上是一种国家义务行为。确立法律援助制度，旨在保障人人都能获得法律服务，体现法律面前人人平等。

由国务院颁布并于 2003 年 9 月 1 日施行的《法律援助条例》规定，法律援助是政府的责任，县级以上人民政府应当采取积极措施推动法律援助工作，为法律援助提供财政支持，保障法律援助事业与经济、社会协调发展。

一、刑事法律援助的对象

1996 年修订的《刑事诉讼法》首次规定了刑事法律援助制度，只是当时的法律援助对象仅限于弱势被告人。随着认识水平的提高，到 2003 年国务院《法律援助条例》的颁行，刑事法律援助的对象和范围都得到了合理的调整与扩展。

根据 2012 年《刑事诉讼法》和《法律援助条例》的规定，我国刑事法律援助的对象是需要法律服务却没有辩护人或代理人帮助的刑事诉讼中的弱势当事人。可分为两大类：一类是特殊的弱势受援人；另一类是经济困难者。具体包括如下八种：

（1）犯罪嫌疑人、被告人是盲、聋、哑人而没有委托辩护人的；

（2）犯罪嫌疑人、被告人是尚未完全丧失辨认或者控制自己行为能力的精神病人而没有委托辩护人的；

（3）犯罪嫌疑人、被告人可能被判处无期徒刑、死刑而没有委托辩护人的；

（4）犯罪嫌疑人、被告人是 18 岁以下的未成年人而没有委托辩护人的；

（5）犯罪嫌疑人、被告人因经济困难或者其他原因而没有委托辩护人的；

（6）犯罪嫌疑人在被侦查机关第一次讯问后或者采取强制措施之日起，因经济困难没有聘请律师的；

（7）公诉案件中的被害人及其法定代理人或者近亲属，自案件移送审查起诉之日起，因经济困难没有委托诉讼代理人的；

（8）自诉案件的自诉人及其法定代理人，自案件被人民法院受理之日起，因经济困难没有委托诉讼代理人的。

二、刑事法律援助的条件和程序

从启动程序看，刑事法律援助有法院指定和当事人申请两种类型。

1. 公检法机关指定刑事法律援助的条件和程序

公检法机关指定刑事法律援助的条件，简单而刚性。只要是法律规定的几种特殊的犯罪嫌疑人、被告人，没有委托辩护人的，就必须指定承担法律援助义务的律师为其辩护。指定辩护不涉及被告人的犯罪嫌疑人、经济条件，无论经济上是否困难，都必须指定。

由公检法机关指定辩护的案件，应通知法律援助机构指定律师提供辩护。人民法院指定的，应在开庭 10 日前将指定辩护通知书和起诉书副本或者判决书副本送交其所在地的法律援助机构；人民法院不在其所在地审判的，可以将指定辩护通知书和起诉书副本或者判决书副本送交审判地的法律援助机构。法律援助机构应当在开庭 3 日前将确定的承办人员的名单回复给作出指定的人民法院。

2. 当事人申请刑事法律援助的条件和程序

《刑事诉讼法》第三十四条规定："犯罪嫌疑人、被告人因经济困难或者其他原因没有委托辩护人的，本人及其近亲属可以向法律援助机构提出申请。对符合法律援助条件的，法律援助机构应当指派律师为其提供辩护。"另外，侦查阶段犯罪嫌疑人需要法律援助的，公诉案件中被害人及其法定代理人或者近亲属需要法律援助的，自诉案件的自诉人及其法定代理人需要法律援助的，都需要向法律援助机构提出申请，由法律援助机构审查以决定是否给予法律援助。因而，申请法律援助的情形，具有弹性，并非申请者都能获准。申请是否被批准，主要取决于申请者的经济条件或困难程度。

刑事诉讼中需要申请法律援助的，应当向办案所在地的法律援助机构提出申请。被羁押的犯罪嫌疑人的申请由看守所在 24 小时内转交法律援助机构，申请法律援助所需提交的有关证件、证明材料由看守所通知申请人的法定代理人或者近亲属协助提供。

对于完全民事行为能力人，由其本人提出申请。对于无民事行为能力和限制行为能力人，由其法定代理人代为提出申请。无民事行为能力人或者限制民事行为能力人与其法定代理人之间发生诉讼或者因其他利益纠纷需要法律援助的，由与该争议事项无利害关系的其他法定代理人代为提出申请。

法律援助申请应当采用书面形式，填写申请表；以书面形式提出申请确有困难的，可以口头申请，由法律援助机构工作人员或者代为转交申请的有关机构工作人员作书面记录。法律援助机构收到法律援助申请后，应当进行审查；认为申请人提交的证件、证明材料不齐全的，可以要求申请人作出必要的补充或者说明，申请人未按要求作出补充或者说明的，视为撤销申请；认为申请人提交的证件、证明材料需要查证的，由法律援助机构向有关机关、单位查证。对符合法律援助条件的，法律援助机构应当及时决定提供法律援助；对不符合法律援助条件的，应当书面告知申请人理由。申请人对法律援助机构作出的不符合法律援助条件的通知有异议的，可以向确定该法律援助机构的司法行政部门提出，司法行政部门应当在收到异议之日起 5 个工作日内进行审查，经审查认为申请人符合法律援助条件的，应当以书面形式责令法律援助机构及时对该申请人提供法律援助。

法律援助机构可以指派律师事务所安排律师或者安排本机构的工作人员办理法律援助案件；也可以根据其他社会组织的要求，安排其所属人员办理法律援助案件。

3. 刑事法律援助人员的义务

办理法律援助案件的人员，应当遵守职业道德和执业纪律，提供法律援助不得收取任何财物。

第四节　回避制度

一、回避的概念和意义

刑事诉讼中的回避，是指侦查人员、检察人员和审判人员，因与案件或案件的当事人具有某种利害关系或其他特殊关系，可能影响刑事案件的公正处理，而不得参加对该案进行的诉讼活动的一项诉讼制度。

回避制度的基本内容是要求法官于案件有利益牵涉时，不得担任本案的审判官，因为现代心理学的研究早已表明，利益牵涉将影响裁判者作出决定时的客观公正性。回避制度设立的目的就旨在保证法官与案件利益无涉，防止法官在审判中因利益牵涉而丧失裁判者的中立性。"利益牵涉应当回避"是一项古老的诉讼原则，早在古罗马时期的"自然正义"原则中就明确规定：一方面任何人不得作为自己案件的法官（memo judex in parte-sua），另一方面应听取双方之词，任何一方之词未被听取不得对其裁判（audi alteram par-tem）。按照第一项要求，假如法官与判决结果有任何法律上或金钱上的利害关系，或者法官是当事一方的亲戚或涉案机构的成员，从而会导致偏见的现实可能性或迹象，那么，法官就应回避。① 美国学者戈尔丁也指出中立应当包括以下三项要求：①任何人不能作为自己案件的法官；②结果中不应包含纠纷解决者个人的利益；③纠纷解决者不应有支持或反对某一方的偏见。②

建立回避制度的法治意义在于确保案件处理的实体公正和程序公正：一方面，回避制度有利于保证案件在实体上得到客观公正的处理。刑事司法工作者如果与案件或当事人存在某种利害关系或其他关系，就可能对案件产生先入为主的预断或偏见，甚至徇私舞弊、枉法追诉或裁判。建立回避制度，切断那些与案件或当事人存有法定利害关系，或者其他可能影响案件公正处理关系的司法工作人员与案件处理结果之间的关系，才能保证案件在实体上得到客观公正的处理；另一方面，回避制度有利于保证案件处理程序的公正性。回避制度通过构建一个"利益无涉"的诉讼空间，既避免了当事人各方免受偏袒、歧视或其他不公正对待，从而平等地、充分地享受诉讼权利、参与诉讼活动，也使得当事人以及社会公众从心理上更为认同司法工作人员的最终处理决定，有利于息讼。

---

① ［英］戴维·M. 沃克. 牛津法律大辞典. 李双元等译. 北京：法律出版社, 2003. 787
② ［美］马丁·P. 戈尔丁. 法律哲学. 北京：生活·读书·新知三联书店, 1987. 240

二、回避的种类、理由和人员

1. 回避的种类

根据我国刑事诉讼法的规定，回避可以分为自行回避、申请回避和指令回避三种。

（1）自行回避，是指审判人员、检察人员、侦查人员等在诉讼过程中遇有法定回避情形时，自行主动地要求退出刑事诉讼活动的制度。自行回避的特征在于其主动性，即通过司法工作人员的职业自律和自我约束，主动避嫌事先退出诉讼活动，以消除导致案件得到不公正处理的可能性。

（2）申请回避，是指案件当事人及其法定代理人、辩护人、诉讼代理人，认为审判人员、检察人员、侦查人员等具有法定回避情形，而向他们所在的机关提出申请，要求他们回避的制度。这是当事人及其代理人、辩护人的一项诉讼权利。因此，公安司法机关有义务保证当事人及其代理人、辩护人在刑事诉讼的各个阶段充分有效地行使申请回避权。

（3）指令回避，是指审判人员、检察人员、侦查人员等遇有法定的回避情形而没有自行回避，当事人及其代理人、辩护人也没有申请其回避，法院、检察机关、公安机关等有关组织或行政负责人有权作出决定，令其退出诉讼活动。可见，指令回避是回避制度的重要组成部分，是对自行回避和申请回避的必要补充。

2. 回避的理由

回避的理由，是指法律明确规定的实施回避所必备的事实根据。在国外，回避分为有因回避和无因回避。其中，无因回避，是指无须提出任何理由，只要当事人提出回避申请，有关司法工作人员（在国外主要是陪审团成员）即应当回避。我国刑事诉讼法没有规定无因回避，所有回避申请都必须附有理由；当事人及其代理人、辩护人提出回避申请，必须提供证据证明司法工作人员具有法定的回避理由。

根据《刑事诉讼法》和相关司法解释的规定，回避理由是：

（1）是本案的当事人或者是当事人的近亲属的。即任何人不得担任自己为当事人的案件的裁判者。这里的"当事人"，是指本案的被害人、自诉人、犯罪嫌疑人、被告人、附带民事诉讼的原告人和被告人。这里的"近亲属"，根据《刑事诉讼法》第八十二条的规定，指的是"夫、妻、父、母、子、女及同胞兄弟姐妹"。同时，最高人民法院司法解释还对此作了进一步的扩大解释，规定"是本案的当事人或者与当事人有直系血亲、三代以内旁系血亲及姻亲关系的"审判人员，都应当回避；"与本案的诉讼代理人、辩护人有夫妻、父母、子女或者同胞兄弟姐妹关系的"审判人员，也应当回避。

（2）本人或其近亲属和本案有利害关系的。侦查、检察或者审判人员本人或者他们的近亲属如果与本案有某种利害关系，也可能因为利益牵涉而影响案件的公正处理，因此，具备这一情形的司法工作人员也应当回避。

（3）担任过本案证人、鉴定人、辩护人或者诉讼代理人的。一方面，证人具有不可替代性，如果审判、检察或侦查人员在本案中曾担任过证人、鉴定人，或者为案件提供过证言或鉴定结论，那他就可能对案件事实或案件的实体结局产生了预断，无法保证客观公正的立场，容易导致先入为主甚至误判。另一方面，如果上述人员同时担任过本案的辩护人或诉讼代理人，就可能与委托过他们的当事人发生某种特殊关系，从而对案件事实有所了解，这样，就无法保证他们公正、客观地进行刑事诉讼活动。因此，司法工作人员遇有这些情形的，应当回避。

（4）与本案当事人有其他关系，可能影响案件公正处理的。该项属于兜底条款，即审判、检察或侦查人员如果与当事人存有上述三种情形以外的"其他关系"，以至于"可能影响案件公正处理的"，也应当回避。

（5）违反规定会见当事人及其委托代理人或者接受其请客送礼的。《刑事诉讼法》第二十九条规定："审判人员、检察人员、侦查人员不得接受当事人及其委托的人的请客送礼，不得违反规定会见当事人及其委托的人。审判人员、检察人员、侦查人员违反前款规定的，应当依法追究法律责任。当事人及其法定代理人有权要求他们回避。"根据这一规定，司法工作人员接受当事人及其委托人的"请客送礼"，违反规定会见当事人及其委托人，也构成回避的法定事由。应当注意的是，最高人民法院出台的有关司法解释，对该条款作了扩张性解释，据此，审判人员具有下列情形之一的，当事人及其法定代理人只要能提供相关证据材料，有权要求其回避：未经批准，私下会见本案一方当事人及其代理人、辩护人的；为本案当事人推荐、介绍代理人、辩护人，或者为律师、其他人员介绍办理该案件的；接受本案当事人及其委托的人的财物、其他利益，或者要求当事人及其委托的人报销费用的；接受本案当事人及其委托的人的宴请，或者参加由其支付费用的各项活动的；向本案当事人借款、借用交通工具、通讯工具或者其他物品，或者接受当事人及其委托的人在购买商品、装修住房以及其他方面给予好处的。

（6）重新审判案件的回避。《刑事诉讼法》第一百九十二条规定："原审人民法院对于发回重新审判的案件，应当另行组成合议庭，依照第一审程序进行审判。"第二百零六条规定："人民法院按照审判监督程序重新审判的案件，应当另行组成合议庭进行。"根据上述规定，对于第二审法院经过第二审程序裁定发回重审的案件，原审法院负责审理此案的原合议庭组成人员不得再参与对案件的审理；对于人民法院按照审判监督程序重新审判的案件，原负责审判此案的合议庭组成人员也不得再参与对该案的审理。对此，最高人民法院的有关司法解释又进一步作了扩张性解释，即"凡在一个审判程序中参与过本案审判工作的审判人员，不得再参与该案其他程序的审判"。据此，该司法解释将程序回避的适用对象扩张到了所有的诉讼阶段。

除了上述诉讼回避制度外，实践中还存在着一种与此类似的任职回避制度，具体包括：①参加过本案侦查的侦查人员，如果调至人民检察院工作，不得担任本案的检察人员；②参加过本案侦查、起诉的侦查、检察人员，如果调至人民法院工作，不得担任本案的审判人员；③审判人员及法院其他工作人员离任两年内，担任诉讼代理人或者辩护人的，人民法院不予准许；审判人员及法院其他工作人员离任2年后，担任原任职法院审理案件的诉讼代理人或者辩护人，对方当事人认为可能影响公正审判而提出异议的，人民法院应当支持，不予准许本院离任人员担任诉讼代理人或者辩护人。但是作为当事人的近亲属或者监护人代理诉讼或者进行辩护的除外。我国《法官法》第十七条也作了类似的规定，即："法官从人民法院离任后二年内，不得以律师身份担任诉讼代理人或者辩护人。"法官从人民法院离任后，不得担任原任职法院办理案件的诉讼代理人或者辩护人。法官的配偶、子女不得担任该法官所任职法院办理案件的诉讼代理人或者辩护人。《中华人民共和国检察官法》（以下简称《检察官法》）第二十条也规定，检察官从人民检察院离任后二年内，不得以律师身份担任诉讼代理人或者辩护人；检察官从人民检察院离任后，不得担任原任职检察院办理案件的诉讼代理人或者辩护人；检察官的配偶、子女不得担任该检察官所任职检察院办理案件的诉讼代理人或者辩护人。

　　3. 回避适用的人员

　　回避适用的人员是指在法律明确规定的情形下应当回避的司法工作人员的范围。根据《刑事诉讼法》第二十八条、第三十一条的规定，回避适用的人员包括侦查人员、检察人员、审判人员以及参加侦查、起诉、审判活动的书记员、翻译人员和鉴定人。具体而言：

　　（1）审判人员。包括各级人民法院的助理审判员、审判员、副庭长、庭长、审判委员会委员、副院长、院长。在人民法院任职或者聘任的人民陪审员、书记员、翻译人员、司法鉴定人员、勘验人员的回避问题，参照审判人员回避的有关内容执行。

　　（2）检察人员。包括各级人民检察院的助理检察员、检察员、检察委员会委员、副检察长和检察长。

　　（3）侦查人员。包括所有侦查机关的侦查人员（如检察机关自侦部门的侦查人员），以及对侦查工作进行组织指挥的部门负责人。

　　（4）书记员。包括公安机关、人民检察院、人民法院的书记员，以及在侦查、起诉、审判阶段从事诉讼活动记录工作的书记员。

　　（5）翻译人。包括公安机关、人民检察院、人民法院各自指派或聘请的，以及在侦查、起诉、审判各个阶段指派或聘请的翻译人员（即法庭审判阶段担任翻译工作的人员，以及在侦查、起诉阶段讯问被告人和询问证人、被害人时担任翻译工作的人员）。

　　（6）鉴定人。包括公安机关、人民检察院、人民法院各自指派或聘请的，以及在侦查、起诉、审判各个阶段指派或聘请的，就案件中某些专门问题进行鉴定并提供鉴定意见的人员。

三、回避的程序

　　1. 回避的期间

　　审判人员、检察人员和侦查人员在各自刑事诉讼活动开始时，即应向犯罪嫌疑人、被告人等当事人及其法定代理人告知其享有申请回避的权利。对此，《刑事诉讼法》规定，开庭的时候，审判长应告知当事人有权对合议庭组成人员、书记员、公诉人、鉴定人和翻译人员申请回避。同理，在侦查和审查起诉阶段，侦查人员、检察人员也应当及时告知当事人及其法定代理人、辩护人等有权申请回避。

　　2. 回避的申请、审查与决定

　　（1）回避申请的提出。自行回避或申请回避，均可以通过书面或口头的方式提出，不论哪一种方式，都必须说明理由，以口头方式提出回避申请的，应当记录在案。如果根据《刑事诉讼法》第二十九条的规定（即办案人员接受当事人及其委托的人的请客送礼，违反规定会见当事人及其委托的人）提出回避申请的，还应当向申请机关提供有关证明材料。

回避申请提出以后，在回避决定作出前，诉讼程序的进行一般应暂时停止。但是，对侦查人员的回避决定作出前，侦查人员不能停止对案件的侦查。这是因为，刑事侦查工作具有特殊性和时效性，暂停侦查工作将对查获、抓捕嫌疑人和证据的收集、调查工作带来妨碍，因此，法律规定对侦查人员的回避作出决定前，侦查人员不能停止对案件的侦查。对于回避决定作出以前所收集的证据或者已进行的诉讼行为的效力问题，法律没有明文规定，但是，根据有关司法解释的规定，被决定回避的公安机关负责人、侦查人员、鉴定人、记录人和翻译人员，在回避决定作出以前所进行的诉讼活动是否有效，由作出决定的机关根据案件情况决定；因符合法定情形回避的检察人员，在回避决定作出以前所取得的证据和进行的诉讼行为是否有效，由检察委员会或者检察长根据案件具体情况决定。同时，《刑事诉讼法》第二百二十七条规定："第二审人民法院发现第一审人民法院的审理如果违反回避制度的，应当裁定撤销原判，发回原审人民法院重新审判。"从该条的立法精神来看，也是对违反回避决定所进行的诉讼活动的合法性持否定态度的。

（2）回避申请的审查和决定。《刑事诉讼法》第三十条规定："审判人员、检察人员和侦查人员的回避，应当分别由院长、检察长、公安机关负责人决定；院长的回避，由本院审判委员会决定；检察长和公安机关负责人的回避，由同级人民检察院检察委员会决定。"

人民法院审判人员、法庭书记员、翻译人员和鉴定人的回避，由人民法院院长决定；如果当事人及其法定代理人申请人民法院院长回避或者院长自行回避的，应当由副院长主持审判委员会讨论决定，并将决定告知申请人，院长不得参加讨论。应当回避的上述人员，本人没有自行回避，当事人和他们的法定代理人也没有申请其回避的，院长或者审判委员会应当决定其回避。

人民检察院检察长的回避，由副检察长主持本院检察委员会讨论决定，检察长不得参加；检察人员、书记员、司法警察以及人民检察院聘请或者指派的翻译人员、鉴定人的回避由本院检察长决定；当事人及其法定代理人在法庭上对出庭的检察人员、检察院书记员提出回避申请的，人民法院应通知指派该检察人员出庭的人民检察院，由该院检察长或者检察委员会决定；对于应当回避的检察人员，本人没有自行回避，当事人和他们的法定代理人也没有申请其回避的，检察长或者检察委员会应当决定其回避。

公安机关侦查人员以及公安机关聘请或者指派的记录人、翻译人员和鉴定人的回避，由公安机关负责人决定。县级以上公安机关负责人的回避，由同级人民检察院检察委员会决定；当事人及其法定代理人要求公安机关负责人回避，应当向公安机关同级的人民检察院提出，由检察长提交检察委员会讨论决定。公安机关负责人、侦查人员具有法定回避情形，本人没有自行回避，当事人及其法定代理人也没有申请他们回避的，应当由同级人民检察院检察委员会或者县级以上公安机关负责人决定他们回避。

3. 对驳回申请回避决定的复议

为保障当事人的回避申请得到及时救济，法律和相关司法解释规定，在人民法院审判阶段，当事人及其法定代理人对驳回回避申请的决定有异议的，可以当庭申请复议一次。如果申请回避人当庭申请复议，合议庭应当宣布休庭，待作出复议决定后，决定是否继续法庭审理。但是，对于不属于《刑事诉讼法》第二十八、二十九条所列情形的回避申请，由法庭当庭驳回，并不得申请复议。

在人民检察院审查起诉阶段和侦查阶段，作出驳回申请回避的决定后，应当告知当事人及其法定代理人，如不服本决定，可以在收到决定书后 5 日内向原决定机关申请复议一次。当事人及其法定代理人对驳回申请回避的决定不服，申请复议的，决定机关应当在 3 日以内作出复议决定并书面通知申请人。

案例分析

【案例一】

【问题】涉嫌抢劫罪的张某在审查起诉期间准备委托辩护人，下列人员中，谁可以接受委托作他的辩护人（　　　）

A. 张某的朋友徐某，因犯故意伤害罪被法院判处有期徒刑 1 年缓刑 2 年，正在缓刑考验期内

B. 张某的父亲，在本市法院任审判员

C. 张某的叔叔，已加入日本国籍

D. 张某的朋友王某，本市出租汽车驾驶员

【解析】应当选择 B、D 项。B 项中张某的父亲虽是本市法院审判员，但由于是犯罪嫌疑人的近亲属，可以接受委托作为张某的辩护人。D 项中张某的朋友王某属于犯罪嫌疑人的亲友，也可以接受委托作为张某的辩护人。

【案例二】某年底张某因在花园市火车站公然抢夺一妇女的手提包，被当地群众合力抓获并扭送到公安机关。公安机关对该案进行了侦查，负责人是陈某。后该案移送检察机关。检察机关经过审理后，遂向法院提起公诉。次年 3 月，法院依法审理该案。张某认出出庭审理的法官是曾经对该案侦查过的陈某，原来陈某在同年 2 月调到法院工作。张某遂申请陈某回避。法院批准了。

【问题】法院批准张某申请的意义何在？

【解析】回避制度的规定和实行具有重要意义。在该案中，法院批准张某的申请其意义就在于增强被告对有关办案人员的信任感，消除疑虑，进而防止或减少不必要的上诉或申诉，提高办案效率，维护公安司法机关的权威，同时防止陈某形成先入为主的偏见，有利于保障司法公正。

思考与练习

1. 什么是辩护、辩护权？

2. 哪些人可以作辩护人，哪些人不可以作辩护人？

3. 在我国，辩护人有哪些诉讼权利和义务？

3. 刑事诉讼代理有哪些？

4. 我国刑事法律援助适用的对象有哪些？

5. 为什么要实行回避制度？哪些人应当回避？

第五章　刑事管辖

要点提示

　　刑事管辖，是国家专门机关在受理刑事案件职权范围上的分工，分立案管辖和审判管辖。立案管辖，是公、检、法三机关之间在直接受理刑事案件的职权范围上的分工，检察院立案侦查国家机关工作人员的职务犯罪案件，包括贪污贿赂、渎职、侵权案。法院立案受理自诉案件，包括告诉才处理的犯罪、不需要侦查的轻微刑事案、公诉转自诉案。多数刑事案件由公安机关立案侦查，其中，国安机关立案侦查危害国家安全案件，军队保卫部门立案侦查军人犯罪案，海关立案侦查走私犯罪，监狱立案侦查监狱内犯罪。审判管辖，是普通法院之间、普通法院与专门法院之间以及专门法院之间在审判第一审刑事案件上的权限分工，分级别管辖、地区管辖和专门管辖。中级法院管辖的一审案件有危害国家安全案，恐怖活动案、可能判处无期徒刑、死刑的案件，海关侦查的案件。地区管辖原则由犯罪地管辖为主，居住地管辖为辅。都有权管辖时，由最初受理地管辖，必要时可移送主要犯罪地管辖。

第一节　刑事管辖概述

一、刑事管辖的概念

　　刑事诉讼中的管辖，是指国家专门机关在受理刑事案件职权范围上的分工，是对刑事诉讼中公权力运行边界的一种限定。在我国，刑事管辖具体指公安机关、人民检察院和人民法院相互之间，以及人民法院内部之间，在受理或审判刑事案件范围上的权限划分。我国刑事管辖所要解决的问题有两个：一是公安机关、人民检察院和人民法院在直接受理刑事案件上如何分工；另一是人民法院系统内部，各级、各地人民法院之间，普通人民法院与专门法院之间在审判第一审刑事案件上如何进行分工。刑事管辖从对象看，是对案件范围的划分，要具体明确哪些案件归哪个机关直接立案受理；从主体看，则是处理案件的司法权力的划分，这种权力称为管辖权。我国公、检、法机关的司法管辖权是不同的，各机关只能在法律规定的权限范围内进行司法活动，对于不属于自己管辖的案件，则无权受理。

二、刑事管辖的划分根据

由于管辖的划分关系到刑事诉讼能否顺利地开展和进行，也关系到刑事诉讼的公正与效率的实现，因此，如何确定具体案件的管辖权，确定管辖应考虑哪些因素，是首先必须要考虑的问题。刑事管辖的划分绝不是立法者的随心所欲。从有利于刑事诉讼顺利进行，有利于完成刑事诉讼任务的角度考虑，刑事管辖通常是根据如下因素来划分与确定的。

1. 确保办案的质量

案件质量也就是案件办理的对与错，是刑事司法的生命线，它与国家法治和社会稳定密切相关，更直接关乎公民的生命、自由、财产和权利的存废得失。因此，刑事管辖的划分，首先必须考虑要保证案件的质量，尽可能防止或减少差错。为此，在管辖的确定上，一是突出办案的专业性，如国家安全机关侦查危害国家安全的案件，海关侦查走私犯罪案件，都能充分发挥其侦查的专业优势，比原来由公安机关侦查效果会更好。二是保证大案、要案要适当提高办理机关的级别。一般来说，案件性质恶劣的，罪行情节严重的，案件复杂、涉及面广的，或者可能判处重刑的刑事案件，就由较高级别的公安、司法机关管辖，普通的案件就由基层机关管辖。

2. 依据部门职能权限进行合理分工

管辖的划分必须与公、检、法各机关的职责权限相适应，分工要合理，如检察机关就不适宜侦查普通刑事犯罪案件，法院也不宜负担案件的侦查工作。同时，各专门机关在刑事诉讼中的工作量还要均衡、协调，以有利于它们有效地履行各自的职责；准确、及时地查明犯罪事实，正确适用法律，保证办案质量，提高办案效率，完成刑事诉讼法规定的惩罚犯罪，保护人民的根本任务。因此，公、检、法三机关的立案管辖就较好地体现了兼顾职责、合理分工的精神。

3. 提高诉讼效率

效率是司法的第二生命，失去效率的公正在许多时候是没有意义的。刑事管辖的划分，还必须要体现诉讼的效率，要能够使案件迅速及时地得到解决，避免拖延和司法资源的浪费。如犯罪地管辖原则及其延伸的最初受理地管辖原则，就体现了对诉讼效率的追求。

4. 便利诉讼

便利诉讼既包括诉讼参与人参加诉讼的便利，也包括公安、司法机关进行立案侦查、起诉和审判等刑事诉讼活动的便利。便利诉讼是刑事诉讼民主化、人性化的表现。它有利于提高诉讼效率，节省财力和时间，还有利于群众参加或旁听案件，将司法置于人民群众的监督之下，从而扩大办案的社会效果。大量的普通刑事案件由基层人民法院管辖，扩大自诉案件的范围，实行犯罪地原则或居住地原则，都是刑事诉讼法在立法上便利诉讼的体现。

5. 原则性与灵活性相结合

刑事管辖既然是一种权力范围的划分，就应当具有刚性，能够确保法律规定的各项管辖原则得以实现，否则，管辖的划分就是没有意义的。但是，现实中的情况又是千变万化的，制度如果缺少灵活性就缺少了张力。因此，刑事管辖既要有原则性的规定，又要具有一定的灵活性，以应对特殊情况的发生。例如《刑事诉讼法》第二十三条关于上下级人民法院之间变通管辖的规定，第二十六条关于地区管辖中可以由上级人民法院指定管辖的规定，都体现了在依法管辖的前提下，原则性与灵活性相结合，以利于处理管辖中的争议和例外情况。

三、刑事管辖的意义和分类

1. 意义

管辖是刑事诉讼中一项重要的制度，属于程序范畴但会直接影响案件的实体处理结果。实践中存在的公安、司法机关争夺管辖权，或者当事人对管辖提出异议的情况，都说明了管辖的重要性。刑事诉讼法明确刑事案件的管辖具有重要的意义，表现为：

（1）有利于明确专门机关的权力和责任。

明确刑事案件管辖权，可以使公、检、法机关在受理和审判刑事案件上分工清楚，责任明确，有助于充分发挥它们各自的职能作用，各司其职，各尽其责，增强它们处理刑事案件的自主性和责任感，防止因权力与职责不明而可能出现的互争管辖或者互相推诿的现象发生，从而保证刑事诉讼活动能够顺利开展。

（2）有利于各级、各地的公安司法机关统筹协调。

在管辖明确的情况下，各级、各地、各相关部门之间就容易进行协调沟通，发现刑事案件就可以及时迅速地依照管辖权限予以分工与配合，特别是对于涉及面广的大案、要案，各地都能够迅速反应，通力合作，将原则性与灵活性相结合，保证案件得到正确、及时的处理。

（3）有利于机关、团体等单位和公民个人按照管辖范围进行控告、报案或者举报、自首。

管辖明确，也便于社会各界进行控告、报案、举报或者自首，调动人民群众同犯罪作斗争的积极性，防止告状无门；同时也可以避免或者减少因控告、报案或者举报、自首不符合管辖规定而引起的案件移送环节的增多，有利于节省诉讼资源，便于公、检、法机关调查取证和公民参加诉讼。

2. 分类

管辖的分类，是指对管辖从不同的角度所进行的划分。依据法律规定，我国刑事诉讼管辖分为立案管辖和审判管辖两大类。审判管辖又分为普通管辖和专门管辖；普通管辖进一步分为级别管辖、地区管辖和指定管辖。这样便形成了一套科学的行之有效的管辖制度和管辖体系。

第二节　立案管辖

一、立案管辖的概念

立案管辖，又称部门管辖或职能管辖，是指人民法院、人民检察院和公安机关之间，在直接受理刑事案件的职权范围上的分工。立案管辖的根据是部门之间的职责权限。具体地讲，就是哪些案件由人民法院直接受理审判；哪些案件由人民检察院直接受理立案侦查；哪些案件由公安机关进行立案侦查。立案管辖主要是根据公安司法机关在刑事诉讼中的职责分工，以及刑事案件的性质、案件的轻重、复杂程度等不同情况确定的。有关立案管辖的法律规定，除了《刑事诉讼法》比较粗略的表述以外，还有最高人民法院、最高人民检察院、公安部、国家安全部司法部、全国人大常委会法制工作委员会《关于〈中华人民共和国刑事诉讼法〉实施中若干问题的规定》以下简称（六机关《规定》）、最高人民法院《解释》、最高人民检察院《人民检察院刑事诉讼规则》以下简称（最高人民检察院《刑事诉讼规则》）和公安部《办案程序规定》都对其加以细化，以指导司法实践。

二、公安机关立案管辖的案件

公安机关立案管辖的案件，也就是公安机关进行立案侦查的案件。从趋势看，随着市场经济的建立与发展，各种新类型的案件的增多，刑事侦查权正在向专业化方向分化。如国家安全机关、海关、监狱等开始行使相关案件的侦查权，以减缓公安机关面对包罗万象的各种刑事犯罪案件所显示出的专业能力上的局限和警力的不足。因此，侦查权分化的趋势有可能会继续。目前，公安机关立案管辖的刑事案件范围还是非常庞杂的，主要是危害社会治安和公共秩序的普通刑事犯罪，具体来说，是除了法律规定的其他机关立案管辖以外的其余所有的刑事犯罪案件。

这里的"其他机关"包括人民法院、人民检察院、国家安全机关、军队保卫部门、海关、监狱。凡是这些机关负责立案管辖的案件，公安机关就不管辖，除此之外的其他刑事案件，都归公安机关管辖。从整体看，大多数刑事案件的立案侦查任务还是由公安机关承担的，这是由公安机关的性质与职能所决定的。因为公安机关是国家的治安保卫机关，它拥有相对严密的组织系统，良好的侦查设备、技术设备和人员配备，这又为其承担绝大多数的立案侦查奠定了基础。

根据我国《刑事诉讼法》的规定，享有公安机关侦查职权的机关及其立案范围有：

（1）国家安全机关，负责立案侦查危害国家安全的案件；

（2）军队保卫部门，负责立案侦查军队内部的刑事案件；

（3）监狱警察，负责立案侦查监狱内发生的犯罪案件；

（4）海关缉私警察局，负责立案侦查走私犯罪案件。

需要注意的是，1996年刑事诉讼法及相关规定，对公、检、法三机关原来的立案管辖分工作了部分调整。包括：

（1）涉税犯罪、破坏社会主义市场经济秩序犯罪，由公安机关立案管辖，人民检察院不再受理；

（2）伪证罪、拒不执行判决裁定罪，由以前的法院直接受理改为公安机关立案侦查；

（3）不需要侦查的轻微刑事案件，被害人向人民法院起诉后，人民法院认为证据不足可由公安机关受理的，应当移送公安机关立案侦查。

三、人民检察院立案管辖的案件

人民检察院立案管辖的案件
①贪污贿赂犯罪
②国家机关工作人员的渎职犯罪
③国家机关工作人员利用职权实施的侵犯公民人身权利和民主权利的犯罪
④国家机关工作人员利用职权实施的其他重大的犯罪案件

《刑事诉讼法》第十八条第二款规定："贪污贿赂犯罪，国家工作人员的渎职犯罪，国家机关工作人员利用职权实施的非法拘禁、刑讯逼供、报复陷害、非法搜查的侵犯公民人身权利的犯罪以及侵犯公民民主权利的犯罪，由人民检察院立案侦查。对于国家机关工作人员利用职权实施的其他重大的犯罪案件，需要由人民检察院直接受理的时候，经省级以上人民检察院决定，可以由人民检察院立案侦查。"据此，人民检察院直接受理并自行侦查的案件有以下四类：

1. 贪污贿赂犯罪案件

这类案件是指我国《刑法》分则第八章规定的犯罪和其他章明确规定依照《刑法》第八章相关条文定罪处罚的犯罪案件。包括贪污案、挪用公款案、受贿案、行贿案、单位行贿案、对单位行贿案、介绍贿赂案、单位受贿案、巨额财产来源不明案、隐瞒境外存款案、私分国有资产案、私分罚没财物案等。

2. 国家机关工作人员的渎职犯罪案件

渎职犯罪的主体在《刑事诉讼法》第十八条中是"国家工作人员"，随着《刑法》的修订而被改为"国家机关工作人员"。由检察机关立案侦查的渎职犯罪案件，是指我国刑法分则第九章规定的犯罪，如滥用职权案，玩忽职守案，民事、行政枉法裁判案，私放在押人员案，徇私舞弊不移交刑事案件案，国家机关工作人员签订、履行合同失职被骗案，故意或过失泄露国家秘密案等。

3. 国家机关工作人员利用职权实施的侵犯公民人身权利和民主权利的犯罪案件

包括非法拘禁案，非法搜查案，刑讯逼供案，报复陷害案，暴力取证案，虐待被监管人案，破坏选举案，非法剥夺宗教信仰自由案，侵犯少数民族风俗习惯案等。

4. 国家机关工作人员利用职权实施的其他重大的犯罪案件

这类案件需由人民检察院直接受理的，经省级以上人民检察院决定，可以由人民检察院立案侦查。

此类案件由人民检察院立案管辖，需要具备四个条件：第一，必须是国家机关工作人员利用职权实施的；第二，是上述三类犯罪案件以外的重大的犯罪案件；第三，需要由人民检察院立案管辖；第四，经过省级以上人民检察院审查决定。刑事诉讼法这一规定，既可以弥补立案管辖上可能的疏漏，又可以限制人民检察院在立案管辖上权力的肆意扩张，体现了立案管辖中原则性和灵活性的结合。

从上述内容看，人民检察院直接受理侦查的刑事案件，都是国家机关工作人员职务方面的犯罪或者利用职权实施的犯罪案件，体现了人民检察院的法律监督职能。

最高人民检察院对于检察机关自行立案侦查的案件，又作了更为具体的规定，包括两个方面：一是上下级检察机关之间的分级立案侦查的制度。分级立案侦查的规定是：最高人民检察院负责全国性的重大案件；省级人民检察院负责全省性的重大案件；分院、州、市人民检察院负责辖区内的重大案件；基层人民检察院负责辖区内的案件。上级人民检察院在必要时，可以直接侦查或组织指挥、参与下级人民检察院管辖的案件侦查工作，也可以将自己管辖的案件交由下级人民检察院侦查，下级人民检察院也可以请求将自己管辖的案件移送上级人民检察院侦查。二是同级人民检察院之间的立案管辖分工，其规定是：对于国家机关工作人员职务犯罪案件，一般由犯罪嫌疑人工作单位所在地的人民检察院管辖，其他人民检察院管辖更为适宜的，也可以由其他人民检察院管辖。遇有管辖权争议的，报共同的上级人民检察院指定管辖。

四、人民法院立案管辖的案件

人民法院立案管辖的案件，是指不需要经过公安机关或人民检察院立案侦查，不经人民检察院提起公诉，而由自诉人或其法定代理人或者近亲属直接向人民法院起诉，由人民法院立案后直接给予审判的案件。在刑事诉讼中，被害人及其法定代理人或其近亲属直接向人民法院提起诉讼的案件，称为自诉案件。人民法院直接立案管辖的案件也只限于自诉案件。因为公诉案件在由人民检察院向法院提起公诉时，就已经经过公安机关或人民检察院的立案和侦查，不需要人民法院再立案；而自诉案件不同，自诉案件只是起诉到法院之后才立案进入刑事诉讼程序，此前没有经过立案，所以需要人民法院给予立案管辖。自诉案件包括三类：

1. 告诉才处理的犯罪案件

告诉才处理的犯罪案件又称不告不理案，是指被害人或其法定代理人向人民法院提起控告或起诉，人民法院才受理的案件。这类案件实行不告不理原则，即没有被害人或其代理人的控告，或者被害人撤回控告的，人民法院不予受理。这类案件要求，告诉或者称起诉、控告，必须是被害人或其法定代理人真实的意思表示，如果被害人因受到强制、威胁或行动不便等原因而无法告诉的，人民检察院或被害人的亲友也可以代为告诉。这类案件包括侮辱、诽谤案，暴力干涉婚姻自由案，虐待案，侵占案。

2. 被害人有证据证明的轻微刑事犯罪案件

这类案件是自诉、公诉两可的案件，也就是说，可以由被害人一方直接向人民法院提起自诉，由法院立案审判，也可以由公安机关立案侦查。这类案件使自诉案件的范围得到了很大的扩展，既增强了被害人的自主性和程序选择权，又节省了诉讼资源，提高了刑事诉讼的效率。作为自诉案件的理由是，案件事实清楚明了，情节轻微，被告人明确并且没有逃跑，被害人有证据证明犯罪事实，因而不需要公安机关立案侦查。如果犯罪轻微但需要侦查，被害人提出要求的，则应由公安机关立案侦查，由人民检察院提起公诉。

依据六机关的《规定》，被害人有证据证明的轻微刑事犯罪的案件包括：①故意伤害案（轻伤）；②重婚案；③遗弃案；④妨害通信自由案；⑤非法侵入他人住宅案；⑥生产、销售伪劣商品案件（严重危害社会秩序和国家利益的除外）；⑦侵犯知识产权案件（严重危害社会秩序和国家利益的除外）；⑧属于刑法分则第四章、第五章规定的，对被告人可以判处三年以下有期徒刑刑罚的其他轻微刑事案件。

上述所列八项案件中，被害人直接向人民法院起诉的，人民法院应当依法受理。对于其中证据不足，可由公安机关受理的，或者认为对被告人可能判处三年以上有期徒刑刑罚的，应当移送公安机关立案侦查。被害人向公安机关控告的，公安机关应当受理。被害人无证据或者证据不充分的，人民法院应当说服其撤诉或者裁定驳回起诉。必要时，人民法院也可以将案件移送公安机关处理。

3. 公诉转自诉的案件

即被害人有证据证明对被告人侵犯自己人身、财产权利的行为应当依法追究刑事责任，而公安机关或者人民检察院不予追究被告人刑事责任的案件。

这类自诉案件是1996年《刑事诉讼法》首次确定的，是在国家放弃刑事追诉权之后将起诉权交还被害人的开山之作。其意义在于，一方面可以有效保护刑事被害人的诉讼参与权，体现其诉讼的主体性，切实维护其合法权益；另一方面监督、制约国家侦查权、公诉权的实施。用自诉权监督公诉权、补充公诉权，有效地打击刑事犯罪。

明确公诉转自诉的条件是衔接好公诉、自诉程序转换的关键。公诉转自诉案件需要具备四个条件：一是被害人应当提供证据证明确实存在犯罪事实；二是被告人的行为依法应当追究刑事责任，即不属于《刑事诉讼法》第十五条规定的不予追究刑事责任的情形；三是被告人侵犯的是被害人自己的人身权利或财产权利；四是公安机关或人民检察院不予追究被告人的刑事责任，即公安机关、人民检察院已经作出了不立案、撤销案件、不起诉等不予追究被告人刑事责任的书面决定。

五、立案管辖的衔接

《刑事诉讼法》关于立案管辖的规定，明确划分了公安机关、人民检察院、人民法院和其他机关在立案受理刑事案件范围上的权限分工，各机关都必须严格认真执行，既不能越权、侵权，也不能懈怠渎职。但是，由于公民在控告、举报、报案时，并不总能够与法律规定的各机关的立案管辖权限相对应，如到公安机关举报的案件可能并不属于公安机关立案管辖，到法院控告的案件并不属于自诉案件，为了及时有效地发现和打击犯罪，鼓励人民群众积极与犯罪作斗争，《刑事诉讼法》第一百零八条第三款对立案管辖作了变通规定："公安机关、人民检察院或者人民法院对于报案、控告、举报，都应当接受。对于不属于自己管辖的，应当移送主管机关处理，并且通知报案人、控告人、举报人；对于不属于自己管辖而又必须采取紧急措施的，应当先采取紧急措施，然后移送主管机关。"

六、公、检、法机关的交叉管辖

交叉管辖，是指在立案管辖上两个以上的机关同时对某一个案件享有管辖权的情况。实践中如果存在交叉管辖的情况，应当按照六机关《规定》的第六条办理：

（1）公安机关侦查刑事案件涉及人民检察院管辖的贪污贿赂案件时，应当将贪污贿赂案件移送人民检察院。人民检察院侦查贪污贿赂案件涉及公安机关管辖的刑事案件时，应当将属于公安机关管辖的刑事案件移送公安机关。

（2）在案件不可分别办理的情况下，应当协商解决。一般由对主要犯罪享有管辖权的机关为主侦查，如果难以区分主罪与次罪，则由最先受理的机关为主侦查；如果涉嫌主罪属于公安机关管辖，由公安机关为主侦查，人民检察院予以配合；如果涉嫌主罪属于人民检察院管辖，由人民检察院为主侦查，公安机关予以配合。换句话说就是分清主罪和次罪（性质较严重或者刑罚较重的为主罪）后再确定管辖。比如犯贪污罪和故意伤害罪，如果贪污罪刑罚较重，则主要由人民检察院管辖；如果故意伤害罪刑罚较重，则主要由公安机关管辖。

第三节 审判管辖

审判管辖，是指普通人民法院之间、普通人民法院与专门法院之间以及专门法院之间在审判第一审刑事案件上的权限分工。法院有上下级之分，有地区之分，审判管辖就是解决不同法院之间的管辖分工。根据《刑事诉讼法》第十九至二十七条的规定，我国刑事审判管辖可分为普通管辖和专门管辖，而普通管辖又分为级别管辖、地区管辖和指定管辖。

一、级别管辖

级别管辖，是指各级人民法院在审判第一审刑事案件上的权限划分。级别管辖所要解决的是上下级人民法院各自审判哪些第一审案件的问题，因此，级别管辖也称为审判管辖权的纵向划分。我国刑事审判实行四级两审制，四级是指人民法院从高到低分为四级，有最高人民法院、高级人民法院、中级人民法院和基层人民法院；两审是指我国的刑事审判实行两审终审。级别管辖是确定刑事案件的第一审由哪一级法院负责，确定一审法院之后，二审法院就非常明确了，就是一审法院的上一级法院。我国刑事诉讼法对级别管辖的具体分工是：

```
                    级别管辖
                    ┌─────────────────────────────┐
                    │ 最高法院：全国性重大案件         │
                    └─────────────────────────────┘
                    ┌─────────────────────────────┐
                    │ 高级法院：全省性重大案件         │
                    └─────────────────────────────┘
                    ┌─────────────────────────────┐
                    │ 中级法院：①危害国家安全、恐怖活动案件 │
                    │ ②可能判处死刑、无期徒刑案件        │
                    │ ③海关侦查的案件                  │
                    └─────────────────────────────┘
                    ┌─────────────────────────────┐
                    │ 基层人民法院：上述以外的案件       │
                    └─────────────────────────────┘
```

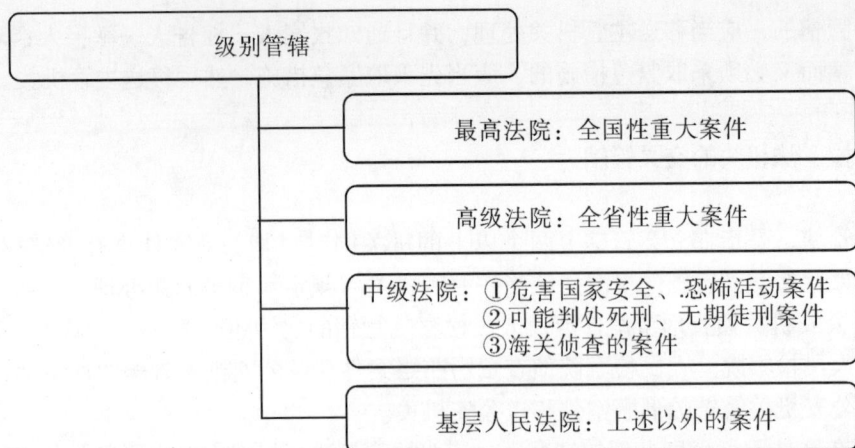

1. 基层人民法院管辖的第一审刑事案件

基层人民法院管辖的第一审刑事案件是除了上级人民法院管辖的第一审刑事案件以外的其他所有的普通刑事案件。我国《刑事诉讼法》第十九条规定："基层人民法院管辖第一审普通刑事案件，但是依照本法由上级人民法院管辖的除外。"基层人民法院实际上承担着绝大多数刑事案件的审判任务，这是因为基层人民法院的任务单一，只是审判案件，在人民法院组织体系中数量也最多，而且案件的发生地都在其辖区内，由其进行审判，便于诉讼参与人参加诉讼，便于法院调查核实证据和审判，也便于人民群众旁听审判，接受法制教育。

2. 中级人民法院管辖的第一审刑事案件

根据《刑事诉讼法》第二十条和《最高人民法院、最高人民检察院、公安部、司法部、海关总署关于走私犯罪侦查机关办理走私犯罪案件适用刑事诉讼程序若干问题的通知》第七条的规定，中级人民法院管辖的第一审刑事案件有四类：

（1）危害国家安全的犯罪案件；

（2）恐怖活动犯罪案件；

（3）可能判处无期徒刑、死刑的普通刑事案件；

（4）海关侦查的走私犯罪案件。

上述四类案件或是性质严重、案情重大、影响面广；或是量刑较重，由中级人民法院进行第一审审判，有利于确保办案质量，实现法律效果与社会效果的统一。从数量上看，中级人民法院审判的第一审刑事案件不多，这是因为中级人民法院还承担有第二审审判和审判监督的任务，还要对下级人民法院的工作进行指导、检查与监督。

3. 高级人民法院管辖的第一审刑事案件

高级人民法院管辖的第一审刑事案件是全省（自治区、直辖市）性的重大刑事案件。这类案件具备两个特征：一是在全省（自治区、直辖市）有重大影响；二是犯罪特别严重。这一管辖范围是缺乏原则的、模糊的，完全由高级人民法院或者最高人民法院斟酌把握。高级人民法院可以自行决定按照一审程序审理或不审理某个案件，最高人民法院也可以指令高级人民法院一审审理某个案件或者将某个案件移交其他法院进行一审审判。从实践看，高级人民法院审判的一审刑事案件数量很少，一般仅为涉及党和国家高级干部如省部级或国家级干部犯罪的案件。我国刑事诉讼法虽然没有根据被告人的身份级别划分管辖，但被告人的身份级别往往决定着刑事犯罪危害性的大小和案件影响力的范围，如果是省级领导干部涉嫌犯罪，其影响就可能是全省性的。

4. 最高人民法院管辖的第一审刑事案件

最高人民法院管辖的第一审刑事案件是全国性的重大刑事案件。事实上，由最高人民法院审判的第一审刑事案件十分鲜见。自中华人民共和国成立后，只有林彪、"四人帮"反革命集团案件是由最高人民法院设置特别审判庭进行一审审判的。最高人民法院是国家最高审判机关，主要任务是监督地方各级人民法院和专门法院的审判工作，并负责对在审判过程中如何具体应用法律的问题进行解释，还要审判对下级人民法院、专门法院裁判的上诉、抗诉案件和最高人民检察院按照审判监督程序提出的抗诉案件，核准死刑案件等，工作量十分繁重。因此，立法上要求最高人民法院审理的第一审刑事案件，仅为全国性的重大刑事案件。

5. 级别管辖的变通

我国刑事诉讼法在对人民法院的级别管辖作出原则性规定后，为保证案件正确及时的处理，又赋予人民法院在级别管辖中一定的变通处置权，将原则性与灵活性有机地结合起来。最高人民法院在司法解释中又进一步对一些特殊情况的级别管辖作了规定。这些变通办法具体有如下方面：

（1）上级人民法院在必要的时候，可以审判下级人民法院管辖的第一审刑事案件；下级人民法院认为案情重大复杂，需要由上级人民法院审判的第一审刑事案件，可以请求移送上一级人民法院审判。这里的灵活性体现为管辖权"上移"而不能"下移"，即只能提高审级，将本属于下级人民法院管辖的第一审刑事案件转由上级人民法院审判，以确保审判质量，防止上级人民法院将其审判的一审案件大量下放。

（2）基层人民法院对已经受理的公诉案件，如认为可能判处死刑、无期徒刑的，应当请求移送中级人民法院审判。

（3）人民检察院认为可能判处无期徒刑、死刑而向中级人民法院提起公诉的普通刑事案件，中级人民法院受理后，认为不需要判处无期徒刑以上刑罚的，可以依法审判，不再交基层人民法院审理。

（4）一人犯数罪、共同犯罪和其他需要并案审理的案件，只要其中一人或者一罪属于上级人民法院管辖的，就应当全案由上级人民法院管辖。

二、地区管辖

地区管辖，是指同级人民法院之间在审判第一审刑事案件上的权限划分。这是对审判管辖权的横向划分，所要解决的是第一审刑事案件审判权的最终地点问题。我国刑事诉讼法确定的地区管辖的原则是：

1. 犯罪地人民法院管辖为主，被告人居住地人民法院管辖为辅

《刑事诉讼法》第二十四条规定，刑事案件由犯罪地的人民法院管辖。如果由被告人居住地的人民法院审判更为适宜的，可以由被告人居住地的人民法院管辖。

所谓犯罪地，包括犯罪行为预备地、犯罪行为实施地、犯罪结果发生地和销赃地等。在确定地区管辖时之所以首先考虑犯罪地，以犯罪地法院管辖为主，是因为犯罪地是进行犯罪活动的地方，便于公安司法机关就地调查、核实证据，正确及时地处理案件，便于诉讼参与人参加诉讼活动，便于当地群众旁听，也便于结合案件进行法制宣传教育。由于我国地域辽阔，人口流动较大，案件情况复杂，犯罪分子流窜作案、结伙作案、多次作案呈增长趋势，因此，仅规定犯罪地人民法院管辖原则，有时难以解决地区管辖问题，特别是在犯罪地不明的情况下。所以，刑事诉讼法规定在更为适宜时，也可以由被告人居住地的人民法院管辖。所谓更为适宜，一般包括：①被告人流窜作案，主要犯罪地难以确定，而居住地群众更为了解其犯罪情况的；②被告人在居住地民愤极大，当地群众要求在居住地进行审判的；③可能对被告人适用缓刑、管制或者单独适用剥夺政治权利等刑罚，因而需要在其居住地执行的等。

2. 在几个同级法院都有权管辖的情况下，由最初受理的人民法院审判。在必要的时候，可以移送主要犯罪地的人民法院审判

该原则只适用于在几个同级人民法院都有管辖权的情况。几个同级人民法院都有管辖权的情形，如犯罪地人民法院与被告人居住地人民法院不在一地的，一个案件同时存在几个犯罪地的。在几个同级人民法院都有管辖权的情况下，刑事诉讼法进一步规定，案件由最初受理的人民法院审判。最初受理的人民法院既可以是犯罪地的人民法院，也可能是被告人居住地的人民法院，法律在此没有给予限定。由最初受理的人民法院审判，既可以避免因管辖争议或者相互推诿而耽误审判的及时进行，又符合诉讼经济原则，因为最初受理的人民法院对案件情况有所了解并进行了部分的审理工作。但在必要的时候，最初受理的人民法院也可以把案件移送主要犯罪地的人民法院审判。所谓必要的时候，是指对查清主要犯罪事实以及及时处理案件更为有利等情况。主要犯罪地，包括案件涉及多个地点时对该犯罪的成立起主要作用的行为地，也包括一人犯数罪时主要罪行的实施地，还可指一个犯罪中主要情节的发生地。

3. 特殊地区管辖

（1）我国参加的国际条约所规定的罪行，由被告人抓获地的人民法院管辖。

（2）中国公民在驻外的中国使馆内犯罪的，由该公民主管单位所在地或他的原户籍所在地的人民法院管辖。

（3）中国公民在中国领域外犯罪的，由该公民离境前的居住地或原户籍地人民法院管辖。

（4）外国人在中国领域外对中国公民犯罪应受处罚的，由该外国人入境地的人民法院管辖。

（5）在中国领域外的中国船舶内的犯罪，由该船舶最初停泊的中国口岸所在地的人民法院管辖。

（6）在中国领域外的中国航空器上的犯罪，由该航空器在中国的最初降落地人民法院管辖。

（7）在国际列车上的犯罪，按我国与相关国家签订的协定确定管辖。没有协定的，由犯罪后该列车最初停靠的中国车站所在地或目的地的铁路运输法院管辖。

（8）刑事自诉案件的自诉人、被告人一方或双方是在港、澳、台居住的中国公民或单

位的，由犯罪地的基层人民法院审判。港、澳、台同胞告诉的，应当出示港、澳、台居民身份证、回乡证或者其他能证明本人身份的证件。

（9）发现漏罪的管辖。发现正在服刑的罪犯在判决宣告前还有其他犯罪没有受到审判的，由原审人民法院管辖；如果罪犯服刑地或者新发现罪的主要犯罪地的人民法院管辖更为适宜的，可以由服刑地或者新发现罪的主要犯罪地的人民法院管辖。正在服刑的罪犯在服刑期间又犯罪的，由服刑地的人民法院管辖。

（10）发现新罪的管辖。正在服刑的罪犯在服刑期间犯罪的，由服刑地人民法院管辖；在逃脱期间，如果是犯罪地发现并抓获的，由犯罪地人民法院管辖；如果是缉捕押解回监狱后发现的，由服刑地人民法院管辖。

三、指定管辖

在实践中，有时会发生人民法院因管辖界限不明而出现争议或者推诿，或者有管辖权的法院不宜行使管辖权的现象，为了使案件得到及时、公正审判，立法上赋予了上级人民法院指定管辖的权力。《刑事诉讼法》第二十六条规定："上级人民法院可以指定下级人民法院审判管辖不明的案件，也可以指定下级人民法院将案件移送其他人民法院审判。"

实践中常见的指定管辖有以下几种情形：

（1）地区管辖不明的刑事案件。例如，犯罪案件发生在两个法院管辖范围的交界处，或者犯罪地不能确定，被告人又无固定居住地的，为避免因地区管辖不明造成案件没有法院受理的情况，这类案件可由它们的共同上级法院指定某个下级人民法院审判。

（2）无管辖权的人民法院错误管辖而需要移送有管辖权的法院的。

（3）有管辖权的几个同级人民法院因移送案件发生争议的。

（4）有管辖权的人民法院由于特殊原因不能行使管辖权的。

（5）上级人民法院认为由其他人民法院审判更有利于正确、及时处理案件的。

此外，对于共同犯罪不在同一地区抓获的犯罪嫌疑人，原则上应并案处理，由主犯抓获地人民法院就整个案件进行审判；主犯从犯难以确认的，可由主要犯罪地人民法院审判；发生争执的，报其共同上级法院指定。

四、专门管辖

专门管辖，是指专门法院之间、专门法院与普通人民法院之间审判第一审刑事案件的权限划分。

1. 军事法院管辖的刑事案件

军事法院管辖的刑事案件，主要是违反军人职责罪案件，现役军人的犯罪案件，在军队编制服务的无军职人员的犯罪案件，普通公民危害与破坏国防军事利益的犯罪案件。

如果现役军人（含在编职工）和非军人共同犯罪的，分别由军事法院和地方人民法院管辖。但涉及国家军事秘密的，则全案由军事法院管辖。以下案件应由地方人民法院管辖：非军人、随军家属在部队营区犯罪的案件；军人办理退役手续后犯罪的案件；现役军人入伍前犯罪的（需与服役期内犯罪一并审判的除外）案件；退役军人在服役期内实施的军人违反职责罪以外的犯罪案件。

2. 铁路运输法院管辖的刑事案件

铁路运输法院管辖的刑事案件主要是铁路运输系统公安机关负责侦破的刑事案件。如危害和破坏铁路交通和安全设施的犯罪案件、铁路职工职务上犯罪的案件、在铁路沿线轨道内、火车内、站台上发生的犯罪案件等。铁路运输法院与地方法院因管辖不明而发生争议的，一般由地方各级人民法院管辖。

案例分析

【案例】李某被同事打成重伤，李父向县公安局提出控告。公安局接待人员说，此案是不需要侦查的案件，叫李父去找法院；法院不接受，说这是重伤害案件，叫李父去找人民检察院；检察院接待人员说，这不是国家机关工作人员履行职务的犯罪，也不接受。

【问题】从立案的程序上说，该公、检、法三机关对此案的接受有何不妥？从职能管辖的规定上说，此案应由哪个机关立案？

【解析】此案从受理程序上说，公、检、法三机关都违反了刑事诉讼法的规定，是错误的。《刑事诉讼法》第一百零八条第三款规定："公安机关、人民检察院或者人民法院对于报案、控告、举报，都应当接受。对于不属于自己管辖的，应当移送主管机关处理，并且通知报案人、控告人、举报人；对于不属于自己管辖而又必须采取紧急措施的，应当先采取紧急措施，然后移送主管机关。"此案中公、检、法三机关对李父的控告，都应当接受，不属于自己管辖的，移送主管机关。

从职能管辖的规定看，此案属于重伤害案件，应由公安机关立案侦查。

思考与练习

1. 什么是管辖？划分管辖的依据是什么？
2. 什么是立案管辖？有哪些机关行使公安机关的侦查权？
3. 人民检察院自侦案件有哪几类？
4. 人民法院直接受理的案件有哪几类？
5. 什么是审判管辖？审判管辖分几种？
6. 什么是级别管辖？中级人民法院管辖的一审案件有哪些？
7. 什么是地区管辖？地区管辖划分的原则是什么？
8. 徐某，男，52岁，系某贸易公司经理，在任职期间，指使该公司会计杨某采用隐蔽手段，将经营获得的115万元转移到该公司下属企业的往来账户上，偷税84万元，占应纳税款的80%以上。此次得手后，徐某和杨某又采取同样的手段偷税75万元，占应纳税款的90%以上。两次合计偷税达159万元。案发后，公安机关认为应由公安机关立案，检察机关认为应由检察机关立案。

问：此案依法应由哪个机关管辖？

第六章　刑事强制措施

要点提示

刑事强制措施，是指公、检、法机关为了保证刑事诉讼的顺利进行，依法对犯罪嫌疑人和被告人采用的限制或剥夺人身自由的各种强制方法。其适用原则有必要性原则，合法性原则，人道主义原则，可变更原则。

拘传，是指公、检、法机关依法强制犯罪嫌疑人、被告人到案接受讯问的一种强制方法。拘传持续时间不得超过 12 小时，特殊情况下不得超过 24 小时，且不得连续拘传。

取保候审，是公、检、法机关不羁押犯罪嫌疑人、被告人，但责令其提供担保，保证不逃避、妨碍侦查、起诉、审判，并随传随到的一种强制措施。最长不超过 12 个月。有保证人担保和保证金担保。取保期间须严格遵守 5 项规定和附加规定，违反则责令具结悔过，重新交保或羁押。

监视居住，是指公、检、法机关依法责令犯罪嫌疑人、被告人不得擅自离开住处或者指定居所，并对其活动加以监视的一种强制措施。分住所监视居住与指定居所监视居住。指定居所监视居住应在 24 小时内通知家属，当日可请律师，折抵刑期。期限不超过 6 个月，须遵守 6 项规定，违反则可逮捕。

拘留，是侦查机关在紧急情况下，依法对现行犯或者重大嫌疑分子采取的临时剥夺其人身自由的强制方法。拘留须经领导审批，拘留后，应当立即将被拘留人送看守所羁押，至迟不得超过 24 小时。要在 24 小时内讯问和通知，不超法定羁押期限。

逮捕，是指在刑事诉讼中，公、检、法机关为了防止犯罪嫌疑人、被告人逃避或妨碍侦查、起诉和审判的进行，或者发生社会危险性，而依法剥夺其人身自由予以羁押的强制方法。逮捕的条件：有证据证明有犯罪事实，可能判处徒刑以上刑罚，采取取保候审尚不足以防止发生社会危险性。程序上要经检察院批准或者法院决定，由公安机关执行，逮捕人大代表要报经人大许可。逮捕后，应立即送看守所羁押，讯问在看守所进行，须在 24 小时内讯问和通知。

第一节　刑事强制措施概述

一、刑事强制措施的概念和特征

1. 概念

刑事强制措施，是指公安机关、人民检察院、人民法院为了保证刑事诉讼的顺利进行，依法对犯罪嫌疑人和被告人采用的限制或剥夺人身自由的各种强制方法。在我国，刑事强制措施与强制性措施是不同的。强制性措施包括一切具有强制特性的诉讼措施，如搜查、扣押、查封、冻结、强制性的人身检查等。而这里所讲的强制措施，仅仅是针对人身所采用的部分措施，包括拘传、取保候审、监视居住、拘留、逮捕五种。

2. 特征

我国的刑事强制措施具有如下特征：

（1）有权适用强制措施的主体仅限于公安机关（包括法律规定的其他侦查机关）、人民检察院和人民法院。除此之外，任何其他国家机关、社会团体和个人都无权实施强制措施，否则就构成对公民权利的侵犯，严重的将构成犯罪。在我国，纪检监察机关、政法委、人大、司法行政机关等都无权采用强制措施，警察、法官、检察官也不得以个人名义采用。

（2）强制措施适用的对象仅限于犯罪嫌疑人、被告人。由于强制措施涉及对公民人身自由的限制或者剥夺，因此，只能适用于特定的对象，不得扩大适用范围，不得对其他诉讼参与人或者案外人适用。

（3）强制措施适用的目的是为保证诉讼的顺利进行，防止犯罪嫌疑人或被告人逃跑、自杀、毁灭罪证或者继续犯罪，而不是惩罚。在我国刑事诉讼没有缺席审判制度，若被告人逃跑，审判就无法进行。强制措施的适用只是为了防止发生危险，而不具有惩罚性，与刑罚和行政处罚具有本质上的区别。实践中，用"公捕大会"的形式公开实施拘留或逮捕的做法是错误的。

（4）强制措施的形式是对人身自由的限制或剥夺。我国的刑事强制措施仅限于对人身自由的限制或临时性剥夺，不包括对物的强制，如查封、扣押、冻结等。

（5）强制措施是刑事法定措施。刑事强制措施只适用于刑事诉讼中，而且强制措施的种类、适用主体、适用对象、适用条件和程序等，都由法律给予明确规定。因此，必须按照法律严格执行。

二、刑事强制措施与刑罚、行政拘留的区别

1. 刑事强制措施与刑罚的区别

从形式上看，刑事强制措施与刑罚在对人身自由予以限制或剥夺方面，具有相似之处。强制措施中的逮捕、拘留是羁押，与剥夺自由的刑罚如徒刑在强制的程度上相同。因此，在法院判处刑罚之后，先行羁押的期间要折抵刑期，先行羁押一日折抵刑期一日。但是，刑事强制措施与刑罚是有本质上的区别的：

（1）性质不同。刑事强制措施是一种程序性预防措施，不具有惩罚的意义或作用；而刑罚则是一种严厉的惩罚手段，是犯罪者所承担的一种法律责任或后果。

（2）对象不同。刑事强制措施适用于未决犯，是针对犯罪嫌疑人、被告人采用的；而刑罚适用于已决犯，是对被法院判决有罪的罪犯采用的。

（3）目的不同。刑事强制措施适用的目的是为了确保刑事诉讼的顺利进行；而刑罚的目的则是为了惩罚和教育罪犯。

（4）法律依据不同。刑事强制措施的依据是《刑事诉讼法》，而刑罚的依据则是《刑法》。

（5）适用的机关不同。刑事强制措施适用的主体是公安机关（包括其他依法享有侦查权的机关）、人民检察院和人民法院；而刑罚则只能由人民法院依照法定程序判处。

（6）适用阶段不同。刑事强制措施适用于审前程序之中；而刑罚则只适用于法院判决生效之后。

（7）稳定程度不同。刑事强制措施是一种临时性措施，随着诉讼的进程和情势的变化可随时改变，甚至撤销；但刑罚则相对稳定，在法院裁判生效后，非依法定程序不得改变。

（8）法律后果不同。刑事强制措施不是一种法律责任，因此，被采取过刑事强制措施的情况不会成为"犯罪前科"而记入档案；刑罚则是一种处罚，会作为"犯罪前科"而成为个人档案中的污点。在再次犯罪的情况下，就可能成为从重处罚的情节。

2. 刑事强制措施与行政拘留的区别

行政处罚中的行政拘留与刑事强制措施中的刑事拘留非常相似，因此，对二者加以区别是很有必要的。刑事拘留与行政拘留的主要区别在于：刑事拘留只是一种临时性的预防措施，不具有惩罚性，只能适用于刑事诉讼过程中，由刑事诉讼的权力主体包括公安机关（及其他侦查机关）、人民检察院和人民法院依照刑事诉讼法的规定适用；而行政拘留则是一种行政性质的处罚，是对行政违法行为的惩处，只能由享有行政处罚权的行政机关（包括公安机关）依照行政法采用。

三、刑事强制措施的适用及变更原则

刑事强制措施是刑事诉讼顺利进行不可缺少的制度保障，但若适用不当就可能侵犯公民的人身权利，因而，适用时必须坚持如下原则：

1. 必要性原则

必要性原则也称经济性原则或比例原则，有两层含义：其一，强制措施只在必要时适用，可用可不用时就不能适用，以免浪费有限的社会资源。其二，能适用较轻的措施达到目的，就不用较重的措施。因为强制措施的适用首先带来的是被强制者社会信誉的降低或者名誉的损害；其次是他本人及其亲属心理上的担惊受怕；再次是在拘留、逮捕的情况下，既减少了被羁押者积极创造的社会价值收益，又增加了羁押所带来的经济成本和被拘留、被逮捕者精神污染的可能性。因此，刑事强制措施必须在确有必要的情况下，恰当地适用。

2. 合法性原则

由于强制措施的适用直接影响到公民的人身自由权，因此它的适用必须严格依照法定的条件、方式、期限等程序要求进行，不能违法适用以侵犯公民的人身权利。人身自由和不受非法逮捕，是宪法确立的公民最基本的权利之一，人身自由和不受非法逮捕与拘禁的宪法原则，是我国刑事诉讼法关于人身强制措施的法律基础。所以，适用强制措施必须严格按照法定条件和程序，必须由法定机关实施，其他机关、团体和个人在无法律授权的情况下，不得擅自适用强制措施。适用强制措施除紧急情况下对现行犯采取紧急处置外，均应执行审批程序，并严格恪守执行强制措施必须持有由有权机关签发的法律文件的程序。通过正确运用强制措施，贯彻和执行宪法保障公民人身权利的原则，维护社会主义法制。

3. 人道主义原则

刑事强制措施的适用要体现人道主义，对于患有严重疾病的人、正在怀孕或哺乳婴儿的妇女，一般不采用羁押措施。

4. 可变更原则

刑事强制措施的适用不是一成不变的，要根据案件具体情况的变化予以灵活的变更，以达到最佳的运用效果。如起先采取了某种强制措施，后来认为不必要采用即可解除强制；又如先行采取的措施过轻，根据需要可以变更为较重的措施，或者相反。

四、刑事强制措施的意义

强制措施是刑事诉讼制度的重要组成部分，在保障刑事诉讼顺利进行和保障人权方面发挥了重要的作用。其意义表现在：

1. 可以防止犯罪嫌疑人、被告人逃避侦查、起诉和审判

趋利避害是人的本能。犯罪分子实施犯罪后，为了逃避法律的追究，就极有可能逃跑、躲避，甚至会逃亡境外、国外，给侦查、起诉和审判带来困难。因此，及时地采用刑事强制措施控制犯罪嫌疑人、被告人，就可以有效地保障刑事诉讼的顺利开展。

2. 可以防止犯罪嫌疑人、被告人毁灭、伪造证据或者串供

证据是证明犯罪的根据。有些犯罪分子作案后，往往会想办法损毁犯罪现场，销毁物证书证，或者伪造证据，制造假象，或者与同案犯订立攻守同盟，威胁、收买证人等，以期掩盖犯罪事实真相，逃避法律的追究。刑事强制措施的一个重要作用就是，通过对犯罪嫌疑人、被告人人身自由的限制或者剥夺，防范其破坏证据，减少调查取证、证实犯罪的难度。

3. 可以防止犯罪嫌疑人、被告人继续犯罪

有些犯罪分子，特别是那些罪大恶极的亡命徒，在实施犯罪后，如果不加以及时控制，就有可能继续行凶作恶，进行新的犯罪活动，给社会造成更大的危害。

4. 可以防止犯罪嫌疑人、被告人自杀及其他意外情况的发生

犯罪人实施犯罪后自杀的情形常常发生，自杀也是逃避法律责任的行为。为了保证刑事诉讼活动的正常开展，维护法律应有的权威，也为了挽救不应该死亡的生命，在刑事诉讼中对于那些有自杀倾向的犯罪嫌疑人、被告人，也要采取强制措施加以控制。此外，强制措施的采用，有时也可起到保护犯罪嫌疑人、被告人不受外来伤害或威胁的作用，特别是在黑社会性质的犯罪或者集团犯罪中，可以有效地防范犯罪组织实施杀人灭口，从而妨害刑事侦查、起诉和审判的进行。

第二节　拘传

一、拘传的概念和特征

1. 概念

拘传，是指公安机关、人民检察院和人民法院对于未被羁押的犯罪嫌疑人、被告人，依法强制其到案接受讯问的一种强制方法，是我国刑事强制措施中最轻的一种。

2. 特征

拘传的强制性只在于强制就讯，其特征是：①拘传的对象是未被羁押的犯罪嫌疑人、被告人。对于已经被羁押的犯罪嫌疑人、被告人，可以随时进行讯问，不存在拘传的必要。在我国，对被害人、证人不得实施拘传。②拘传的目的是强制到案接受讯问。必要时可以动用械具。拘传没有羁押的效力，在讯问完毕后，应当让被拘传人自由离去，不得以拘传的名义剥夺当事人的人身自由。法律明确规定："不得以连续传唤、拘传的形式变相拘禁犯罪嫌疑人"。③拘传的时间不得超过 12 小时，案情特别重大、复杂，需要采取拘留、逮捕措施的，传唤、拘传持续的时间不得超过 24 小时，并且不得连续拘传。2012 年修改后的《刑事诉讼法》对拘传的时间在原来不超过 12 小时的基础上，增加了特别情况下的 24 小时的宽限，以回应实践中的强烈呼吁。但 24 小时的适用，仅限于案情特别重大、复杂，需要采取拘留、逮捕措施的案件。

拘传不同于传唤。拘传和传唤虽然都是要求犯罪嫌疑人、被告人到案接受讯问的方法，但二者有原则区别：拘传是一种强制措施，只能适用于犯罪嫌疑人、被告人，如果犯罪嫌疑人、被告人抗拒拘传，则可以对其使用械具；而传唤是通知的性质，要求犯罪嫌疑人、被告人于指定的时间自行到案接受讯问，它不是强制措施，不得对被传唤人使用强制手段。司法实践中，一般是先行传唤，犯罪嫌疑人、被告人无正当理由不到案接受讯问

时，才适用拘传。当然，必要时也可不经传唤直接进行拘传。

二、拘传与留置的区别

依照《中华人民共和国警察法》（以下简称《警察法》）公安机关对于有违法犯罪嫌疑的人员，可以进行留置盘问，留置时间不超过 24 小时，特殊情况下，经县级以上公安机关批准，可以延长到 48 小时。在公安机关，拘传和留置这两种措施可以衔接使用。也就是说，公安机关可以先采用留置，再用拘传、拘留等。拘传与留置主要有以下不同：①性质不同。拘传是刑事措施，留置是行政措施。②适用的机关不同。拘传是公安机关、人民检察院和人民法院三机关都可适用的，留置只是公安机关适用的措施。③对象不同。拘传的对象是犯罪嫌疑人、被告人，留置则适用于涉嫌违法者或者犯罪嫌疑人。④阶段不同。拘传是在刑事诉讼过程中适用的，留置则是在诉讼程序外适用。⑤期限不同。拘传期限为 12 小时，留置的期限是 24 小时，特殊情况下可延长至 48 小时。

三、拘传的程序

根据《刑事诉讼法》和公安部、最高人民检察院、最高人民法院的有关规定，实施拘传应当遵循如下程序：

（1）拘传前可以先行传唤。《刑事诉讼法》第一百一十七条规定，对不需要逮捕、拘留的犯罪嫌疑人，可以传唤到犯罪嫌疑人所在市、县内的指定地点或者到他的住处进行讯问，但应当出示人民检察院或者公安机关的证明文件。对在现场发现的犯罪嫌疑人，经出示工作证件，可以口头传唤，但应当在讯问笔录中注明。

（2）拘传必须经过人民法院院长、人民检察院检察长、县级以上公安机关负责人批准，签发《拘传证》（法院称《拘传票》），上面填写被拘传人的姓名、性别、年龄、籍贯、住址和工作单位，拘传的理由等内容。

（3）拘传应当由侦查人员或者司法警察执行，执行人员不得少于两人。拘传时必须向被拘传人出示《拘传证》，如果被拘传人抗拒拘传，执行人员可以使用警棍、警绳、手铐等械具强制其到案。

（4）拘传应当在被拘传人所在的市、县内范围内进行。到本辖区范围以外拘传犯罪嫌疑人、被告人的，应当通知当地对应的公安机关、人民检察院或人民法院，当地的机关应当予以协助。

（5）拘传到案后，应该责令其在《拘传证》上填写到案时间，然后立即进行讯问。讯问要制作笔录并要被拘传人核对签字。讯问后，根据情况如果需要采取其他强制措施的，应依照程序变更为其他强制措施，不需要采取其他强制措施的，就将其放回。

（6）一次拘传持续的时间一般不得超过 12 小时，特别情况下可以延长到 24 小时，但 24 小时的适用，仅限于案情特别重大、复杂，需要采取拘留、逮捕措施的案件。对于拘传次数，法律没有规定，由公、检、法机关根据具体情况掌握，但不得以连续传唤、拘传的形式变相羁押犯罪嫌疑人、被告人。

（7）传唤、拘传犯罪嫌疑人，应当保证犯罪嫌疑人的饮食和必要的休息时间。

第三节 取保候审

一、取保候审的概念

取保候审，是指在刑事诉讼过程中，公安机关、人民检察院和人民法院根据需要，不羁押犯罪嫌疑人、被告人，但责令其提供担保，保证不逃避、妨碍侦查、起诉、审判，并随传随到的一种强制措施。

在国外，与我国取保候审制度近似的是保释制度。保释是指被羁押待审查或待审判的犯罪嫌疑人、被告人，向警察、司法机关提供担保并履行必要的手续后，获得释放，同时被要求在随后的司法程序中按照指定的时间和地点出庭或到场的一种诉讼制度。保释制度起源于英国，是英国刑事诉讼中适用非常普遍的一种刑事诉讼方法，后广泛适用于英美法系国家。"二战"之后，随着国际人权运动的推进，保释作为犯罪嫌疑人、被告人的一种刑事诉讼权利，逐渐被大陆法系各国所采纳，并成为国际人权公约的重要内容。联合国1966年通过的《两权公约》第九条第三款规定："等待审判的人们被拘禁不应该是一般的规则，但是释放应保障能出席审判……"联合国大会1988年12月9日通过的《保护所有遭受任何形式羁押或监禁的人的原则》第三十九条规定："除了在法律规定的特殊案件中，经司法机关根据司法利益决定羁押的以外，被追诉者有权在等待审判的过程中被释放。"联合国大会1985年通过的《少年司法最低标准规则》（又称《北京规则》或《北京公约》）规定：青少年被羁押等待审判仅应作为万不得已的手段适用，而且时间应尽可能短，如有可能应采取其他替代办法。上述国际公约确立的准则主要表现在以下三个方面：其一，保释是被追诉者在刑事诉讼中享有的基本权利，这项权利应当得到世界各国立法和司法机关的尊重和保障；其二，青少年的保释权应当格外予以重视；其三，保释不是绝对的，尽管羁押不是一般的规则，但保释不能保障出席审判的，应当拒绝保释请求。

从取保候审和保释的方法及采用的效果看，两者基本相同，都是将犯罪嫌疑人、被告人交保释放，并要求其按照指定的时间和地点出庭或到场的一种诉讼方法。因此，有人认为，我国的取保候审与国外的保释制度相同，只是名称有别。但更多的学者认为，取保候审与保释存在着原则性的区别，主要是：第一，保释是犯罪嫌疑人、被告人普遍享有的一种诉讼权利，而取保候审则是一种刑事诉讼的保障措施，两者存在着价值趋向上的分殊。第二，保释的根据是人生而自由的天赋人权和无罪推定的宪法权利，而取保候审的根据是国家追究犯罪的客观需要，目的在于保障刑事诉讼的顺利进行。第三，在实行保释制度的国家，保释是常态，不予保释是例外。如英国不予保释的情形是：叛国罪，逃犯，有所控罪行相同的前科，曾被保释但违反保释规定而未按时到庭受审者。美国的保释可适用于除谋杀罪以外的各种犯罪嫌疑人、被告人。而在我国，羁押是常态，取保候审则是例外，取保候审适用的范围非常有限。第四，对于法院不批准保释申请的，当事人有权提出上诉等，以寻求权利救济，而我国对于不批准取保候审申请的，当事人不享有司法救济权。

二、取保候审适用的对象

根据《刑事诉讼法》第五十六条和其他有关条款的规定，取保候审适用的对象，可以是具有下面任何一种情形的犯罪嫌疑人、被告人：

（1）可能判处管制、拘役或者独立适用附加刑的；

（2）可能判处有期徒刑以上刑罚，采取取保候审不致发生社会危险性的；

（3）患有严重疾病、生活不能自理，怀孕或者正在哺乳自己婴儿的妇女，采取取保候审不致发生社会危险性的；

（4）拘留后需要逮捕而证据不足的，或者羁押期限届满，案件尚未办结，需要采取取保候审的。

人民法院、人民检察院和公安机关都可以决定取保候审，但由公安机关负责。

三、取保候审的种类

我国《刑事诉讼法》规定的取保候审分两种：保证人担保和保证金担保，简称人保和财产保。

1. 保证人担保

保证人担保是指公安机关、人民检察院和人民法院责令犯罪嫌疑人、被告人提出保证人并出具保证书，由保证人担保被保证人在取保候审期间不逃避和妨碍侦查、起诉、审判，并随传随到的保证方式。人保的保证责任由保证人承担，保证人是由犯罪嫌疑人、被告人提出，经公安机关、人民检察院、人民法院审查符合条件才能成为保证人。

（1）保证人的条件。根据《刑事诉讼法》第六十七条的规定，取保候审的保证人必须具备如下条件：①与本案无牵连；②有能力履行保证责任；③享有政治权利；④人身自由未受限制；⑤有固定的住处和稳定的收入。对于符合条件的保证人，办案人员应当通知其与被取保候审人一起到办案机关履行对保手续。办案人员须当面向保证人说明担保的内容和保证人必须履行的义务，以及违反义务将要承担的法律责任。在保证人明确表示愿意为被保证人担保后，就要在《保证书》上签名或盖章。被保证人应在《取保候审决定书》上签字，取保手续完成。

（2）保证人的保证义务。保证人承担的义务是：①监督被保证人遵守本法第六十九条关于取保候审的各项要求；②发现被保证人可能发生或者已经发生违反本法第六十九条规定的行为的，应当及时向执行机关报告。也就是说，保证人承担监督和报告两项义务。

（3）保证人违反义务的法律责任。被保证人如果有违反本法第六十九条规定的行为，保证人未履行保证义务的，对保证人处以罚款，构成犯罪的，依法追究刑事责任。保证人如果没有进行有效监督，或者在发现被保证人可能发生或者已经发生违反规定的行为而不及时报告，就可能被罚款；如果故意串通被保证人违反规定如逃跑等，则可能承担刑事责任。

2. 保证金担保

保证金担保是指公安司法机关责令被取保候审人交纳保证金，以保证其遵守取保候审的规定并随传随到的保证方式。现阶段，保证金的种类仅限于现金，不包括有价证券和其他贵重物品。根据刑事诉讼法和公安部、最高人民检察院的规定，取保候审的决定机关应当综合考虑保证诉讼活动正常进行的需要，被取保候审人的社会危险性，案件的性质、情节，可能判处刑罚的轻重，被取保候审人的经济状况等情况，确定保证金的数额，但不得低于1 000元。保证金向公安机关指定银行专户交纳，由公安机关统一收取和保管。

犯罪嫌疑人、被告人在取保候审期间没有违反相关规定的，取保候审结束的时候，凭解除取保候审的通知或者有关法律文书到银行领取退还的保证金。

保证人担保和保证金担保二者只能选择其一，不得同时并用。保证金担保目前使用的较多，这是因为在经济转轨时期，我们正面临着社会信用缺失、拜金主义盛行，保证金担保比保证人担保更为可靠，对被取保候审人能够起到更强的制约作用。

四、取保候审的具体要求

根据《刑事诉讼法》第六十九条的规定，被取保候审的犯罪嫌疑人、被告人应当遵守以下规定：

（1）未经执行机关批准不得离开所居住的市、县；

（2）住址、工作单位和联系方式发生变动的，在24小时以内向执行机关报告；

（3）在传讯的时候及时到案；

（4）不得以任何形式干扰证人作证；

（5）不得毁灭、伪造证据或者串供。

上述规定是对取保候审者的统一要求。除此之外，人民法院、人民检察院和公安机关可以根据案件情况和犯罪嫌疑人、被告人的自身特点，有选择地增加下列一项至多项规定，责令被取保候审的犯罪嫌疑人、被告人遵守：

（1）不得进入特定的场所；

（2）不得与特定的人员会见或者通信；

（3）不得从事特定的活动；

（4）将护照等出入境证件、驾驶证件交执行机关保存。

如果被取保候审人遵守各项规定，取保候审结束时，由原决定机关制作《解除取保候审决定书》，由执行机关及时解除取保候审措施并通知当事人。如果是保证金担保的，如数退还保证金。如果发现不应当追究刑事责任或者取保候审期限届满的，当事人及其法定代理人、近亲属、律师等，都有权提出申诉或申请，请求解除取保候审。

五、违反取保候审法律规定的后果

被取保候审的犯罪嫌疑人、被告人在取保候审期间，如果违反了决定机关责令其遵守的规定，将要承担如下不利的后果：

（1）所交的保证金将视情节轻重被部分或者全部没收，保证人如果有过错将根据其情节被处以罚款或者被追究刑事责任；

（2）责令被取保候审人具结悔过，重新交纳保证金或者提供保证人；

（3）不适宜再取保候审的，改为监视居住或者逮捕羁押。需要予以逮捕的，可以对犯罪嫌疑人、被告人先行拘留。

六、取保候审的期限

取保候审的期限最长不得超过 12 月。在取保候审期间，不得中断对案件的侦查、起诉或者审理。在取保候审期间发现不应当取保候审的，应当及时解除或者变更。

第四节　监视居住

一、监视居住的概念

监视居住，是指人民法院、人民检察院和公安机关依法责令犯罪嫌疑人、被告人不得擅自离开住处或者指定居所，并对其活动加以监视的一种强制措施。

监视居住是我国刑事诉讼强制措施之一，其强制性介于取保候审与逮捕羁押之间，对犯罪嫌疑人、被告人人身自由的限制是中性的。被监视居住的人，既不能像取保候审者那样可以在一定范围内自由活动——正常外出上班、学习与交友，也不像被逮捕的人要被关在特定的看管场所而完全失去人身自由，而是被责令全天候地待在其住处或者指定的居所，未经批准不得外出，不得会见他人等，并要接受监视。监视居住在实质上是一种住所监管，以区别于看守所监管，在意大利称为"住地逮捕"。

1979 年《刑事诉讼法》即规定有监视居住，1996 年修改时予以保留并略加调整，但多年来废除该措施的呼声一直不断，原因是实践中普遍担心这种监视形同虚设，因而很少使用。曾有公安司法机关将被监视居住人放入看守所代管，或者放在宾馆、招待所派人日夜看守，都背离了监视居住的原意。2012 年修订的《刑事诉讼法》对监视居住作了一些改进和完善，增强了其可操作性，有望提高其使用率以有效遏制逮捕过多的弊端。

二、监视居住的种类

根据使用方法的不同，可将监视居住分为住所监视居住与指定居所监视居住两种。

1. 住所监视居住

（1）住所监视居住的概念。住所监视居住是指公检法机关责令犯罪嫌疑人、被告人在其住处接受监视，不得擅自离开住处并遵守相关规定的一种监视居住。采用住所监视居住的首要条件是要在当地有较为固定的住处，如果住处不固定，依托住所的监视居住就形同虚设。怎样把握当事人住处的"相对固定性"是一个现实的难题。不少地方的公安司法机关以是否为"本地人"或是否有自己所有的住房来衡量，虽比较可靠，但不符合市场经济发展的客观要求。根据当前社区杂居、人口流动的现实，具备下列情形之一的，即可认为是具有"固定住处"：①在当地有稳定的工作。无论是哪里人，也无论有无自有住房，只要在当地有稳定的工作，就应该视为其有固定住处。②在当地有自有住房。③是本地人。

（2）住所监视居住的对象。根据《刑事诉讼法》第七十二条的规定，适用于住所监视居住的犯罪嫌疑人、被告人，通常是符合逮捕条件，有下列情形之一者：①患有严重疾病、生活不能自理的；②怀孕或者正在哺乳自己婴儿的妇女；③系生活不能自理的人的唯一扶养人；④羁押期限届满，案件尚未办结，需要采取监视居住措施的；⑤符合取保候审条件，但犯罪嫌疑人、被告人不能提出保证人，也不交纳保证金的。

上述情形，多属于生活上有特殊困难或需要，适宜于采用住所监视居住，便于亲属之间相互关照，同时又能够起到对犯罪嫌疑人、被告人监控的作用。对于羁押期限届满而需要转为监视居住的情形，一般也应当采用住所监视居住的方式，这样可以消除用其他方式所产生的变相羁押之嫌。对于不能提供保证人又不交纳保证金的犯罪嫌疑人、被告人，采用住所监视居住是最为经济可行的办法。

2. 指定居所监视居住

指定居所监视居住，顾名思义是在公安司法机关指定的居所对犯罪嫌疑人、被告人执行监视居住，责令其不得擅自离开该居所并须遵守相关规定的措施。

（1）指定居所监视居住的对象。根据《刑事诉讼法》第七十三条的规定，可以适用指定居所监视居住的犯罪嫌疑人、被告人，具体可分为两类：

其一，犯罪嫌疑人、被告人在当地无固定住处，可以在指定的居所执行监视居住。如临时来华的外国人、无国籍人，外来出差、公干或进修等在本地无固定住处的人员，外来务工人员工作、住处暂不稳定的等。这类指定居所的监视居住，在操作上面临的一个突出问题是：监视居住期间，其基本生活费用如何解决？谁来支付？基本生活费用在此包括房租、伙食费、日用杂支、生病的医疗费等。由财政支付显然不合理，但若由其个人支付，在其无法外出工作的情况下，就只能依赖其原有积蓄、家庭或者工作单位，这对于经济困难者显然无法适用。

其二，因为案件的特殊情况或者办理案件的需要，对犯罪嫌疑人、被告人采取监视居住措施更为适宜的。2012年修订的《刑事诉讼法》特别列出此类情形，显然有其特别的用意，那就是留下与实践中"双规"相衔接的通道。《刑事诉讼法》将这种情形限定为三类案件："对于涉嫌危害国家安全犯罪、恐怖活动犯罪、特别重大贿赂犯罪，在住处执行可能有碍侦查的，经上一级人民检察院或者公安机关批准，也可以在指定的居所执行。但是，不得在羁押场所、专门的办案场所执行。"

（2）指定居所监视居住的程序及刑期折抵。指定居所监视居住具有更强的公权控制色彩，为保证其能够得到合法、公正实施，法律专门作出如下规定：①指定居所监视居住的，除无法通知的以外，应当在执行监视居住后24小时以内，通知被监视居住人的家属；②指定居所监视居住的犯罪嫌疑人、被告人，被监视居住之日即有权委托律师作为辩护人，也可以由其监护人、近亲属代为委托辩护人；③人民检察院对指定居所监视居住的决定和执行是否合法实行监督；④指定居所监视居住的期限应当折抵刑期。被判处管制的，监视居住一日折抵刑期一日；被判处拘役、有期徒刑的，监视居住二日折抵刑期一日。

三、被监视居住人的法定义务

《刑事诉讼法》第七十五条规定，被监视居住的犯罪嫌疑人、被告人应当遵守以下规定：

（1）未经执行机关批准不得离开执行监视居住的处所；

（2）未经执行机关批准不得会见他人或者通信；

（3）在传讯的时候及时到案；

（4）不得以任何形式干扰证人作证；

（5）不得毁灭、伪造证据或者串供；

（6）将护照等出入境证件、身份证件、驾驶证件交执行机关保存；

（7）被监视居住的犯罪嫌疑人、被告人如果违反前款规定，情节严重的，可予以逮捕；需要予以逮捕的，可以对犯罪嫌疑人、被告人先行拘留。

四、监视居住的执行

监视居住由公安机关执行。

公安机关对被监视居住的犯罪嫌疑人、被告人，可以采取电子监控、不定期检查等监视方法对其遵守监视居住规定的情况进行监督；在侦查期间，可以对被监视居住的犯罪嫌疑人的通信进行监控。

监视居住的期限最长不得超过6个月。

在监视居住期间，不得中断对案件的侦查、起诉和审理。对于发现不应当追究刑事责任或者监视居住期限届满的，应当及时解除监视居住。解除监视居住，应当及时通知被监视居住人和有关单位。

第五节　拘留

一、拘留的概念和特征

1. 概念

刑事诉讼中的拘留，是指公安机关、人民检察院在侦查过程中，遇到法定的紧急情况时，对于现行犯或者重大嫌疑分子所采取的临时剥夺其人身自由的强制方法。

2. 特征

拘留具有以下特征：

（1）拘留的主体是公安机关和人民检察院。人民法院没有刑事拘留权。公安机关和人民检察院的拘留权也有区别，表现在：公安机关有权决定采取拘留措施，并有权直接执行该拘留决定，也就是不受其他机关的制约；而人民检察院在自侦案件的侦查中，如果需要对犯罪嫌疑人采取拘留措施，可以依法作出拘留的决定，但不能自行实施拘留，而应当交由公安机关执行。当然，在实践中，由于公安机关繁忙或其他原因，人民检察院自己执行拘留的也不在少数。

（2）公安机关决定拘留的对象是现行犯或者重大嫌疑分子，人民检察院决定拘留的对象是犯罪嫌疑人。

（3）拘留是紧急情况下采取的一种措施。紧急情况是刑事拘留适用的前提，《刑事诉讼法》第八十条规定的七种情况都属于紧急情况。正是由于情况紧急，才来不及采用其他措施。

（4）拘留是一种临时性、过渡性措施。拘留的时间不长，拘留后要根据案件的情况及时转换强制措施，或者释放犯罪嫌疑人。

二、刑事拘留与司法拘留、公民扭送的区别

1. 刑事拘留与司法拘留的区别

司法拘留在我国是专指在民事诉讼中，人民法院对实施了严重妨碍民事诉讼行为的诉讼参与人和案外人采取的一种强制措施。刑事拘留与司法拘留的区别在于：①法律性质不同。刑事拘留是一种预防性措施，仅具有程序意义，是为保证刑事诉讼的顺利进行而适用。司法拘留则是具有实体和程序的双重意义，既是对违反民事诉讼法的行为所给予的惩罚和警告；又是对妨害民事诉讼行为的排除，以保证民事诉讼能够顺利进行。②决定机关不同。刑事拘留是由享有侦查权的公安机关或人民检察院决定，司法拘留则是由人民法院决定和使用。③羁押期限不同。刑事拘留最长可达37天，司法拘留则为15天。④适用对

象不同。刑事拘留适用于现行犯、重大嫌疑分子或犯罪嫌疑人，司法拘留的对象是严重妨害民事诉讼的行为人。⑤对判决的效力不同。刑事拘留的羁押期限可折抵刑期，而司法拘留的羁押期限与民事判决没有关系，对判决不产生效力。

2. 刑事拘留与公民扭送的区别

依靠群众是我国刑事诉讼法的基本原则之一。为了发动群众积极与犯罪作斗争，我国《刑事诉讼法》规定，任何人发现下列案犯，都可以将其扭送到公安司法机关：正在实行犯罪或者在犯罪后即时被发觉的；通缉在案的；越狱逃跑的；正在被追捕的。公民扭送只是公安司法机关发现案犯的一种途径，是民间行为，它本身不是刑事强制措施，更不是对案犯的惩罚手段，与刑事拘留是不同的。

三、拘留的条件

刑事拘留必须同时具备两个条件：

1. 拘留的对象是现行犯、重大嫌疑分子或犯罪嫌疑人

现行犯，是指正在实施犯罪或者犯罪后当场被抓获的人，抓获者能够确认该现行犯就是实施犯罪的人。重大嫌疑分子，是指有迹象表明极有可能是犯罪人的人。"重大嫌疑"在这里一般没有确实的证据，是根据侦查经验所作的判断。如在一个多年没有发生过刑事案件的山村，猛然间连续出现了两起盗窃案，恰好此阶段有一外地人在村里亲戚家住，该外地人就可能作为"重大嫌疑分子"而受到重点审查。现行犯和重大嫌疑分子是公安机关在侦查阶段的两种特别称谓，放在整个诉讼程序中，就是法律上的"犯罪嫌疑人"。

2. 情况紧急

情况紧急通常只存在于侦查阶段，审查起诉和审判阶段一般情况相对平稳，因此，不需要特殊手段应对。所以，刑事拘留只是侦查机关有权适用。依据《刑事诉讼法》第八十条之规定，下列七种情形之一都属于情况紧急，对任何一种情形都可考虑给予拘留：

（1）正在预备犯罪、实施犯罪或者在犯罪后即时被发觉的；

（2）被害人或者在场亲眼看见的人指认他犯罪的；

（3）在身边或者住处发现有犯罪证据的；

（4）犯罪后企图自杀、逃跑或者在逃的；

（5）有毁灭、伪造证据或者串供可能的；

（6）不讲真实姓名、住址，身份不明的；

（7）有流窜作案、多次作案、结伙作案重大嫌疑的。

根据《刑事诉讼法》第一百六十三条的规定，人民检察院在自侦案件中，有如下两种情形之一的可以决定拘留：①犯罪后企图自杀、逃跑或者在逃的；②有毁灭、伪造证据或者串供可能的。

四、拘留的程序

刑事拘留有如下程序：

（1）公安机关依法需要拘留犯罪嫌疑人的，由县级以上公安机关负责人批准，签发《拘留证》。由提请批准拘留的单位负责执行。人民检察院决定拘留的案件，应当由检察长决定。决定拘留的案件，人民检察院应当将《拘留决定书》送交公安机关，由公安机关负责执行。

（2）对特殊人员的拘留，要遵循特别的审批程序。根据《刑事诉讼法》、《全国人民代表大会组织法》和《地方各级人民代表大会和地方各级人民政府组织法》以及有关司法解释的规定，公安机关、人民检察院在决定拘留下列有特殊身份的人员时，需要报请有关部门批准或者备案：

第一，县级以上各级人民代表大会的代表如果是因现行犯被拘留，决定拘留的机关应当立即向其所在的人民代表大会主席团或者常务委员会报告；因为其他原因需要拘留的，决定拘留的机关应当报请该代表所属的人民代表大会主席团或者常务委员会许可。如果拘留的犯罪嫌疑人担任两级以上人大代表，要按规定分别报告，不得省略手续。

第二，决定对不享有外交特权和豁免权的外国人、无国籍人采用刑事拘留时，要先征求省、直辖市、自治区外事办公室和外国人主管部门的意见，然后报请省、直辖市、自治区公安厅（局）或者国家安全厅（局）审核批准。案件发生在边防地区或者出入境口岸，因特殊情况来不及报批的，可以边执行边报告。执行拘留后，要逐级报公安部或安全部备案。

第三，对外国留学生采用刑事拘留时，在征求地方外事办公室和高教厅、局的意见后，报公安部或国家安全部审批。

（3）公安机关执行拘留时，必须出示拘留证，并责令被拘留人在拘留证上签名（盖章）、按指印。被拘留人如果抗拒拘留，执行人员有权使用强制方法，包括使用械具。

（4）根据《刑事诉讼法》第八十三条的规定，公安机关在拘留后，应当立即将被拘留人送看守所羁押，最迟不得超过24小时。这样做的目的在于实现侦羁分离，保障被拘留人的人身安全和权利不受侵害。

（5）拘留后，公安机关应当在24小时以内通知被拘留人的家属，但是，无法通知或者涉嫌危害国家安全犯罪、恐怖活动犯罪通知可能有碍侦查的情形除外。有碍侦查的情形消失以后，应当立即通知被拘留人的家属。通知家属是对家属知情权的尊重，无论被拘留人涉嫌所犯之罪有多么严重，家属是无辜的，其权利应当得到保障，除非是无法通知或者通知可能有碍侦查。如被拘留人不讲真实姓名、住址，身份不明无法通知，同案的犯罪嫌疑人尚未被抓获，走漏了消息他们可能逃跑、隐匿、毁灭或者伪造证据；被拘留人的家属或工作单位同本案有牵连，可能会打草惊蛇等。危害国家安全犯罪、恐怖活动犯罪由于危险性大，通知还可能给家属带来不利。

（6）公安机关对被拘留的人，应当在拘留后的24小时以内进行讯问。在发现不应当拘留的时候，必须立即释放，发给释放证明。对需要逮捕而证据还不充足的，可以取保候审或者监视居住。对被拘留的犯罪嫌疑人需要逮捕的，应当办理逮捕手续。

（7）公安机关在异地执行拘留的时候，应当通知被拘留人所在地的公安机关，被拘留人所在地的公安机关应当予以配合，包括提供人员、车辆、查找被拘留人等方面的便利。

五、拘留的期限

《刑事诉讼法》第八十九条规定，公安机关对被拘留的人认为需要逮捕的，应当在拘留后的 3 日以内，提请人民检察院审查批准。在特殊情况下，经县级以上公安机关负责人批准，提请审查批准的时间可以延长 1~4 日。对于流窜作案、多次作案、结伙作案的重大嫌疑分子，经县级以上公安机关负责人批准，提请审查批准的时间可以延长至 30 日。人民检察院应当自接到公安机关提请批准逮捕书后的 7 日以内，作出批准逮捕或者不批准逮捕的决定。人民检察院不批准逮捕的，公安机关应当在接到通知后立即释放犯罪嫌疑人，并且将执行情况及时通知人民检察院。对于需要继续侦查，并且符合取保候审、监视居住条件的，依法取保候审或者监视居住。

人民检察院对自侦案件中被拘留的人，认为需要逮捕的，应在 14 日以内作出决定。在特殊情况下，决定逮捕的时间可以延长 1~3 日，即相对延长了拘留期限。对于不需要逮捕的，应当立即释放。对于需要继续侦查，并且符合取保候审、监视居住条件的，依法取保候审或者监视居住。

综上所述，一般情况下，公安机关刑事诉讼拘留的期限最长为 14 日。流窜作案、多次作案、结伙作案的重大嫌疑分子，拘留期限最长为 37 日。人民检察院刑事拘留的期限最长为 17 日。

第六节　逮捕

一、逮捕的概念

逮捕，是指在我国刑事诉讼中，公安机关、人民检察院和人民法院为了防止犯罪嫌疑人、被告人逃避或妨碍侦查、起诉和审判的进行，或者发生社会危险性，而依法剥夺其人身自由而予以羁押的强制方法，是强制措施中最为严厉的一种。

逮捕的严厉性体现在：一方面它剥夺了被捕者的人身自由，将其羁押于专门的看守场所，脱离工作、学习、家人朋友等正常的社会活动和关系，与社会隔离；另一方面，逮捕羁押的期限一般较长，除了少数因不需要追究而释放或变更为其他强制措施的以外，通常要持续到法院判决生效为止。逮捕是国际社会普遍采用的一种刑事强制措施，对于控制严重犯罪的或者人身危险性极大的犯罪嫌疑人逃跑、自杀、毁灭罪证或者继续犯罪，能够发挥重要的保障作用。但是，由于逮捕剥夺了当事人的人身自由，如果使用不当，错捕滥捕，就可能伤害无辜，侵犯公民的人身权利和民主权利。所以，必须要坚持"少捕"、"慎捕"的刑事政策，严把事实和法律关，确保逮捕必须是有根据的和合法的。

二、逮捕的条件

《刑事诉讼法》第七十九条第一款规定，对有证据证明有犯罪事实，可能判处徒刑以上刑罚的犯罪嫌疑人、被告人，采取取保候审尚不足以防止发生社会危险性的，应当予以逮捕，并同时列举了社会危险性的表现。这一规定明确了逮捕必须同时具备三个条件，缺一不可，这三个条件是：

1. 有证据证明有犯罪事实

这是要求逮捕必须有犯罪证据作为根据，是逮捕的事实要件。有证据证明有犯罪事实存在，才可以考虑逮捕，没有犯罪事实或者虽然发生了犯罪，但没有证据证明是何人所为，也就不存在逮捕的问题。那么，如何理解"有证据证明有犯罪事实"？根据六机关的《规定》，有证据证明有犯罪事实是指同时具备下列情形：①有证据证明发生了犯罪事实；②有证据证明犯罪事实是犯罪嫌疑人实施的；③证明犯罪嫌疑人实施犯罪行为的证据已有查证属实的。犯罪事实可以是犯罪嫌疑人实施的数个犯罪行为中的一个，即犯罪嫌疑人在犯有数罪的情况下，只要其中一个犯罪事实有证据证明，即可考虑对其实施逮捕。

2. 可能判处徒刑以上刑罚

这是逮捕的罪责要件，是要求拟逮捕的犯罪嫌疑人、被告人的罪行，要达到刑法规定的可能判处徒刑以上刑罚的严重程度。逮捕是一种严厉的强制措施，在我国，逮捕就是羁押。逮捕对人的强制性与徒刑相当，因此，逮捕的期限可以折抵刑期。正是逮捕的这种严厉性使其不能适用于仅仅犯有轻罪的犯罪嫌疑人、被告人，否则就会造成强制措施的过度适用，从而侵犯当事人的合法权益。所以，根据犯罪嫌疑人、被告人的罪行和刑法的相关规定分析，如果犯罪嫌疑人、被告人实施的犯罪有可能只被判处拘役、管制或独立适用附加刑，或者有可能被判处徒刑缓刑，就不能予以逮捕，以体现刑事诉讼对人权的尊重。

3. 采取取保候审尚不足以防止发生社会危险性

防止发生社会危险性是逮捕的目的之一。对于采取取保候审尚不足以防止发生社会危险性而有逮捕之必要时，才可以实施逮捕。社会危险性是逮捕的程序法要件，体现了必要性原则和程序正义的理念。逮捕的适用必须是在采取取保候审、监视居住等方法，尚不足以防止发生社会危险性，而确有必要时方可实施。反过来说，如果采用其他措施能够防止犯罪嫌疑人、被告人发生社会危险性，就不能适用逮捕，以免浪费社会资源，损害当事人的正当权益。实践中，该要件是较难把握和操作的，因为犯罪嫌疑人、被告人危险性的大小在许多时候是潜在的，并不容易衡量，这使得不同的办案人员在此问题上的看法往往会有很大的差异。为了便于操作，《刑事诉讼法》第七十九条明确了规定定逮捕的两个立法标准：

（1）现实可能性标准。即犯罪嫌疑人、被告人具有发生社会危险的现实可能性，采取取保候审尚不足以防止发生社会危险性，因而"应当予以逮捕"。这些社会危险性包括如下方面：①可能实施新的犯罪的；②有危害国家安全、公共安全或者社会秩序的现实危险的；③可能毁灭、伪造证据，干扰证人作证或者串供的；④可能对被害人、举报人、控告人实施打击报复的；⑤企图自杀或者逃跑的。

从《刑事诉讼法》第七十九条第一款的表述看，这些社会危险性多是一种"可能"或"现实危险"，法律却用了"应当予以逮捕"的要求，显然，这种立法表述是值得推敲的。因为在"可能"与"应当"之间并不存在恰切的对应性，就常理而言，每个受到刑事追究的人都有上述危险存在的"可能"性，但不是都要予以逮捕。

因而，对于存在上述社会危险性的犯罪嫌疑人、被告人，公安司法机关还是要认真审查、评估，对于已经发生，或者是正在预备、实施，或者是有极大可能实施上述危险行为者，才"应当予以逮捕"。

此外，被取保候审、监视居住的犯罪嫌疑人、被告人，违反取保候审、监视居住的义务性规定，情节严重时，也可以予以逮捕，因为也存在发生社会危险性的可能。

（2）客观必然性标准。犯罪嫌疑人、被告人的社会危险性被认为是客观存在的，这种客观性往往是基于重刑、曾经故意犯罪、不讲真实姓名等，因而，司法过程中无需分析、评估，遇有法律规定的情形就必然地予以逮捕。《刑事诉讼法》第七十九条第二款规定了三种必然逮捕的情形：①对有证据证明有犯罪事实，可能判处十年以上有期徒刑刑罚的；②有证据证明有犯罪事实，可能判处徒刑以上刑罚，曾经故意犯罪的；③有证据证明有犯罪事实，可能判处徒刑以上刑罚，身份不明的。

上述三个条件相互依存，必须同时具备才可以逮捕。其中，前两个条件是采用强制措施的基础，可以在此基础上实施取保候审或监视居住，也可实施逮捕，而第三个条件才是实施逮捕所独有的要件，是逮捕的必要要件。

三、逮捕的主体及批决程序

《刑事诉讼法》第七十八条规定："逮捕犯罪嫌疑人、被告人，必须经过人民检察院批准或者人民法院决定，由公安机关执行。"这就是说，在我国，逮捕的权力主体是公安机关、人民检察院和人民法院。具体地说，逮捕的批决权属于人民检察院和人民法院，执行权在公安机关。

1. 人民检察院批准逮捕

人民检察院对公安机关侦查的案件行使批准逮捕权。根据《刑事诉讼法》第八十九条的规定，公安机关在侦查中需要逮捕犯罪嫌疑人的时候，应当写出《提请批准逮捕书》，连同案卷材料、证据一并移送同级人民检察院审查批准。检察机关在收到公安机关移送的案件后，应进行审查，对于符合刑事诉讼法规定的逮捕条件的，应作出批准逮捕决定，并制作《批准逮捕决定书》，交由公安机关执行；对于不符合逮捕条件的，或者具有《刑事诉讼法》第十五条规定的情形之一的，则应作出不批准逮捕的决定，制作《不批准逮捕决定书》，并通知公安机关。

（1）人民检察院对呈捕案件的审查。《刑事诉讼法》第八十六条规定："人民检察院审查批准逮捕，可以讯问犯罪嫌疑人；有下列情形之一的，应当讯问犯罪嫌疑人：①对是否符合逮捕条件有疑问的；②犯罪嫌疑人要求向检察人员当面陈述的；③侦查活动可能有重大违法行为的。人民检察院审查批准逮捕，可以询问证人等诉讼参与人，听取辩护律师的意见；辩护律师提出要求的，应当听取辩护律师的意见。"

（2）人民检察院对呈捕案件审查的程序。对于已拘留的犯罪嫌疑人，人民检察院应当自接到公安机关《提请批准逮捕书》后的 7 日内，作出批准逮捕或者不批准逮捕的决定。人民检察院不批准逮捕的，公安机关应当在接到通知后立即释放被拘留的犯罪嫌疑人，并且将执行情况及时通知人民检察院。对于需要继续侦查且符合取保候审、监视居住条件的，依法取保候审或者监视居住。

对于未被拘留的犯罪嫌疑人，人民检察院应当在接到公安机关的《提请批准逮捕书》后的 15 日内，作出是否批准逮捕的决定，重大复杂的案件，不得超过 20 日。公安机关对人民检察院不批准逮捕的决定，认为有错误时，可以要求复议，但必须将被拘留的人立即释放。如果意见不被接受，可以向上一级人民检察院提请复核。

2. 人民检察院决定逮捕

人民检察院决定逮捕的情形有两种：①在自侦案件中有权决定逮捕。人民检察院对于直接受理的自侦案件中的犯罪嫌疑人，认为需要逮捕的，由侦查部门填写《逮捕犯罪嫌疑人审批表》，连同案件材料和证据一起移交侦查监督部门审查，然后报主管检察长审批。对重大、疑难、复杂案件的犯罪嫌疑人的逮捕，须提交检察委员会讨论决定。是否逮捕应当在拘留后的 14 日以内作出决定，在特殊情况下，决定逮捕的时间可以延长 1～3 日。对不需要逮捕的，应当立即释放。对于需要继续侦查，并且符合取保候审、监视居住条件的，依法取保候审或者监视居住。②人民检察院对呈捕案件审查后的决定。对公安机关侦查终结移送起诉的案件，人民检察院认为需要逮捕犯罪嫌疑人的，由公诉部门填写《逮捕犯罪嫌疑人审批表》，连同案卷材料和证据，移送侦查监督部门审查后，报检察长或检察委员会决定。决定逮捕由检察长签发《决定逮捕通知书》，通知公安机关执行。

3. 人民法院决定逮捕

人民法院决定逮捕也有两种情况：①人民法院直接受理的自诉案件中，需要逮捕被告人的，由人民法院决定。②对于检察机关提起公诉的案件，审判阶段需要逮捕被告人的，由人民法院决定逮捕。人民法院决定逮捕被告人时，由承办法官填写《逮捕决定书》，提交法院院长审批，重大、疑难、复杂案件的逮捕，须提交审判委员会讨论决定。决定逮捕的，由法院院长签发《决定逮捕通知书》，通知公安机关执行，并通知公诉机关或者自诉人。

四、对特殊逮捕对象的审批程序

对特殊的逮捕对象有如下审批程序：

（1）逮捕对象如果是人大代表，逮捕就须向该级人民代表大会主席团或常务委员会报告或报请许可。如果被逮捕的犯罪嫌疑人、被告人是县级以上人大代表时，无论是批准逮捕，还是决定逮捕，都应当向该人大代表所在的人民代表大会主席团或者常务委员会报告或者报请许可。被逮捕的犯罪嫌疑人、被告人是乡、镇一级人大代表时，应当向乡、镇人民代表大会报告或报请许可。被逮捕的犯罪嫌疑人、被告人如果是上级人大代表，向人大的报告或报请许可应当由上级机关负责进行。如果是两级或多级人大代表，则需要分别向各级人大报告，不得省略。这样做，是刑事诉讼法对各级人大代表履行代表职责的特殊保护。

（2）逮捕对象如果是外国人、无国籍人，逮捕就需要在征求外事部门意见后，由省级或者最高人民检察院批准或者决定。依据最高人民检察院《刑事诉讼规则》第九十四条规定，外国人、无国籍人涉嫌危害国家安全犯罪的案件或者涉及国与国之间政治、外交关系的案件以及在适用法律上确有疑难的案件，需要逮捕犯罪嫌疑人的，由省人民检察院分院或州、市人民检察院审查并提出意见，呈报最高人民检察院审查。最高人民检察院经征求外交部的意见后，决定批准逮捕。经审查认为不需要逮捕的，可以直接作出不批准逮捕的决定。外国人、无国籍人涉嫌本条第一款规定以外的其他犯罪的案件，由省人民检察院分院或州、市人民检察院审查并提出意见，报省级人民检察院审查。省级人民检察院经征求同级政府外事部门的意见后，决定批准逮捕，同时报最高人民检察院备案。经审查认为不需要逮捕的，可以直接作出不批准逮捕的决定。

五、逮捕的执行程序

逮捕的执行程序具体包括以下几个方面：

（1）逮捕犯罪嫌疑人、被告人，一律由公安机关执行。公安机关在接到执行逮捕通知书后，由公安机关负责人签发《逮捕证》，立即执行逮捕，并将执行的情况及时通知人民检察院或人民法院。

（2）公安机关执行逮捕时，执行人员不得少于 2 人。执行时，要向被逮捕人出示《逮捕证》，宣布逮捕，要求被逮捕人在《逮捕证》上签名、盖章或按指印，注明执行逮捕的日期以便备查。被逮捕人拒绝签字盖章或按指印的，执行人员应在《逮捕证》上注明。

（3）公安机关到异地执行逮捕的，应当通知被捕人所在地的公安机关。执行的公安机关应当携带《批准逮捕决定书》或其他有效文书及其副本、《逮捕证》、介绍信、被逮捕人犯罪的基本材料等，商请当地公安机关协助执行，当地公安机关应当予以协助。

（4）逮捕后，公安机关应当立即将被逮捕人送看守所羁押。

（5）逮捕后，应当由具体的办案机关在 24 小时以内对被逮捕人进行讯问，讯问在看守所进行。如果发现不应当逮捕时，必须立即释放，并发给释放证明。除无法通知的以外，办案机关还应当在逮捕后 24 小时以内，通知被逮捕人的家属。如果是公安机关经检察机关批准逮捕的，由公安机关进行讯问和通知；如果是人民检察院、人民法院决定逮捕的，则由人民检察院、人民法院进行讯问和通知。

（6）逮捕后，人民检察院仍应当对羁押的必要性进行审查。对不需要继续羁押的，应当建议予以释放或者变更强制措施。有关机关应当在 10 日以内将处理情况通知人民检察院。

（7）人民法院、人民检察院和公安机关如果发现对犯罪嫌疑人、被告人采取强制措施不当的，应当及时撤销或者变更。公安机关释放被逮捕的人或者变更逮捕措施的，应当通知原批准的人民检察院。公安机关执行逮捕时，如果由于被逮捕人死亡、逃跑或者有其他原因，不能执行逮捕或者未能捕获的，应当立即通知原批准逮捕或者决定逮捕的人民检察院或者人民法院。

（8）犯罪嫌疑人、被告人及其法定代理人、近亲属或者辩护人有权申请变更强制措施。人民法院、人民检察院和公安机关收到申请后，应当在 3 日以内作出决定；不同意变更强制措施的，应当告知申请人，并说明不同意的理由。

六、逮捕与拘留的异同

逮捕与拘留都是剥夺人身自由的强制方法，实施的目的都是为了防止继续发生社会危险性，从而保证侦查、起诉和审判工作的顺利进行。但逮捕与拘留又是两种不同的强制措施，两者之间的区别有：

（1）实施的时间不同。拘留只适用于侦查阶段，逮捕则可适用于侦查、审查起诉和审判三个阶段。

（2）实施的主体不同。拘留发生在侦查阶段，所以，公安机关和人民检察院有权适用。逮捕可在审前各阶段适用，因而实施的主体就包括公安机关、人民检察院和人民法院三个机关。另外，对于拘留，公安机关有权自行决定，自己执行；但对于逮捕，公安机关却只有执行权，没有批决权，公安机关如果要逮捕犯罪嫌疑人，就必须提请人民检察院审查批准。

（3）需要的条件不同。拘留的条件比逮捕宽松，逮捕的要求就相对严格。拘留是在出现了法定的七种紧急情形之一时就可适用的，而逮捕就必须同时达到三个条件。这些条件是：有证据证明有犯罪事实；可能判处徒刑以上的刑罚；有逮捕必要，三者缺一不可。

（4）羁押的期限不同。拘留的羁押期限，一般为 10 日，最多不超过 37 日；而逮捕后的羁押期限，在多数情况下都较长，数月或数年不等。

案 例 分 析

【案例一】区法院受理了林某刑事部分的起诉，并向王某发送了起诉书副本。王某收到起诉书副本后，恼羞成怒又将林某一阵毒打。开庭当日，王某不顾法庭传唤拒不到庭，致使审理无法正常进行。承办此案的审判员陈某十分气愤，于是填发了拘传证，由法警田某于当日下午将王某拘传到法院，关在法院的被告候审室内。第三天上午，审判员陈某对王某进行了讯问，在王某作了不再殴打林某和按时出庭的保证之后，才将其放出。

【问题】拘传适用的法定程序是什么？

【解析】本案主要涉及拘传的程序问题。根据上述法律规定，本案中对拘传的适用存在着以下几个问题：①审判员陈某填发拘传证之后，未送领导审批，而直接交给法警执行；②拘传被告人王某时，只有法警田某 1 人进行；③拘传王某之后，审判员未对其进行询问，而是关押了将近两天的时间，严重违反了"拘传时间最长不得超过 12 小时"的法律规定，将拘传变成了变相羁押。总之，本案办案人员对拘传的适用严重违反了法律规定，侵害了被告人的合法权利，因而是错误的。

【案例二】犯罪嫌疑人朱某，30 岁，农民，小学文化。因发现其妻与人通奸，一怒之下将其妻子和她的奸夫砍成重伤，但随后急忙将伤者送医院治疗并日夜守候在妻子床前照顾。公安局拘留朱某时，其妻苦苦求情不让抓走朱某。

【问题】

1. 公安机关对朱某执行拘留的程序是什么？

2. 如果公安机关认为需要逮捕朱某，应当如何处理？

【解析】

1. 公安机关执行拘留时的程序是：第一，要由 2 名以上的侦查人员进行；第二，必须出示拘留证，并责令被拘留人在拘留证上签名（盖章）、按指印；第三，拘留后，必须立即将被拘留人送看守所羁押，至迟不得超过 24 小时；第四，应当在 24 小时以内对朱某进行讯问。在发现不应当拘留时，必须立即释放，发给释放证明；第五，拘留后，决定拘留的机关应当把拘留的原因和羁押的处所，在 24 小时以内，通知被拘留人的家属或者他的所在单位。但无法通知或者涉嫌危害国家安全犯罪、恐怖活动犯罪通知可能有碍侦查的情形除外。

2. 如果公安机关认为应当逮捕朱某，就应当在拘留后的 3 日以内，提请同级人民检察院审查批准。在特殊情况下，经县级以上公安机关负责人批准，提请审查批准的时间可以延长 1～4 日。人民检察院应当自接到公安机关提请批准逮捕书后的 7 日以内，作出批准逮捕或者不批准逮捕的决定。人民检察院不批准逮捕的，公安机关应当在接到通知后立即释放犯罪嫌疑人，并且将执行情况及时通知人民检察院。对于需要继续侦查，并且符合取保候审、监视居住条件的，依法取保候审或者监视居住。对需要逮捕而证据还不充足的，可以取保候审或者监视居住。

思考与练习

1. 什么是刑事强制措施？我国的刑事强制措施有何特征？

2. 强制措施的适用原则是什么？

3. 取保候审适用的要求和期限是什么？

4. 监视居住有哪两种？指定居所监视居住有何特殊之处？

5. 拘留的条件和程序是什么？

6. 如何理解逮捕的条件？逮捕应遵循什么程序？

第七章 附带民事诉讼

要点提示

附带民事诉讼，是指司法机关在刑事诉讼过程中，在依法解决被告人刑事责任的同时，附带解决被害人由于被告人的犯罪行为而遭受的物质损失的赔偿问题所进行的诉讼活动。具有性质特殊、法律依据多元、程序依附性等特点。

成立条件：①以刑事案件的成立为前提；②犯罪行为给被害人造成了物质损失；③被害人遭受的物质损失必须是由被告人的犯罪行为直接造成的；④权利方提起了附带民事诉讼请求。

原告人包括因犯罪行为而遭受物质损失的公民、法人或其他组织，已死亡被害人的近亲属，被害人的法定代理人，人民检察院。负有赔偿责任的被告人包括刑事被告人，同案人，已死亡的被告人或罪犯的遗产继承人，其他人。

财产保全，是指为保障将来生效的附带民事裁判能够得到执行或者避免财产受到损失，人民法院依据职权或者附带民事诉讼原告人、人民检察院的申请，对附带民事被告人的财产采取查封、扣押或冻结的方法加以控制的强制方法。特点：以公权力启动为主；不需要提供担保；如果保全错误可采用国家救济模式。财产保全措施有查封、扣押或冻结。

审理原则：调解与裁判相结合；与刑事诉讼一并审判。

第一节 附带民事诉讼的概念和意义

一、附带民事诉讼的概念

附带民事诉讼又称刑事附带民事诉讼，是指司法机关在刑事诉讼过程中，在依法解决被告人刑事责任的同时，附带解决被害人由于被告人的犯罪行为而遭受的物质损失的赔偿问题所进行的诉讼活动。

　　附带民事诉讼作为一项诉讼制度，是有关附带民事诉讼的当事人、赔偿范围、提起和审理程序等问题的法律规范的总称。2012 年修定后的《刑事诉讼法》将原来附带民事诉讼由 2 条增加到 4 条，赋予被害人的法定代理人、近亲属提起附带民事诉讼的资格，扩大了财产保全措施的种类和申请，明确了调解的使用等。该法第九十九条规定："被害人由于被告人的犯罪行为而遭受物质损失的，在刑事诉讼过程中，有权提起附带民事诉讼。被害人死亡或者丧失行为能力的，被害人的法定代理人、近亲属有权提起附带民事诉讼。如果是国家财产、集体财产遭受损失的，人民检察院在提起公诉的时候，可以提起附带民事诉讼。"这些规定是附带民事诉讼的主要法律依据。最高人民法院《解释》、最高人民法院《关于审理刑事附带民事诉讼案件有关问题的批复》（以下简称最高人民法院关于附带民诉的《批复》）、最高人民法院《关于刑事附带民事诉讼的规定》（以下简称和最高人民法院关于附带民诉的《规定》）等司法解释中关于附带民事诉讼的规定是刑事诉讼法规定的具体化，具有很强的可操作性，是司法实践中重要的执法依据。

二、附带民事诉讼的特点

　　附带民事诉讼从实质上讲，仍然是民事诉讼，是特殊的民事诉讼，一方面，它的内容涉及的是损害赔偿问题，是民事权利义务纠纷；另一方面，它是由犯罪行为引起的赔偿纠纷，与刑事犯罪有密切的联系，是在刑事诉讼过程中提起并同刑事案件一并解决的，其成立与解决都依附于刑事诉讼，因此附带民事诉讼是一种依附于刑事诉讼的特殊的民事诉讼。具体来讲，附带民事诉讼具有以下三个特点：

　　1. 附带民事诉讼性质的特殊性

　　附带民事诉讼就其解决的问题的性质而言，是平等主体之间的经济损害赔偿问题，和民事诉讼中的损害赔偿是一样的，属于民事诉讼性质。但它和一般的民事诉讼损害赔偿又有所不同，因为这种赔偿是由犯罪行为引起的，是在刑事诉讼过程中提起的，由审判刑事案件的审判组织审理，所以它又是刑事诉讼的一部分，是一种特殊性质的民事诉讼。

　　2. 附带民事诉讼法律依据的复合性

　　由于附带民事诉讼所解决的是刑事犯罪行为所引起的民事赔偿责任，所以解决这一问题的法律依据具有复合性特点。在实体法上，对损害事实的认定，不仅要遵循刑法关于具体案件犯罪构成的规定，而且要受民事法律规范调整；在程序法上，除刑事诉讼法有特殊规定的以外，应当适用民事诉讼法的规定。如诉讼原则、强制措施、诉讼证据、先行给付、诉讼保全、调解和解、撤诉反诉等，都要遵循民事诉讼法的有关规定，所以最高人民法院《解释》第一百条规定："人民法院审判附带民事诉讼案件，除适用刑法、刑事诉讼法外，还应当适用民法通则、民事诉讼法有关规定。"

　　3. 附带民事诉讼处理程序的相对依附性

　　附带民事诉讼以刑事案件的成立为前提，必须在刑事诉讼过程中提起，刑事诉讼尚未开始或者已经终结，附带民事诉讼也就无从谈起；附带民事诉讼部分的判决不得同刑事部分的判决相抵触；附带民事诉讼的诉讼时效、上诉期限、管辖法院等都取决于刑事案件的情况。

三、附带民事诉讼的意义

附带民事诉讼是刑事诉讼中一项重要的诉讼制度。其意义主要体现在以下五个方面：

1. 有利于维护国家、集体和公民个人的合法经济利益

犯罪行为往往给被害人造成经济损失，犯罪人除了承担刑事责任外，还要承担经济赔偿责任，以保障国家、集体和公民个人的经济损失得到补偿和挽回。附带民事诉讼是实现这种保障的有效途径。附带民事诉讼制度的设立，可以使被害人通过附带民事诉讼程序，得到经济损害赔偿。

2. 有利于打击和制裁犯罪活动

附带民事诉讼制度，从根本上否定了"打了不罚，罚了不打"的陈旧观念，它意味着给他人造成物质损害的犯罪者不仅要承担刑事责任，而且还要承担民事赔偿责任。这对于打击和制裁犯罪活动，教育和改造犯罪分子具有重要意义。

3. 有利于公安司法机关全面、正确地处理案件

附带民事诉讼制度的设立，要求公安司法机关在刑事诉讼过程中，既要查明本案中的犯罪事实，还要查明被告人的犯罪行为给被害人造成的物质损失以及他对承担损害赔偿责任的态度，这对于正确认定案件事实，判断被告人认罪态度和悔罪表现，正确定罪量刑，具有重要的参考价值。

4. 有利于保证人民法院审判工作的统一性和严肃性

由于附带民事诉讼是由审理刑事案件的同一审判组织进行审理的，这有利于保证对案件事实认识的统一性，避免因不同审判组织分别进行审判可能对同一案件在认定事实和适用法律上作出相互矛盾的裁判，维护法院和法律的权威。

5. 有利于节约诉讼成本，提高诉讼效率

附带民事诉讼在刑事诉讼过程中附带解决被害人物质损失的赔偿问题，在一个诉讼中同时解决被告人的刑事责任和民事责任，避免因同一案件事实而再次进行诉讼。一方面，避免了公安司法机关的重复劳动，节约了司法资源，提高了诉讼效率；另一方面，又方便了当事人及其他诉讼参与人参与诉讼，减少他们重复出庭、重复举证等活动，减轻了他们的讼累。

第二节　附带民事诉讼成立的条件

一、以刑事案件的成立为前提

附带民事诉讼是由刑事诉讼所派生的，是在追究被告人刑事责任的同时，附带追究被

告人的损害赔偿责任。因此，附带民事诉讼必须以刑事案件和刑事诉讼的成立为前提，如果被告人的行为本身不构成犯罪，刑事案件和刑事诉讼不成立，附带民事诉讼也就失去了存在的基础。需要注意的是，这里是以刑事案件和刑事诉讼成立为前提，而不是以是否对被告人科处刑罚为标准。一般情况下，被告人的行为构成犯罪都要根据法律科处刑罚，但在某些情况下，被告人的行为虽然构成犯罪，根据法律却不需要判处刑罚或者可以免除刑罚，在这些案件中犯罪行为给被害人造成物质损失的，被害人仍然可以提起附带民事诉讼。

二、犯罪行为给被害人造成了物质损失

《刑事诉讼法》第九十九条第一款规定："被害人由于被告人的犯罪行为而遭受物质损失的，在刑事诉讼过程中，有权提起附带民事诉讼。被害人死亡或者丧失行为能力的，被害人的法定代理人、近亲属有权提起附带民事诉讼。"最高人民法院关于附带民事诉讼的《规定》第一条规定："因人身权利受到犯罪侵犯而遭受物质损失或者财物被犯罪分子毁坏而遭受物质损失的，可以提起附带民事诉讼。对于被害人因犯罪行为遭受精神损失而提起附带民事诉讼的，人民法院不予受理。"最高人民法院关于附带民事诉讼的《批复》规定："对于刑事案件被害人由于被告人的犯罪行为而遭受精神损失提起的附带民事诉讼，或者在该刑事案件审结以后，被害人另行提起精神损害赔偿民事诉讼的，人民法院不予受理。"根据以上我国刑事诉讼法和司法解释的规定，提起附带民事诉讼必须是由于被告人的犯罪行为给被害人造成了物质损失或者经济损失，这也是附带民事诉讼成立的必备条件。

所谓物质损失，是相对于精神损失而言的，它是指可以用金钱计算的损失，通常包括两大类：一是犯罪行为侵害被害人的财产权利造成的经济损失，比如盗窃案件中盗窃的现金、物品等；二是犯罪行为侵害被害人的人身权利造成的经济损失，比如伤害案件中被害人因身体被伤害进行医治而支出的医药费、住院费、营养费等费用。

三、物质损失与犯罪行为之间有直接因果关系

被害人提起附带民事诉讼要求赔偿的损失，必须是被告人的犯罪行为直接造成的，也就是说，被告人的犯罪行为与被害人所遭受的物质损失之间必须存在直接的因果关系。最高人民法院关于附带民事诉讼的《规定》第二条规定："被害人因犯罪行为遭受的物质损失是指被害人因犯罪行为已经遭受的实际损失和必然遭受的损失。"据此，犯罪行为直接造成的物质损失，既包括犯罪行为已经给被害人造成的物质损失，这种损失又称为积极损失，例如盗窃案件中已经被盗走的财物，伤害案件中被害人的医药费、住院费和营养费等；也包括被害人将来必然要遭受的物质损失，这种损失又称消极损失，例如伤害案件中因伤残减少的劳动收入，今后继续医疗的费用，故意毁坏公私财物案件中被毁坏的丰收在望的庄稼等。但是，不包括今后可能得到的或通过努力才能争取到的物质利益，比如超产奖、发明奖、加班费等。如果被害人的物质损失不是被告人造成的，而是由被害人自己的

过错造成的，或者是由他人造成的，则不应由被告人承担。

理解这一条件时，还需要注意的是，在现实生活中，有许多刑事案件是由民事纠纷激化而成的，附带民事诉讼不能用来解决刑事案件发生以前所存在的民事纠纷。

四、权利方提起了附带民事诉讼请求

附带民事诉讼在程序上需要有法律规定的权利人的提起，正如任何民事诉讼一样，没有起诉就没有审判。只有当权利人提出了附带民事诉讼的请求，人民法院才可能受理，这是附带民事诉讼成立的程序要件。

第三节 附带民事诉讼的当事人

附带民事诉讼的当事人，是指附带民事诉讼的原告人和被告人。

一、附带民事诉讼的原告人

附带民事诉讼的原告人是指因被告人的犯罪行为而遭受物质损失并在刑事诉讼中提出赔偿请求的诉讼参与人。根据刑事诉讼法以及最高人民法院司法解释的规定，在我国，可以作为附带民事诉讼原告人的包括：

1. 因为犯罪行为而遭受物质损失的公民

任何公民（自然人）由于被告人的犯罪行为而遭受物质损失的，在刑事诉讼过程中，都有权提起附带民事诉讼。这是附带民事诉讼中最常见的原告人。

2. 因犯罪行为而遭受物质损失的法人和其他组织

《刑事诉讼法》第九十九条规定的"被害人"作为犯罪侵害的对象，应当从广义上去理解，不仅包括自然人，也应当包括单位，因为二者都是可能受到犯罪侵害的权利主体。比如在伤害罪、杀人罪等以侵害特定人身权利为对象的犯罪中，被害人当然只能是自然人；但在诸如盗窃、贪污、抢劫、纵火等犯罪活动中，被害人显然应包括企业、事业单位、机关、团体等法人和其他组织，这些案件的受害单位显然应当有权向人民法院提起附带民事诉讼，要求得到赔偿。

3. 已死亡被害人的近亲属

根据《刑事诉讼法》的规定，近亲属是指夫、妻、父、母、子、女、同胞兄弟姐妹。被害人的近亲属与被害人之间具有血缘关系或者婚姻关系，而且是被害人的法定继承人，依法享有继承被害人财产的权利。被害人已死亡的，其民事权利能力终止，但其民事权利仍应依法得到保护，因犯罪而遭受的物质损失，已转化为其继承人的损失。因此，近亲属

为了挽回遭受的经济损失，有权向人民法院提起附带民事诉讼，要求得到赔偿。

4. 无行为能力人或者限制行为能力人的法定代理人

在被害人是未成年人、精神病患者等无行为能力或者限制行为能力的情形下，由于其个人能力的限制，仅靠自己的力量难以维护其合法权益，因而法律规定，他们的法定代理人可以代为提起附带民事诉讼。

5. 人民检察院

如果是国家财产、集体财产遭受损失，受损失的单位没有提起附带民事诉讼，人民检察院在提起公诉时，可以提起附带民事诉讼。这里的"可以"应当同第二种情况联系起来理解，即当国家财产、集体财产遭受损失，而被害单位没有提起附带民事诉讼时，人民检察院作为国家利益的维护者，有责任提起附带民事诉讼。当检察机关一并提起附带民事诉讼时，它既是公诉机关，又是民事原告人，享有民事原告人的诉讼权利，但是无权就赔偿问题同被告人通过调解达成协议或自行和解。当然，关于人民检察院在提起附带民事诉讼时，属于什么身份，学界还有两种观点，即公诉人说与原告代理人说。

二、附带民事诉讼的被告人

附带民事诉讼的被告人是指在刑事诉讼中对刑事被告人的犯罪行为造成的物质损失负有赔偿责任的诉讼参与人。根据刑事诉讼法以及最高人民法院《解释》的规定，在我国，附带民事诉讼中负有赔偿责任的被告人包括：

1. 刑事被告人及没有被追究刑事责任的其他共同致害人

附带民事诉讼的被告人通常就是刑事诉讼的被告人，即可能实施了犯罪行为、依法被追究刑事责任的人。这里的被告人不限于自然人，包括公民，也包括企业、事业单位、机关、团体等法人和其他组织。后一种情形主要是指在数人共同犯罪案件中，有的被告人被追究刑事责任而交付人民法院审判，有的被公安机关作出劳动教养处理或行政拘留处分，有的被人民检察院作出不起诉决定。在这些情况下，被作出其他处理的同案人都应当作为附带民事诉讼的被告人。因为数人共同造成他人物质损失的行为是一个不可分开的整体行为，造成物质损失结果的原因是共同的加害行为，各加害人都应对物质损失共同承担民事赔偿责任。

2. 已被执行死刑的罪犯的遗产继承人

在刑事被告人被判处死刑并且已经被执行死刑的情况下，遗产继承人本人虽然没有实施犯罪行为，也不承担刑事责任，但其既然继承了犯罪人的财产，就意味着也要承担犯罪人应当承担的赔偿责任。因此，已被执行死刑的罪犯的遗产继承人是附带民事诉讼的被告人，应当对犯罪行为造成的物质损失承担赔偿责任。

3. 共同犯罪案件中，案件审结前已死亡的被告人的遗产继承人

案件审结以前被告人死亡的，虽然不追究刑事责任，但是其犯罪行为给被害人造成的物质损失，仍然需要赔偿。刑事被告人本人虽然死亡无法承担赔偿责任，但其遗产继承人继承了被告人的遗产，自然应当承担刑事被告人应当承担的赔偿责任，因而是附带民事诉讼的被告人。

4. 其他对刑事被告人的犯罪行为依法应当承担民事赔偿责任的单位和个人

这里的单位应作广义的理解，既可以是法人组织，也可以是非法人单位。另外，附带民事诉讼的成年被告人应当承担赔偿责任的，如果其近亲属自愿代为承担，司法机关应当准许。

第四节　附带民事诉讼中的财产保全

一、附带民事诉讼财产保全的概念、特点和种类

1. 附带民事诉讼财产保全的概念和特点

附带民事诉讼财产保全，是指为保障将来生效的附带民事裁判能够得到执行或者避免财产受到损失，人民法院依据职权或者附带民事诉讼原告人、人民检察院的申请，对附带民事被告人的财产采取查封、扣押或冻结的方法加以控制的强制方法。

基于刑事附带民事诉讼的特殊性，这里的财产保全与民事诉讼财产保全相比，有其程序上的显著特点。试归纳如下：

（1）附带民事诉讼财产保全以公权力启动为主。刑事诉讼是公权力主导的运行程序，附带民事诉讼当事人在此过程中并不具有如民事诉讼那样的独立性，对程序和结果的影响作用较小。人民检察院和人民法院都应当依据职权追究犯罪者的法律责任，维护国家和社会利益，同时为被害人提供应有的帮助，实现公平正义。因而，应否启动附带民事诉讼的财产保全程序，主要应由公权力机关根据需要决定，原告人的申请只起辅助作用。从《刑事诉讼法》第一百条的规定看，首先规定人民法院在必要的时候可以采取保全措施，其次才是申请采用，而在申请者中又包含有人民检察院。可见，体现了公权力启动为主的精神。

（2）附带民事诉讼财产保全不需要提供担保。无论是人民法院依职权采用财产保全，还是人民检察院申请财产保全，都不可能也不应当提供担保。附带民事诉讼的原告通常是刑事被害人或其法定代理人、近亲属，犯罪侵害的严重性常常导致其身陷困境，甚至万劫不复，没有能力也不应当为财产保全提供担保。所以，对附带民事诉讼原告人提出保全申请的，应由法院审查以决定是否准许，不需要提供财产担保。

（3）如果由于财产保全错误而给附带民事被告人造成损失的，可采用国家救济模式。无担保的财产保全，一旦出现错误给被告人造成损失，显然只能采取国家公权力救济模式。公权力救济途径有三：其一，实行国家赔偿。由国家承担公权力运行所致损害的赔偿责任，这是现代民主法治国家应尽的义务。其二，追缴因财产保全错误而受益的单位或个人所获得的利益。当然，如果受益人确属困难，无力退还，则可将该部分利益列为扶贫救济款项，由民政部门支付。其三，如果附带民事原告人故意提出错误申请，虚报损失，冒

领赔款，则不仅要追缴其所获利益，而且要追究其民事或刑事责任。

（4）附带民事诉讼财产保全适用于法院受理刑事起诉之后。刑事诉讼被法院受理之后，附带民事诉讼程序才可以正式启动，此时，刑事诉讼中的犯罪嫌疑人即转变为被告人。按照《刑事诉讼法》第一百条的规定："人民法院在必要的时候，可以采取保全措施，查封、扣押或者冻结被告人的财产。附带民事诉讼原告人或者人民检察院可以申请人民法院采取保全措施。"这里的被告人和原告人，都是审判阶段的称谓。因此，附带民事诉讼财产保全适用于法院受理刑事起诉之后。

2. 附带民事诉讼财产保全的种类

民事诉讼中的财产保全以法院是否受理为程序界限，法院受理前采用的为诉讼前财产保全，法院受理后采用的为诉讼中财产保全。诉讼前财产保全适用于情况紧急时，法律要求申请人要提供担保，并要在一定时间内提起诉讼。

附带民事诉讼财产保全的种类，从刑事诉讼角度而言，只有诉讼中财产保全一种。如前所述，附带民事诉讼的财产保全，只发生在刑事诉讼进入法院审判程序阶段，这时附带民事诉讼才可以正式启动。因此，相对于刑事诉讼，附带民事诉讼财产保全，都是在诉讼程序中发生的，不存在诉前保全的问题。

但若从狭义上讲，附带民事诉讼财产保全也有诉前保全与诉中保全两种类型。理由在于，虽然附带民事诉讼财产保全必须发生在法院受理刑事诉讼之后，但是，在法院受理刑事诉讼之后，附带民事诉讼实际上会有两种情况：一是与刑事诉讼一同提起，被法院同时受理；二是附带民事诉讼在刑事审理过程中才提起。如果单纯就附带民事诉讼程序而言，人民法院既可以在刑事案件受理之后、附带民事诉讼提起之前，认为有必要而依职权采用财产保全措施，也可以在附带民事诉讼提起之后才进行财产保全。那么，前者就是诉前保全，后者就是诉中保全。

3. 附带民事诉讼财产保全的意义

（1）防范涉案财产遭到转移或灭失，确保附带民事判决的执行。附带民事判决，多具有赔偿的给付内容，如果由于保护不当而使涉案财产遭到转移或灭失，就可能导致生效判决无法执行，从而影响司法裁判的权威。

（2）保护国家、集体经济利益和被害人的财产权益。刑事诉讼中的涉案财产，有些原本属于国家、集体、单位或个人的合法财产，有些属于应当给予被害人损害赔偿的财产，通过财产保全措施，可以有效保护国家、集体和被害人的财产权益，给被害人以必要的经济赔偿。

（3）控制当事人的财产，及时阻止涉案财产被继续用于犯罪。

二、附带民事诉讼财产保全的法律依据

《刑事诉讼法》第一百条规定："人民法院在必要的时候，可以采取保全措施，查封、扣押或者冻结被告人的财产。附带民事诉讼原告人或者人民检察院可以申请人民法院采取保全措施。人民法院采取保全措施，适用民事诉讼法的有关规定。"该条为附带民事诉讼中的财产保全提供了两个方面的法律依据：

1. 刑事诉讼法依据

依据该条规定，在刑事诉讼过程中，人民法院可以采取查封、扣押或者冻结被告人的财产的方式进行财产保全。附带民事诉讼原告人或者人民检察院可以申请人民法院采取保全措施。从法定主体和适用对象看，有权采取财产保全的主体是人民法院，查封、扣押或者冻结的财产是被告人的财产。这就是说，只有在审判阶段才可以适用附带民事诉讼的财产保全，对犯罪嫌疑人的财产是不可以适用保全措施的。

但是，附带民事诉讼的特殊性就在于，刑事诉讼在进入审判程序之前，公诉案件要经过侦查、审查起诉这些阶段，公安机关和人民检察院比法院更早地介入案件的查处。如果仅仅到了审判阶段才采取财产保全措施的话，可能实际意义并不大。那么，公安机关和人民检察院能否采取财产保全措施？从该条规定看，显然是不可以的。不过，刑事诉讼法用另外的条文与此相衔接：

（1）侦查机关可以用侦查措施对涉案财产加以控制。2012年修改后的《刑事诉讼法》对此有三个条文：

第一百三十九条："在侦查活动中发现的可用以证明犯罪嫌疑人有罪或者无罪的各种财物、文件，应当查封、扣押；与案件无关的财物、文件，不得查封、扣押。对查封、扣押的财物、文件，要妥善保管或者封存，不得使用、调换或者损毁。"

第一百四十二条："人民检察院、公安机关根据侦查犯罪的需要，可以依照规定查询、冻结犯罪嫌疑人的存款、汇款、债券、股票、基金份额等财产。有关单位和个人应当配合。犯罪嫌疑人的存款、汇款、债券、股票、基金份额等财产已被冻结的，不得重复冻结。"

第一百四十三条："对查封、扣押的财物、文件、邮件、电报或者冻结的存款、汇款、债券、股票、基金份额等财产，经查明确实与案件无关的，应当在三日以内解除查封、扣押、冻结，予以退还。"

从法律语义上解释，虽然，"证明有罪或者无罪的"财物与被告人的财产未必等同，但有交叉。侦查机关查询、冻结犯罪嫌疑人的存款、汇款、债券、股票、基金份额等财产是"根据侦查犯罪的需要"，这种需要就包含了较宽的范围和目的，比如犯罪所造成的损失及其犯罪嫌疑人的合法、非法拥有的财产等。最后，"经查明确实与案件无关的"才解除查封、扣押、冻结。很显然，最后可能要用于赔偿由于犯罪而给被害人造成损失的财产，不是"与案件无关的"，因而就可以不予以解除强制，从而起到与财产保全相同的效果。当然，这些侦查措施一般是有时间限制的，不可能无限期适用，如《刑事诉讼法》第一百七十三条第二款规定："人民检察院决定不起诉的案件，应当同时对侦查中查封、扣押、冻结的财物解除查封、扣押、冻结。"因此，如何在时间上与审判阶段的财产保全措施衔接就存在问题。

从法律完善的角度看，侦查过程中需要对犯罪嫌疑人的财产实施强制性措施的，都应当申请法院用裁定形式予以查封、扣押、冻结，这样不仅体现诉讼的现代法治精神，防范执法中任意侵犯当事人的合法财产，也有助于确保被害人的财产权益；对于可能用于赔偿犯罪所造成损失的财产起到保全的作用，而且这种财产保全的裁定可以在时间上延续到审判、执行阶段。

（2）检察机关可以申请法院没收涉案人的违法所得。申请没收违法所得是人民检察院和公安机关对于特定案件申请人民法院裁判处分涉案财产的行为。这种申请可以发生在侦查、审查起诉或者审判阶段，由人民法院裁判追缴犯罪嫌疑人、被告人的"违法所得及其他涉案财产"。

所谓"违法所得"，一般指通过违法方法获取的财产。这里的违法既包括犯罪行为如贪污、挪用、受贿、贩毒、走私、盗窃、诈骗、抢劫等，也包括一般违法行为如卖淫、制假贩假、民事侵权等。违法所得到的可能是国家、集体、公司企业或个人的合法财产，也可能是赃款等不干净的财产。"其他涉案财产"，一般应当包括犯罪的工具如走私的船舶、汽车，制造假币的机器设备，赌博的赌资等，还可以包含将要偿付给受害个人或者单位的赔偿金、补偿金的款项。

人民法院经审理，对经查证属于违法所得及其他涉案财产，除依法返还被害人的以外，应当裁定予以没收。这就是说，对于已经死亡或者逃匿的犯罪嫌疑人、被告人的涉案财产，在程序上不合适提起附带民事诉讼的，如因当事人死亡而缺乏被告人，或者因犯罪嫌疑人逃匿而程序未能进入到审判阶段的，就按照违法所得没收程序追缴违法所得，返还被害人的财产。

违法所得没收程序有效地弥补了附带民事诉讼程序的局限性，体现了2012年修改后的《刑事诉讼法》在程序上的相互协调性、完整性。

相关的法条有：

第二百八十条：对于贪污贿赂犯罪、恐怖活动犯罪等重大犯罪案件，犯罪嫌疑人、被告人逃匿，在通缉一年后不能到案，或者犯罪嫌疑人、被告人死亡，依照刑法规定应当追缴其违法所得及其他涉案财产的，人民检察院可以向人民法院提出没收违法所得的申请。

公安机关认为有前款规定情形的，应当写出没收违法所得意见书，移送人民检察院。

没收违法所得的申请应当提供与犯罪事实、违法所得相关的证据材料，并列明财产的种类、数量、所在地及查封、扣押、冻结的情况。

人民法院在必要的时候，可以查封、扣押、冻结申请没收的财产。

第二百八十二条：人民法院经审理，对经查证属于违法所得及其他涉案财产，除依法返还被害人的以外，应当裁定予以没收；对不属于应当追缴的财产的，应当裁定驳回申请，解除查封、扣押、冻结措施。

对于人民法院依照前款规定作出的裁定，犯罪嫌疑人、被告人的近亲属和其他利害关系人或者人民检察院可以提出上诉、抗诉。

2. 民事诉讼法依据

《刑事诉讼法》第一百条明确规定，人民法院采取保全措施，适用民事诉讼法的有关规定。因此，在刑事诉讼中需要适用财产保全措施时，可以直接引用民事诉讼法中有关财产保全的规定。该条实现了刑事诉讼法和民事诉讼法两个程序法的有效兼容与对接。

三、附带民事诉讼财产保全的措施和程序

1. 财产保全的措施

根据《刑事诉讼法》第一百条的规定，附带民事诉讼财产保全的措施有三种：查封、

扣押或者冻结。

（1）查封。是人民法院将需要保全的财物清点后，贴上封条，就地封存，不准动用，违者将追究法律责任，以此防止任何单位或个人处分的一种财产保全措施。

（2）扣押。是指人民法院将需要保全的财物转移到特定的场所予以扣留，防止任何单位或个人处分的一种财产保全措施。

（3）冻结。是指人民法院依法通知有关金融等单位，未经准许，不准任何个人或单位提取或者转移涉案的存款、汇款、股票、基金、债券、股权份额等的财产保全措施。

2. 财产保全的程序

（1）财产保全启动的方式。有两种：一是人民法院依职权启动；二是附带民事诉讼原告人或者人民检察院提出申请。对于当事人提出的申请，人民法院应当进行必要的审查，以免发生错误；对于人民检察院的申请，法院一般应当准许。

（2）财产保全适用裁定作出。裁定一经宣布立即生效，当事人或者利害关系人可以申请复议一次。复议期间，人民法院不停止裁定的执行。

第五节　附带民事诉讼的提起和审理

一、附带民事诉讼的提起

1. 附带民事诉讼的起诉条件

根据最高人民法院《解释》第八十八条规定，附带民事诉讼的起诉条件是：

（1）提起附带民事诉讼的原告人、法定代理人符合法定条件。提起附带民事诉讼的原告人、法定代理人必须符合法律规定的条件，即必须是因犯罪行为遭受物质损失的被害人本人（包括被害公民和被害法人及其他组织）、已死亡被害人的近亲属、无行为能力或者限制行为能力被害人的法定代理人，人民检察院，只有这些个人或机关才能依法向人民法院提起附带民事诉讼。

（2）有明确的被告人。提起附带民事诉讼，必须有明确的被告人，也就是说向人民法院起诉时必须明确指出侵犯自己合法权益或者依法负有赔偿责任的对方当事人。只有提出明确的被告人，诉讼才能形成和进行。

（3）有请求赔偿的具体要求和事实根据。提起附带民事诉讼，必须有请求赔偿的具体要求，即要求人民法院予以保护的具体内容。原告人起诉如果没有具体的诉讼请求，没有要求保护的具体合法权益，起诉也就难以成立。事实根据是指提出诉讼请求所依据的事实和理由，即有关案件事实情况及必要的证据，以便在诉讼中证明其诉讼请求是正当的。

（4）被害人的物质损失是由被告人的犯罪行为造成的。如前所述，提起附带民事诉讼的前提是被告人的犯罪行为给被害人造成了物质损失，即被害人的物质损失与被告人的犯罪行为之间有因果关系。如果被害人的物质损失不是由被告人的犯罪行为造成的，而是由被告人的合法行为造成的，则不能提起附带民事诉讼要求赔偿，只能通过一般的民事诉讼解决。

（5）属于人民法院受理附带民事诉讼的范围。提起附带民事诉讼的案件必须是属于人民法院受理附带民事诉讼案件的范围，即必须是人民法院主管和管辖的案件，法院才能依法受理。如果案件是归法院以外的其他机关主管的，法院就不能对其行使审判权；如果案件应由其他有管辖权的法院管辖，该法院也不能受理。

2. 提出附带民事诉讼请求的时间

附带民事诉讼，应当在刑事案件立案之后，第一审判决宣告以前提起。有权提起附带民事诉讼的人在第一审判决宣告以前没有提起的，不得再提起附带民事诉讼，但可以在刑事判决生效后另行提起民事诉讼。

在侦查、预审、审查起诉阶段，有权提起附带民事诉讼的人向公安机关、人民检察院提出赔偿要求，已经由公安机关、人民检察院记录在案的，刑事案件起诉后，人民法院应当按附带民事诉讼案件受理；经公安机关、人民检察院调解，当事人双方达成协议并已给付，被害人又坚持向法院提起附带民事诉讼的，人民法院也可以受理。

人民法院受理刑事案件后，可以告知因犯罪行为遭受物质损失的被害人（公民、法人和其他组织）、已死亡被害人的近亲属、无行为能力或者限制行为能力被害人的法定代理人，有权提起附带民事诉讼。有权提起附带民事诉讼的人放弃诉讼权利的，应当准许，并记录在案。如果是国家财产、集体财产遭受损失，受损失的单位未提起附带民事诉讼，人民检察院在提起公诉时提起附带民事诉讼的，人民法院应当受理。

3. 提起附带民事诉讼的方式

提起附带民事诉讼一般应当提交附带民事诉状，即通过书面的方式提起。如果书写诉状确有困难，可以口头起诉。审判人员应当对原告人的口头诉讼请求详细询问，并制作笔录，向原告人宣读；原告人确认无误后，应当签名或者盖章。不论以书面方式还是口头方式，都应当说明附带民事诉讼原告人、被告人的姓名、年龄、职业、住址等个人基本情况，控告的罪行，以及因犯罪行为而遭受物质损失的程度和具体的诉讼请求等内容。

人民检察院在提起公诉时一并提起附带民事诉讼的，只能以书面方式，即制作附带民事诉状，写明被告人的基本情况，被告人的犯罪行为给国家、集体财产造成损失的情况，代表国家、集体要求被告人赔偿损失的诉讼请求和适用的法律根据。

4. 对附带民事诉讼请求的审查和受理

人民法院收到附带民事诉状后，应当进行审查，并在 7 日内决定是否立案。符合刑事诉讼法和司法解释规定的起诉条件的，应当受理；不符合规定的，应当裁定驳回起诉。

二、附带民事诉讼的审理

1. 审理的一般原则

（1）调解与裁判相结合原则。《刑事诉讼法》第一百零一条规定："人民法院审理附带民事诉讼案件，可以进行调解，或者根据物质损失情况作出判决、裁定。"附带民事诉讼在本质上仍然是民事诉讼，所以，可以优先调解，调解应当在自愿合法的基础上进行。经调解达成协议的，审判人员应当及时制作调解书。调解书经双方当事人签收后即发生法律效力。

调解达成协议并当庭执行完毕的，可以不制作调解书，但应当记入笔录，经双方当事人、审判人员、书记员签名或者盖章即发生法律效力。

经调解无法达成协议或者调解书签收前当事人反悔的，附带民事诉讼应当同刑事诉讼一并判决。

人民法院认定公诉案件被告人的行为不构成犯罪的，对已经提起的附带民事诉讼，经调解不能达成协议的，应当一并作出刑事附带民事判决。

第二审人民法院审理对附带民事诉讼部分提出上诉的案件，原告一方要求增加赔偿数额，第二审人民法院可以依法进行调解。调解未达成协议或者调解书送达前一方反悔的，第二审人民法院应当依照刑事诉讼法、民事诉讼法的有关规定作出判决或者裁定。

（2）与刑事诉讼一并审判原则。依据《刑事诉讼法》第一百零二条，附带民事诉讼应当同刑事案件一并审判，只有为了防止刑事案件审判的过分迟延，才可以在刑事案件审判后，由同一审判组织继续审理附带民事诉讼。但附带民事诉讼部分的判决对案件事实的认定不得同刑事判决相抵触，附带民事诉讼部分的延期审理，一般不影响刑事判决的生效。

2. 具体审理程序

根据刑事诉讼法、最高人民法院《解释》和关于附带民事诉讼的《规定》、《批复》等司法解释的规定，附带民事诉讼的审理，应当遵循以下具体程序：

（1）审理前的准备工作。人民法院受理附带民事诉讼后，应当在5日内向附带民事诉讼的被告人送达附带民事起诉状副本，或者将口头起诉的内容及时通知附带民事诉讼的被告人，并制作笔录。被告人是未成年人的，应当将附带民事起诉状副本送达其法定代理人，或者将口头起诉的内容通知其法定代理人。

人民法院送达附带民事起诉状副本，或者通知口头起诉的内容时，应当根据刑事案件审理的期限，确定被告或者其法定代理人提交民事答辩状的时间。

（2）举证责任的承担。在附带民事诉讼中，举证责任的承担原则上实行"谁主张，谁举证"的原则，即附带民事诉讼案件的当事人对自己提出的主张，有责任提供证据。但根据最高人民法院《关于民事诉讼证据的若干规定》第七条和第八条的规定，在法律没有具体规定，依本规定及其他司法解释无法确定举证责任时，人民法院可以根据公平原则和诚实信用原则，综合当事人的举证能力等因素确定举证责任的承担。在诉讼过程中，一方当事人对另一方当事人陈述的案件事实明确表示确认的，另一方当事人无需举证。

（3）必要时人民法院可以采用财产保全和先予执行。对被告人的财产采取财产保全措施应以其个人的财产为限，查封、扣押、冻结的数量，除了需要没收的以外，应以足够赔偿为限。

最高人民法院关于附带民诉的《批复》规定："对于附带民事诉讼当事人提出先予执行申请的，人民法院应当依照民事诉讼法的有关规定，裁定先予执行或驳回申请。"附带民事诉讼的先予执行必须具备法定的理由，即犯罪行为给被害人造成了极大的困难。决定先予执行时，既要考虑被害人的需要，又要兼顾附带民事诉讼被告人的实际支付能力。先予执行的数额应当折抵附带民事判决中所确定的赔偿数额。

（4）赔偿与量刑的关系。附带民事赔偿，可以作为人民法院量刑时考虑的情节。最高人民法院关于附带民诉的《规定》第四条规定："被告人已经赔偿被害人物质损失的，人民法院可以作为量刑情节予以考虑。"第五条规定："犯罪分子非法占有、处置被害人财产而使其遭受物质损失的，人民法院应当依法予以追缴或者责令退赔。被追缴、退赔的情况，人民法院可以作为量刑情节予以考虑。"

（5）附带民事诉讼的撤诉。附带民事诉讼在审结之前，原告人要求撤诉的，人民法院应当准许。但是，国家、集体财产遭受损失，被告人又有赔偿能力的，人民检察院或者受损害单位不能要求撤诉，因为对国家、集体财产，任何人无权随意处置。

在附带民事诉讼审理过程中，附带民事诉讼的原告人经人民法院传票传唤，无正当理由拒不到庭的，或者未经法庭许可中途退庭的，应当按自行撤诉处理。

（6）附带民事诉讼的上诉和抗诉。附带民事诉讼的当事人和他们的法定代理人如果对法院一审未生效的判决、裁定不服，可以对附带民事部分提出上诉。人民检察院可以对第一审判决、裁定中的附带民事部分提出抗诉。

对附带民事部分的上诉和抗诉不影响刑事部分的生效，但是第二审人民法院应当对第一审判决、裁定中的刑事和民事部分全面审查，审查后仅对附带民事部分作出终审判决或裁定。第二审人民法院对附带民事裁判上诉或抗诉的案件进行审理时，如果发现刑事部分有错误，必须予以纠正的，可以按照审判监督程序处理。

对判决的刑事部分提起上诉或抗诉的案件，附带民事部分没有上诉或抗诉的，该部分判决也不能生效。这是因为刑事部分认定的案件事实适用于附带民事部分，刑事部分的事实认定如果有错误，势必影响民事部分的判决。

（7）附带民事诉讼判决、裁定的执行。附带民事诉讼的判决、裁定生效后，应当按照民事诉讼法规定的执行程序执行。《民事诉讼法》第二百一十六条规定："发生法律效力的判决、裁定，当事人必须履行。一方拒绝履行的，对方当事人可以向人民法院申请执行，也可以由审判员移送执行员执行。"

人民法院对附带民事诉讼案件作出判决之后，查明被告人确实没有财产可供执行的，应当裁定中止或终结执行。

（8）诉讼费的收取。

人民法院审理刑事附带民事诉讼案件，不收取诉讼费。

案例分析

【案例】被告人张某，男，30岁。张某因为急于结婚，向开饭馆的邻居李某借款3 000元，口头约定1年为期。1年以后，经李某多次催要，张起初总是以种种理由推脱，后来就咬定没有这笔欠款。一日，在李某家饭馆双方为此笔债务发生口角以致动手，李某被张某殴打成重伤住院，张某带来的一个朋友王某也在旁帮助打了李霜，为此，李某先后花去医药费若干，饭馆也无法开张经营，造成不小的经济损失。事后，张某因涉嫌故意伤害罪被逮捕，并由人民检察院提起公诉。王某受到公安机关的行政拘留处罚。人民法院在对此案的一审审理过程中，因为被害人李某尚未出院，李妻遂以自己的名义提起附带民事诉讼，要求张某赔偿以下损失：①李某的医疗费、住院费；②李妻因护理而误工的工资和奖金；③李某被伤导致全家担惊受怕的精神损失费；④李家饭馆无法正常营业达 40 天的经营"流水"（按照上月平均计算）；⑤李家饭馆被砸坏的各种物品损失；⑥此前欠李某的债务 3 000 元。共计人民币 50 000 元

【问题】

1. 本案的附带民事诉讼的当事人应当分别是谁？

2. 本案的附带民事诉讼赔偿范围有哪些？

【解析】

1. 本案的附带民事诉讼当事人有：原告人应当为被害人李某，如果李某确实无法参与诉讼，李妻可以以诉讼代理人的身份帮助进行诉讼；被告人应当是张某和王某，其中张某是犯罪行为的实施者，是造成李某损失的直接责任人，而王某虽未被追究刑事责任，但他是张某对李方侵害行为的共同致害人，所以应当与张某共同承担赔偿责任。

2. 据法律和司法解释的规定，本案附带民事诉讼的赔偿范围包括：①李某的医药费、住院费；②李妻因护理而误工的工资；③李家饭馆被砸坏的各种物品损失。

李方附带民事诉讼请求中的如下项目不能列入赔偿范围：李妻的奖金、李某被伤导致全家担惊受怕的精神损失费、李家饭馆无法正常营业达 40 天的经营"流水"（按照上月平均计算）。因为，依照目前的有关法律规定，对于要求赔偿精神损失的附带民事诉讼请求，人民法院不予受理；李妻奖金和李被打后致使饭馆无法经营的损失虽属物质损失，但不是直接损失，所以，不能作为附带民事诉讼的请求内容。

此外，张某和李某之间的债务纠纷，属于民事诉讼的范围，应当向人民法院的民事审判庭单独起诉，它不是由张某的犯罪行为导致的，所以不应当也不可能在刑事诉讼程序中解决。

思考与练习

1. 什么是附带民事诉讼？意义何在？

2. 附带民事诉讼成立的条件是什么？

3. 附带民事诉讼的财产保全有何特点？有哪几种？

4. 附带民事诉讼的审理原则是什么？

第八章　期间和送达

要点提示

　　刑事诉讼期间，是指公安司法机关和诉讼参与人完成某项刑事诉讼行为必须遵守的法定期限。

　　期日是"期间"的对称，是指人民法院和当事人以及其他诉讼参与人会合进行诉讼行为的某一特定的具体日期。

　　期间的计算方法。期间以时、日、月计算。以时为计算单位的期间，从期间开始的下一时起算；以日为计算单位的期间，从期间开始的次日起算；以月计算的期限，自本月某日至下月某日为1个月。

　　期间特别规定：①期间的最后一日为节假日的，以节假日后的第一日为期满日期。但犯罪嫌疑人、被告人或者罪犯在押期间，应当至期满之日为止，不得因节假日而延长。②上诉状或者其他文件在期满前已经交邮的，不算过期。③法定期间不包括路途上的时间。④犯罪嫌疑人不讲真实姓名、住址、身份不明的，侦查羁押期限自查清其身份之日起计算，但是不得停止对其犯罪行为的侦查取证。⑤对犯罪嫌疑人作精神病鉴定的期间不计入办案期限。

　　刑事诉讼中的送达，是指人民法院、人民检察院和公安机关依照法定程序和方式，将诉讼文件送交诉讼参与人、有关机关和单位的诉讼活动。有直接送达、留置送达、委托送达、邮寄送达和转交送达等形式。

第一节　期间、期日、期限

一、期间、期日、期限概述

　　期间、期日、期限虽然都是指司法机关或人民法院规定的诉讼主体及其他诉讼参与人进行诉讼活动的时间，但三者所指的诉讼活动的时间是有区别的。

1. 期间的概念和意义

在刑事诉讼中，公安机关、人民检察院、人民法院和诉讼参与人进行刑事诉讼活动是有期限性的，这就是法律规定的诉讼期间问题。所谓刑事诉讼的期间，是指公安司法机关和诉讼参与人完成某项刑事诉讼行为必须遵守的法定期限。刑事诉讼期间一般由法律明确规定，称作法定期间；个别情况下可以由公安司法机关指定，称作指定期间。

确定刑事诉讼期间的长短不是随意的，它需要考虑以下因素：保证查明犯罪事实，正确处理案件；能够及时惩罚犯罪，尽快实现刑罚效应；保障公民依法行使诉讼权利；督促司法机关提高办案效率，保障公民的合法权利。刑事诉讼法规定期间的意义在于：

（1）刑事诉讼法规定了期间，无论是公安司法机关还是诉讼参与人，都必须在法定的期限内完成刑事诉讼活动，这样可以防止诉讼拖延，保证刑事诉讼活动的顺利进行。

（2）刑事诉讼法关于期间的规定，尤其是对司法机关办案时间上的要求，能够促使司法机关尽快办结案件，及时惩罚犯罪。

（3）有利于保障当事人等诉讼参与人的合法权益。这主要体现在以下三个方面：①通过及时惩罚犯罪，迅速保护被害人的合法权益。许多被害人被犯罪侵害，心理上受创伤，物质上受损失，只有通过对犯罪的及时处理，才能使被害人在精神和物质上迅速得到安慰和赔偿。②案件处理不及时则侵犯犯罪嫌疑人、被告人的人身自由等权利。比如，刑事诉讼法所规定的羁押期间，能够避免对犯罪嫌疑人、被告人"以捕代罚"和"久押不决"。③保障诉讼参与人行使诉讼权利。诉讼参与人行使诉讼权利有赖于在法定期间内被告知，以便提前准备，按时参加诉讼。例如，《刑事诉讼法》第一百八十二条规定的向被告人送达起诉书副本的期间，有利于被告人行使辩护权。

2. 期日、期限的概念

期日是"期间"的对称，是指人民法院和当事人以及其他诉讼参与人会合进行诉讼行为的某一特定的具体日期。可分为准备程序期日、证据调查期日、开庭审理期日、调解期日、裁判宣告期日等。一般须由法院或侦查、检察机关预先指定，然后按照法定程序和方式送达当事人及其他诉讼参与人。

期限是指法律规定或当事人约定的具体时间，是某种必然要到来的法律事实，通常可附加于法律行为，构成附期限的法律行为。期限可以采取期日形式，也可采取期间形式；前者如法院送达的司法文书中指明的诉讼当事人参加诉讼的具体的月、日，后者如侦查羁押期限。

期日和期间不同：①期间是人民法院与诉讼参与人进行某种诉讼行为的期限；而期日则是各诉讼主体会合进行诉讼行为的时间；②期间有始点和终点；而期日只规定开始的时间，不规定终止的时间；③期间分为法定期间和指定期间两种；而期日完全由人民法院指定；④期间中的法定期间，人民法院和当事人都无权变更；而期日则可以由人民法院决定变更；⑤期间开始后至届满前，诉讼参与人所为的诉讼行为都是有效的，只要不逾期，就不会产生不利的法律后果；而期日开始后，必须依法为一定的诉讼行为，否则，应当承担一定的法律后果。

二、期间的计算

1. 期间的计算单位

《刑事诉讼法》第一百零三条规定:"期间以时、日、月计算。"据此,期间的计算单位有时、日、月三个。至于年、分钟等其他时间计算单位不是刑事诉讼期间的计算单位。

2. 期间的计算方法

期间的计算方法涉及两个技术问题,一是起算,即期间从什么时候算起;二是届满,即期间到什么时候终止。根据《刑事诉讼法》第一百零三条和有关的司法解释的规定,期间的计算方法是:

以时为计算单位的期间,从期间开始的下一时起算,期间开始的时不计算在期间以内。它的届满以法定期间时数的最后一时完了为止。例如,某犯罪嫌疑人在某日的9时被逮捕,那么通知其家属或所在单位的期间,从10时开始计算,到次日9时完了,即10时整届满。如果期间的开始遇到有分钟的情况,其下一时如何确定呢?如上例中的犯罪嫌疑人是在9时25分被逮捕的,只能以"时"计算,那么开始的时为9时,下一时为10时,即期间从10时算起,而不能以10时25分起算。

以日为计算单位的期间,从期间开始的次日起算,期间开始的日不计算在期间以内。它的届满以法定期间日数的最后一日完了为止。例如,某被告人是在4月16日10时接到一审判决书的,他的上诉期间从4月17日开始计算,向后数10日,到4月26日届满。

以月为计算单位的期间,从什么时候起算,《刑事诉讼法》没有规定。但最高人民法院《解释》第一百零三条第三款对此作出了明确规定:"以月计算的期限,自本月某日至下月某日为1个月,如本月1日收案至下一个月1日、本月最后一日至下一个月最后一日为1个月的审理期限;半月一律按15日计算期限。"例如,某犯罪嫌疑人于2004年6月5日被逮捕,其侦查羁押期限两个月,即6月6日至7月5日为一个月,7月6日至8月5日为一个月,届满日为8月5日。

3. 期间计算中的特别规定

(1) 期间的最后一日为节假日的,以节假日后的第一日为期满日期。但犯罪嫌疑人、被告人或者罪犯在押期间,应当至期满之日为止,不得因节假日而延长。

(2) 上诉状或者其他文件在期满前已经交邮的,不算过期。这就是说,通过邮寄的上诉状或者其他文件,只要是在法定期间内交邮的,即使司法机关收到时已过法定期限,也不算过期。上诉状或其他文件是否在法定期限内交邮以当地邮局所盖邮戳为准。

(3) 法定期间不包括路途上的时间。对刑事诉讼法的这一规定如何理解,有不同的认识:一种意见认为,路途上的时间是指上诉书或其他文件在邮寄过程中的时间,不包括人在路途上的时间。另一种意见认为,应当包括人在路途上所需要的时间。后一种意见符合立法本意,因为《刑事诉讼法》第一百零三条第三款规定的"法定期间不包括路途上的时间",并没有规定仅指不包括"上诉状或者其他文件"邮寄的时间。其后所规定的"上诉状或者其他文件在期满前已经交邮的,不算过期",强调的是交邮的时间,并不是用来限定"法定期间不包括路途上的时间"范围的。再从诉讼实践来看,由于路途遥远影响诉讼行为进行的情况还是存在的，在法定期间中将人在路途上的时间加以扣除是合情合理的。

（4）犯罪嫌疑人不讲真实姓名、住址、身份不明的，侦查羁押期限自查清其身份之日起计算，但是不得停止对其犯罪行为的侦查取证。

（5）对犯罪嫌疑人作精神病鉴定的期间不计入办案期限。犯罪嫌疑人、被告人在押的案件，除对犯罪嫌疑人、被告人的精神病鉴定时间不计入办案期限外，其他鉴定时间都应当计入办案期限。对于因鉴定时间较长，办案期限届满仍不能终结的案件，自期限届满之日起，应当对被羁押的犯罪嫌疑人、被告人变更强制措施，改为取保候审或者监视居住。

三、期间的延长和重新计算

1. 期间的延长

期间的延长是指司法机关在规定的办案期限内不能完成应予完成的诉讼行为，而向后续展期限的办法。期间的延长仅适用于司法机关办案期限，对诉讼参与人的有关诉讼期限，如上诉期限等不能延长。刑事诉讼法对期间的延长规定了两个办法：一是允许司法机关自动延长并明确规定延长时间的上限。例如，《刑事诉讼法》第一百六十九条规定，人民检察院对于公安机关移送起诉的案件，应当在 1 个月以内作出决定，重大、复杂的案件，可以延长半个月。法律规定了人民检察院可以自动延长办案期间，但延长的时间不能超过半个月。二是报经一定机关批准或决定延长。例如，《刑事诉讼法》第一百五十四条规定，对犯罪嫌疑人逮捕后的侦查羁押期限不得超过 2 个月。案情复杂、期限届满不能终结的案件，可以经上一级人民检察院批准延长 1 个月。对于第二种方法，刑事诉讼法一般都明确规定了批准或决定的机关及其批准延长时间的权限。但也有例外情况，如《刑事诉讼法》第一百五十五条规定，因为特殊原因，在较长时间内不宜交付审判的特别重大复杂的案件，由最高人民检察院报请全国人民代表大会常务委员会批准延期审理，这里没有规定延长羁押的具体期限。

2. 期间的重新计算

期间的重新计算，是指由于发生了法定的情况，原来已进行的期间归于无效，而从新发生情况之时起计算期间。重新计算期间的规定也仅适用于司法机关的办案期限。期间的重新计算有以下几种：①在侦查期间，发现犯罪嫌疑人另有重要罪行的，自发现之日起依照《刑事诉讼法》第一百五十四条的规定重新计算侦查羁押期限；②人民检察院审查起诉的案件，改变管辖的，从改变后的人民检察院收到案件之日起计算审查起诉期限；③人民检察院审查起诉中退回公安机关补充侦查的案件，补充侦查完毕移送人民检察院后，人民检察院重新计算审查起诉期限；④人民法院改变管辖的案件，从改变后的人民法院收到案件之日起计算审理期限；⑤人民检察院补充侦查的案件，补充侦查完毕移送人民法院后，人民法院重新计算审理期限；⑥第二审人民法院发回原审人民法院重新审判的案件，原审人民法院自收到发回的案件之日起，重新计算审理期限。

《刑事诉讼法》规定期间的延长和重新计算的目的，在于使司法机关有充足的办案时间，确保办案质量。

四、期间的耽误和恢复

期间的耽误是指司法机关或诉讼参与人没有在法定期限内完成应当进行的诉讼行为。而期间的恢复是指当事人由于不能抗拒的原因或者有其他正当理由而耽误期限的，在障碍消除后 5 日以内，可以申请继续进行应当在期满以前完成的诉讼活动的一种补救措施。

在刑事诉讼中，耽误期间的情况是客观存在的。既有司法机关的耽误，也有诉讼参与人的耽误；既有正当理由的耽误，也有无正当理由的耽误。当事人如果耽误了期间，就要承担一定的法律后果。如被告人耽误了上诉期，就失去了上诉权，就要承担判决、裁定生效的后果。为充分保护当事人的合法权益，刑事诉讼法对当事人有正当理由耽误期间的，规定了一条补救措施——期间的恢复。根据《刑事诉讼法》第一百零四条的规定，期间的恢复必须具备以下条件：

（1）只有当事人才能提出恢复期间的申请。刑事诉讼法将提出申请期间恢复的主体限定为当事人，而不是所有的诉讼参与人。

（2）期间的耽误是由于不能抗拒的原因或有其他正当理由。例如发生地震、洪水、台风、滑坡、泥石流、战争、大火等当事人本身无法抗拒的自然和社会现象或者是当事人发生车祸、突患严重疾病等情况，使当事人无法进行诉讼行为。

（3）当事人的申请应当在障碍消除后的 5 日以内提出。这是对当事人申请恢复期间的时间要求。

（4）期间恢复的申请经人民法院裁定批准后才能恢复期间。当事人的申请是否准许，需经人民法院裁定。

第二节　送达

一、送达的概念和意义

刑事诉讼中的送达，是指人民法院、人民检察院和公安机关依照法定程序和方式，将诉讼文件送交诉讼参与人、有关机关和单位的诉讼活动。送达是一项有法律意义的诉讼活动，从形式上看是向收件人交付某种诉讼文件，实质上是司法机关的告知行为。

根据刑事诉讼法的规定，送达具有以下特点：①送达是公、检、法机关所进行的诉讼活动。诉讼参与人向司法机关送交的自诉状、上诉状、答辩状等诉讼文件的行为，不属于法定的送达。②送达必须依照法定的程序和方式进行。刑事诉讼法对送达的程序和方式有具体的规定。送达机关违反法定程序和方式送达诉讼文件的，不能产生法律效力。③送达的内容是各种诉讼文件。刑事诉讼中需要送达的诉讼文件是多种多样的。如传票、通知书、起诉书、不起诉决定书、裁定书、判决书等；④送达的收件人可以是公民个人，也可以是机关、单位。例如，接受判决书的被告人、接受开庭通知的人民检察院等都可以成为收件人。

送达是刑事诉讼法规定的刑事诉讼不可缺少的诉讼活动，是刑事诉讼的有机组成部分。送达在刑事诉讼中的意义是：首先，能够保证刑事诉讼的顺利进行。收件人只有及时收到诉讼文件，了解诉讼文件的内容，才能依法参加诉讼活动，行使诉讼权利，履行诉讼义务，从而使刑事诉讼活动得以顺利进行。其次，送达能够保障司法机关和诉讼参与人履行职责或行使诉讼权利。送达可以使司法机关和诉讼参与人了解诉讼的进程，做好参加诉讼活动的准备，以便更好地履行职责或行使诉讼权利。

二、送达回证

送达回证是司法机关依法将诉讼文件送达收件人的凭证。送达诉讼文件必须有送达回证。

在司法实践中，送达回证印制有固定的格式。其内容包括送达诉讼文件的机关，收件人的姓名，送达诉讼文件的名称，送达的时间、地点、方式，送达人、收件人的签名、盖章，签收日期等。送达回证的使用方法是：司法机关送达诉讼文件时，向收件人出示送达回证，由收件人、代收人在送达回证上记明收到日期，并且签名或者盖章；遇到拒收或拒绝签名、盖章等，在实施留置送达程序中，送达人应当在送达回证上记明拒绝的事由、送达的日期，并且签名或者盖章。送达程序进行完毕后，将送达回证带回入卷。邮寄送达的，应当将送达回证和诉讼文件一起挂号邮寄给收件人，送达回证由收件人退回，以挂号回执上注明的日期为送达日期。

三、送达的方式和程序

送达的方式有以下五种：

1. 直接送达

直接送达是指司法机关派员将诉讼文件直接交给收件人。直接送达的特点是承办案件的司法机关将诉讼文件直接送达收件人，而不通过中介人或中间环节。根据法律规定，直接送达的程序是：送达人员将诉讼文件交给收件人本人，收件人本人在送达回证上记明收到日期，并且签名或者盖章。如果收件人本人不在，由他的成年家属或所在单位的负责收件人员代收，代收人也应当在送达回证上记明收到日期，并且签名或者盖章。收件人本人或者代收人在送达回证上签收的日期为送达的日期。

2. 留置送达

留置送达是指收件人本人或者代收人拒绝接收诉讼文件或者拒绝签名、盖章时，送达人员将诉讼文件放置在收件人或代收人的住处的一种送达方式。留置送达必须具备一定条件，即收件人或代收人拒绝接受诉讼文件或者拒绝签名、盖章时才能采用。找不到收件人，同时也找不到代收人时，不能采用留置送达。留置送达的程序是在收件人本人或者代收人拒绝接收或者拒绝签名、盖章的情况下，送达人员邀请他的邻居或者其他见证人到场，说明情况，在送达回证上记明拒收的事由和日期，由送达人、见证人签名或者盖章，并将诉讼文书留在收件人或者代收人住处或者单位后，即视为送达。诉讼文件的留置送达与交给收件人或代收人具有同样的法律效力。

3. 委托送达

委托送达是指承办案件的司法机关委托收件人所在地的司法机关代为送达的一种方式。委托送达一般是在收件人不住在承办案件的司法机关所在地，而且直接送达有困难的情况下所采用的送达方式。其程序是：委托送达的司法机关应当将委托函、送达的诉讼文件及送达回证，送收件人所在地的司法机关。受委托的司法机关收到委托送达的诉讼文件，应当登记，并由专人及时送交收件人，然后将送达回证及时退回委托送达的司法机关。受委托的司法机关无法送达时，应当将不能送达的原因及时告知委托的司法机关，并将诉讼文件及送达回证退回。

4. 邮寄送达

邮寄送达是司法机关将诉讼文件挂号邮寄给收件人的一种送达方式。邮寄送达一般是在直接送达有困难的情况下采用的送达方式。其程序是：司法机关将诉讼文件、送达回证挂号邮寄给收件人，收件人签收挂号邮寄的诉讼文件后即认为已经送达。挂号回执上注明的日期即为送达的日期。

5. 转交送达

转交送达是指对特殊的收件人由有关部门转交诉讼文件的送达方式。特殊的收件人是指军人、正在服刑的犯人和正在被劳动教养的人。对军人的送达，应当通过所在部队团以上单位的政治部门转交。对服刑人的送达，应当通过所在监所或者其他执行机关转交。对正在劳动教养的人的送达，应当通过劳动教养单位转交。代为转交的部门、单位收到诉讼文件后，应当立即交收件人签收，并将送达回证及时退回送达的司法机关。

案例分析

【案例一】被告人单某（男，23岁，汉族）因涉嫌故意杀人于某年6月2日经某县人民检察院批准，被某县公安局依法逮捕，并在当天通知了他的家人。1个月后，县公安局侦查终结，将本案移送县人民检察院审查起诉。7月17日，县检察院向县人民法院提起公诉。县人民法院依法将此案移送给某市中级人民法院审理。某市中级人民法院经过审理，于8月28日依法作出判决，以故意杀人罪判处被告人单晓某死刑，剥夺政治权利终身。9月2日，单某向某省高级人民法院提起上诉。9月15日，某省高级人民法院经过审判，作出裁定，驳回单某的上诉，维持原判，并报请最高人民法院核准。某市中级人民法院于10月21日收到由某省高级人民法院转交的最高人民法院执行死刑的命令。5日后，单晓某被执行死刑。

【问题】司法机关在本案中是否严格遵守了有关法定期间的规定？指出其中几种主要的法定期间，并分别作出说明。

【解析】本案中，司法机关严格遵守有关法律规定，依法办案，没有出现违法行为。其中，至少出现了六种涉及法定期间的诉讼活动：

（1）公安机关逮捕被告人的行为属于强制措施，与之相联系的法定期间是强制措施期间。根据《刑事诉讼法》的规定，逮捕（或者拘留）犯罪嫌疑人、被告人后，除无法通知或者涉嫌危害国家安全犯罪、恐怖活动犯罪通知可能有碍侦查的情形以外，公安机关应当把逮捕（或者拘留）的原因和拘押处所，在 24 小时之内，通知被逮捕人（或者被拘留人）的家属。本案中县公安局于逮捕当日通知其家人是合法的。

（2）从逮捕犯罪嫌疑人到向同级检察机关移交案件这段时间，是公安机关的侦查羁押期间。我国刑事诉讼法规定，对犯罪嫌疑人逮捕后的侦查羁押期限不得超过 2 个月。案情复杂、期限届满不能终结的案件，可经上一级检察院批准延长 1 个月。比较重大复杂的案件（包括重大的犯罪集团案件）在上述期限内不能侦查终结，经省一级检察院批准或者决定，可以延长 2 个月。对犯罪嫌疑人可能判处 10 年有期徒刑以上刑罚，按照前述规定延长 2 个月后仍不能侦查终结，可以再延长 2 个月。若因特殊原因，在较长时间内不宜交付审判的特别重大复杂的案件，由最高人民检察院报请全国人大常委会批准延期审理。本案中的实际侦查羁押期间为 1 个月，并未超期。

（3）本案在检察机关的半个月时间属于实际的审查起诉期间。依据法律规定，检察机关对于公安机关移送审查的案件，应在 1 个月内作出是否起诉的决定，重大复杂的案件，可以延长半个月。如需补充侦查，应在 1 个月内侦查完毕，且以两次为限。

（4）中级人民法院审理本案的期间为一审诉讼活动期间。人民法院审理一审公诉案件的期限，在 2012 年修订后的《刑事诉讼法》中作了延长，一般在受理后 2 个月以内宣判，至迟不得超过 3 个月。但该案审理适用原来的法定审限，即一审公诉案件在受理后 1 个月内宣判，至迟不得超过 1 个半月。对于重大复杂的案件确实还难以审结的，经省一级检察院批准或者决定，可再延长 1 个月。因此，第一审诉讼活动期间最长可延续 2 个半月。

（5）上诉期限：不服一审判决的上诉期限为 10 日，不服一审裁定的上诉（或抗诉）期限为 5 日。本案中，被告人即是在上诉期限内的第 5 日依法上诉的，因而取得了再次为自己辩护的机会。

（6）中级人民法院在收到最高人民法院执行死刑的命令后的第 5 日执行死刑，其法律依据是我国《刑事诉讼法》的第二百五十一条，下级人民法院接到最高人民法院执行死刑的命令后，应当在 7 日内交付执行。此即死刑执行期间，其上限为 7 日。

【案例二】2005 年 4 月 5 日，王某因收受贿赂被人民法院一审判处有期徒刑 5 年，并于当日收到判决书。王某认为量刑过重，决定提起上诉，并于法定期间内将上诉状交邮，二审法院于 4 月 18 日收到上诉状。

【问题】

1. 法定的上诉期间如何计算？

2. 本案中二审法院于 4 月 18 日收到上诉状是否有效？

【解析】

1. 不服判决的上诉、抗诉期限为 10 日，其期间的计算应从收到判决书的第二日起计算。本案中的上诉期间应从 4 月 6 日起计算，到 4 月 15 日为期间届满，4 月 15 日当天属期间的最后一天。

2. 上诉状在期限届满前已经交邮的，即使文书到达司法机关时已经超过法定期限，仍然认为有效。本案中上诉状已于法定上诉期间内交邮，虽二审法院收到时已是 4 月 18 日，看似已过法定期限，但按照法律规定不算过期，仍应有效。

思考与练习

1. 期间的概念是什么？期间和期日的区别是什么？

2. 期间的计算方法有哪些？

3. 送达的方式有哪些？

第九章 刑事诉讼证据

要点提示

刑事证据是可以用于证明刑事案件事实的各种材料。刑事证据具有相关性和可采性特征。证据必须经过查证属实，才能作为定案的根据。刑事证据种类有物证；书证；证人证言；被害人陈述；犯罪嫌疑人、被告人供述和辩解；鉴定意见；勘验、检查、辨认、侦查实验等笔录；视听资料、电子数据。

刑事证据分类：言词证据与实物证据、控诉证据与辩护证据、原始证据与传来证据、直接证据与间接证据。

我国刑事证据规则：忠于事实真相规则，不得强迫任何人证实自己有罪规则，口供补强规则，证言质证规则，行政执法证据转化适用规则，非法证据排除规则。

证人、鉴定人作证制度。①权利：经济补偿，请求安全保护，追究侵权者法律责任，得到隔离性保护。②义务：如实作证义务，出庭义务，接受询问与质证义务，保密义务。③证人、鉴定人应当出庭的情形：控辩双方或一方对证人证言有异议；该证人证言对案件定罪量刑有重大影响；人民法院认为证人有必要出庭。④强制证人出庭的适用条件：证人应当出庭作证；经人民法院合法有效的通知；证人无正当理由拒绝到庭。具备之则法院可以强制其到庭，但被告人的配偶、父母、子女除外。⑤违反作证义务的处罚：予以训诫，拘留。

第一节 刑事诉讼证据概述

一、刑事诉讼证据的概念

证据，就是指证明问题的根据或凭证。在广义上我们经常使用证据一词。但是刑事诉讼证据属于法律规定的概念范畴，所以，应当按照法律的规定来界定。

2012 年《刑事诉讼法》第四十八条对刑事诉讼证据的界定是："可以用于证明案件事实的材料，都是证据。

证据包括：

（一）物证；

（二）书证；

（三）证人证言；

（四）被害人陈述；

（五）犯罪嫌疑人、被告人供述和辩解；

（六）鉴定意见；

（七）勘验、检查、辨认、侦查实验等笔录；

（八）视听资料、电子数据。

证据必须经过查证属实，才能作为定案的根据。"

根据法律的界定和具体程序的要求，可以说，刑事诉讼证据就是指有取证权的机关收集的用以证明待证案件事实或者当事人提供的用以证明其诉讼主张的，符合刑事诉讼证据可采性规则的证据材料。

说刑事诉讼证据是"材料"，是从其表现形式或者说是载体而言的；就目前而言，表现为《刑事诉讼法》第四十八条所规定的八种形式。说刑事诉讼证据是"有取证权的机关收集的用以证明待证案件事实或者当事人提供的用以证明其诉讼主张的"，是从其功能或者说是作用而言的。在有取证权的机关看来，收集起来的刑事诉讼证据的唯一功能就是证明待证案件事实，在有举证权的当事人眼中，提供给法院的刑事诉讼证据的唯一作用就是证明自己的诉讼主张。同时，我们在谈刑事诉讼证据时不可能离开刑事诉讼证明，在刑事诉讼证明中，待证案件事实或者当事人的诉讼主张是待证的未知命题或者称之为证明对象，刑事诉讼证据就是已知的命题或者称之为证明未知命题的手段。说刑事诉讼证据应当"符合刑事诉讼证据可采性规则"即是否具有可采性，是证据能否获得刑事诉讼证据资格的关键。

二、刑事诉讼证据的特征

刑事诉讼证据的特征是指刑事诉讼证据概念内涵的具体化表现或分解，也是刑事诉讼证据赖以构成的诸要素，同时也是判断某物是否成为证据的标准，是刑事诉讼证据区别于非刑事诉讼证据的标志[①]。刑事诉讼证据究竟具有哪些特征，在我国证据法学界一直存在争论，具有代表性的有客观性、关联性"两性说"与客观性、关联性、合法性"三性说"等。

从刑事诉讼证据概念的界定中，我们可以看出，刑事诉讼证据应当具备的特征只有两个，即相关性（或称关联性）和可采性。

---

① 何家弘. 证据学论坛. 北京：中国检察出版社，2000. 246.

1. 相关性

刑事诉讼证据的相关性（relevance）是指刑事诉讼证据反映出来的外部特征、物质属性、存在状况（此三者指物证）及思想内容（指物证以外的其他刑事诉讼证据）与待证的案件事实或诉讼主张之间具有逻辑上的证明关系。这种逻辑上的证明关系表现为刑事诉讼证据反映出来的外部特征、物质属性、存在状况及思想内容能肯定或否定某一待证的案件事实或诉讼主张。如果其外部特征、物质属性、存在状况及思想内容既不能肯定也不能否定某一待证的案件事实或诉讼主张，与待证的案件事实或诉讼主张风马牛不相及，这样的材料是不可能成为刑事诉讼证据的。

刑事诉讼证据的相关性中存在两个不可回避的关键问题：一是与什么相关，即相关性的参照物是什么；二是如何判断刑事诉讼证据与参照物之间是否相关。相关性的参照物应当就是我们通常所讲的证明对象，相关性是指刑事诉讼证据与证明对象相关。一般认为，刑事诉讼的证明对象包括对定罪量刑有意义的实体法事实、对处理程序问题有价值的程序法事实，有的学者还主张包括刑事诉讼证据事实。简言之，刑事诉讼的证明对象即刑事诉讼证据相关性的参照物就是案件事实。毋庸讳言，包括实体法事实和程序法事实在内的待证案件事实无疑是有取证权的机关收集证据的证明对象，但是，把当事人提供的刑事诉讼证据所要证明的对象界定为案件事实却要求过高。当事人提供证据所要证明的应当是其诉讼主张，当事人所主张的观点可能只是部分案件事实而不是全案事实，更有甚者，当事人所主张的可能完全不是事实。至于当事人所主张的是否是事实或者全案事实，有待经过法庭调查核实后方可认定。在庭审前确定当事人提供的证据是否具有相关性，只能以其诉讼主张为参照物；这也是我国证据法中确定的"主张者举证"原则的当然要求。由此可见，证据相关性的参照物即证明对象既包括待证案件事实也包括诉讼主张。

至于如何判断刑事诉讼证据与参照物之间是否相关的问题，我们认为，所谓相关仅仅指刑事诉讼证据的外部特征、物质属性、存在状况及思想内容与待证的案件事实、诉讼主张之间具有逻辑上的联系。这种联系可能是直接联系也可能是间接联系，可能是因果联系也可能是非因果联系，可能是必然联系也可能是偶然联系。相关性既是刑事诉讼证据的基本特征，又是刑事诉讼证据的本质属性，没有相关性，刑事诉讼证据材料不可能成为刑事诉讼证据。

2. 可采性

具有相关性的刑事诉讼证据材料不是必然能成为刑事诉讼证据的，如果其具有可采性就能成为刑事诉讼证据，如果其不具有可采性就不能成为刑事诉讼证据。换言之，可采性与相关性一样，是刑事诉讼证据不可或缺的必要的基本特征。

相关性是对刑事诉讼证据在逻辑上的要求，可采性是对刑事诉讼证据在法律上的要求。如果我们进一步考察就会发现，相关性是待证的案件事实、诉讼主张对刑事诉讼证据的外部特征、物质属性、存在状况及思想内容的证明能力的要求，回答的是一个刑事诉讼证据的外部特征、物质属性、存在状况或思想内容能不能证明某一个待证的事实或者诉讼主张，是刑事诉讼证据的实体性特征；刑事诉讼证据的相关性通常不应当由法律加以规定，而应当由法官自由裁量。

可采性之所以应当成为刑事诉讼证据的特征，是因为可采性是刑事诉讼证据与一般证据材料的分界线。一个证据材料具备了可采性，就是诉讼当事人或其他有关人员提交的证据材料符合了法律规定的资格，法官在审判中应当采纳为证据。如果将可采性排除在刑事诉讼证据的特征之外，就无法区分刑事诉讼证据与一般证据材料了。可采性一般来说是法律对刑事诉讼证据的形成、收集、固定保全、提交等方面的程序性要求，是刑事诉讼证据的程序性特征。同时我们必须看到，虽然可采性对于刑事诉讼证据而言是程序性特征，但是可采性规则却体现了保护公共的或个人的实体权益的价值。正因为如此，在强调程序正当和个人权利至上的英美法系国家，刑事诉讼证据可采性规则较多，"有关证据可采性的规则是证据法最主要的特征，英美证据法的大部分证据规则其实就是可采性规则"①。与之相反，在强调犯罪控制和国家权力至上的大陆法系国家，刑事诉讼证据可采性规则较少。在各国的刑事司法改革中，英美法系国家为了较高效率地追究犯罪和较好地维护国家权力，对那些强调程序正当和个人权利至上的刑事证据可采性规则给予了适当的限制；大陆法系国家为了保证程序正当和个人权利不受公共权力的过分侵犯，却在逐步完善刑事诉讼证据可采性规范。

刑事诉讼证据的可采性，就其本质而言，是对有取证权的机关收集的用以证明待证案件事实或者当事人提供的用以证明其诉讼主张的证据材料的合法性要求，但可采性较之合法性而言具有更加确定的内涵，其标准更加具体化。长期以来，我国法学界在研究刑事诉讼证据特征时将注意力放在客观性、相关性、合法性上，而将可采性排除在刑事诉讼证据特征之外。与之相适应，我国刑事诉讼证据可采性规范的立法也不尽完善，司法实践中违法取证甚至伪造证据的现象仍时有发生。因此，深入研究我国刑事诉讼证据可采性规则具有十分迫切的现实意义。

我国刑事诉讼证据研究中，多数学者所主张的客观性或真实性其实并不是刑事诉讼证据的特征，而是在法庭审理中，法官依照法定程序查证属实的定案根据的基本特征。如果刑事诉讼证据具有客观性或真实性，那么刑事诉讼证据就无需"查证属实"，对刑事诉讼证据的审查核实程序也就没有存在的价值。刑事诉讼证据既可能是真实的，也可能是虚假的；只有承认刑事诉讼证据可能是虚假的，才有必要认真研究如何完善审查核实刑事诉讼证据的程序；只有承认刑事诉讼证据可能是虚假的，才能区分规定刑事诉讼证据资格的可采性规则与规定刑事诉讼证据如何"查证属实"的程序规范即核证规则。

三、刑事诉讼证据能力和证明力

1. 刑事诉讼证据能力

刑事诉讼证据能力，是指法律关于一般证据材料取得刑事诉讼证据资格并被法官在审判中采纳为裁判根据的标准之规定。在英美法系证据制度中称之为刑事诉讼证据的可采性（admissibility of evidence），在大陆法系证据制度中称之为刑事诉讼证据资格（competency of evidence）。刑事诉讼证据能力要解决的核心问题，就是将那些不具有可采性（或者说证据资格）的证据材料排除在正式实体审的法庭审判之外。

---

① 何家弘. 证据学论坛. 北京：中国检察出版社，2002.554.

对于刑事诉讼证据能力的认识可使我们明确，一方面，法律规定将证据材料采纳为刑事诉讼证据的基本条件；另一方面，法律将具有某方面瑕疵的证据材料规定为不能采纳作为刑事诉讼证据。如美国《联邦证据规则》一百零四（b）规定："凡是某一证据的关联性取决于一定事实条件的成就，当介绍足以认定该事实条件已成就的证据后，法庭应采纳此证据。"法律将具有某方面瑕疵的证据材料规定为不能采纳作为刑事诉讼证据，典型的有非法证据排除规则、传闻规则或直接审查规则、意见证据规则、品格证据规则、预防规则等。

2. 刑事诉讼证据的证明力

刑事诉讼证据的证明力是指其作为证明案件情况的证据所具有的真实性或可信性，回答的是刑事诉讼证据的证明价值大小问题。证明力大则证据的证明价值就大，就更为重要；证明力小则证据的证明价值就小，就相对不重要。如能够直接证明被告人用刀刺死了他人的证据，就具有更强的证明力，而证明被告人具有作案时间的证据，对于杀人案件而言，其证明力就要小很多。

我国刑事诉讼法在许多时候用"证据确实、充分"来表达证据的证明力，因而可以说，我国刑事诉讼证据的证明力标准包括了确实性标准与充分性标准。

刑事诉讼证据的确实性，是指刑事诉讼证据的真实可靠性。通常可以从刑事诉讼证据来源的可靠性和刑事诉讼证据内容的可信度来判断刑事诉讼证据的确实性。

刑事诉讼证据的充分性，是指某一个刑事诉讼证据对证明某一个待证案件事实或诉讼主张的情节具有充分的证明能力，或者全案刑事诉讼证据对确认全案事实的证明价值达到了充分的程度。换言之，刑事诉讼证据的充分性，就是研究某一具体刑事诉讼证据能否足以证明某一个待证案件事实或诉讼主张中的某一具体情节，同时研究根据全案刑事诉讼证据能否足以认定全案待证事实或诉讼主张。

第二节 刑事诉讼证据的种类

2012年修订的《刑事诉讼法》在证据种类上与旧法相比，增加了电子证据，补充了辨认、侦查实验笔录证据，将"鉴定结论"改为"鉴定意见"，使证据形式体系更趋合理完善，更符合时代特征。根据《刑事诉讼法》第四十八条的规定，我国刑事诉讼证据分为八种。

一、物证

物证是指以其外部特征、物质属性、存在状况来证明案件真实情况的物品和痕迹。物证通常包括犯罪工具、犯罪行为侵害的物品、因犯罪行为而产生的痕迹、犯罪分子遗留在现场的物品、犯罪分子为掩盖罪行的各种伪装等。

物证的客观性较强，在证明活动中具有其他证据不能代替的作用。物证可以为侦查人员提供侦查线索，确定侦查方向，而侦查人员甚至可以借助物证侦破案件，抓获犯罪嫌疑人；可以借助物证鉴别其他证据的真伪；可以借助物证迫使犯罪嫌疑人、被告人交代罪行，用以揭穿其不真实的供述和辩解；可以借助物证进行法制宣传教育。

物证是无意识的证据，只有通过人的能动作用才能进入诉讼程序。在办案中，侦查、检察、审判人员依法通过勘验、检查、搜查、扣押等途径发现和收集物证，或者要求有关人员和单位提供物证。对于物证必须妥善保管；对于可能产生环境污染的物证要按照有关规定保管和处置；对于不易搬动的物证，要以相应的科学方法固定。

运用物证前，必须查明其来源，注意是否伪造，是否发生了变化；在许多情况下，必须经过辨认、检验和鉴定才能揭示物证的证明力；必须与其他证据对照才能认定某一物证的证明价值；用作定案根据的物证，必须经过法庭辨认。

二、书证

书证是指以文字、符号、图画反映的思想内容来证明案件真实情况的物品。根据书证是否为国家机关、企事业单位等行使职权所制作，书证可以分为公文书和私文书；根据书证的制作方式不同，书证可以分为原本、正本、副本、节录本和译本；根据书证的形式不同，书证可以分为一般书证、特定书证；根据书证的内容不同，书证可以分为处分书证、报导书证。

书证不同于物证：物证是以其外部特征、物质属性和存在状况来证明案件事实的，而书证是以其思想内容来证明案件事实的。书证与物证也有相同点：二者的外部表现形式都可以是物品。某些物品若同时具有物证和书证的特点，那么就既可以其外部特征、存在状况、物质属性来证明案件事实，又可以其思想内容来证明案件事实，在证据种类上就既是书证又是物证。

书证都有明确的意思表示，一经查明属实即可直接证明案件中的某些事实，在刑事诉讼中具有重要意义。有些书证可以证明案件性质、作案动机和目的，有些书证可以揭穿犯罪嫌疑人的虚假口供，有些书证可以鉴别其他证据的真伪。

运用书证前，必须查明其来源、制作人和制作过程，判明书证的内容与案件事实的关系。用作定案根据的书证必须在审判中当庭宣读，听取有关诉讼参与人的意见。

三、证人证言

证人证言是指当事人以外的知道案件情况的人就自己所知道的案件情况向公安、司法机关所作的陈述。证人证言只能是证人所知道的案件事实本身，不包括证人的主观推测或分析判断意见；证人证言不可避免地受到证人的主观和客观条件的影响，即使证人怀有善意，也可能提供不真实或不够真实的证言；证人通常与案件处理结果没有切身利害关系，因此证人证言较犯罪嫌疑人、被告人供述和辩解或者被害人陈述更为客观，真实性与可靠性也较大；证人证言以口头形式为主，以书面形式为辅。

证人证言是刑事诉讼中广泛运用的一种证据，具有重要的意义。证人证言可以帮助办案人员发现和收集其他证据，可以用于鉴别其他证据的真伪，可以作为认定案件事实的根据。

证人证言也需要经过审查判断方能作为定案根据。应当注意审查证人证言的来源，审查证人在主观上是否愿意提供真实陈述，审查证人感知、记忆、表述案件事实的主观条件和客观条件，审查证人证言之间、证人证言与其他证据之间、证人证言与案件事实之间有无矛盾。此外，审查未成年证人的证言时，应当注意未成年人富于幻想、容易受到外界因素影响的特点，并注意未成年人的年龄、智力发育程度与他回答的内容是否相称、与未成年人的语言是否一致。

四、被害人陈述

被害人陈述是指犯罪行为的直接受害者就自己受害的事实和有关犯罪分子的情况向公安司法机关所作的陈述。被害人陈述是被害人协助公安司法机关追究犯罪嫌疑人、被告人刑事责任，保护被害人合法权益的重要手段，也是公安司法机关认定案件事实的重要证据。

对被害人陈述的审查判断与证人证言的审查判断基本相同。但要特别注意的是，基于被害人自己遭受犯罪行为侵害的特点，被害人可能会夸大被害事实，也可能由于遭受犯罪行为侵害时心理状态失常，导致对某些情况观察不实，或者发生错觉而提供错误的陈述。

五、犯罪嫌疑人、被告人的供述和辩解

犯罪嫌疑人、被告人的供述和辩解，是指犯罪嫌疑人、被告人就案件事实向公安司法机关所作的陈述。其中，供述也称口供，是对犯罪的承认，包括犯罪嫌疑人、被告人承认自己有罪的招供，揭发同案犯罪嫌疑人、被告人犯罪事实的攀供。辩解则是说明犯罪嫌疑人、被告人自己无罪、罪轻的抗辩。从诉讼阶段来划分，有犯罪嫌疑人的供述和辩解、被告人的供述和辩解。犯罪嫌疑人、被告人是任何一个案件中最了解案情的人，同时与案件的处理结果具有最直接的利害关系，因此，其供述和辩解具有真伪并存的特点。

犯罪嫌疑人、被告人的供述和辩解在诉讼中具有重要意义：经查证属实可以作为定案根据，特别是对认定犯罪的动机和目的有重要作用；可以为发现和收集其他证据提供线索，也是审查核实其他证据真伪的手段；是衡量犯罪嫌疑人、被告人犯罪后的悔罪态度的重要材料，对正确量刑有一定作用；犯罪嫌疑人、被告人辩解是其行使辩护权的重要方式之一。

审查判断供述和辩解的真伪，应当注意研究其内容是否符合情理，有无矛盾、反复；查明犯罪嫌疑人、被告人供述或辩解时的动机和目的，讯问犯罪嫌疑人、被告人时有无违法情况；结合其他证据进行对比分析以鉴别其真伪。

在运用证据认定案件事实时，应当重其他证据、重调查研究，不轻信口供。只有被告人供述，没有其他证据的，不能认定被告人有罪和处以刑罚；没有被告人供述，其他证据

确实、充分的，可以认定被告人有罪和处以刑罚。

六、鉴定意见

鉴定意见是指公安司法机关指派或聘请的鉴定人对案件中的专门性问题进行分析判断后提供的书面意见，也包括当事人聘请鉴定人进行鉴定后提供的鉴定意见。2012 年修订的《刑事诉讼法》将过去的鉴定结论修改为"鉴定意见"，更为准确，因为即使是专家意见也不能直接定为结论，同样要经过公安司法机关的审查才能作为定案根据。刑事诉讼中常见的需要作出鉴定意见的专门性问题有：法医鉴定中需要明确的死亡时间、原因和伤害情况等；司法精神病鉴定中关于被告人、被害人、证人等的精神状态；刑事科学技术鉴定中的指纹、脚印、血型、痕迹、枪弹、书法等是否与犯罪嫌疑人或被告人的认定同一，以及步伐、毛发、人体身高和重量等问题是否与当事人相吻合；一般技术鉴定中涉及的工业、建筑、运输、交通等各种科学技术方面的问题；化学毒物鉴定中的毒物的化学性、对人体的危害性和剂量等；会计鉴定中的各种账目、表册以及是否合乎会计制度等问题。

鉴定意见在刑事诉讼中具有重要意义。鉴定意见是公安司法人员判明案件事实、作出法律结论的重要依据，是公安司法人员鉴别其他证据真伪的重要手段，因而有"科学证据"之称。

审查判断鉴定意见，应当审查提供用于鉴定的材料是否充分、可靠；审查鉴定人员是否具有解决该专门问题的资格、能力以及工作是否认真负责；审查鉴定所使用的技术设备是否完善，所采用的方法和操作程序是否科学；审查鉴定意见是否科学，意见与论据之间是否矛盾，鉴定意见与其他证据、案件事实是否矛盾。

七、勘验、检查、辨认、侦查实验等笔录

勘验、检查、辨认等笔录是指公安司法人员对于与犯罪有关的场所、物品、尸体、人身进行勘验、检查、辨认过程中所作的客观记载，具体可分为现场勘验笔录、物品和尸体检验笔录、人身检查笔录、辨认笔录。侦查实验笔录是侦查机关为了确定在特定的环境中是否会发生类似案件中的某种情况，进行模拟实验而作的记载。上述笔录，在形式上除了文字以外，还包括绘图、照片、模型等。

勘验、检查、辨认、侦查实验等笔录是具有综合证明作用的一种独立证据。笔录不仅记载了通过勘验、检查、辨认、侦查实验等行为所发现的与案件有关的各种物品、痕迹，而且记载了各种痕迹、物品的存在位置或形成的具体环境、条件和相互关系。同时，这些笔录也可以成为鉴别其他证据真伪的工具，当然也是一种可信度较高的证据。

审查勘验、检查、辨认、侦查实验等笔录，应当着重审查勘验、检查、辨认等的对象是否被破坏或伪造，侦查实验的内容是否符合要求；笔录的制作是否规范，是当场制作的还是以后补作的；进行勘验、检查、辨认和侦查实验的人员的业务水平和工作态度如何，是否有具有专门知识的人参加；勘验、检查、辨认、侦查实验等活动是否严格依照法定程序进行，手段和方法是否科学。

八、视听资料、电子数据

1. 视听资料

视听资料是指以录音、录像制品及其他高科技设备所储存的声音、图像信息来证明案件真实情况的物品。视听资料具有以下特点：形象生动，直观性强，客观实在，内容丰富；可以反复重现，易于保存和使用，审查核实时便于操作。

视听资料容易被伪造、变造，因而需要审查，经查证属实后才能作为定案的根据。审查判断视听资料时，应当审查其来源和制作情况，以便排除伪造、变造、失真、篡改的可能性；核实视听资料与其他证据、案件事实有无矛盾。

2. 电子数据

电子数据（electronic data），是指基于计算机应用、通信和现代管理技术等电子化技术手段而形成的，包括文字、图形符号、数字、字母等的客观资料。随着科技的发展，电子数据被用于刑事诉讼的情况日益普遍，因而形成独立的电子证据。刑事诉讼电子证据是指以计算机或计算机系统为媒介载体而产生，以数字电子符号为表现形式，收集、审查和判断时必须借助电子计算机和电子计算机相关专业知识，用于证明刑事案件情况的电子数据的统称。司法实践中常见的刑事诉讼电子证据主要是：局域网、互联网中的电子证据，如电子邮件、电子公告板（BBS）、QQ 群、聊天记录、微博、博客、游戏室、开放性电子数据交换等，还包括封闭型计算机系统中的电子证据，如单个电子文件、数据库、传统电子数据交换（EDI）等。

电子数据的部分表现形式与视听资料相似，如下载的视频资料；视听资料中的录音、录像也可以转换为电子数据存放、使用。因此，二者联系紧密，旧法将二者统称为视听资料。由于电子数据的形成、保存和运用机理有其独特性，多数与视听资料不同，因此，在 2012 年修订的《刑事诉讼法》法将二者区分为两种证据的情况下，应当分别收集、审查和使用。

第三节　刑事诉讼证据的分类

刑事诉讼证据的分类也称为刑事诉讼证据在学理上的分类，是指在对证据进行理论研究时，根据证据的不同特征，按照不同标准对证据所作的归类。刑事诉讼证据的分类是我国证据理论的重要课题之一，法学界已经提出多种分类方法，具有代表性的观点有：言词证据与实物证据、控诉证据与辩护证据、原始证据与传来证据、直接证据与间接证据。

一、言词证据和实物证据

根据证据的表现形式，可以将刑事诉讼证据分为言词证据与实物证据。言词证据是指以言词即人的陈述作为表现形式的证据。言词证据包括证人证言、犯罪嫌疑人或被告人的供述和辩解、被害人陈述、鉴定意见。实物证据是指以其外部特征、物质属性、存在状况或者它所记载的内容来证明案件情况的物的形态的证据。物证，书证，视听资料，电子数据，勘验、检查、辨认、侦查实验等笔录都是实物证据。

在运用言词证据时，应针对言词的特点，遵循扬长避短的原则，特别注意以下几点：①在收集言词证据时，应当创造条件使陈述主体能客观、全面地陈述案情；②针对言词证据易变性、可塑性较大的特点，要注意固定程序，要如实地、全面地对每次的陈述过程和内容进行记录并依法核对、签名加以固定；③在审查判断言词证据时，必须充分注意陈述主体的个人情况，与案件的关系，感知、记忆、表述的能力和条件，外在社会环境的影响；④要尽可能收集实物证据以便对言词证据加以印证，在只有言词证据而无实物证据时，对被告人定罪处刑应持慎重态度。

在运用实物证据时，要注意以下几点：①在发现、提取和固定实物证据的过程中应当充分运用现代科学技术手段，防止遗漏证据或在收集过程中破坏实物证据的证明价值；②凡是需要检验或者鉴定的实物证据，都应当进行检验或者鉴定，揭示其证据作用，不能由办案人员主观臆断；③在收集和审查判断实物证据时，应当注意是否伪造和有无变化。

二、控诉证据和辩护证据

根据证据与犯罪嫌疑人、被告人不同的利害关系，可以将刑事诉讼证据分为控诉证据与辩护证据。控诉证据是指能够证明犯罪嫌疑人、被告人有罪、罪重等不利于嫌疑人、被告人的证据。控诉证据是指控犯罪嫌疑人、被告人有罪、罪重和人民法院作有罪判决、从重处罚被告人的根据。辩护证据是指证明犯罪嫌疑人、被告人无罪、罪轻等有利于嫌疑人、被告人的证据。辩护证据是被告方当事人及其律师反驳控诉，人民法院作无罪判决、从轻或者减轻处罚被告人的根据。控诉证据与辩护证据的划分具有相对性，集中体现在能够证明被告人罪轻的证据上。当在确定罪与非罪时，能够证明被告人罪轻的证据因为首先证明了被告人有罪，所以属于控诉证据；当已经确定了被告人有罪的情况下，在确定被告人罪责轻重的时候，能够证明被告人罪轻的证据显然属于辩护证据。但是，这绝不是因为证据本身性质在发生变化，而是因为办案人员的观念和需要在发生变化，办案人员根据不同的观念和需要对能够证明被告人罪轻的证据得出了不同的结论。

划分控诉证据与辩护证据的意义在于，使公安司法人员能够客观地收集证据，全面分析案情，防止主观片面性，即要求公安司法人员既收集控诉证据，也要收集辩护证据。

三、原始证据和传来证据

根据证据的来源，可以将刑事诉讼证据划分为原始证据与传来证据。原始证据是指在公安司法人员收集之前，未经转述或转抄而直接来源于案件事实的证据，也就是通常所说的第一手材料。例如，犯罪嫌疑人、被告人的供述和辩解，耳闻目睹案件发生经过的证人的证言，被害人对自己受害经过的陈述，书证的原本等。传来证据是指公安司法人员收集之前，已经经过转述或转抄而间接来源于案件事实的证据，也就是通常所说的第二手材料。例如，听他人转述案情的证人提供的证言、书证的复印件等。

划分原始证据与传来证据的意义在于，促使公安司法人员尽可能收集和利用原始证据，如果不可能取得原始证据，也要尽可能收集转述或转抄次数最少的、最接近原始证据的传来证据。一般来说，证据材料转述或转抄的次数越少，失真的机会就越少；反之，转述或转抄的次数越多，失真的机会就越多，这是信息传递中的一般规律。

传来证据在刑事诉讼中也有其重要作用：传来证据可以作为发现原始证据的线索；在特定情况下，传来证据可以作为审查原始证据是否真实的手段。在我国，传来证据经查证属实，可以作为定案根据。

四、直接证据和间接证据

根据证据是否能单独证明案件的主要事实，可以将刑事诉讼证据划分为直接证据与间接证据。刑事案件的主要事实是指某人是否是犯罪行为的实施者。直接证据是指能够单独证明案件的主要事实的证据，即不需要其他任何证据就能够单独说明某人是或者不是犯罪行为实施者的证据。例如，犯罪嫌疑人、被告人承认自己有罪的供述或者否认自己有罪的辩解，被害人或者证人对犯罪者的指认等，都是直接证据。间接证据是指不能单独证明案件的主要事实的证据。间接证据虽然不能单独证明案件的主要事实，但若干间接证据结合起来也能证明案件主要事实；间接证据虽然不能单独证明案件主要事实，但能够单独证明案件的次要事实。

划分直接证据与间接证据的意义在于，能帮助公安司法人员正确地认识证据在证明案件主要事实时的不同作用，防止把一些只能证明案件事实中的一个片断或者一个情节的证据误认为可以证明案件的主要事实。应当注意的是，不能说直接证据比间接证据重要。直接证据虽然能单独说明某人是或者不是犯罪行为的实施者，但是不等于说直接证据本身就是真实可靠的，就不需要其他证据证实了。在通常情况下，凭一个直接证据是难以定案的，就是定了案也很可能出现错误。

间接证据在刑事诉讼中具有不可替代的作用：间接证据常常是获得直接证据、侦查破案的先导，特别是重大刑事案件更是如此；是审查、鉴别直接证据是否真实的重要手段；经查证属实可以作为定案的根据。

运用间接证据定案必须遵守一定的规则：①真实性规则。运用间接证据定案，首先要查明每一个间接证据都是客观的、真实的，并查明每一个间接证据都是与案件事实有客观联系的。②一致性规则。用以定案的间接证据与间接证据之间、间接证据与案件事实之间必须协调一致，排除相互之间的矛盾。③锁链性规则。用以定案的间接证据必须形成一个完整的体系，得出的结论只能是唯一的结论，并能够排除任何其他的可能性。

第四节　刑事诉讼证据规则

一、刑事诉讼证据规则界定

各国刑事诉讼法对于什么是刑事诉讼证据，通常都有形式的或者实质性的表述，正如我国刑事诉讼法所规定的八种刑事诉讼证据。但由于刑事诉讼中对证据的收集、审查判断和运用是一个较长的过程，在不同的阶段，人们对什么是刑事证据的认识可能会有不同，更重要的是，即使某些刑事证据在形式上符合法律规定的刑事证据的特征，如属于我国法律规定的被告人供述和辩解这种证据，它也未必就能真的成为刑事诉讼证据，这里还有关于刑事证据资格的衡量问题。现代社会基于多种价值追求，刑事诉讼一般都会在事实查证与人权保障之间保持适当的平衡，对刑事证据的可采性问题也会作出明确的规定，确立若干采证规则，将不适格的证据排除于正当法律程序之外，从而强制性地贯彻立法的目的和法律的价值。

因此，通常所说的刑事诉讼证据规则，也就是刑事证据的采纳或认定规则，是刑事诉讼中审判机关按照法定程序，决定哪些证据可以作为诉讼证据被采信而遵循的法律原则。刑事诉讼证据规则存在的意义在于：第一，用法院认证规则去指导、约束、规范侦查、检察机关收集证据的行为，防止违法或不适当的取证行为，保证刑事诉讼的高效与文明；第二，为当事人及其辩护人、代理人从事举证、质证活动，提供切实有效的法律指导，帮助当事人各方正确行使诉讼权利，有效地维护其合法权益；第三，合理限制法官在证据审查和取舍上的自由裁量权，确保法官按照法律规定的认证规则，正确地采纳证据，认定案件事实，公正地作出刑事判决或裁定。

二、外国刑事诉讼证据规则

刑事诉讼证据规则与各国刑事诉讼模式密切相关。一般来说，在英美法系国家，对抗制诉讼模式需要较为多而详细的刑事诉讼证据规则，以确保当事人双方的对抗被约束在一定的限度内，因此，这些国家的刑事诉讼证据规则就相对丰富和复杂。在大陆法系国家，法官主导型的审问式诉讼赋予法官更大的认证、采证的自由，刑事诉讼证据规则就相对少而简单。从各国刑事诉讼法的规定看，下列刑事诉讼证据规则具有较为普遍的认同度。

1. 非法证据排除规则

非法证据排除规则，是指对于那些通过非法程序或手段取得的证据材料，包括以刑讯逼供、威胁、引诱、欺骗等手段取得的犯罪嫌疑人供述和辩解、被害人陈述、证人证言等言词证据材料和非法搜查、扣押的实物证据材料等，均予排除在刑事审理程序之外，使其失去刑事诉讼证据能力。例如，美国《联邦宪法》第四修正案规定，公民人身、住宅、文件及财产不受任何无理的搜查和扣押；违反这一规定搜查、扣押的实物证据材料不具有刑事诉讼证据能力。非法证据排除规则的核心在于限制、防止公权力的滥用，保护公民个人权利不受非法侵犯，体现了强调程序公正的价值观念。20 世纪 80 年代以后，随着犯罪率的不断上升，为了提高打击犯罪的力度，美国联邦最高法院逐步设立了"违法污染状态中断的例外"、"独立来源的例外"、"最终或必然发现的例外"、"善意、诚实的例外"等若干例外，来限制非法证据排除规则。例如，按照"最终或必然发现的例外"规则，如果公诉方能够证明，即使在没有执法人员违法取证的情况下，这些证据材料也会最终或必然被取得，那么该证据材料也可以采纳为刑事诉讼证据。

虽然英国、德国和法国等西方国家都采用非法证据排除规则，但在非法证据排除上不像美国那样彻底。这些国家都排除违法获得的人证，却并不一般地排斥违法取得的物证。对非法物证的排除与否，是根据违法的严重程度以及排除违法证据对国家利益的损害程度，进行利益权衡，同时赋予法官一定程度的对于证据取舍的自由裁量权。当然，这些国家对违法证据取舍的具体规定不完全相同。

2. 传闻证据规则

传闻证据规则是英美法系国家的重要证据规则。按照该规则，如果某人的陈述不是耳闻目睹得来的，而是听他人转述而来的传闻，那么就应当排除在可采的刑事诉讼证据之外，不具有刑事诉讼证据能力，除非它属于法律规定的例外情形。美国《联邦证据规则》801（c）规定，传闻是指陈述者在审判或听证之外所作的陈述，将其作为证据提出用以证明主张事实的真实性；802 规定，传闻证据不得采纳，除非本规则或最高法院根据制定法制定的规则或国会立法外另有规定；803 对传闻规则的例外情形作出了多达 24 种的详细规定。少数大陆法系国家也有限制地通过立法确立了传闻证据规则。例如，日本《刑事诉讼法》第三百二十条规定了否定传闻证据的证据能力的原则，即所谓"禁止传闻原则"，它同随后的第三百二十一至三百二十八条关于传闻例外、不适用传闻和非传闻的规定共同形成了完整的刑事诉讼传闻规则体系。

3. 直接审查规则

直接审查规则是大多数大陆法系国家的一种刑事诉讼证据规则，具有与英美法系国家的传闻证据规则相似的意义。按照该规则，证人证言只有经过法庭上的直接审理后才能被采纳为刑事诉讼证据，未经法庭直接审查的证言不具有刑事诉讼证据资格。例如，德国《刑事诉讼法典》第二百五十条规定："对事实的证明如果是建立在一个人的感觉之上的时候，要在审判中对其询问。询问不允许以宣读以前的询问笔录或者书面证言来代替。"

4. 意见证据规则

意见证据是指证人根据其感知的事实作出的推断性证言，包括普通证人意见（或称非专家意见）和专家意见。根据意见证据规则，普通证人意见不具有刑事诉讼证据能力，除非法律另有规定；专家意见具有刑事诉讼证据能力，可以采纳为刑事诉讼证据。美国《联邦证据规则》701 规定，如果证人并非作为专家作证，那么他以意见或推理结论形式作出的证言仅限于以下情况才能作为证据被采纳：①合理建立在证人感知的基础上，②有助于正确理解该证人的证言或确定争议事实。702 规定，如果科学的、技术的或其他专门知识能帮助事实审理者理解证据或确定争议事实，凭其知识、技能、经验、教训或经教育具备专家资格的证人可以提供意见或其他形式作证。

5. 品格证据规则

品格证据，是指证明某些诉讼参与人的品格或品格特性的证据。对于品格证据的可采性有两条不同的规则：其一，品格证据本身就是犯罪、主张或辩护的要件之一的，原则上可以采用；其二，品格证据用于推断某人在特定情况下的行为与其品格的一致性的，原则上不可采用，但法律另有规定的除外。例如，美国《联邦证据规则》404（a）规定了三种例外情形：一是被告人提供的能够证明其品格良好的证据；二是被告人提供的关于被害人品格的证据；三是证明证人诚实与否的证据。

6. 预防证据规则

预防证据规则规定，在提出特定形式的证据时必须以某种保证方式作为附加措施，否则就不能采纳该证据；或者，如果在提出某种证据时存在可能影响证据真实性的因素时，则应采取一定的预防措施。例如，德国《刑事诉讼法典》第二百四十七条规定，在讯问有共同被告人或者证人时，如果因为被告人在场而有不据实陈述之虞的，法院可以命令被告人在讯问或询问期间退出法庭。预防规则的主要作用在于防范伪证，保证证据的真实可靠性。

三、我国刑事诉讼证据规则

随着《刑事诉讼法》的不断修改完善，我国已逐步建立了刑事诉讼证据规则体系，这些规则成为我国刑事证据制度不可或缺的组成部分。根据我国刑事诉讼法和司法解释的有关规定，我国的刑事证据规则主要有：

1. 忠于事实真相规则

忠于事实真相规则是实事求是原则在我国刑事证据法中的集中体现。实事求是我国各项事业的思想路线和基本指导原则，曾有学者主张我国的证据制度就是实事求是的证据制度，当然，此称谓因未能体现证据法的特性而无法得到学界认同。但不可否认的是，追求客观真实、忠实于案件事实真相，始终是我国刑事诉讼证据法不灭的灵魂和首要的价值追求。根据《刑事诉讼法》第四十八条、第五十条和第五十一条和最高人民法院、最高人民检察院、公安部、国家安全部、司法部联合发布的《关于办理死刑案件审查判断证据若干问题的规定》（以下简称《死刑案件证据规定》）和《关于办理刑事案件排除非法证据若干问题的规定》（以下简称《非法证据排除规定》）的内容，忠于事实真相规则在我国刑事诉讼法中有四个方面的体现，共同构成我国刑事证据使用、采信时的首要规则。这四个方面是：

（1）认定案件事实，必须以证据为根据。这是五机关《非法证据排除规定》第二条的要求。

（2）证据必须经过查证属实，才能作为定案的根据。无论是公检法机关、律师，还是当事人，都可以向法庭提供、使用证据，但这些证据必须经过当庭出示、辨认、质证等法庭调查程序查证属实，才能作为法院定案的根据。

（3）审判人员、检察人员、侦查人员必须依照法定程序，收集能够证实犯罪嫌疑人、被告人有罪或者无罪、犯罪情节轻重的各种证据。必须保证一切与案件有关或者了解案情的公民，有客观地充分地提供证据的条件，除特殊情况外，可以吸收他们协助调查。依法、全面收集证据，不仅是对公安、检察机关的要求，也是对法院的要求。

（4）公安机关提请批准逮捕书、人民检察院起诉书、人民法院判决书，必须忠实于事实真相。故意隐瞒事实真相的，应当追究责任。

2. 不得强迫任何人证实自己有罪规则

作为一项有关证据的权利规则，"任何人不得被迫自证其罪"，在国际社会已经得到普遍承认和遵行。1966年第21届联大通过的《公民权利和政治权利国际公约》第十四条第三项规定："任何人不被强迫作不利于他自己的证言或强迫承认犯罪。"此后，不被强迫自证其罪的权利逐渐成为国际上公认的在刑事诉讼中最低限度的人权标准。一般认为，该规则包含两层含义：一是不得以暴力、威胁、利诱和其他方法迫使犯罪嫌疑人、被告人作出有罪供述；二是犯罪嫌疑人、被告人享有沉默权（privilege of silence），即有拒绝招供（confession）的权利。

我国政府已于1998年10月签署加入上述公约，2012年修改《刑事诉讼法》，在第五十条原有"严禁刑讯逼供和以威胁、引诱、欺骗以及其他非法方法收集证据"的基础上，进一步明确规定"不得强迫任何人证实自己有罪"，体现了对条约义务的遵守。当然，从句式表达上看，与其说这是一个权利表述，不如说是一个证据规则，是对公权力机关对待犯罪嫌疑人、被告人口供证据的一种规则约束。立法这样表达的原因，可能与我国刑事诉讼中公权力过于强大有关，只有先对公权力加以必要的约束与限制，权利才能得到保障与实现。

与该规则相对应的是，刑事诉讼法取消了以前备受指责的如实供述义务。《刑事诉讼法》第一百一十八条规定："侦查人员在讯问犯罪嫌疑人的时候，应当告知犯罪嫌疑人如实供述自己罪行可以从宽处理的法律规定。"从语义上看，这里采用的是鼓励如实供述的方法，即告知犯罪嫌疑人，如实供述自己的罪行可以获得从轻的处理，如同告知说"坦白可以从宽"。

3. 口供补强规则

口供补强规则，是适用于口供的一项证据规则，其含义是指法院不得以被告人认罪的口供为有罪判决的唯一依据，而必须要有其他证据予以"补强"。《刑事诉讼法》第五十三条规定："对一切案件的判处都要重证据，重调查研究，不轻信口供。只有被告人的供述，没有其他证据的，不能认定被告人有罪和处以刑罚；没有被告人供述，证据确实、充分的，可以认定被告人有罪和处以刑罚。"这一规定要求被告人的有罪供述要以其他证据作补强证明，从而确认了口供的补强规则。

口供补强规则设置的目的在于否定将口供视为"证据之王"，通过否定口供独立的有罪证据价值而防范刑讯逼供等行为的发生，体现的是刑事诉讼在追求客观真实的同时，对人权保障价值的确立和尊重。现代许多国家都通过不同的方式限制口供的证明能力，不承认其对案件事实的独立和完全的证明力。在英美当事人主义刑事诉讼中，由于重视诉讼当事人的意愿和自决权利，如果被告人在法官面前自愿作出有罪供述，法官可径行作出有罪判决，不要求提供其他证据予以补强。鉴于审判庭外的自白源于对被告人身心进行强制的可能性较大，其信用性较低，因而须有补强证据担保其真实性。

口供补强规则的意义主要是：第一，有利于防止偏重口供的倾向。由于真实的口供具有极强的证明力，如果允许口供作为定案的唯一根据，势必使侦查、审判人员过分依赖口供，甚至不惜以非法手段获取，以致侵犯嫌疑人和被告人人权。第二，可以担保口供的真实性，避免被告人的虚假供述导致误判。被告人认罪的口供极易获得人们的信任，但因种种原因，口供却可能完全是虚假的。为了防止虚假的口供导致法院判决错误，确立口供补强规则是非常必要的。口供补强规则的确立也是吸取历史教训的结果。无论是我国还是外国的诉讼史，都有制度性的偏重口供的情况，即以口供为"证据之王"，为获取口供而使刑讯合法化、制度化，形成了"罪从供定"的传统，从而造成了较多的冤假错案。

口供补强规则在实践中遇到的一个问题是，在共同犯罪案件中，共犯的口供能否互为补强证据，也就是说，仅凭共犯间一致的口供而没有其他证据的补强，能否认定被告人有罪。我国法学界对此问题的认识主要有四种观点：①肯定说。认为共同被告人的供述可以互相印证，在供述一致情况下，可据以定案。②否定说。认为共同被告人的供述仍然是"被告人供述"，同样具有真实性和虚伪性并存的特点，应受《刑事诉讼法》第五十三条的制约，适用证据补强规则。③区别说。认为同案处理的共犯的供述应均视为"被告人供述"，适用补强规则。但不同案处理的共犯，可以互作证人，不适用补强规则。④折中说。认为共同被告人供述一致，在具备一定条件的情况下，可以认定被告人有罪和处以刑罚。这些条件是：经过种种努力仍无法取得其他证据；共同被告人之间无串供可能；排除了以指供、诱供、刑讯逼供等非法手段获取口供的情况等。鉴于《刑事诉讼法》第五十三条的明确规定，我们认为否定说比较符合法律的基本精神。

4. 证言质证规则

证言质证规则与外国的传闻证据规则都是关于证人证言效力的法庭规则，但又有所区别。

英美法系国家盛行的传闻证据规则是要求证人必须亲自到法庭上作证并接受交叉询问，道听途说的信息不得被采纳为法庭定案证据。具体可归结为三个方面：一是要求证人作证不得以道听途说无法验证的情况为根据；二是要求证人直接出庭，发表言词证据，通常不得以很难质证的庭前书面证言作为证据；三是要求证人应在法庭上接受以交叉询问方式进行的质证，必要时还需接受法官询问，使法庭能够直接审查证人的作证资格、证人的感知能力、记忆能力、表达能力以及主客观因素对证人作证的影响，从而辨别证言的真伪。传闻证据规则与当事人主义对抗式诉讼方式相适应，成为英美法系国家一项重要的证据规则。

我国刑事诉讼法并未确立传闻证据规则。一个突出的表现是，我国并没有要求证人必须亲自出庭作证，证人的书面证言也可以在法庭上出示，这与传闻证据规则的要求是不同的。究其原因，大概有三个方面：一是我国并未真正确立当事人主义诉讼模式。虽然1996年《刑事诉讼法》确立了对抗式庭审方式，但因为整个诉讼程序的设置并不是对抗式的，所以，其他相关制度的设计包括证人制度都基本保留了原有的特色。二是出示证言的方式比要求证人出庭更快捷、简便，成本低廉，符合中国经济欠发达、地域广阔等特殊国情。

三是中国人"和为贵"的思想，往往会阻碍证人亲自出庭作证。

因此，我国刑事诉讼法规定的证言质证规则，具体包含了两个方面的内容：①证人出庭作证并要在法庭上经过询问、质证，其证言才能作为定案的根据。《刑事诉讼法》第五十九条规定："证人证言必须在法庭上经过公诉人、被害人和被告人、辩护人双方质证并且查实以后，才能作为定案的根据。"②在证人不出庭的情况下，允许在法庭上出示书面证言，但是，也要经过质证查实。《刑事诉讼法》第一百九十条规定："对未到庭的证人的证言笔录、鉴定人的鉴定结论、勘验笔录和其他作为证据的文书，应当当庭宣读。审判人员应当听取公诉人、当事人和辩护人、诉讼代理人的意见。"

5. 行政执法证据转化适用规则

行政执法证据是指行政机关在行政执法和查办案件过程中，依行政程序收集的证据材料。根据《刑事诉讼法》第五十二条第二款的规定，行政机关在行政执法和查办案件过程中收集的物证、书证、视听资料、电子数据等证据材料，在刑事诉讼中可以作为证据使用。该规定是对我国刑事诉讼证据资格的突破，是对刑事取证主体的拓展。过去刑事诉讼法规定的取证主体包括公检法机关、辩护人和诉讼代理人、刑事诉讼当事人，对于非法定主体获取的证据是不能直接采用为刑事诉讼证据的，实践中要经刑事诉讼取证主体和程序转化为刑事诉讼证据后，才可以使用。

依照行政执法证据转化适用规则，在我国刑事诉讼过程中，可以直接确认、采纳、使用国家行政机关在行政执法和查办行政案件时收集的各种证据材料，只要这些证据材料能够用来证明案件情况。如工商、税务等机关收集的可以用于证明犯罪与否的涉案证据。该证据规则将刑事司法与行政执法相衔接，既尊重了我国司法的现实做法，又体现了经济高效的诉讼原则，因为有些刑事案件原本是在行政执法和查办案件中发现后被移交过来的，如果不认可行政机关收集的证据，就必须全部推倒重来，浪费执法资源。

当然，行政执法证据转化为刑事诉讼证据之后，仍然要接受控辩双方的质证和人民法院的审查，经查证属实并且程序合法，符合刑事证据的采信规则，才可以采纳为司法裁判的定案根据。行政执法证据转化适用于刑事诉讼，仅仅是证据资格的承认，由行政证据转化为刑事证据，但在刑事诉讼中，这些证据仍然要面临真实性、合法性的考量。如果不真实，如果行政机关在取证时有程序违法，该证据就有可能遭淘汰、被排除。

6. 非法证据排除规则

（1）非法证据排除规则的立法进程。

《刑事诉讼法》从1979年到1996年，都规定了"严禁刑讯逼供和以威胁、引诱、欺骗以及其他非法方法收集证据"的取证要求，但没有关于非法证据排除的明确规定。为遏制刑讯逼供等乱象，最高人民法院、最高人民检察院对刑事诉讼法中的"严禁"作了延伸性解释，规定非法取得的证据不能使用。1998年9月8日起施行的最高人民法院《解释》第六十一条规定："严禁以非法的方法收集证据。凡经查证确实属于采用刑讯逼供或者威胁、引诱、欺骗等非法的方法取得的证人证言、被害人陈述、被告人供述，不能作为定案的根据。"最高人民检察院在1999年施行的《刑事诉讼规则》第二百六十五条规定："严禁以非法的方法收集证据。以刑讯逼供或者威胁、引诱、欺骗等非法的方法收集的犯罪嫌疑人供述、被害人陈述、证人证言，不能作为指控犯罪的根据。"两高的司法解释将非法取证行为与证据排除后果相联系，初步确立了非法证据排除规则，并得到了广泛认同。最高人民法院、最高人民检察院、公安部、国家安全部、司法部又于 2010 年联合发布了《非法证据排除规定》、《死刑案件证据规定》（以下简称两个《证据规定》），在更大范围上正式推行非法证据排除规则，并明确了非法证据排除的范围与程序。《非法证据排除规定》有 15 条，《死刑案件证据规定》涉及非法证据排除的有 10 条。这些司法解释率先启动并构建了我国非法证据排除规则，为刑事诉讼法修改时确立这一规则奠定了坚实的基础。

2012 年修订的《刑事诉讼法》从第五十四至五十八条专门规定非法证据排除规则的适用范围、内容和程序，在我国法律上首次建立了非法证据排除规则，为我国刑事司法提供了有效的法律依据。在 2012 年修订的《刑事诉讼法》开始实施后，两个《证据规定》中除与法律相违背的条款以外，仍然有效。

（2）非法证据排除规则确立的基本理由。

第一，促进我国刑事诉讼多元价值目标体系的建立。我国刑事诉讼在传统上偏重于对实体真实的追求，重实体，轻程序，正当程序意识淡薄，对司法文明重视不够。通过非法证据排除规则，可强制提升正当法律程序和司法文明的价值，使我国刑事诉讼价值走向多元化。

第二，满足尊重和保障人权的现实需要。我国《宪法》规定了公民的基本权利，2004 年修正案又明确："国家尊重和保障人权。"因此，刑事诉讼法就成为国家尊重和保障人权的首要担当。众所周知，以非法方式获取证据对基本人权损害极大，必须严格禁止，并禁止使用这类证据，使违法者不得从中获益。我国司法实践中，刑讯逼供屡禁不止，非法证据排除规则是遏制这类违法行为，保护公民权利的有效手段。

第三，以非法方式获取的证据亦可能妨害获得案件的实质真实。因为"捶楚之下，何求而不可得"，违法获取的证据，虚假可能性较大，无法保证客观真实性，当然就没有被采纳的正当理由。

第四，当代民主法治国家的刑事证据法普遍禁止采用非法证据。如美国、英国、法国、德国、意大利、日本、俄罗斯等都有非法证据排除规则。在美国，非法证据排除规则不仅适用于排除非法的人证，也用于对非法物证的排除，目的在于彻底杜绝警察的非法取证行为，防止"毒树之果"的滥用。这些体现了对保障人权和打击犯罪双重价值目标的兼顾。

（3）非法证据排除规则的适用范围。根据《刑事诉讼法》第五十四条的规定，非法证据排除规则适用的范围分两个方面：

一是证据范围。包括：①采用刑讯逼供等非法方式收集的犯罪嫌疑人、被告人供述；②采用暴力、威胁等非法方式收集的证人证言、被害人陈述；③收集物证、书证不符合法定程序，可能严重影响司法公正，不能补正或者作出合理解释的。这三种类型的证据，都是应当予以排除的。

二是程序范围。非法证据排除规则适用于侦查、审查起诉和审判三个程序阶段，并不限于法院审判阶段。公、检、法三机关都必须遵守该规则。在侦查、审查起诉、审判时若发现有应当排除的证据，应当依法予以排除，不得作为起诉意见、起诉决定和判决的依据。

（4）非法证据排除规则的分类。从《刑事诉讼法》第五十四条看，这里对非法证据作了言词证据和实物证据的两种分类，相应地，对两类不同的非法证据也采用了不同的排除模式，形成了两种不同的规则。

一是绝对排除规则。适用于非法言词证据，即对于采用刑讯逼供、暴力、威胁等非法方式取得的犯罪嫌疑人、被告人供述，证人证言，被害人陈述，无条件地坚决予以排除。排除这类证据所要维护的首要价值是公民的基本人身权利，是人之为人所具有的尊严、基本人身自由与安全不受侵犯的权利。该规则的适用与证据是否真实无关，无论非法取得的这些言词证据是否真实客观，都应当予以排除，不得采用。当代各国刑事证据法普遍禁止将刑讯逼供和以威胁、引诱、欺骗以及其他非法的方式获取的言词证据纳入审判考量的范围，也就是说，依据非法方式获取的言词证据或者人证，不具有可采性。

二是裁量排除规则，也称相对排除规则，适用于非法实物证据。对于物证、书证等实物证据的收集，即使不符合法定程序，通常也不会对当事人、证人的人身构成威胁，所以，法律采取了区别对待、裁量排除的处理方法。具体有三种情形：①收集物证、书证虽然不符合法定程序，但不会影响或者不会严重影响司法公正的，可以忽略，不予排除；②对于不符合法定程序收集的物证、书证，可能严重影响司法公正的，如果能够予以补正或者作出合理解释的，则不予排除；③对于不符合法定程序收集的物证、书证，可能严重影响司法公正而不能补正或者作出合理解释的，应当予以排除。裁量排除规则兼顾实体真实与正当程序等多种价值。世界上，除美国以外，多数国家对于以非法方式取得的实物证据，都采取裁量排除规则，视具体情况判定是否予以排除。

（5）非法证据排除规则的适用程序。侦查、审查起诉和审判各阶段遇到需要排除的非法证据，都应当予以排除。《刑事诉讼法》规定的程序如下：①排除申请。当事人及其辩护人、诉讼代理人有权申请人民法院对以非法方式收集的证据依法予以排除。②举证责任。举证责任分为两部分：首先是申请方要提供线索。申请排除以非法方式收集的证据的，应当提供相关线索或者材料。比如刑讯逼供的时间、地点、人员等。其次，由提起公诉的人民检察院承担举证责任，对证据收集的合法性加以证明。这里是典型的举证责任倒置，即申请人主张非，人民检察院要证明不是非。这样规定的根据主要是举证能力以及距离证据的远近。③法庭审查。法庭审理过程中，审判人员认为可能存在本法第五十四条规定的以非法方式收集证据情形的，应当对证据收集的合法性进行法庭调查。④证明方式。现有证据材料不能证明证据收集的合法性的，人民检察院可以提请人民法院通知有关侦查人员或者其他人员出庭说明情况；人民法院可以通知有关侦查人员或者其他人员出庭说明情况。有关侦查人员或者其他人员也可以要求出庭说明情况。经人民法院通知，有关人员应当出庭。⑤未尽举证责任的不利后果。也可分两种：其一，如果申请排除的一方无法提供任何非法取证的线索或材料，就可能启动不了排除程序；其二，经过法庭审理、确认或者不能排除存在本法第五十四条规定的以非法方式收集证据的情形的，对有关证据应当予以排除。⑥人民检察院的监督。人民检察院接到报案、控告、举报或者发现侦查人员以非法方式收集证据的，应当进行调查核实。对于确有以非法方式收集证据情形的，应当提出纠正意见；构成犯罪的，依法追究刑事责任。

第五节　证人、鉴定人出庭作证制度

一、证人、鉴定人及其比较

1. 证人的概念、特点和资格

在刑事诉讼中，证人有广义和狭义之分。广义的证人是指除办案人员以外的一切知道案件情况的人，包括犯罪嫌疑人、被告人、被害人、证人等。这些人都因为了解案件情况而成为证人。英美法系国家基本上采取广义上的证人概念，把当事人和证人对案件的陈述，都列为证言证据，适用大致相同的规则。如任何人不得被迫自证其罪、证言特免权规则等，既适用于当事人，也适用于证人。此外，鉴定人被看作专家证人，鉴定意见也是一种证言，是一种特殊的证言。

狭义上的证人是指除办案人员和当事人以外的知道案件情况的人。我国采狭义上的证人概念。在我国，证人证言，犯罪嫌疑人、被告人供述和辩解，被害人陈述，是三种各自独立的诉讼证据，依据就是三者的诉讼身份有别。

证人具有如下特点：

（1）不可替代，不可选择。证人的身份缘于其对案件情况的了解，可能是偶然对犯罪发生的目睹，或者是与犯罪嫌疑人、被害人相识，因此，在刑事诉讼中，证人的身份具有不可选择、不可替代的特点。司法机关不可任意指定证人，证人也不可让其他人代替。

（2）身份上的优先性、排他性。某人一旦因为了解案情而成为证人，就不可能再充当同一个诉讼中的其他角色，如不能当警察、检察官、法官、辩护人、代理人等。在这些不同的角色中，证人具有身份上的优先性、排他性，即只能当证人而不能放弃证人身份转而担任其他角色。

依据法律规定，证人的资格条件是：

（1）知道案件情况。在刑事诉讼开始之前，对刑事案件的情况有所了解，这是成为证人的首要条件。证人对案情的了解，不拘形式与内容。

（2）能够正确表达。即能够把知道的案情正确地表达出来，起到证明作用。否则就失去了证明价值。《刑事诉讼法》第六十条规定："凡是知道案件情况的人，都有作证的义务。生理上、精神上有缺陷或者年幼，不能辨别是非、不能正确表达的人，不能作证人。"

（3）是自然人。我国刑事诉讼证人只限于自然人，法人、组织等不能作证人。

2. 鉴定人的概念和资格

刑事诉讼中的鉴定人是指受办案机关指派或聘请，或者受当事人的聘请，对刑事案件中的专门性问题进行鉴别判断并提供技术性鉴定意见的人，是我国刑事诉讼参与人之一。随着科技的进步以及对社会生活的深刻影响，刑事诉讼中需要鉴定的专门性问题越来越多，如死亡及伤情鉴定、司法精神病鉴定、产品质量鉴定、司法会记鉴定等，鉴定人也越显重要。

根据我国法律、法规，刑事诉讼中的鉴定人应当具备下列条件：

（1）有司法鉴定人资格。该资格包含了多个要素：具有司法行政机关颁发的司法鉴定人资格证书；具有较高水平的专门知识与技能；在合格的司法鉴定机构执业。

（2）受到办案机关或指派或聘请，或者受当事人及其法定代理人的聘请。在司法鉴定社会化之后，刑事司法鉴定主要是聘请办案机关以外的鉴定人员进行，而侦查机关指定的内部鉴定人员的作用主要是为侦查提供参考。对鉴定人员的选任，过去是办案机关的权力，现在当事人及其法定代理人也可以聘请。

（3）与案件没有利害关系。为保证鉴定的公正可靠，法律规定，如果鉴定人与案件或者案件当事人有利害关系，则必须回避。

（4）能够提供鉴定意见。鉴定意见是一种独立的证据，可以对案件起到证明作用。

3. 证人与鉴定人之比较

证人和鉴定人在我国都是诉讼参与人，分别是证人证言和鉴定意见这两种独立证据的提供者，因而具有不可或缺的诉讼地位。在英美国家，鉴定人被称为专家证人，说明二者具有某些相似性。大陆法系国家和我国，一般是将两者区分开来的，根据是二者所具有的差异性。证人与鉴定人的区别如下表所示：

表 9－1

比较点	鉴定人	证人
1	办案机关指派或者聘请，或当事人聘任。可以选择，也可以更换和替代	因了解案情而成为证人。不可选择，不可替代
2	具有专门知识和技能	不需要具备专门知识和技能，只需要了解案件情况，能够辨别是非和正确表达
3	需要向法庭提供的是，对案件中某些专门性问题进行分析研究后所得出的判断性意见	是对案件事实所作的客观陈述
4	在案件发生时，并不了解案件事实	在案件发生时对案件事实有所了解
5	鉴定人必须遵循回避制度。如果他与案件或案件当事人有利害关系，他就不能成为案件的鉴定人，必须回避	只要了解案件的事实情况就有作证义务，不存在回避问题
6	为了作出科学的鉴定意见，他可以在案件发生后查阅相关卷宗材料；有几个鉴定人的时候，他们还可以相互讨论，共同书写鉴定意见	为了保证作证的真实客观性，证人在案后不能要求了解案情；并且法律明确规定询问证人应当个人进行，证人之间不能互相讨论，以免相互影响，导致证言失实

二、证人、鉴定人的权利与隔离性保护

为确保证人、鉴定人提供真实有效的诉讼证据，帮助其克服作证的困难与障碍，2012年修订的《刑事诉讼法》对证人、鉴定人作证的权利作了补充完善，重点突出了安全保护与经济补偿问题。主要表现为四个方面：

1. 经济补偿

对证人、鉴定人因履行作证义务而支出的交通、住宿、就餐等费用，应当给予补助。证人作证的补助列入司法机关业务经费，由同级政府财政予以保障。有工作单位的证人、鉴定人作证，所在单位不得克扣或者变相克扣其工资、奖金及其他福利待遇。

2. 请求安全保护

证人、鉴定人、被害人如果认为因在诉讼中作证，本人或者其近亲属的人身安全面临危险的，可以向人民法院、人民检察院、公安机关请求予以保护。人民法院、人民检察院、公安机关依法采取保护措施，有关单位和个人应当配合。

3. 追究侵权者法律责任

人民法院、人民检察院和公安机关应当保障证人及其近亲属的安全。如果有人对证人及其近亲属进行威胁、侮辱、殴打或者打击报复，构成犯罪的，要依法追究刑事责任；尚不够刑事处罚的，则依法给予治安管理处罚。

4. 得到隔离性保护

在一些特别严重的犯罪案件中，证人、鉴定人作证也将面临着更大的危险，为了有效地保护证人、鉴定人及其近亲属的安全，新刑事诉讼法特别规定了隔离性保护措施。《刑事诉讼法》第六十二条规定："对于危害国家安全犯罪、恐怖活动犯罪、黑社会性质的组织犯罪、毒品犯罪等案件，证人、鉴定人、被害人因在诉讼中作证，本人或者其近亲属的人身安全面临危险的，人民法院、人民检察院和公安机关应当采取以下一项或者多项保护措施：（一）不公开真实姓名、住址和工作单位等个人信息；（二）采取不暴露外貌、真实声音等出庭作证措施；（三）禁止特定的人员接触证人、鉴定人、被害人及其近亲属；（四）对人身和住宅采取专门性保护措施；（五）其他必要的保护措施。"

隔离性保护措施，就是在被保护者与外界之间设置隔离带，如采取上述各项措施，防止他人对被保护者实施侵害。这些措施对于证人、鉴定人和被害人的保护，在特殊情况下无疑是必要的，能够起到非常强的保护效果。但是，如果在诉讼过程中不公开证人、鉴定人和被害人的真实姓名等个人信息，出庭作证时采取不暴露外貌、真实声音等作证方法，将可能会带来另外的弊端。比如侵犯被告人、辩护人对证人、鉴定人的质证权；使人们对证人的真实性和证言、鉴定意见的客观性产生怀疑；在个别情况下不排除有制造证人、虚构鉴定意见的可能性发生。因此，如何对隔离性保护措施予以细化和规范，防止偏差，就是非常值得研究的重要问题。

三、证人、鉴定人的作证义务

《刑事诉讼法》第六十条明确规定："凡是知道案件情况的人，都有作证的义务。"除

了不能辨别是非、不能正确表达的人以外，没有其他人可以例外。鉴定人提供鉴定意见也是其应当履行的法定义务。因此，概括而言，证人、鉴定人在刑事诉讼中都有作证义务。这些义务具体有如下方面：

1. 如实作证义务

依照我国法律，证人必须如实陈述其知道的案件情况，不得有意作伪证，不得隐匿罪证。鉴定人必须客观公正地进行鉴定。如果故意作伪证、隐匿罪证或者作错误的鉴定，就可能被追究法律责任，甚至是伪证罪等刑事责任。从证据的作用来讲，如实作证是证人和鉴定人最基本的义务，它直接影响证据的真实性和司法的公正性。如《刑事诉讼法》第一百八十九条第一款规定："证人作证，审判人员应当告知他要如实地提供证言和有意作伪证或者隐匿罪证要负的法律责任。"

2. 出庭义务

即证人、鉴定人应当出庭作证。从逻辑上讲，证人、鉴定人的出庭义务在前，如实作证义务则是出庭后的义务。但在我国，这两个义务没有必然的对应关系。第一，我国刑事诉讼法并没有要求所有的证人、鉴定人都必须出庭，书面证言或者鉴定意见也可以在法庭出示；第二，实践中出庭的证人、鉴定人所占比例偏小；第三，刑事诉讼程序中，法庭审判只是一个阶段，之前有立案、侦查和审查起诉程序。在审前程序中，证人、鉴定人也要提供证言或鉴定意见，这些均被记录后放在案卷中，最后移交给法院。因此，相对于如实作证义务，出庭义务就仅仅是作证方式的要求，不是对每个证人、鉴定人都适用。但是，新刑事诉讼法对于一些必须出庭的证人，明确了出庭义务，在不出庭时可以强制其出庭。

3. 接受询问与质证义务

证人、鉴定人出庭的一个重要理由就是保障控辩双方的质证权，防止伪证，维护客观真实和裁判的公正性。因此，与出庭义务相关的就是接受询问与质证义务。如果证人、鉴定人不出庭，则其证言和鉴定意见也必须在法庭上经过质证，核实之后才可以采用。《刑事诉讼法》第五十九条规定："证人证言必须在法庭上经过公诉人、被害人和被告人、辩护人双方质证并且查实以后，才能作为定案的根据。法庭查明证人有意作伪证或者隐匿罪证的时候，应当依法处理。"对于鉴定意见，也参照该规定进行质证、审查。

4. 保密义务

证人作证，鉴定人作鉴定，涉及国家秘密、商业秘密或者个人隐私的，应当保守秘密。

四、关于强制证人出庭作证

2012年修订的《刑事诉讼法》在证人、鉴定人制度上的一个重要突破就是增加了对证人、鉴定人的出庭义务和强制证人出庭作证的规定。从第一百八十七条、第一百八十八条的规定来看，其内容有如下几点：

1. 证人、鉴定人应当出庭的情形

公诉人、当事人或者辩护人、诉讼代理人对证人证言有异议，且该证人证言对案件定罪量刑有重大影响，人民法院认为证人有必要出庭作证的，证人应当出庭作证。人民警察就其执行职务时目击的犯罪情况作为证人出庭作证，适用同样的规定。这里明确了包括警察在内的证人出庭的三个条件：一是控辩双方或一方对证人证言有异议；二是该证人证言对案件定罪量刑有重大影响；三是人民法院认为证人有必要出庭。这是根据我国的实际情况制定的，比较切实可行，也有助于保证诉讼效率。对于控辩双方认同的，或者是对案件无大影响的证言，或者法院认为证人没有必要出庭的，证人即可以不出庭。

鉴定人出庭的条件与此类似。公诉人、当事人或者辩护人、诉讼代理人对鉴定意见有异议，人民法院认为鉴定人有必要出庭的，鉴定人应当出庭作证。

2. 对证人的强制到庭

（1）强制证人出庭的适用条件。强制证人需要具备三个条件：一是证人应当出庭作证；二是人民法院合法有效的通知；三是证人无正当理由拒绝到庭。满足了这些条件，人民法院才可以强制其到庭。

（2）强制证人到庭的例外。法律规定，对于被告人的配偶、父母、子女，则不适用强制到庭作证的规定。这就是说，即使被告人的这些亲属证人满足了强制出庭的三个适用条件，也不可以对他们实施强制到庭。这一规定彰显了我国刑事诉讼法的人文关怀，对亲情给予一定的认可与尊重，不会强迫被告人的亲属到法庭与被告人直面相对，但亲属可以自愿出庭。

应当注意的是，不强制亲属到庭作证不等于亲属享有免证权或拒证权。亲属免证权是一些国家法律赋予犯罪嫌疑人、被告人亲属享有的一项权利，其内容是亲属有权拒绝就不利于犯罪嫌疑人、被告人的事实向国家作证，目的在于保护人类的自然亲情和家庭的稳定。英国、美国、法国、德国、日本等都有类似的制度。但是，我国法律没有赋予亲属免证权，也就是说，被告人的近亲属如果知道案件情况，仍然负有如实作证的义务，不得拒绝作证。只是被告人的近亲属如果不愿意亲自出庭作证的话，法院则不得强制其到庭，但可以通过询问笔录或者书面证言的形式向法庭作证。

对鉴定人，不可以采取强制到庭作证的措施。原因大概是，鉴定人是可以更换的，并非必须要鉴定人出庭作证。

3. 证人、鉴定人违反出庭作证义务的法律责任

证人的法律责任是：证人没有正当理由拒绝出庭或者出庭后拒绝作证的，予以训诫；情节严重的，经院长批准，处以10日以下的拘留。被处罚人对拘留决定不服的，可以向上一级人民法院申请复议。复议期间不停止执行。

鉴定人的法律责任是：经人民法院通知，鉴定人拒不出庭作证的，鉴定意见不得作为定案的根据。

五、关于警察出庭作证

警察出庭作证是当事人主义诉讼的正当程序设计，在英美法系国家较为普遍。在我国，1996年《刑事诉讼法》采用对抗式庭审方式之后，学界就有人主张警察出庭作证，实践中也曾有过尝试。2012年修订的《刑事诉讼法》正式确立了警察出庭作证制度。

1. 警察出庭作证的必要性

（1）是对抗式庭审方式的制度设计。对抗式庭审方式需要证人质证制度、警察出庭制

度、完善的辩论制度等相配套。

（2）是增强控诉能力的需要。我国的检警分离体制，不利于侦查与公诉力量的有效整合。警察出庭作证有助于增强法庭上公诉机关指控犯罪的真实性、可信性，提升控诉能力。

（3）是查明其他证据真实性的手段。警察是诉讼中发现犯罪情况、收集证据的一线人员，熟知各种证据材料，警察出庭作证能够更有效地帮助法庭核实证据，查明案情。

（4）有利于抑制警察的非法取证行为。非法取证一旦在法庭上暴露，将会使出庭的警察十分尴尬，因此，警察出庭作证可以有效遏制刑讯逼供等非法取证行为。

（5）解决恶意翻证、翻供问题。实践中，被告人当庭翻供的现象比较严重。警察出庭与被告人、被害人、证人等当面对质，有助于抑制恶意翻供、翻证行为。

2. 警察出庭作证的适用情形

有人曾担心，警察出庭作证会否减损原本就很紧张的警力？其实不然，根据《刑事诉讼法》第五十七条、第一百八十七条的规定，警察出庭作证一般仅限于两种情况：

（1）法庭进行非法证据调查时，确有必要通知警察出庭说明情况的。《刑事诉讼法》第五十七条第二款规定："现有证据材料不能证明证据收集的合法性的，人民检察院可以提请人民法院通知有关侦查人员或者其他人员出庭说明情况；人民法院可以通知有关侦查人员或者其他人员出庭说明情况。有关侦查人员或者其他人员也可以要求出庭说明情况。经人民法院通知，有关人员应当出庭。"

（2）人民警察就其执行职务时目击的犯罪情况，有必要出庭作证的。这种情况一般限于控辩双方或一方对证据有异议，且该证据对案件定罪量刑有重大影响，人民法院认为有必要通知警察出庭作证的，警察应当出庭作证。

3. 警察出庭作证面临的问题

（1）警察出庭作证的身份如何界定？很显然，警察是在案发后才了解案情的，与传统的证人不同，因此，警察不是证人。

（2）警察出庭作证的证言应当归入何种证据？从警察出庭作证的两种情形看，警察在法庭上的身份是不同的。在说明证据的取证方法时，该警察是当事人，在证明所知道的犯罪情况时，其身份与勘验、检查笔录的制作人类似。因此，对警察出庭作证的证言，应当区别情况，将之作为当事人陈述和勘验、检查笔录来对待。当然，这里的当事人陈述在一般情况下相当于民事、行政诉讼中当事人的陈述，只有在涉嫌刑讯逼供等犯罪时，才可作为犯罪嫌疑人、被告人的供述和辩解之类的证据。

六、关于污点证人作证

1. 污点证人的概念

污点证人是一种特殊的证人，是具有犯罪污点但不被追诉，为公诉机关指控犯罪作证的人。可以作为污点证人的人一般有：警方派到犯罪集团或黑社会组织内部的卧底；侦查机关的线人或耳目；集团犯罪或者共同犯罪案件中的个别成员；对合犯罪中的某一方等。污点证人目前在实践中主要用于毒品犯罪、走私犯罪、贿赂犯罪、洗钱犯罪等案件。据资料显示，广西、云南、重庆等地的毒品案件，约90%使用了线人或耳目来查获、认定犯罪。有报道称，一些地方还建立有污点证人制度。

2. 污点证人的作用

（1）对于一些隐蔽性强、不易侦查取证的刑事犯罪案件，利用犯罪参与者来证明犯罪，能够做到证据扎实、证据充分，这是查处和认定犯罪、有效打击犯罪的强有力手段。特别是在查处贿赂犯罪案件中，作用更为突出。

（2）有利于分化瓦解犯罪组织或共同犯罪人。将部分犯罪行为人转化为污点证人，无异于在犯罪团伙内部掺沙子、挖墙脚，有助于破坏犯罪者同盟。

（3）能够较好地贯彻宽严相济的刑事政策，该轻则轻，该重则重。让组织、领导犯罪的首犯、主犯和严重的犯罪分子受到应有的惩罚，让有悔罪表现，积极配合公安司法机关追查犯罪的人受到宽大处理，化消极因素为积极因素。

（4）有污点证人的协助，公安司法机关得以尽快发现犯罪，收集其他证据，抓获其他犯罪行为人，提高诉讼效率，节省诉讼成本。

3. 使用污点证人的合法性依据

（1）国内法依据。我国法律没有直接规定污点证人，污点证人实际上是运用法律而产生的一种司法现象。其法律上的依据主要是我国《刑法》第六十七条、第六十八条。

第六十七条规定："犯罪以后自动投案，如实供述自己的罪行的，是自首。对于自首的犯罪分子，可以从轻或者减轻处罚。其中，犯罪较轻的，可以免除处罚。被采取强制措施的犯罪嫌疑人、被告人和正在服刑的罪犯，如实供述司法机关还未掌握的本人其他罪行的，以自首论。"

第六十八条规定："犯罪分子有揭发他人犯罪行为，查证属实的，或者提供重要线索，从而得以侦破其他案件等立功表现的，可以从轻或者减轻处罚；有重大立功表现的，可以减轻或者免除处罚。犯罪后自首又有重大立功表现的，应当减轻或者免除处罚。"

（2）国际法依据。根据我国加入的国际条约——《联合国反腐败公约》，我国可以在相关领域使用污点证人以有效证实、惩治犯罪。《联合国反腐败公约》对贿赂犯罪中的证人保护制度作出了明确规定：（要求）各缔约国均应当采取适当措施，鼓励参与或者曾经参与实施根据本公约确立的犯罪的人提供有助于主管机关侦查和取证的信息，并为主管机关提供可能有助于剥夺罪犯的犯罪所得并追回这种所得的实际具体帮助；对于在根据本公约确立的任何犯罪的侦查或者起诉中提供实质性配合的被告人，各缔约国均应当考虑就适当情况下减轻处罚的可能性作出规定；对于在根据本公约确立的犯罪的侦查或者起诉中提供实质性配合的人，各缔约国均应当考虑根据本国法律的基本原则就允许不予起诉的可能性作出规定。

《联合国反腐败公约》确定的腐败犯罪主要有：贿赂犯罪；公职人员贪污、挪用犯罪；影响力交易；滥用职权；资产非法增加；私营部门内的贿赂和侵吞财产；洗钱犯罪；窝赃犯罪；妨害司法的犯罪等。这就是说，在追究腐败犯罪的案件中，我国可以将在侦查或起诉中给予司法机关以实质性帮助的同案犯罪参与人转化为污点证人，为国家利益作证而豁免其刑事责任。

（3）域外法律参考。许多国家都有污点证人，如美国、英国、意大利、德国、西班牙等。污点证人作证并同时得到刑事责任豁免是与辩诉交易制度并存的。我国香港也有污点证人制度。如谢霆锋"顶包"案审理时，涉案司机变污点证人。在香港，为了打击黑社会势力和其他严重的刑事犯罪，警方派出的卧底也常常以污点证人身份作证并获得司法豁免，通过法律的正当程序脱身。

4. 使用污点证人的法律界限

在域外使用污点证人与我国使用污点证人的法理基础是不同的。在外国和中国香港地区，污点证人作证豁免刑事责任的法理基础是"任何人不得被迫自证有罪"的法治原则。该原则的核心内容是犯罪嫌疑人或被告人对自己是否犯罪的问题所享有的沉默权或拒绝供述权，基于对此权利的保护，任何机关不得采用强制手段迫使犯罪嫌疑人、被告人作对他自己不利的陈述，否则，以强制方法获得的这种证据无效。

在许多情况下，污点证人作证就可能损害自己的沉默权或拒绝作证权。因为污点证人的犯罪极有可能与被指控者的犯罪纠缠在一起，当污点证人指证他人的犯罪事实时，就可能会同时暴露自己的犯罪，将自己也置于不利的将受到追诉的境况。因此，在西方国家，污点证人往往以拒绝提供不利于自己证言的法定特权，在保护自己的同时，也附带遮掩了他人的犯罪事实。为了获得犯罪证据同时又不违反法律的规定，不侵害污点证人享有的特权，侦控方不得不在两者间寻求平衡：用豁免污点证人的犯罪的办法来换取该证人对有关案件事实的陈述，帮助侦控方实现对犯罪嫌疑人、被告人的侦查和起诉。

在我国，使用污点证人并豁免其刑事责任的法理基础是刑法关于自首、立功的奖励性豁免制度。虽然 2012 年《刑事诉讼法》也规定了"不得强迫任何人证实自己有罪"，但这还不能看作是当事人的一项权利，因此，对于污点证人的有罪陈述，尚不能根据该规定而豁免其罪责。所以，在我国目前的法律框架下，使用污点证人就必须要符合《刑法》第六十七、六十八条的规定。具体要把握如下几点：

（1）使用污点证人应当符合案件的客观需要。无论刑事案件轻重，都可以使用污点证人，只要是案件需要。

（2）转化成污点证人的犯罪参与人必须是依法可以免除其刑事责任的人。具体包括：第一，罪行较轻，或者属于未成年人、从犯、胁从犯、犯罪未遂、中止等依法可以免除处罚的共同犯罪的参与人。第二，罪行较轻的自首者。如果罪行较重，自首也只是从轻或者减轻处罚，不能免除处罚。第三，罪行较重，但有重大立功表现的，可以免除处罚。第四，罪行较重，但有自首和重大立功表现的，依法应当减轻或者免除处罚。这是我国法律规定的界限，不能跨越。

（3）在有多项罪行的情况下，也可以通过豁免个别罪行而取得污点证人。如一个人伙同他人一起实施了贪污、挪用、走私等多项犯罪，其中，走私罪依法可以豁免，就将其转化成认定其他人走私犯罪的污点证人，而另外两项犯罪仍然要追究其刑事责任。在总体上说，他获得了从轻的处罚。

（4）污点证人可以选择培植。在全案没有自发的污点证人的情况下，如没有上述四种情况存在，没有污点证人时，如果案情确实需要，特别是一些重大案件，那么，侦查、起诉人员可以根据犯罪嫌疑人的情况，选择可能成为污点证人的人，给其宣讲法律和政策，促使其自首并且立功，揭发其他同案犯的罪行并充当控方的污点证人。这里，其实是包含了一定的辩诉交易的成分的。

（5）必须谨慎对待污点证人的证言，更不能指使、引诱污点证人作假证。使用污点证人，往往是在其他指控证据不足的情况下，由于污点证人提供的是直接证据，证明力很强，使用得当，对指控犯罪就非常有力，反之，如果污点证人故意作假证，就极有可能导致冤错案件的发生。污点证人毕竟是有犯罪污点的，品行上本身是有问题的，所以，要做到：第一，对其提供的证言一定要严加审查，要告知故意作伪证是要承担法律责任的。第二，要防止污点证人基于功利的考虑或者挟私报复，陷害其他人。如有些毒品犯罪案件，线人为了多拿奖金，就可能用更多的毒品栽赃于他引诱交易的人，或者栽赃于他的仇人。第三，侦查、起诉人员更不能为了达到追诉其他犯罪者的目的，而指使、引诱污点证人作假证。第四，办案人员还必须严守禁止刑讯逼供的法律原则。在案件中只有犯罪嫌疑人的供述和污点证人证言两种证据存在的情况下，要认定有罪，还必须确保没有对犯罪嫌疑人使用过刑讯逼供，如笔者前面讲的案例，如果事先存在刑讯逼供，就很难说不会产生冤案。

第六节　关于死刑案件证据的审查运用

为进一步完善我国刑事诉讼制度，根据中央关于深化司法体制和工作机制改革的总体部署，最高人民法院、最高人民检察院、公安部、国家安全部和司法部于2010年6月13日联合制定了《关于办理死刑案件审查判断证据若干问题的规定》（2010年7月1日起生效）（以下简称《死刑证据规定》）。2011年2月，十一届人大常委会第十九次会议表决通过《刑法》修正案（八），取消了13项死刑罪名。这两项重要改革，表明我国正在逐步减少死刑，并对现有死刑案件从程序上严加把关，以实现打击严重犯罪与保障人权双重价值目标的有效兼顾。

《死刑证据规定》内容丰富，科学合理，汇集了几十年来我国刑事证据理论和实践的成功经验和深刻教训，不仅是公检法机关办理死刑案件的证据指南，也对所有刑事案件的证据运用产生直接的指导作用。

一、死刑案件的证明标准

在我国，办理包括死刑案件在内的各类刑事案件，对被告人犯罪事实的认定，都必须达到证据确实、充分的证明程度，这是与排除合理怀疑、内心确信程度相当的证明标准。但一直以来，对证据的确实、充分如何把握却没有相对明确的法律指引。《死刑证据规定》创建性地对证据确实、充分作了具体解释和要求，证据的确实、充分就是指：

（1）定罪量刑的事实都有证据证明；

（2）每一个定案的证据均已经法定程序查证属实；

（3）证据与证据之间、证据与案件事实之间不存在矛盾或者矛盾得以合理排除；

（4）共同犯罪案件中，被告人的地位、作用均已查清；

（5）根据证据认定案件事实的过程符合逻辑和经验规则，由证据得出的结论为唯一结论。

对于死刑案件，不仅案件事实的认定在整体上要达到上述标准，而且，对于如下单个事实的证明也必须达到证据确实、充分的程度：

（1）被指控的犯罪事实的发生；

（2）被告人实施了犯罪行为与被告人实施犯罪行为的时间、地点、手段、后果以及其他情节；

（3）影响被告人定罪的身份情况；

（4）被告人有刑事责任能力；

（5）被告人的罪过；

（6）是否共同犯罪及被告人在共同犯罪中的地位、作用；

（7）对被告人从重处罚的事实。

二、物证、书证的审查与认定

1. 物证、书证的审查内容

对物证、书证应当着重审查以下内容：

（1）物证、书证是否为原物、原件，物证的照片、录像或者复制品及书证的副本、复制件与原物、原件是否相符；物证、书证是否经过辨认、鉴定；物证的照片、录像或者复制品和书证的副本、复制件是否由二人以上制作，有无制作人关于制作过程及原件、原物存放于何处的文字说明及签名。

（2）物证、书证的收集程序、方式是否符合法律及有关规定；经勘验、检查、搜查提取、扣押的物证、书证，是否附有相关笔录或者清单；笔录或者清单是否有侦查人员、物品持有人、见证人签名，没有物品持有人签名的，是否注明原因；对物品的特征、数量、质量、名称等注明是否清楚。

（3）物证、书证在收集、保管及鉴定过程中是否受到破坏或者改变。

（4）物证、书证与案件事实有无关联。对现场遗留与犯罪有关的具备检验鉴定条件的血迹、指纹、毛发、体液等生物物证、痕迹、物品，是否通过 DNA 鉴定、指纹鉴定等鉴定方式与被告人或者被害人的相应生物检材、生物特征、物品等作同一认定。

（5）与案件事实有关联的物证、书证是否全面收集。对在勘验、检查、搜查中发现与案件事实可能有关联的血迹、指纹、足迹、字迹、毛发、体液、人体组织等痕迹和物品应当提取而没有提取，应当检验而没有检验，导致案件事实存疑的，人民法院应当向人民检察院说明情况，人民检察院依法可以补充收集、调取证据，作出合理的说明或者退回侦查机关补充侦查，调取有关证据。

具备辨认条件的物证、书证应当交由当事人或者证人进行辨认，必要时应当进行鉴定。

2. 物证、书证的认定

（1）据以定案的物证应当是原物。只有在原物不便搬运、不易保存或者依法应当由有关部门保管、处理或者依法应当返还时，才可以拍摄或者制作足以反映原物外形或者内容的照片、录像或复制品。物证的照片、录像或复制品，经与原物核实无误或者经鉴定证明为真实的，或者以其他方式确能证明其真实的，可以作为定案的根据。原物的照片、录像或者复制品，不能反映原物的外形和特征的，不能作为定案的根据。

（2）据以定案的书证应当是原件。只有在取得原件确有困难时，才可以使用副本或者复制件。书证的副本、复制件，经与原件核实无误或者经鉴定证明为真实的，或者以其他方式确能证明其真实的，可以作为定案的根据。书证有更改或者更改迹象不能作出合理解释的，书证的副本、复制件不能反映书证原件及其内容的，不能作为定案的根据。

（3）经勘验、检查、搜查提取、扣押的物证、书证，未附有勘验、检查笔录，搜查笔录，提取笔录，扣押清单，不能证明物证、书证来源的，不能作为定案的根据。

（4）物证、书证的收集程序、方式存在瑕疵，通过有关办案人员的补正或者作出合理解释的，可予以采用；对物证、书证的来源及收集过程有疑问，不能作出合理解释的，该物证、书证不能作为定案的根据。

3. 瑕疵物证、书证的处理与认定

物证、书证的收集程序、方式存在下列瑕疵，通过有关办案人员的补正或者作出合理解释的，可予以采用：

（1）收集调取的物证、书证，在勘验、检查笔录，搜查笔录，提取笔录，扣押清单上没有侦查人员、物品持有人、见证人签名或者物品特征、数量、质量、名称等注明不详的；

（2）收集调取物证照片、录像或者复制品，书证的副本、复制件未注明与原件核对无异，无复制时间，无收集、调取人（单位）签名（盖章）的；

（3）物证照片、录像或者复制品，书证的副本、复制件没有制作人关于制作过程及原物、原件存放于何处的说明或者说明中无签名的；

（4）物证、书证的收集程序、方式存在其他瑕疵的。

三、证人证言的审查与认定

1. 证人证言的审查内容

对证人证言应当着重审查以下内容：

（1）证言的内容是否为证人直接感知。

（2）证人作证时的年龄、认知水平、记忆能力和表达能力，生理上和精神上的状态是否影响作证。

（3）证人与案件当事人、案件处理结果有无利害关系。

（4）证言的取得程序、方式是否符合法律及有关规定：有无使用暴力、威胁、引诱、欺骗以及其他非法手段取证的情形；有无违反询问证人应当个别进行的规定；笔录是否经证人核对确认并签名（盖章）、捺指印；询问未成年证人，是否通知了其法定代理人到场，其法定代理人是否在场等。

（5）证人证言之间以及证人证言与其他证据之间能否相互印证，有无矛盾。对未出庭作证证人的书面证言，应当听取出庭检察人员、被告人及其辩护人的意见，并结合其他证据综合判断。

2. 不能够采信作为定案根据的证人证言

（1）以暴力、威胁、引诱、欺骗等非法手段取得的证人证言。

（2）处于明显醉酒、麻醉品中毒或者精神药物麻醉状态，以致不能正确表达的证人所提供的证言。

（3）证人的猜测性、评论性、推断性的证言，不能作为证据使用，但根据一般生活经验判断符合事实的除外。

（4）询问证人没有个别进行而取得的证言。

（5）没有经证人核对确认并签名（盖章）、捺指印的书面证言。

（6）询问聋哑人或者不通晓当地通用语言、文字的少数民族人员、外国人，应当提供翻译而未提供的。

（7）经依法通知不出庭作证的证人的书面证言经质证无法确认的。

（8）未出庭作证的证人的书面证言出现矛盾，不能排除矛盾且无证据印证的。

3. 瑕疵证人证言的处理与认定

瑕疵证人证言包括两种情况，经过补正或者有合理解释，则可以采用为定案根据。

一是证人证言的收集程序和方式虽有瑕疵，但通过有关办案人员的补正或者作出合理解释的，可以采用。收集程序和方式有瑕疵的情况是：①没有填写询问人、记录人、法定代理人姓名或者询问的起止时间、地点的；②询问证人的地点不符合规定的；③询问笔录没有记录告知证人应当如实提供证言和有意作伪证或者隐匿罪证要负法律责任内容的；④询问笔录反映出在同一时间段内，同一询问人员询问不同证人的。

二是证人在法庭上的证言与其庭前证言相互矛盾，如果证人当庭能够对其翻证作出合理解释，并有相关证据印证的，应当采信庭审证言。

被害人陈述的审查与认定，适用上述有关证人证言的规定。

四、被告人供述和辩解的审查与认定

1. 对被告人供述和辩解的审查

（1）讯问的时间、地点、讯问人的身份等是否符合法律及有关规定，讯问被告人的侦查人员是否不少于二人，讯问被告人是否个别进行等。

（2）讯问笔录的制作、修改是否符合法律及有关规定，讯问笔录是否注明讯问的起止时间和讯问地点，首次讯问时是否告知被告人申请回避、聘请律师等诉讼权利，被告人是否核对确认并签名（盖章）、捺指印，是否有不少于二人的讯问人签名等。

（3）讯问聋哑人、少数民族人员、外国人时是否提供了通晓聋、哑手势的人员或者翻译人员，讯问未成年同案犯时，是否通知了其法定代理人到场，其法定代理人是否在场。

（4）被告人的供述有无以刑讯逼供等非法手段获取的情形，必要时可以调取被告人进出看守所的健康检查记录、笔录。

（5）被告人的供述是否前后一致，有无反复以及出现反复的原因；被告人的所有供述和辩解是否均已收集入卷；应当入卷的供述和辩解没有入卷的，是否出具了相关说明。

（6）被告人的辩解内容是否符合案情和常理，有无矛盾。

（7）被告人的供述和辩解与同案犯的供述和辩解以及其他证据能否相互印证，有无矛盾。

对于上述内容，侦查机关随案移送有录音录像资料的，应当结合相关录音、录像资料进行审查。对被告人供述和辩解的审查，还应当结合控辩双方提供的所有证据以及被告人本人的全部供述和辩解进行。

2. 不得采信的被告人供述

不能被采信作为定案根据的被告人陈述，包括：①采用刑讯逼供等非法手段取得的被告人供述，不能作为定案的根据；②讯问笔录没有经被告人核对确认并签名（盖章）、捺指印的；③讯问聋哑人、不通晓当地通用语言、文字的人员时，应当提供通晓聋、哑手势的人员或者翻译人员而未提供的；④被告人庭前供述和辩解出现反复，庭审中不供认，且无其他证据与庭前供述印证的，不能采信庭前供述。

3. 可以采信的被告人陈述

可以采信作为定案根据的被告人陈述包括：①获取被告人陈述的手续有瑕疵的，如笔录填写的讯问时间、讯问人、记录人、法定代理人等有误或者存在矛盾的；讯问人没有签名的；首次讯问笔录没有记录告知被讯问人诉讼权利内容的等，通过有关办案人员的补正或者作出合理解释后，可以采用作定案根据。②被告人庭前供述一致，庭审中翻供，但被告人不能合理说明翻供理由或者其辩解与全案证据相矛盾，而庭前供述与其他证据能够相互印证的，可以采信被告人庭前供述。③被告人庭前供述和辩解出现反复，但庭审中供认的，且庭审中的供述与其他证据能够印证的，可以采信庭审中的供述。

五、鉴定意见的审查与认定

1. 鉴定意见的审查

（1）鉴定人是否存在应当回避而未回避的情形；

（2）鉴定机构和鉴定人是否具有合法的资质；

（3）鉴定程序是否符合法律及有关规定；

（4）检材的来源、取得、保管、送检是否符合法律及有关规定，与相关提取笔录、扣押物品清单等记载的内容是否相符，检材是否充足、可靠；

（5）鉴定的程序、方法、分析过程是否符合本专业的检验鉴定规程和技术方法要求；

（6）鉴定意见的形式要件是否完备，是否注明提起鉴定的事由、鉴定委托人、鉴定机构、鉴定要求、鉴定过程、检验方法、鉴定文书的日期等相关内容，是否由鉴定机构加盖鉴定专用章并由鉴定人签名盖章；

（7）鉴定意见是否明确；

（8）鉴定意见与案件待证事实有无关联；

（9）鉴定意见与其他证据之间是否有矛盾，鉴定意见与检验笔录及相关照片是否有矛盾；

（10）鉴定意见是否依法及时告知相关人员，当事人对鉴定意见是否有异议。

2. 鉴定意见的认定

对鉴定意见有疑问的，人民法院应当依法通知鉴定人出庭作证或者由其出具相关说明，也可以依法补充鉴定或者重新鉴定。鉴定意见具有下列情形之一的，不能作为定案的根据：

（1）鉴定机构不具备法定的资格和条件，或者鉴定事项超出本鉴定机构项目范围或者鉴定能力的；

（2）鉴定人不具备法定的资格和条件、鉴定人不具有相关专业技术或者职称、鉴定人违反回避规定的；

（3）鉴定程序、方法有错误的；

（4）鉴定意见与证明对象没有关联的；

（5）鉴定对象与送检材料、样本不一致的；

（6）送检材料、样本来源不明或者确实被污染且不具备鉴定条件的；

（7）违反有关鉴定特定标准的；

（8）鉴定文书缺少签名、盖章的；

（9）其他违反有关规定的情形。

六、勘验、检查笔录的审查与认定

1. 笔录的审查

（1）勘验、检查是否依法进行，笔录的制作是否符合法律及有关规定的要求，勘验、检查人员和见证人是否签名或者盖章等。

（2）笔录的内容是否全面、详细、准确、规范：是否准确记录了提起勘验、检查的事由，时间、地点，在场人员、现场方位、周围环境等情况；是否准确记载了现场、物品、人身、尸体等的位置、特征等详细情况以及勘验、检查、搜查的过程；文字记载与实物或者绘图、录像、照片是否相符；固定证据的形式、方法是否科学、规范；现场、物品、痕迹等是否被破坏或者伪造，是否是原始现场；人身特征、伤害情况、生理状况有无伪装或者变化等。

（3）补充进行勘验、检查的，前后勘验、检查的情况是否有矛盾，是否说明了再次勘验、检查的缘由。

（4）笔录中记载的情况与被告人供述、被害人陈述、鉴定意见等其他证据能否印证，有无矛盾。

2. 笔录的认定

笔录存在明显不符合法律及有关规定的情形，并且不能作出合理解释或者说明的，不能作为证据使用。笔录存在没有见证人的，勘验、检查人员和见证人没有签名、盖章的，勘验、检查人员违反回避规定的等情形，应当结合案件其他证据，审查其真实性和关联性并决定是否采信。

七、视听资料的审查与认定

对视听资料应当着重审查以下内容：①视听资料的来源是否合法，制作过程中当事人有无受到威胁、引诱等违反法律及有关规定的情形。②是否载明制作人或者持有人的身份，制作的时间、地点和条件以及制作方法。③是否为原件，有无复制及复制份数；调取的视听资料是复制件的，是否附有无法调取原件的原因、制作过程和原件存放地点的说明，是否有制作人和原视听资料持有人签名或者盖章。④内容和制作过程是否真实，有无经过剪辑、增加、删改、编辑等伪造、变造情形。⑤内容与案件事实有无关联性。

对视听资料有疑问的，应当进行鉴定，并应当结合案件其他证据，审查其真实性和关联性。

具有下列情形之一的一般视听资料，不能作为定案的根据：①视听资料经审查或者鉴定无法确定真伪的；②对视听资料的制作和取得的时间、地点、方式等有异议，不能作出合理解释或者提供必要证明的。

八、一些特殊证据的审查与运用

1. 电子证据的审查与认定

电子证据是以电子邮件、电子数据交换、网上聊天记录、网络博客、手机短信、电子签名、域名等形式呈现的证据。在刑事诉讼法规定的证据分类中，并没有电子证据，因而，此类证据的类型归属就成了问题。传统上，电子证据被划归视听资料，但它们又具有"以记载的人的思想内容来证明案件情况"的书证的特点。由于电子证据运用越来越广，其本身又有一些特殊性，因而，《死刑证据规定》对其单独作了一些规定。

审查电子证据应当主要关注如下内容：①该电子证据的存储磁盘、存储光盘等可移动存储介质是否与打印件一并提交；②是否载明该电子证据形成的时间、地点、对象、制作人、制作过程及设备情况等；③制作、储存、传递、获得、收集、出示等程序和环节是否合法，取证人、制作人、持有人、见证人等是否签名或者盖章；④内容是否真实，有无剪裁、拼凑、篡改、添加等伪造、变造情形；⑤该电子证据与案件事实有无关联性。对电子证据有疑问的，应当进行鉴定。

2. 辨认结果的审查与认定

辨认是一种调查取证活动，辨认时必须制作笔录，因而，辨认笔录在我国一直是作为勘验、检查笔录来对待的。但是，辨认与专门机关所进行的一般的勘验、检查实际上是有很大区别的。无论是现场勘查、物证检验还是身体检查等，都是办案人员运用特定的方法措施，对客观对象的痕迹、特征等客观表征所作的观察、描述，是办案人员主观反映客观的行为。辨认则是办案人员组织证人、被害人等对案件中某些人或物的观察、识别，辨认的过程与结果则由办案人员形成记录，作为证据固定与保存。这里存在着辨认人主观反映客观和办案人员主观反映客观两个过程，因此，辨认结果的真实性就不仅取决于办案人员，还受到辨认人认知的直接影响。因此，辨认证据有其不同于勘验、检查笔录的特殊性，审查认定的规则也有不同。

辨认必须依法进行。侦查机关组织的辨认，存在下列情形之一的，应当严格审查，不能确定其真实性的，辨认结果不能作为定案的根据：①辨认不是在侦查人员主持下进行的；②辨认前使辨认人见到辨认对象的；③辨认人的辨认活动没有个别进行的；④辨认对象没有混杂在具有类似特征的其他对象中，或者供辨认的对象数量不符合规定的；尸体、场所等特定辨认对象除外。⑤辨认中给辨认人明显暗示或者明显有指认嫌疑的。

有些辨认，虽然有程序瑕疵，但通过有关办案人员的补正或者作出合理解释的，辨认结果可以作为证据使用。这些情形是：①主持辨认的侦查人员少于二人的；②没有向辨认人详细询问辨认对象的具体特征的；③对辨认经过和结果没有制作专门的规范的辨认笔录，或者辨认笔录没有侦查人员、辨认人、见证人的签名或者盖章的；④辨认记录过于简单，只有结果没有过程的；⑤案卷中只有辨认笔录，没有被辨认对象的照片、录像等资料，无法获悉辨认的真实情况的。

3. 运用特殊侦查措施所获证据的效力

我国《警察法》、《国家安全法》中都规定了技术性侦查手段的运用，但由于刑事诉讼法本身没有相关规定，所以，公安机关和国家安全机关运用技术性侦查手段所获得的证据材料，尚不能在法庭上公开出示，通常要作变通处理。《死刑证据规定》突破刑事诉讼法的规定，赋予特殊侦查手段所获证据合法效力。其第三十五条规定："侦查机关依照有关规定采用特殊侦查措施所收集的物证、书证及其他证据材料，经法庭查证属实，可以作为定案的根据。法庭依法不公开特殊侦查措施的过程及方法。"

4. 特殊证言的审查运用

对于一些特殊的证人证言，在审查运用时要特别慎重，不能一概否定或轻易采信，有其他证据印证的，才可以采信。这类证据有：①生理上、精神上有缺陷的被害人、证人和被告人，在对案件事实的认知和表达上存在一定困难，但尚未丧失正确认知、正确表达能力而作的陈述、证言和供述；②与被告人有亲属关系或者其他密切关系的证人所作的对该被告人有利的证言，或者与被告人有利害冲突的证人所作的对该被告人不利的证言。

5. 庭外取证的效力

人民检察院、辩护人补充的和法庭庭外调查核实取得的证据，法庭可以庭外征求出庭检察人员、辩护人的意见。双方意见不一致，有一方要求人民法院开庭进行调查的，人民法院应当开庭。

6. 关于被告人犯罪年龄的审查认定

审查被告人实施犯罪时是否已满十八周岁，一般应当以户籍证明为依据；对户籍证明有异议，并有经查证属实的出生证明文件、无利害关系人的证言等证据证明被告人不满十八周岁的，应认定被告人不满十八周岁；没有户籍证明以及出生证明文件的，应当根据人口普查登记、无利害关系人的证言等证据综合进行判断，必要时，可以进行骨龄鉴定，并将结果作为判断被告人年龄的参考。未排除证据之间的矛盾，无充分证据证明被告人实施被指控的犯罪时已满十八周岁且确实无法查明的，不能认定其已满十八周岁。

九、证据的综合审查和运用

1. 间接证据定案的要求

没有直接证据证明犯罪行为系被告人实施，但同时符合下列条件的可以认定被告人有罪：①据以定案的间接证据已经查证属实；②据以定案的间接证据之间相互印证，不存在无法排除的矛盾和无法解释的疑问；③据以定案的间接证据已经形成完整的证明体系；④依据间接证据认定的案件事实，结论是唯一的，足以排除一切合理怀疑；⑤运用间接证据进行的推理符合逻辑和经验判断。根据间接证据定案的，判处死刑应当特别慎重。

2. 量刑证据的审查运用

在对被告人作出有罪认定后，人民法院认定被告人的量刑事实，除审查法定情节外，还应审查以下影响量刑的情节：①案件起因；②被害人有无过错及过错程度，是否对矛盾激化负有责任及责任大小；③被告人的近亲属是否协助抓获被告人；④被告人平时表现及有无悔罪态度；⑤被害人附带民事诉讼赔偿情况，被告人是否取得被害人或者被害人近亲属谅解；⑥其他影响量刑的情节。既有从轻、减轻处罚等情节，又有从重处罚等情节的，应当依法综合相关情节予以考虑。不能排除被告人具有从轻、减轻处罚等量刑情节的，判处死刑应当特别慎重。

案 例 分 析

【案例】某市某县建筑队会计检举在工程承揽过程中发包方某单位负责人朱某有受贿行为，并提供了以下证据：

（1）建筑队出纳支出现金人民币 10 万元，由郑某领走。有记账单和领款条为证。

（2）郑某说，2007 年 12 月 19 日下午 2 时左右，在朱某住所，他亲自将 10 万元交给朱某还说"谢谢"。

根据上述检举材料，人民检察院立案侦查后，又收集到以下证据：

（1）朱某住所的邻居张某、曹某证明，2007 年 12 月 19 日下午 2 时左右，见到郑某进了朱某的家，下午 3 时左右，又见朱某送郑某出来至楼道门口，并说"再见"。

（2）朱某所在单位证明，朱某 2007 年 12 月 15 日至 20 日病休在家。

（3）朱某的妻子田某证明，2007 年 12 月 20 日到所在地的银行存款 10 万元，该款是朱某交给她的，当问其来源时，朱某说："你不要管那么多，快去存起来。"

（4）朱某的一个老同学王某证明，朱某于 2007 年 12 月 25 日请他和几个老同学喝酒，席间朱某对他说："人为财死，鸟为食亡，还是想办法多抓点钱为上策。"酒后，他还说："用一用手中的权力就是万儿八千的，很轻松。"

（5）朱某的儿子证明，朱某 12 月份一直在家养病，没有外出，也没有其他活动。

（6）朱某被逮捕后，不承认接受贿赂的犯罪事实，但承认郑某到过他家，口头感谢朱某对建筑队的帮助。

【问题】上述每一项证据属于什么证据种类、证据分类？

【解析】根据证据种类中每一种证据的特点、证据分类的标准，对上述的每一种证据分析如下：

（1）从证据种类来看，"建筑队出纳支出现金人民币10万元，由郑某领走"是证人证言。"记账单和领款条"是书证。从证据分类来看，本项证据是控诉证据、原始证据、间接证据。

（2）郑某说，2007年12月19日下午2时左右，在朱某住所，他亲自将10万元交给朱某还说"谢谢"。从证据种类来看，本项证据是证人证言，因为在本案中，行贿主体是某市某县建筑队而不是郑某，所以郑某在诉讼中是证人身份。从证据分类来看，本项证据是控诉证据、原始证据、直接证据。

（3）朱某住所的邻居张某、曹某证明，2007年12月19日下午2时左右，见到郑某进了朱某的家，下午3时左右，又见朱某送郑某出来至楼道门口，并说"再见"。从证据种类来看，本项证据是证人证言。从证据分类来看，本项证据是控诉证据、原始证据、间接证据。

（4）朱某所在单位书面证明，朱某2007年12月15日至20日病休在家。从证据种类来看，本项证据是书证。从证据分类来看，本项证据是控诉证据、原始证据、间接证据。

（5）朱某的妻子田某证明，2007年12月20日她到所在地的银行存款10万元，该款是朱某交给她的，当问其来源时，朱某说："你不要管那么多，快去存起来。"从证据种类来看，本项证据是证人证言。从证据分类来看，本项证据是控诉证据、原始证据、间接证据。

（6）朱某的一个老同学王某证明，朱某于2007年12月25日请他和几个老同学喝酒，席间朱某对他说："人为财死，鸟为食亡，还是想办法多抓点钱为上策。"酒后，他还说："用一用手中的权力就是万儿八千的，很轻松。"从证据种类来看，本项证据是证人证言。从证据分类来看，针对证明"朱某于2007年12月25日请他和几个老同学喝酒"并说了一些话而言，本项证据是控诉证据、原始证据、间接证据；针对证明朱某说的话的内容而言，本项证据是控诉证据、传来证据、间接证据。

（7）朱某的儿子证明，朱某12月份一直在家养病，没有外出，也没有其他活动。从证据种类来看，本项证据是证人证言。从证据分类来看，本项证据是控诉证据、原始证据、间接证据。

（8）朱某被逮捕后，不承认接受贿赂的犯罪事实，但承认郑某到过他家，口头感谢他对建筑队的帮助。从证据种类来看，本项证据是犯罪嫌疑人、被告人供述和辩解。从证据分类来看，本项证据是辩护证据、原始证据、直接证据。

思考与练习

1. 刑事证据有什么特征？证据与定案根据之间是怎样的关系？

2. 我国法律规定的刑事证据有哪些？

3. 我国刑事证据规则有哪些？

4. 在什么情况下对证人、鉴定人给予隔离性保护？

5. 强制证人出庭的适用条件及例外是什么?

6. 小丽亲眼目睹了三个歹徒在公共汽车上持刀抢劫的过程。三名歹徒被公安机关逮捕归案后,侦查人员找到小丽,要求她提供当时的所见所闻。对此,小丽有权:(　　)

A. 为防止受到报复,有权拒绝作证;

B. 要求对自己的姓名在整个诉讼过程中保密;

C. 要求司法机关保障自身的安全;

D. 要求司法机关保障自己近亲属的安全。

第十章 刑事诉讼证明

> **要点提示**
>
> 刑事诉讼证明，是指公安司法机关和诉讼当事人及其律师在刑事诉讼中依照法定程序，运用证据来查明和确定案件事实，论证诉讼主张的活动。
>
> 刑事证明对象，也称证明客体、待证事实或要证事实，指刑事诉讼中必须用证据加以证明的各种案件事实，主要是有关犯罪行为构成要件和量刑情节的事实。刑事证明要求，是依法运用证据证明案情所应达到的程度，主要有客观真实说与法律真实说。
>
> 刑事证明标准，是衡量证明案件事实是否符合法律规定的证明要求的具体尺度。我国是"证据确实、充分"；英美法系是"排除合理怀疑"；大陆法系是"内心确信"标准。
>
> 根据待证事项确定证明标准：有罪证明标准，无罪证明标准，其他事项证明标准。
>
> 我国刑事举证责任：公诉案件由检察机关承担，自诉案件由自诉人承担。举证责任倒置的情形：巨额财产来源不明罪，非法持有型犯罪，严格责任型犯罪，刑讯逼供等非法取证。

第一节　　刑事诉讼证明的概念和特点

一、刑事诉讼证明的概念

刑事诉讼证明，是指公安司法机关和诉讼当事人及其律师在刑事诉讼中依照法定程序，运用证据来查明和确定案件事实，论证诉讼主张的活动。

刑事诉讼中的证明活动一般有狭义和广义之分。狭义的刑事证明是指侦查人员、检察人员和审判人员依照法定程序收集证据，审查判断证据，运用证据来确定有无犯罪、是谁实施了犯罪、犯罪人的罪责轻重，以及其他有关事实的诉讼活动；广义上的刑事证明是指除司法人员依法运用证据确定案件事实的诉讼活动以外，还包括当事人和其他诉讼参与人依法提供证据，运用证据证明自己诉讼主张的活动。

刑事证明贯穿于立案、侦查、起诉和审判等各个阶段，对刑事诉讼任务的完成具有重要意义。

二、刑事诉讼证明的特点

与一般的证明活动相比，刑事诉讼证明有如下特点：

1. 刑事证明的任务是确定案件的真实情况

在刑事诉讼中，要证明犯罪事实是否发生，犯罪嫌疑人、被告人是否实施了犯罪，以及有无从重、从轻、减轻或者免除其刑事责任的情节等。证明所确定的案件事实必须符合客观实际。这种证明从时间上说，是对已经发生的案件情况的证明，属于历史性探索。

2. 刑事证明的主体主要是国家专门机关和诉讼当事人

人民法院、人民检察院和公安机关，必须依法收集、审查和运用证据来证明案件事实。当然，当事人也应当依法提供证据，证明自己的指控或主张，因而也是刑事证明主体。刑事证明具有职责性或义务性。

3. 刑事证明必须依法进行

刑事诉讼涉及犯罪嫌疑人、被告人人身和财产权利的限制或剥夺，而刑事证明又是刑事诉讼的核心环节，因而刑事证明必须由国家法律予以规范。司法人员必须严格依照法律规定进行证明活动，严格遵守刑事诉讼证明的时间限制，而不能无限期进行。

4. 刑事证明贯穿于刑事诉讼的整个过程

从刑事证明的内容上看，包括收集证据、审查和运用证据证明案件的活动贯穿于刑事诉讼的整个过程。根据我国刑事诉讼法的规定，无论是立案、侦查、公诉，还是审判阶段，刑事证明主体均要对自己的诉讼主张进行证明，以推动刑事诉讼程序向下一阶段运行。因此，刑事证明是一个过程，而非单个的诉讼行为。

5. 刑事证明具有法律上的效力

刑事证明行为能够产生法律上的效果，如关于有罪、无罪的证明，会直接决定法院的司法裁判，决定案件当事人的法律责任承担。

第二节　刑事证明对象

一、刑事证明对象的概念和意义

刑事证明对象，也称刑事证明客体、待证事实或要证事实，是指司法人员和诉讼当事人及其律师在诉讼中必须用证据加以证明的各种案件事实。刑事诉讼的证明对象主要是有关犯罪行为构成要件和量刑情节的事实。为了客观全面地查明和确认已经发生而又存在争议的案件事实，司法人员只能通过调查收集证据、审查判断证据的方法，即通过证明的方法予以实现。因而，查明案件事实就成了诉讼证明的首要任务，那些与本案相关的需要查明的诸事实，就成了待证事实或要证事实，成了诉讼中的证明对象。

为了进一步理解刑事证明对象的内涵，了解刑事证明对象的以下几个特征是有必要的。这些特征是：

1. 刑事证明对象是与当事人的主张相联系的概念

在诉讼过程中，当事人依其诉讼地位提出自己的诉讼请求或抗辩请求，也就是权利主张。为了使这些请求得以实现，当事人就必须主张足以支持其请求的实体事实。在学理上，这被称为当事人的主张责任。依照主张责任的分配原则，当事人应针对各自的诉辩请求分别主张相应的事实，这是实现其诉辩请求的第一步。然后是当事人利用证据证明所提出的事实主张，即举证、质证，这是程序法提出的要求。在这种情况下，证明便将证据和事实主张联系起来了。在这个联系当中，事实主张处于接受证据予以论证的被动状态，因而成了证明对象。

2. 刑事证明对象与刑事证明责任密切相关

刑事证明对象在获得确证之前处于真假不明的未决状态，为了化解这一未决状态，才有必要把证据的提供落实在特定的诉讼主体身上，这就是证明责任。可见，证明责任始终是与证明对象联系在一起的。它是为了对证明对象加以证明，才出现所谓的证明责任。没有证明对象，当然就不需要有证明责任。

3. 刑事证明对象是需要证据证明的要证事实

刑事证明对象需要用证据进行论证，证明对象和证据之间存在着目的和手段的关系。就这一关系而言，证明对象是未知的事实和法律上不确定的事实，证据是已知且确定的事实。可见，证明对象的概念含有需用证据加以论证和探知的期待性，因而又称待证事实或要证事实。证明对象需要用证据加以证明，证明构成证据和证明对象之间关系的中介。在特定情况下，一些证明对象不需要当事人举证证明，可以由司法机关直接认定，这就是免证事实或不要证事实。

4. 刑事证明对象是法律规定的要件事实

这里所说的法律，包括实体法和程序法。所谓要件事实，就是司法人员合法处理案件时必须查明的事实。比如，在刑事诉讼中，就是有关犯罪行为构成要件和量刑情节的事实。除此之外，程序法事实也是司法人员作出合法判决、裁定和决定必不可少的要件事实。如果说实体法规定的要件事实是实体要件事实，那么，程序法规定的要件事实就是程序要件事实。

从刑事诉讼理论上看，刑事证明对象在刑事证明的理论体系中具有重要意义，它是证明理论体系中极为重要的范畴。证明对象在诉讼证明活动中居于重要地位，它是诉讼证明的起点和归宿。正是因为在观念上首先设定了证明对象，才产生了证明主体、证明责任、证明程序等概念，证明对象和证明标准一起，形成了证明的方向、内容和目标。作为诉讼证明的起点，证明对象决定着诉讼证明活动如何进行，如需要什么证据，谁负举证责任，如何调查收集证据，证明应达到何种程度等。而证明过程的完成，则有赖于证明对象得到法律认可的证明。

从司法实践看，刑事证明对象对于刑事诉讼来说，也具有非常重要的意义。由于证明对象问题是完成证明任务的首要方面，司法机关在办案过程中如果能够准确地确定本案所要证明的案件事实，就能保证在整个证明过程中始终目标明确，有目的、有重点地全面调查、收集有关的证据，及时查明案件事实的真相；也就能做到既不疏漏案件中必须查明的事实，也不致为与案件无关或无关宏旨的事实所干扰。这就有利于正确、合法地处理案件，提高办案的质量和效率。

二、刑事证明对象的范围

1. 被指控犯罪行为构成要件的事实

构成要件，是指被指控的犯罪行为成立的要件。被指控的犯罪不同，证明对象所包含的要件事实也就不同。学理认为，一般的犯罪行为的构成要件有四个：犯罪客体，犯罪主体，犯罪的客观方面，犯罪的主观方面。这四个要件即是刑事诉讼必须予以首先证明的对象。有的学者将此类证明对象用"七何要素"来表示：①何人——身份、责任能力、有无前科等，犯罪的主体要件；②何种动机与目的——犯罪的主观方面要件；③何时——犯罪的时间，客观方面的要件；④何地——犯罪地点，客观方面要件；⑤何种手段——犯罪方法，客观方面的要件；⑥何行为——犯罪行为的表现形式，如杀人、盗窃等，客观方面要件；⑦何种危害后果——犯罪行为造成的损害，属于客观方面的要件。以上七个方面连贯起来，可以把刑事诉讼证明对象概括为：何人基于何种动机与目的，在何时、何地，用何种方法实施了何种行为，产生了何种危害后果。当然，在这七种要件中，并不是所有因素对于每个犯罪都不可或缺，或处在相同的重要地位。只有犯罪行为构成的四个一般要件，才是不可缺少的。

2. 与犯罪行为有关的各种量刑情节事实

量刑是定罪基础上进一步产生的问题。关于量刑的事实与关于定罪的事实有不同的意义。前者是关于犯罪行为的量的规定；后者是关于犯罪行为的质的规定，前者只有在后者的基础上才对后者起补充作用。我国刑法规定的量刑情节分为法定情节和酌定情节两类。法定情节是刚性的，量刑时必须给予考虑；酌定情节具有弹性，由法官自由裁量是否考虑。

（1）法定量刑情节。具体包括：①从重、加重处罚的事实。如组织、领导犯罪集团或者在共同犯罪中起主要作用的情节，教唆不满 18 岁的人犯罪，累犯等；②从轻、减轻或免除处罚的事实。如犯罪自首，犯罪未遂、犯罪中止，在共同犯罪中起次要作用或者辅助作用的从犯，又或者系被胁迫诱骗参加犯罪的胁从犯等，犯罪人在犯罪时不满 18 周岁的，犯罪人是又聋又哑的人或者是盲人的等。

（2）酌定量刑情节。酌定量刑情节一般包括：①案件起因；②被害人有无过错及过错程度，是否对矛盾激化负有责任及责任大小；③被告人的近亲属是否协助抓获被告人；④被告人平时表现及有无悔罪态度；⑤被害人附带民事诉讼赔偿情况，被告人是否取得被害人或者被害人近亲属谅解；⑥其他影响量刑的情节。

如果全案既有从轻、减轻处罚等情节，又有从重处罚等情节的，应当依法综合相关情节予以考虑。不能排除被告人具有从轻、减轻处罚等量刑情节的，判处死刑时应当特别慎重。

（3）自首、立功的认定。根据司法解释，被告人及其辩护人提出有自首的事实及理由，有关机关未予认定的，应当要求有关机关提供证明材料或者要求相关人员作证，并结合其他证据判断自首是否成立。

被告人是否协助或者如何协助抓获同案犯的证明材料不全，导致无法认定被告人构成立功的，应当要求有关机关提供证明材料或者要求相关人员作证，并结合其他证据判断立功是否成立。被告人有检举揭发他人犯罪情形的，应当审查是否已经查证属实；尚未查证的，应当及时查证。

3. 排除行为的违法性、可罚性和行为人刑事责任的事实

（1）排除行为的违法性的事实。某些行为在外观上类似犯罪行为，但由于客观条件和支配这些行为的目的、动机等主观意志具有正当性，刑法明确否定这类行为的犯罪性质。行为既然排除了其中的违法性因素而不构成犯罪，当然也就排除了受刑事追究的可能性。根据刑法规定，这类行为有正当防卫、紧急避险等。

（2）排除可罚性的事实。这类事实一经发生，尽管构成犯罪，但并不产生相应的刑事责任。例如，犯罪行为实施后已过多年，超出了刑法所规定的追诉时效；经特赦令免除刑罚；依照刑法告诉才处理的犯罪，被害人没有告诉，或者告诉后又撤诉的；被告人已经死亡的等。

（3）排除或减轻刑事责任的事实。如果犯罪嫌疑人、被告人没有达到法定的刑事责任年龄，或者行为人在实施犯罪行为时，处于精神不正常状态，根据刑法规定，行为人即属无刑事责任能力的人或限制刑事责任的人。对于他们的行为所造成的危害后果，刑法规定不追究刑事责任或减轻刑事责任。根据我国刑法有关规定，行为人不满 14 周岁，不负刑事责任；已满 14 周岁但不满 16 周岁，只有在犯罪行为属于故意杀人、故意伤害、致人重伤或死亡、强奸、抢劫、贩卖毒品、放火、爆炸、投毒的，才负刑事责任。可判处死刑处罚的责任年龄，必须在实施犯罪的时候已满 18 周岁。

4. 程序法事实

刑事诉讼程序法事实，是指有关刑事诉讼程序是否合法进行的事实，具体包括：①有关管辖的事实；②有关回避的事实；③有关对犯罪嫌疑人、被告人采取强制措施的事实；④有关审判组织组成的事实；⑤有关诉讼程序的进行是否超过法定期限的事实；⑥司法机关侵犯犯罪嫌疑人、被告人等当事人诉讼权利的事实；⑦关于取证手段是否合法的事实；⑧与执行的合法性有关的事实，如犯人是否怀孕的事实；⑨其他与程序的合法性或者公正审判有关的事实，如延期审理的事实等。

三、关于刑事证明对象的理论争议

在我国，关于刑事证明对象有不同的解说。传统理论认为，刑事证明的对象是案件事实，此可称之为"事实说"；近年有学者提出，刑事证明的对象是刑事诉讼主张而非案件

事实，可以称之为"主张说"。

关于"案件事实"的认识，也有多种观点。第一种观点认为，案件事实即为"客观事实"，是案件发生、发展的客观真实情况；第二种观点认为，刑事诉讼中的"案件事实"，是"法律事实"，也就是符合法律规定要件的那些案件事实，并不是全部的案件事实；第三种观点认为，"案件事实"只能是"证据事实"，是通过刑事证据显示出来的那些案件事实，这个事实可能与案件的客观真实相吻合，也可能不相吻合；第四种观点认为，作为刑事诉讼证明对象的案件事实，是"主张的事实"，没有主张的事实不是证明对象。

作为刑事证明对象的"案件事实"，具体包括哪些内容，也是一个颇有争议的问题。一种观点认为，刑事证明对象仅限于实体法事实；第二种观点认为，刑事证明对象包括实体法事实、程序法事实和证据事实；第三种观点认为刑事证明对象仅包括实体法事实和程序法事实，而不包括证据事实。本书采第三种观点，即认为刑事证明对象仅包括实体法事实和程序法事实。

第三节　刑事证明要求和证明标准

一、刑事证明要求

刑事证明要求，是指公安司法机关办理刑事案件时，依法运用证据证明案情所应达到的程度。证明要求与证明标准是紧密相关的，证明要求是法律要求证明案件事实所要达到的程度，而证明标准是衡量证明案件事实是否符合法律规定的证明要求的具体尺度。

我国刑事诉讼中证明的要求是查明案件的真实情况。从认识论的角度来看，就是办案人员对案件事实主观上的认识必须符合案件客观存在的实际情况。查明案件的真实情况，即对案件事实的认定必须达到客观真实，这是我国辩证唯物主义证据制度对刑事诉讼证明提出的要求。近年来在理论上对于"案件真实"，有不同的理解和争议。主要有客观真实说与法律真实说、绝对真实说与相对真实说、实体真实说与程序真实说的交锋。几种学说在根本上涉及同样的问题。这里重点介绍客观真实说与法律真实说。

（1）"客观真实说"。该说认为，刑事诉讼中的证明要求就是要查明案件的客观真实，也就是案件的原始状况。"客观真实说"依据马克思主义的认识论，根据物质第一性、意识第二性的原理，认为人的意识能够能动地反映客观存在，能够认识客观事物的本来面目。客观上已经发生的案件事实，必然在外界留下这样或那样的物品、痕迹，或者为某些人所感知。在诉讼活动中，人们能够而且必须发现案件的客观真实，只有这样，才能保证准确地打击犯罪，保障无辜的人不受刑事追究。长期以来，该说在我国诉讼法学领域一直占据统治地位。目前仍然支持该学说的学者主要是陈光中教授等。

（2）"法律真实说"。该说是近些年国内出现的新学说，依据经验主义和哲学上的不可知论，认为在刑事诉讼中查明案件的客观真实，只是一个美丽的神话，不可能实现，因为案件发生在过去，不可能再现。诉讼中通过证据事实再现的事实，只是法律意义上的事实，而非原始状态下的客观真实。在诉讼证明的过程中，公安司法人员和诉讼当事人运用证据，根据逻辑推理和经验法则，对案件事实的认识遵循了实体法和程序法的规定，符合法律真实的要求，达到从法律的角度认为是真实的程度就可以了。

由于各个诉讼阶段的任务不同，对其证明要求也是不同的，因此刑事诉讼法对立案、侦查阶段的拘留和逮捕、起诉、审判分别提出了不同的证明要求。如在立案阶段，只要有证据证明发生了犯罪事实，需要追究刑事责任，就达到了立案阶段的证明要求，就应当立案。在侦查和审查起诉两个阶段，只要侦查机关和检察机关认为犯罪事实已经查清，证据确实、充分，就算达到了各自的证明要求，可以将案件移交下一个程序，才能移送检察机关审查起诉。人民法院经审理，认为案件事实清楚，证据确实、充分，依据法律能够认定被告人有罪的就作出有罪判决；依据法律认定被告人无罪的，就作出无罪判决；证据不足，不能认定被告人有罪的，就作出证据不足、指控的犯罪不能成立的无罪判决。可见，公、检、法机关办理刑事案件，只有达到刑事诉讼法所规定的证明要求，才能客观、正确地处理案件，实现刑事诉讼法的任务。

二、刑事证明标准

刑事证明标准是衡量证明案件事实是否符合法律规定的证明要求的具体尺度。证明标准要解决的是，负有证明责任的一方，举证证明要证事项需要达到什么程度才能免除举证责任的问题。这个问题一直以来都是证据制度研究中的一个难点，学术争议也很大。一般认为，我国的刑事证明标准是"证据确实、充分"；英美国家的是"排除合理怀疑"；大陆法系国家包括苏联的是"内心确信"标准。

1. 三种主要刑事证明标准介绍

（1）排除合理怀疑——英美法系的证明标准。这是英美法系国家采用的刑事证明标准。在法院对被告人作有罪判决时，公诉方证明犯罪必须达到排出合理怀疑的程度（proof "beyond reasonable doubt"）。这一标准产生于18世纪末。按美国学者布莱克的解释，排除合理怀疑的证明，并不排除轻微可能的或者想象的怀疑，而是排除每一个合理的假设，除非这种假设已经有了根据；排除合理怀疑的证明，是达到道德上的确定性的证明，是符合陪审团的判断和确信的证明，作为理性的人，陪审团成员在根据有关指控犯罪是由被告人实施的证据进行推理时，是如此确信，以至于不可能作出其他合理的结论。

（2）内心确信——大陆法系的刑事证明标准。在法、德、意等传统大陆法系国家，刑事证明标准以法官的"内心确信"为核心，形成纵向阶梯式标准和横向多元化标准相结合的证明标准体系。"内心确信"是传统大陆法系国家所采用的法院作出有罪判决时的证明要求。控诉方证明犯罪必须达到使审判法官和陪审官在内心确信被告人确实实施了犯罪的程度，否则，依据无罪推定原则和"疑问有利于被告人"的原则，法院就将判决被告人无罪。所谓内心确信就是要求，根据法庭上出示的证据和辩论等，法官或陪审官要凭着理智和良心，在内心里相信指控的事实是确实存在的或是不存在的，是真实的还是不真实的。

（3）我国的"证据确实、充分"的证明标准。我国刑事诉讼采用了不同于上述证明标准的"证据确实、充分"的证明标准。如果说"排除合理怀疑"和"内心确信"是主观证明标准的话，那么，我国的"证据确实、充分"就是客观的证明标准。

证据的确实，就是要求证据本身必须是确实可靠的、可信的，不能是虚假的、经不起推敲的。证据的确实性需要从正、反两个方面来保证和验证。正面的，要求公检法机关及其办案人员在收集、审查、判断证据时，要实事求是，忠实于事实真相；律师和当事人、证人、鉴定人等，都必须尊重事实，不得伪造证据、提供虚假鉴定或证言。反面的，就是控辩双方可以通过交叉询问、法庭调查与辩论等，相互揭露对方证据中的不实之处，排除虚假和矛盾，以确保证据的确实可靠。充分是要求用于认定案件事实的证据达到了充分性的强度。"充分"在这里是一种证据质的表达，虽然也需要一定的证据量给予保证，但主要还是指证明力的程度，而不是对证据量的要求。

2012年修订的《刑事诉讼法》在第五十三条对此的解释是："证据确实、充分，应当符合以下条件：（一）定罪量刑的事实都有证据证明；（二）据以定案的证据均经法定程序查证属实；（三）综合全案证据，对所认定事实已排除合理怀疑。"

很显然，第一、二两个条件是客观性要求，第三个条件是主观性要求，前两者是外在的，后者是内在的，体现了主客观相结合的解释理念。

2. 不同待证事项的证明标准

刑事诉讼证明的事项不同，其证明标准也不相同。

（1）有罪主张的证明标准。在现代无罪推定原则的限制下，控方如要向法院证明犯罪确实成立，就必须将有罪的事实证明到确实无疑的程度才能够使法院作出有罪判决。无论各国怎样表达其证明标准，在有罪证明中，证明标准一般应当达到如下具体要求：

第一，证据具有确实性。单个证据无懈可击，证据之间无矛盾。

第二，证据与犯罪事实之间具有关联性。证据能够对犯罪事实起到证明作用，因而成为有罪主张的事实根据。

第三，证据与指控主张在方向上具有一致性。也就是说，现有证据都是有罪证据或者有罪证据占据绝对优势，足以否定辩护方提出的无罪证据。

第四，有罪证据能够形成一个逻辑上的证明链。所谓逻辑上的证明链，是指证明有罪主张所依据的证据，按照正常的逻辑规律排列，能够形成一个证明体系。

第五，根据有罪证明链能够得出一个排他性的结论。在事实证据和逻辑、经验、常识、法律等的结合中，能够自然得出一个被告人犯有所指控的罪行的排他性的结论。这个结论是排除了其他可能性后指向了被告人的结论，即使不是百分百的准确，也是具有最大可能性的，是具有高度可信性的。在能够得出排他性结论的情况下，证明就达到了排除合理怀疑的程度，也就实现了证据的确实、充分，法院就可以作出有罪判决。

（2）无罪主张的证明标准。辩护方如果提出无罪抗辩，显然也是要进行证明的。只是对无罪主张的证明不必强调证明链的形成，当然，有条件形成证明链就更好。证明无罪就是要将有罪指控置于令人怀疑、不可信的境地，因此，对无罪主张的证明，一般做到下列情况之一，就可以使法院作出无罪判决：

第一，有一个证明被告人无罪的确实的证据存在。如有证据证明被告人不具有作案时间，不在犯罪现场；或者经鉴定，被告人患有精神病；或者被告人提出自己是正当防卫等，如果控诉方不能有效地反驳被告人所提出的这些能够证明无罪的证据，则这些证据就可以被认定而具有了确实性，依据这样一个证据，法院就足可判决被告人无罪。

第二，证明有罪主张的证据不足。依据无罪推定原则，控诉方如果不能证明被告人有罪，或者有罪证明不能达到法官在内心里排除合理怀疑或者达到内心确信的程度，那么，被告人就是无罪的，法院就只能作无罪判决。

对无罪主张的证明无须达到"被告人确实无罪"这样令人无可怀疑的程度，只需证明到"被告人可能无罪"的程度就可以了。

（3）其他主张的证明标准。其他主张如法律主张、程序主张等，除了有罪主张与无罪主张之外的主张都可包括其中。其他主张在同一个刑事诉讼中可能会有多个，而且，既可能为控诉方所提，也可能为辩护方所使用。如侦查机关向检察机关提请逮捕犯罪嫌疑人，律师也同时提出取保候审的申请，这就是关于同一个人的两个不同的程序主张。对其他主张的证明，既不能达到有罪证明那样高的标准，也不能按无罪证明的标准执行，而只能选择一种中间状态，即优势证明标准。优势证明，通俗地说就是略占上风、稍显强势的证明，就如同数学上 51 与 49 之间的关系，这是证明力的比较，而非证据数量多寡的显示。如关于法律适用的论证、关于程序事项的申请，只要有正当的理由，就可能得以成立，根本无须用"证据确实、充分"或"排除合理怀疑"的标准来衡量，即使在有异议和抵抗的情况下，只要异议的理由没有显出优势，对异议即可不予理睬。

第四节 刑事举证责任

一、举证责任和证明责任

举证责任就是指在刑事诉讼中，谁负有的提出证据证明待证事项的义务。它包括举证主体、举证作为和举证不能的后果负担等三个方面的内容。明确举证主体是为了防止诉讼主体的推诿与懈怠，各举证主体应当积极作为，努力承担其举证义务，推进诉讼的进程，促进案件的及时解决。明确举证责任的另一个作用在于，当诉讼主体所主张的事项处于真伪不明、难以判断的状态时，负有举证责任者即要承受不利的诉讼后果。所以，举证责任也是诉讼风险责任。

证明责任指公安机关、人民检察院、人民法院和当事人在刑事诉讼中依照法定程序，全面收集、审查判断和运用证据来查明和确定案件事实的活动。既包括公安司法机关依职权收集、审查判断和运用证据查明案件真相的证明活动，也包括诉讼当事人依法收集、提供证据并证明诉讼主张的活动。

理论界对举证责任的概念争议很大，争论的焦点主要集中在如何认识证明责任与举证责任的关系上面，主要有"同一说"，"并列说"，"大小说"，"包容说"，"前后说"等。或许可以这样解释，举证责任在英美法系当事人主义诉讼中就等于证明责任，因为无论举证还是证明，都是控辩双方的责任。而在大陆法系国家，这是两个不同的概念。职权主义要求专门机关包括法院要承担证明责任，举证责任只存在于特定的场合，而且对当事人也适用。

2012 年修订的《刑事诉讼法》将证明责任与举证责任相区分。如该法第五十条规定："审判人员、检察人员、侦查人员必须依照法定程序，收集能够证实犯罪嫌疑人、被告人有罪或者无罪、犯罪情节轻重的各种证据。"第四十九条规定："公诉案件中被告人有罪的举证责任由人民检察院承担，自诉案件中被告人有罪的举证责任由自诉人承担。"这种区分说明，审判机关负有查明案件真实的证明责任，但不承担举证责任，举证责任主要由控方承担。

二、我国刑事举证责任的划分

1. 公诉案件的举证责任由人民检察院承担

检察机关因其控诉职能，对公诉案件中的控诉事实承担证明责任。它的证明责任主要表现在：①检察机关对自行侦查的案件必须全面收集证据；②对自行侦查终结的案件和公安机关移送起诉或不起诉的案件，在决定起诉时，必须就所认定的案件事实提出确实、充分的证据；否则，将承担其举证、指控不能被法院接受的败诉风险。

2. 自诉案件的举证责任由自诉人承担

在自诉案件中，自诉人应对自己指控的犯罪事实负举证责任。人民法院认为缺乏罪证，而自诉人又提不出补充证据的，人民法院应当说服自诉人撤回自诉，或者裁定驳回起诉。

3. 犯罪嫌疑人和被告人原则上不承担举证证明自己是否有罪的责任

犯罪嫌疑人和被告人享有举证证明自己无罪、罪轻或应从轻、减轻及免除处罚的权利，一般不承担举证证明自己是否有罪的责任。而且基于无罪推定原则，在控方的犯罪指控尚不能在表面上成立的情况下，辩护方无须作任何抗辩。

但因某些特殊原因如追究某类难以证明的犯罪的特殊需要，法律要求被告在某些法律规定的情况下承担一定的举证责任，如巨额财产来源不明罪。被告人在自诉案件中如果提出反诉，要对反诉的事实承担举证责任。辩护方对于积极抗辩主张，如不在现场、患精神病、正当防卫等需要举证证明。

4. 有关程序法事实的举证责任基本实行"谁主张谁举证"

例如，公安司法机关没收保证金的，应当证明被取保候审人有违反《刑事诉讼法》第六十九条规定的情形发生，如指定管辖应当提供理由。

对于某些程序法事实，提出主张的诉讼当事人负有举证责任。如被告人申请审判人员回避，必须说明理由并提供相应的证据。又如，依照法律，当事人由于不能抗拒的原因或者其他正当理由而耽误诉讼期限的，在障碍消除后 5 日以内，可以申请继续进行应当在期限届满以前完成的诉讼活动。如果当事人提出此类申请，则必须提供有关耽误期限是由于不能抗拒的原因或者其他正当理由的证据并加以证明。

三、刑事举证责任倒置

刑事举证责任一般由控方或提出具体事实主张的一方承担，但是在某些情况下，法律也可以规定举证责任由辩方或者具体事实主张的相对方承担。这就是举证责任倒置，即在特殊情况下对举证责任的非常规性配置。举证责任倒置一般都是由法律以推定的形式明确规定的。立法者决定在某种案件中适用举证责任倒置的理由包括司法证明的需要、各方举证的便利以及反映一定价值取向的社会政策性考虑。现行法律规定刑事诉讼举证责任倒置主要有如下几种情形。

1. 巨额财产来源不明罪的举证责任

《刑法》规定："国家工作人员的财产或者支出明显超出合法收入，差额巨大的，可以责令说明来源。本人不能说明其来源是合法的，差额部分以非法所得论……"这就是证明责任的倒置。在这类"巨额财产来源不明罪"案件中，立法者出于严厉打击贪污受贿犯罪的需要，规定由辩方承担举证责任。如果辩方不能用证据证明被告人巨额财产有合法来源，法官就可以推定那些财产是非法所得。这种规定显然是依据当事人的举证便利。

在举证责任倒置的情况下，本应承担举证责任的控方也不是完全没有举证责任，而是仅承担初始推进性的举证责任。在巨额财产来源不明罪案件中，只要控方用证据证明被告人的财产或支出明显超出合法收入，差额巨大，就完成了举证责任。然后，案件中主要的举证责任便转移给辩方承担。

2. 非法持有型犯罪的证明责任

我国现行刑法规定的非法持有型罪包括非法持有毒品、非法持有枪支、非法持有国家绝密机密文件资料等几种犯罪。这些犯罪案件中举证责任的分配也处于倒置的状态。例如，在非法持有毒品罪案件中，只要执法人员在某人身上查获了毒品，就可以认定是非法持有，除非该人用证据证明其持有的合法性或合理性。具体地说，如果被查获身上带有毒品的被告人声称他有合法理由携带该毒品，或者说是别人为了陷害他而在他不知晓的情况下把毒品放在他的身上或包里，那么辩方对这一事实主张就要承担举证责任。如果辩方不能用证据证明被告人携带毒品的合法性或合理性，法官就可以推定被告人行为属于非法持有并判其有罪。换言之，在被告人是否"非法"持有的问题处于事实不明的状态时，辩方就要承担不利的诉讼后果。

3. 严格责任犯罪的举证责任

严格责任是民事侵权法领域中的一个概念，主要适用于高度危险行为和产品责任事故等民事侵权案件中。在英美法系国家中，这一民事责任原则被适用到刑事案件之中，就产生了严格责任犯罪的概念。

所谓严格责任犯罪，是指法律并不要求控方在审判中证明被告人有犯罪的故意或者过失，只要证明被告人实施了该犯罪行为并造成了损害后果，就完成了举证责任，法院就可以判被告人承担刑事责任。按照《布莱克法律辞典》的解释，严格责任犯罪是"不要求犯意要件的犯罪，如超速驾驶或企图携带武器登机"。在英美法系国家，严格责任一般仅适用于轻罪，而且刑罚的种类一般为罚金。

在严格责任犯罪中，控方对被告人的主观罪过或"犯意"不承担举证责任，因为很难举证。相反，辩方可以举出证据证明被告人没有主观罪过或不应承担刑事责任，只要辩方没有举证，法庭就可以判被告人有罪。这实际上也是以推定为前提的，即凡是实施了严格责任犯罪行为的人就推定其具有主观的罪过，除非辩方能够用证据证明此人没有主观罪过。这是一种可以反驳的推定。换言之，在严格责任犯罪案件中，辩方必须对被告人没有主观罪过承担举证责任，如举证不能，被告人就要承担不利的法律后果。

虽然我国刑法没有就严格责任犯罪作出明确的规定，但是学者对这个问题已经进行了相当深入的讨论。在生产、销售假药和生产、销售有毒、有害食品等类犯罪案件的审判中，可以借鉴英美国家关于严格责任的规定，适用举证责任倒置的规则。

4. 刑讯逼供等非法取证的举证责任

在法庭审判过程中，如果涉及对刑讯逼供等非法取证的调查，则实行举证责任倒置。首先是由当事人及其辩护人、诉讼代理人申请人民法院对非法证据予以排除。辩方只需提出申请，并提供相关线索或者材料，但无需举证证明证据是非法取得的。相反，按照《刑事诉讼法》第五十七条、第五十八条的规定，人民检察院应当对证据收集的合法性加以证明。对于经过法庭审理，确认有非法取证，或者不能排除有非法收集证据情形的，对有关证据应当予以排除。排除证据，是检察机关不能用充分的证据证明侦控方没有刑讯逼供而承担的不利后果。

这种证明责任的倒置符合司法证明的规律，因为刑讯逼供的被控方最了解当时的情况，处于举证的便利位置，让其承担证明责任有利于查明事实真相。另外，法律明确规定由执法人员对刑讯逼供的指控承担证明责任，可以对执法人员形成更为有力的行为约束力量。面对难以规避的刑罚，执法人员在讯问等执法活动中就必须小心谨慎，必须准备好证明未刑讯逼供的证据，而要做到这一点，最好的办法就是严格按照法定的程序去收集证据。

四、刑事举证责任的免除

在刑事证明活动中，并非所有的案件事实都有举证的必要。某些事实的真实性是非常清楚的，无需查明；有些事实的真实性已由法院在诉讼中查明；有些事实被法律假定为真实；也有些事实因为当事人不存在争议而被视为真实。上述事实都是无需举证的。对于主张该事实的一方来说，这就意味着举证责任的免除。当然，举证责任的免除并非完全排除了对特定事项的证明活动，它只是免除了举证主体对此事项所负的举证责任，但该项无需举证的事实仍然可能遭受对方当事人的反驳性证明。

在刑事诉讼活动中，举证责任免除的情形通常有以下几种：

1. 众所周知的事实

众所周知的事实，是指一定区域内的大多数人都知道的事实。各国诉讼法一般均不将众所周知的事实列为证明对象。当然，事实是否众所周知，应结合具体环境、具体社会生活和具体案件确定。一般认为，成为众所周知的事实必须同时具备两个条件：一是为大多数人知晓；二是审理案件的审判人员也知晓。众所周知的事实无需举证证明。

2. 自然规律和定理

自然规律是自然界多年形成的不以人的意志为转移的客观规律，而定理则是从公理出发对自然界和人类社会，通过长期的观察研究和实践，被证实了的规则、规律和结论。如果刑事诉讼中涉及这些规律和定理，也无需举证证明。

3. 预决的事实

预决的事实一般是指已为人民法院发生法律效力的裁判所确定的事实。发生法律效力的法院裁判所确定下来的事实，对以后审理的其他案件事实起着预先决定的作用，不需要再举证证明。当然，若有新的证据证明人民法院的生效裁判有错误时，与该预决事实相反的事实就成为证明对象，当事人应提供相应证据加以证明。

仲裁裁决虽然不是人民法院作出的裁判，但与确定的法院裁判有着同等的效力，因此，仲裁机构依法作出的生效裁决所确认的事实也属于预决的事实。

4. 公证事实

公证事实是已为有效公证文书所证明的事实。公证机关行使着国家证明权，公证机关对事实的认定是依照法定程序，经过严格的审查以后作出的。经过公证证明的法律行为、法律事实和文书有很强的法律效力，这种效力既包括证据效力、强制执行的效力，也包括形成法律事实的效力。因此，已为有效公证文书所证明的事实，法院可以直接作为定案根据，而无需再由事实的主张方予以举证证明。当然，如果有相反的根据足以推翻公证证明书的，就应当把公证书认定的事实列为证明对象予以证明。

5. 推定的事实

司法上的推定，是由法律规定或者由法官依照经验作出的带有假定性质的事实判断。推定一旦成立，推定的事实就相当于真实的事实而无需再证明。推定有不可推翻的推定和可以推翻的推定两种，前者如"未满14周岁的人推定为没有刑事责任能力"，该推定为不可推翻的推定，只要行为人未满14周岁，不管其生理、心理发育得是否成熟，都视为不具有刑事责任能力。后者如巨额财产来源不明罪中存在的推定："超出个人正常收入的巨额财产推定为非法所得"，该推定允许被告人提出反驳性证明予以推翻，如果被告人能够证明巨额财产的合法来源，则不按非法所得论处，自然也不能认定为犯罪。

6. 自认的事实

自认的事实在民事诉讼中是免证的对象。所谓自认是指一方当事人对对方当事人所主张的不利于己的事实予以承认。在通常情况下，自认可免除对方当事人对所主张事实的证明责任。法院在作出判决时必须受到当事人自认事实的约束，适用法律时，应以当事人自认的事实为基础。

在刑事诉讼中，自认的事实不能被直接采纳。《刑事诉讼法》规定："只有被告人供述，没有其他证据的，不能认定被告人有罪和处以刑罚。"可见，犯罪嫌疑人、被告人的有罪供述，并不能免除控方对其有罪指控的证明。但是，在被告人作出有罪供认的情况下，法庭自然会减轻控诉方对犯罪的举证责任。

第五节　推定

推定是司法证明的重要方法之一。在法律上，推定是一个专门术语，它是指根据两个事实之间的一般联系规律或者"常态联系"，当一个事实存在的时候便可以认定另外一个事实的存在。司法证明中的推定，是由法律规定或者由法官作出的带有假定性质的事实判断。刑事诉讼中，某个案件事实的举证一旦符合法律上的推定规则，就可以免除控方的举证责任，这时案件事实就由法官直接认定，或者要求对方举出反证。因此，推定是控方举证责任免除的一种情形。

在刑事诉讼中适用推定一般应当必须符合下述条件：

1. 在适用的范围上，应当是没有直接证据证明案件事实的情形

没有直接证据证明案件事实的情形包括直接证据已经灭失或难以取得的情形，司法实践中许多案件事实的认定都需要适用推定。

2. 在适用的条件上，推定的基础事实必须得到证明

只有基础事实得到了证明，才能直接认定推定的事实。如果不能证明基础事实的真实性，推定就无法适用。

3. 在适用的程序上，推定应允许反驳

如前所述，推定只是一种不完全的证明，客观事实并不一定如此，因此应当允许受到不利推定的一方反驳。

案例分析

【案例一】赵某，16 岁，于 2010 年春节期间潜入他人办公室盗窃现金 1 万元。在公安机关对此案进行侦查时，面对如下事实：①赵某的年龄；②赵某盗窃的事实；③春节期间放假的事实；④赵某犯罪后的表现。

【问题】哪项内容不属于刑事诉讼的证明对象？

【解析】根据有关证明对象的理论和相关司法解释的规定，第一项属于犯罪主体要件，第二项属于犯罪客观方面，第四项属于量刑情节要件，因此第一、二、四项均属于证明对象。而第三项不属于证明对象所包含的实体法和程序法事实，因此不属于证明对象的范围。

【案例二】某市工商局局长陈某涉嫌在任职两年内贪污公款 20 万元。陈某后被公诉机关起诉。该市中级人民法院依法审理该案。法庭在审理过程中，合议庭对关于陈某贪污公款的数额的证据有疑问，怀疑工商局里有陈某的同伙，于是决定休庭，查询工商局的银行

账户。公诉人对此提出异议，认为法庭这样做是不对的。

【问题】法庭这样做合法吗？

【解析】法庭这样做合法。根据 2012 年《刑事诉讼法》第一百九十一条（旧法第一百五十八条），在法庭审理过程中，合议庭对证据有疑问的，可以宣布休庭，对证据进行调查核实。人民法院调查核实证据，可以进行勘验、检查、扣押、鉴定、查询和冻结。这既是法院的权力，也是法律规定的由法院担负的证明责任，体现为审理义务，如果法院对证据有疑问而不对证据进行调查核实，就是没有履行自己的证明责任。公诉机关无权对此提出异议。

思考与练习

1. 什么是刑事证明？刑事证明有何特点？
2. 什么是刑事证明对象？刑事证明对象有哪些？
3. 刑事证明要求是什么？
4. 刑事证明标准有哪几种？如何理解我国的刑事证明标准？
5. 什么是刑事证明责任？我国的刑事证明责任是如何划分的？
6. 什么是推定？推定有什么作用？
7. 免除证明责任的情形有哪些？

第十一章　立案程序

要点提示

　　刑事诉讼中的立案，是指公、检、法机关对于报案、控告、举报、自首等方面的材料，依照管辖范围进行审查，以判明是否有犯罪事实存在和应否追究刑事责任，并依法决定是否作为刑事案件进行侦查或审判的一种诉讼活动。它是刑事诉讼开始的标志，是每一个刑事案件都必须经过的法定阶段，是后续程序的基础和依据。

　　立案的材料来源：报案、控告、举报、自首、司法机关自行发现、其他单位移交等。

　　立案条件：有犯罪事实，需要追究刑事责任，属于立案机关管辖。

　　公安机关、人民检察院或者人民法院对于报案、控告、举报，都应当接受。对于不属于自己管辖的，应当移送主管机关处理，并且通知报案人、控告人、举报人；对于不属于自己管辖而又必须采取紧急措施的，应当先采取紧急措施，然后移送主管机关。公、检、法机关对材料审查后，作出立案或不立案的决定。

　　人民检察院有权对立案进行监督。认为公安机关对应当立案侦查的案件而不立案侦查的，或者被害人认为公安机关对应当立案侦查的案件而不立案侦查，向人民检察院提出的，人民检察院应当要求公安机关说明不立案的理由。人民检察院认为公安机关不立案理由不能成立的，应当通知公安机关立案，公安机关接到通知后应当立案。

第一节　立案概述

一、立案的概念

　　刑事诉讼中的立案，是指公安司法机关对自己发现的案件材料和控告、举报、报案、自首等材料，依照各自的管辖范围进行审查，以确定有无犯罪事实存在和是否需要追究刑事责任，并决定是否进行侦查和提交审判的诉讼活动。

纵观有关刑事诉讼启动程序的立法例，在绝大多数西方法制发达国家，不像我国这样以正式的立案作为程序启动的标志，大致可以分为两种情况：

1. 法律对开始刑事诉讼没有任何程序性规定，侦查的开始就是刑事诉讼的开始

这种体例的代表国家主要有德国、英国、美国和日本。德国的《刑事诉讼法》第一百五十八条至一百六十条规定了侦查开始的起因：①公民的告发或告诉；②发现非自然死亡或发现无名尸体；③通过其他途径了解到有犯罪行为嫌疑等。只要侦查机关得到有关犯罪情况，就应当进行侦查，启动刑事诉讼程序。在英国，只要有公民的告发，警察就可以对犯罪进行侦查。在美国，对一般刑事案件的侦查是从向主管官员控告某个犯罪行为开始的。在日本，侦查起源于公民等提供的犯罪线索和直接发现的犯罪线索。

2. 法律并未把诉讼的开始作为一个独立的程序，但是规定开始诉讼要办理一定的手续

这种体例的代表国家主要有法国和意大利。依据法国的刑事诉讼法，刑事诉讼仅自原告当事人发动追诉之时起才正式开始。但是检察机关只有在掌握了一定的证据材料后才能作出追诉决定，因此在作出决定之前一般还有一个预备性阶段，进行追查并确认发生了犯罪，搜集相关证据材料。因此，法国的刑事诉讼是从作出追诉决定时开始的，而"预备性"阶段并不是一个独立的程序，它是追诉程序的组成部分。意大利现行的刑事诉讼法对原有的诉讼制度进行了改革，将侦查职能从预审中分离出来，增设"初期侦查"阶段。通过初期的一些侦查活动决定是否进行正式侦查。

二、立案的任务和意义

我国第一部《刑事诉讼法》（1979 年）就将立案作为一个独立的程序加以规定。在现行刑事诉讼法中，立法者又对立案程序作了进一步的补充，增加了"立案监督"等内容。同时，最高人民法院、最高人民检察院和公安部在各自颁布的有关刑事诉讼法的司法解释中，都对立案这一程序进行了详细的规定，与此同时，一些著名的学者也纷纷论述立案程序独立化的重要意义。

1. 任务

立案作为刑事诉讼开始的标志，是每一个刑事案件都必须经过的法定阶段，同时，这一诉讼阶段具有相对独立性和特定的诉讼任务。立案阶段的任务，概言之就是决定是否开始刑事诉讼程序。具体而言，则是公检法三机关通过对自行发现的或者报案、控告、举报、自首等材料进行审查，以判明是否存在犯罪事实和是否需要追究刑事责任，从而决定是否将案件交付侦查或审判。

2. 意义

立案在我国作为整个刑事诉讼的第一阶段，被视为程序启动的标志，具有十分重要的地位、作用和意义。

（1）只有经过立案程序，其后续程序才具有法律依据和法律效力。

（2）立案程序是公安司法机关依法进行侦查、起诉和审判的前提。

（3）只有经过立案程序，才有利于迅速揭露犯罪、证实犯罪和惩罚犯罪，保障无罪的人不受刑事追诉，保护公民的合法权益。

第二节　立案的根据和条件

一、立案的根据

立案的根据，即立案的材料来源，是指启动立案程序的依据。

根据刑事诉讼法的规定和司法实践的基本情况，立案的材料来源主要有以下三个方面：

1. 机关、团体、企业、事业单位和公民的报案、控告、举报，是立案材料最主要的来源

这里所说的报案，是指发现犯罪事实或者犯罪嫌疑人的公民和单位向司法机关报告、揭发犯罪事实或者犯罪嫌疑人的行为。控告，是指遭受犯罪行为侵害的被害人（包括公民和单位）及其法定代理人、近亲属等，为了维护自身的合法权益，向司法机关控诉、告发犯罪分子的犯罪行为，并要求追究犯罪分子刑事责任的行为。举报，是指公民或单位对违反国家法律、法规以及国家有关政策的人和事，向有关国家机关检举、报告的行为。

2. 犯罪人的自首，也是立案的材料来源之一

自首，是指犯罪分子作案之后，自动投案，如实交代自己的罪行，并接受司法机关的审查和裁判的行为。自动投案，通常是指犯罪事实或者犯罪分子未被司法机关发觉，或者虽被发觉，但犯罪分子尚未受到讯问、未被施以强制措施时而自动投案的。自动投案，一般应是犯罪分子本人直接向公安、检察或审判机关主动投案。但对于犯罪分子向所在单位、城乡基层组织或者其他有关负责人员投案的；犯罪分子因病、伤，或者为了减轻犯罪后果，而委托他人先代为投案，或者先以电信投案的，也应视为自动投案。

3. 司法机关自行发现的犯罪事实或犯罪材料，也是司法实践中常见的一种立案材料的来源

这种立案材料，可能是公安、检察或者审判机关在办案过程中发现的与本案无关的其他犯罪事实或犯罪分子的材料；可能是公安机关在日常的社会治安保卫工作中直接发现的犯罪事实或线索材料，如危害国家安全的活动线索，走私集团的活动线索，交通肇事等；也可能是检察机关在进行其他检察业务工作，如监督检察工作中发现的犯罪事实材料。《刑事诉讼法》第一百零七条规定："公安机关或者人民检察院发现犯罪事实或者犯罪嫌疑人，应当按照管辖范围，立案侦查。"

二、立案的条件

立案条件，是指案件在刑事诉讼中得以成立并进入诉讼程序所必须具备的法定要件。

根据我国刑事诉讼法的规定，立案的条件包括以下三点：

1. 有犯罪事实

有犯罪事实，是指客观上存在着某种危害社会的犯罪行为。这是立案的首要条件。

有犯罪事实，包含以下两个方面的内容：①要立案追究的，必须是依照刑法的规定构成犯罪的行为。立案应当而且只能针对犯罪行为进行；如果不是犯罪的行为，就不能立案。没有犯罪事实，或者根据《刑事诉讼法》第十五条第一项的规定，有危害社会的违法行为，但是情节显著轻微，危害不大，不认为是犯罪的，就不应立案。由于立案是追究犯罪的开始，此时所说的有犯罪事实，仅是指发现有某种危害社会而又触犯刑律的犯罪行为发生。至于整个犯罪的过程、犯罪的具体情节、犯罪人是谁等，并不要求在立案时就全部弄清楚。这些问题应当通过立案后的侦查或审理活动来解决。②要有一定的事实材料证明犯罪事实确已发生。包括犯罪行为已经实施、正在实施和预备犯罪。

2. 需要追究刑事责任

需要追究刑事责任，是指依法应当追究犯罪行为人的刑事责任。只有当犯罪事实发生，并且依法需要追究行为人刑事责任时，才有必要而且应当立案。这是立案的必要条件。

根据《刑事诉讼法》第十五条的规定，虽有犯罪事实发生，但犯罪已过追诉时效期限的；经特赦令免除刑罚的；依照刑法告诉才处理的犯罪，没有告诉或者撤回告诉的；犯罪嫌疑人死亡的；其他法律规定免予追究刑事责任的，均不追究刑事责任。

3. 属于立案机关管辖

按照立案管辖的规定，不属于本机关管辖的案件，应当移送。

第三节　立案程序和立案监督

一、立案程序

立案程序，是指公安机关、人民检察院或者人民法院对立案材料接受、审查和处理过程中应当遵守的法定步骤、方式或方法。它主要包括：

1. 对立案材料的接受

公安机关、人民检察院或者人民法院对于报案、控告、举报，都应当接受。对于不属于自己管辖的，应当移送主管机关处理，并且通知报案人、控告人、举报人；对于不属于自己管辖而又必须采取紧急措施的，应当先采取紧急措施，然后移送主管机关。

《刑事诉讼法》第一百零八条第三款规定："公安机关、人民检察院或者人民法院对于报案、控告、举报，都应当接受。对于不属于自己管辖的，应当移送主管机关处理，并且通知报案人、控告人、举报人；对于不属于自己管辖而又必须采取紧急措施的，应当先采取紧急措施，然后移送主管机关。"第四款规定："犯罪人向公安机关、人民检察院或者人民法院自首的，适用第三款规定。"

因此，对于报案、举报、控告、自首等立案的材料来源，公安机关、人民检察院、人民法院首先都应当接受并进行登记。接受并不等于立案，立案是接受材料之后的一种决定，接受是在立案之前对立案材料来源的受理。接受以后对于不属于自己直接受理的案件范围的，应当移送主管机关处理，并且通知报案人、控告人和举报人；对于不属于自己管辖，但根据案情需要采取紧急措施的，应当先采取紧急措施，然后再移送主管机关处理。

报案、控告、举报均可以书面或口头形式提出，《刑事诉讼法》第一百零九条第一款规定："报案、控告、举报可以用书面或者口头提出。接受口头报案、控告、举报的工作人员，应当写成笔录，经宣读无误后，由报案人、控告人、举报人签名或者盖章。"

2. 对立案材料的审查

对立案材料的审查，是指对报案、控告、举报、自首等立案材料进行调查、分析与判断，以决定是否属于犯罪行为、需要追究刑事责任，从而作出立案决定的行为。

不论是公安机关、人民检察院或者人民法院接受的控告、举报、报案、自首材料还是自己发现的案件材料，都应当进行审查。

（1）严格区分诬告与错告。《刑事诉讼法》第一百零九条第二款规定："接受控告、举报的工作人员，应当向控告人、举报人说明诬告应负的法律责任。但是，只要不是捏造事实，伪造证据，即使控告、举报的事实有出入，甚至是错告的，也要和诬告严格加以区别。"

（2）保障报案人、控告人和举报人的安全并满足其合法要求。《刑事诉讼法》第一百零九条第三款规定："公安机关、人民检察院或者人民法院应当保障报案人、控告人、举报人及其近亲属的安全。报案人、控告人、举报人如果不愿公开自己的姓名和报案、控告、举报的行为，应当为他保守秘密。"

根据最高人民检察院《刑事诉讼规则》第一百二十七条之规定，人民检察院侦查部门对举报中心移交举报的线索进行审查后，认为需要初查的，应当报检察长或者检察委员会决定是否进行初查。举报线索的初查由侦查部门进行。但性质不明，难以归口处理的案件线索可以由举报中心进行初查。

《刑事诉讼规则》第一百二十八条规定，在举报线索的初查过程中，可以进行询问、查询、勘验、鉴定、调取证据材料等不限制被查对象人身、财产权利的措施。不得对被查对象采取强制措施，不得查封、扣押、冻结被查对象的财产。

由此可见，初查是人民检察院对立案材料进行审查的一个重要方式。此方式实际上亦适用于公安机关对立案材料进行的审查，但公安部发布的《办案程序规定》（1998年5月14日）对初查程序并未作出规定。

（3）对立案材料审查后的处理。对立案材料审查后的处理，是指公安机关、人民检察院、人民法院对立案材料进行审查后作出是否立案的决定。《刑事诉讼法》第一百一十条规定："人民法院、人民检察院或者公安机关对于报案、控告、举报和自首的材料，应当按照管辖范围，迅速进行审查，认为有犯罪事实需要追究刑事责任的时候，应当立案；认为没有犯罪事实，或者犯罪事实显著轻微，不需要追究刑事责任的时候，不予立案，并且将不立案的原因通知控告人。控告人如果不服，可以申请复议。"因此，审查后的处理或者为立案，或者为不立案。

根据《刑事诉讼法》、最高人民法院《解释》、最高人民检察院《刑事诉讼规则》、公安部《办案程序规定》等有关法律规范，决定立案的程序有以下几点需要注意：①公安机关受理案件后，经过审查，认为有犯罪事实需要追究刑事责任，且属于自己管辖的，由接受单位制作《刑事案件立案报告书》，经县级以上公安机关负责人批准，予以立案，并制作《立案决定书》。而认为没有犯罪事实，或者犯罪情节显著轻微，不需要追究刑事责任，或者具有其他依法不追究刑事责任情形的，接受单位应当制作《呈请不予立案报告书》，经县级以上公安机关负责人批准，不予立案。②人民检察院侦查部门经过初查后认为不应立案的，应当制作审查结论报告，由检察长决定；并报上一级人民检察院备案。决定立案侦查的，应当制作《立案决定书》。人民检察院对于未构成犯罪，决定不予立案，但需要追究党纪、政纪责任的被举报人，应当移送有关主管机关处理。③对于自诉案件，人民法院应当在收到自诉状或者口头告诉的第2日起15日以内作出是否立案的决定，并书面通知自诉人或者代为告诉人。④对于附带民事诉讼案件的，人民法院收到附带民事诉状后，应当进行审查，并在七日以内决定是否立案。符合《刑事诉讼法》第九十九条、第一百条以及最高人民法院《解释》第八十八条规定的，应当受理；不符合规定的，应当裁定驳回起诉。

二、立案监督

1. 概念
立案监督，是指检察机关对刑事立案主体应当立案而不立案以及刑事立案活动是否合法所进行的法律监督。

2. 意义
这是《刑事诉讼法》赋予检察机关的一项重要的刑事监督职能，既反映了依法治国的内在要求，也体现了现代民主法治的最高追求。立案监督是对立案权行使的正确与否实施的监督。有权力就会滋生腐败，用权力制约权力，是宪政制度中一条基本的定理。立案监督的出现是基于实践中立案权出现了滥用的情况。从实践来看，检察机关履行这一职能，对于减少和遏制有案不立、有罪不究、以罚代刑等执法不严的问题，在保护当事人的合法权益方面发挥了积极的作用。

3. 内容
根据《刑事诉讼法》第一百一十一条规定，我国立案监督的内容要点如下：①监督者是人民检察院。②被监督者是公安机关。③监督的办法是：检察院认为公安机关对应当立案侦查的案件而不立案侦查的，或者被害人认为公安机关对应当立案侦查的案件而不立案侦查，向人民检察院提出的，人民检察院应当要求公安机关说明不立案的理由。检察院认为公安机关不立案的理由不能成立的，应当通知公安机关立案，公安机关接到通知后应当立案。

4. 局限性
监督的目的是防止有案不立、放纵犯罪，而不涉及不该立而立，任意发动诉讼程序的问题。当前我国立案监督的不足表现在：①立案监督对象有局限。从现行《刑事诉讼法》及相关法律法规来看，在我国，目前关于立案监督的对象仅局限于公安机关，而未设置对其他刑事立案主体（如人民法院和人民检察院等）进行立案监督的法律条文，从而导致在当前司法实践中，对人民法院和人民检察院等的刑事立案活动的法律监督无法可依，人民法院和人民检察院等的刑事立案活动中的错误行为和违法现象得不到及时纠正。然而，从《刑事诉讼法》有关规定的立法本意以及从理论法学角度来看，立案监督是检察机关针对刑事立案主体的立案行为是否合法而实施的法律监督，人民法院同人民检察院、公安机关一样享有刑事（自诉）案件的立案权，所以，对人民法院的立案监督是人民检察院立案监督职责的应有之意，完全符合法律规定。同时只有将国家安全机关、监狱、军队保卫部门、走私犯罪侦查机关与人民法院和人民检察院同时列为刑事立案监督的对象，刑事立案监督制度才科学、规范和全面。②立案监督范围有遗漏。根据现行法律法规的有关规定和司法实践中的实际操作，关于刑事立案监督的范围在下面几个方面有遗漏：一是刑事立案主体已经发现并掌握了犯罪事实，本该立案，但由于缺乏控告、举报等材料而不立案的现象；二是刑事立案主体对案情复杂、一时难以侦破的案件，不立案就开展侦查，待破了案再补立案手续的现象；三是刑事立案主体对符合法定立案条件的案件故意不予立案或者以罚代刑、以劳代刑等现象。

此外，立案监督的范围应当不仅局限于对是否立案的法律监督，还包括对刑事立案程序是否规范以及立案和不立案的决定是否合法等相关刑事立案活动的法律监督。

案例分析

【案例】张某将李某打成重伤，该县公安局对张某只处以两年劳动教养的行政处罚。李某不服，向县人民检察院提出对此案立案侦查的请求。县人民检察院要求县公安局提供对本案不立案的理由。县公安局解释不立案的原因是张某系因李某挑衅而性起，将李某打成重伤，李某对此事亦有责任。县人民检察院经过调查，认为县公安局不立案理由不能成立，于是通知县公安局立案。

【问题】

1. 县公安局接到县人民检察院的立案通知后，是否必须立案？

2. 县人民检察院对此案是否能因县公安局应立案侦查而不立案而直接予以立案侦查？

【解析】

1. 县公安局接到县人民检察院的立案通知后，必须立案。《刑事诉讼法》第一百一十一条规定："人民检察院认为公安机关对应当立案侦查的案件而不立案侦查的，或者被害人认为公安机关对应当立案侦查的案件而不立案侦查，向人民检察院提出的，人民检察院应当要求公安机关说明不立案的理由。人民检察院认为公安机关不立案理由不成立的，应当通知公安机关立案，公安机关接到通知后应当立案。"据此规定，本案中，县人民检察院认为县公安局不立案侦查的理由不成立，县公安局在接到县人民检察院的立案通知后，即应立案侦查。

2. 对县公安局应当立案侦查而不立案的此案，县人民检察院不能直接予以立案侦查。依据《刑事诉讼法》第十八条第二款的规定："贪污贿赂犯罪，国家工作人员的渎职犯罪，国家机关工作人员利用职权实施的非法拘禁、刑讯逼供、报复陷害、非法搜查的侵犯公民人身权利的犯罪以及侵犯公民民主权利的犯罪，由人民检察院立案侦查。对于国家机关工作人员利用职权实施的其他重大的犯罪案件，需要由人民检察院直接受理的时候，经省级以上人民检察院决定，可以由人民检察院立案侦查。"人民检察院立案侦查的案件只能是国家工作人员的贪污贿赂案、渎职案和国家机关工作人员利用职权实施的其他犯罪案件。而本案中，张某将李某打伤并非利用职权实施的犯罪，因此，此案在县公安局应当立案而不立案时，县人民检察院也不能直接予以立案侦查。

思考与练习

1. 立案的概念和条件是什么？
2. 如何理解立案程序的独立性？
3. 立案的材料来源包括哪些范围？
4. 立案应遵循哪些程序？

第十二章　侦查程序

　　侦查，是指公安机关、人民检察院在办理案件过程中，依照法律进行的专门调查工作和有关的强制性措施。侦查的特征：强制性、行政性、职权性、法定性。侦查可能对公民权利形成威胁，故必须坚持如下原则：必要性原则，比例原则，合法原则，客观真实原则，迅速及时原则，重证据、不轻信口供原则。

　　常规侦查行为：讯问犯罪嫌疑人，询问证人、被害人，勘验、检查，搜查，查封、扣押物证、书证，鉴定，辨认，通缉。

　　技术侦查措施，是指侦查机关为了侦破特定犯罪的需要，依严格程序采用的超常规高技术性秘密侦查手段。通常包括电话监听、电子监控、秘密拍照、录音录像、截取计算机网络信息、特情侦查、诱捕等秘密的专门手段。技术侦查措施的特点：超常规性、高技术性、高度隐秘性、高度危险性、开放机动性。技术侦查措施的分类：工具型技术侦查措施、圈套型技术侦查措施、情报型技术侦查措施。

　　我国技术侦查措施适用的案件范围：①危害国家安全犯罪；②恐怖活动犯罪、黑社会性质的组织犯罪、重大毒品犯罪或者其他严重危害社会的犯罪案件；③重大的贪污、贿赂犯罪案件以及利用职权实施的严重侵犯公民人身权利的重大犯罪案件；④追捕被通缉或者批准、决定逮捕的在逃的犯罪嫌疑人、被告人的案件。

　　我国有权使用技术侦查措施的主体：公安机关、国家安全机关和人民检察院。我国使用技术侦查措施的要求：①适用于严重犯罪案件；②为侦查犯罪所必须；③经过严格的审批程序；④严格的期限限制；⑤只用于特定的用途；⑥保守秘密。

　　侦查终结，是指侦查机关经过一系列的侦查活动，认为案件事实已经查清，证据确实、充分，足以认定犯罪嫌疑人是否有罪和应否对其追究刑事责任而决定结束侦查，并对案件依法作出处理的一种诉讼活动。侦查终结前可听取律师意见。对案件的处理：①移送审查起诉，并告知犯罪嫌疑人及其辩护律师；②撤销案件。

　　侦查监督，是指人民检察院依法对侦查机关的侦查活动是否合法进行的监督。

第一节 侦查概述

一、侦查的概念、特征和意义

1. 概念

关于侦查的含义，不同的国家、不同的法域有着不同的界定，概括起来，有广义和狭义两种。广义上的侦查，是指侦查机关行使侦查权过程中所实施的专门的证据调查方式及控制犯罪嫌疑人的强制措施；狭义上的侦查，专指侦查机关所进行的专门的证据调查方式，将强制措施排除在外。我国采用的是广义的侦查概念。《刑事诉讼法》第一百零六条第一项规定，侦查，是指公安机关、人民检察院在办理案件过程中，依照法律进行的专门调查工作和有关的强制性措施。

在我国，侦查是全部刑事诉讼程序中的一个独立的诉讼阶段，在刑事诉讼中具有非常重要的地位，是国家专门机关同犯罪作斗争的强有力的手段。

2. 特征

刑事侦查具有以下几个方面的特征：

（1）强制性。侦查具有强制性。首先，是因为侦查权是侦查行为存在的必要前提和依据，它在本质上属于一种国家权力，而国家权力对于公民来讲，不可避免地具有强制性的特征。其次，犯罪是一种激烈的社会冲突，要解决这种冲突显然需要有一种区别于解决一般社会纠纷的方式。犯罪嫌疑人、被告人为了避免可能施加于自身的处罚，往往会千方百计地逃避侦查，毁灭、伪造证据甚至威胁、引诱证人改变证言，所以，侦查要想取得良好的效果，就必须带有一定的强制性。再次，鉴于侦查对象，即犯罪行为的隐蔽性，为达到侦破案件的目的，往往也需要赋予侦查行为一定的强制性。侦查行为区别于其他普通的证据调查行为之处就在于其强制性这个特征，侦查行为以国家强制力为后盾，由国家授予合法的强制性权力，可以对公民的权益进行限制甚至暂时剥夺。当然，由于侦查行为类型的不同，侦查行为所具有的强制性程度也不尽相同。

（2）行政性。侦查在本质上是一种行政行为，具有单向性的特征。虽然随着诉讼文明的发展进步与对侦查程序中的人权保障的日益强调，司法权开始介入侦查程序，以求达到限制和控制侦查权恣意行使的目的，但这改变不了侦查的行政性特点。在域外一些法治国家早就开始了侦查行为的司法控制的实践，除了司法令状制度以外，侦查行为的可诉性也是一种侦查行为的司法控制模式，并且达到了较好地防范侦查权滥用的效果。

（3）职权性。侦查是由依法享有侦查权的主体依照其法定职责实施的一种职务行为。侦查的职务性体现为：只有国家法律赋予侦查权的特定国家机关和个人才能实施侦查行为，任何未被授权的国家机关、团体和个人不得实施侦查行为。侦查机关取代了公民个人，承担了其中的证据调查行为，追诉活动具有了国家职权性。虽然，目前许多国家被追诉方也可以进行证据调查，但是，这种行为在性质上应只是为履行辩护职能，为被追诉方的利益而进行的，与侦查机关有公权力支撑的侦查行为不可同日而语，是不具有职权性的。

（4）法定性。由于侦查行为大多带有直接的强制性，会涉及公民的人身权、财产权、隐私权、住宅权等多方面的权利，如果法律上不对其进行严格控制，极易导致公民权益被侵犯。因此，国家为保障追诉目标的顺利完成并保障被追诉人的权益，对各种侦查行为的法定主体、法定适用条件、法定程序等都作出了详细的规定，即赋予侦查行为法定性，如果法律未予明确，则此侦查行为在理论上应是违法的诉讼行为。

3. 意义

侦查的意义，简单来讲，有以下几个方面：

（1）侦查是刑事诉讼中的一个独立阶段，是提起公诉案件的必经程序；

（2）侦查是与犯罪行为作斗争的重要手段；

（3）侦查是提起公诉和正确审判的基础和前提，具有承上启下的作用；

（4）侦查是预防犯罪和进行社会治安综合治理的有力措施。

二、侦查的任务和原则

1. 任务

侦查工作的任务，就是依照法定程序发现和收集有关案件的各种证据，查明犯罪事实，查获和确定犯罪嫌疑人，并采取必要的强制措施，防止现行犯和犯罪嫌疑人继续进行犯罪活动或者逃避侦查、起诉和审判，从而保证刑事追诉的有效进行。具体而言，是指侦查机关依照法定程序对已经立案的刑事案件进行侦查，收集、调取犯罪嫌疑人有罪或者无罪、罪轻或者罪重的各种证据材料，准确及时地查明犯罪事实，查获犯罪嫌疑人，并根据案件的具体情况采取必要的强制措施，防止犯罪分子逃避侦查或者毁灭、伪造证据，串供等，以便将犯罪嫌疑人顺利交付起诉和审判，保证诉讼活动的顺利进行，保护国家、集体和公民个人的合法权益不受侵犯。

2. 原则

（1）必要性原则。从理论上说，国家权力尽管是必要的，却必定是一种始终存在的危险或者"罪恶"，因此，如无必要，它不应增加。这就要求国家权力的行使应当具有节制性，国家权力对公民个人自由的限制或剥夺以仅达目的为足，不能过度损害公民的个人自由，国家强制权对公民个人自由造成的损害应当控制在必要的最低限度之内。

所谓必要性原则，又称最后手段原则、最小侵害原则。就其一般意义而言，是对于实现某一职能目标，同时存在多种可以选择的手段，这些手段对公民权利的损害程度各不相同，那么，国家机关就应当选择对公民权利损害最小的手段；而对公民权利损害较大的手段，只有在其他手段都无法达到法定目标时，才能作为最后手段被采用。

一般而言，最小侵害标准可以从以下几个方面去进行判断：①在追求公共利益时，如果说有多种等价的侦查手段可供选择，除紧急情况外，可将选择权让与犯罪嫌疑人、被告人，因为根据理性人的假设，犯罪嫌疑人和被告人经过利益对比，其所选择的手段必然是给自己带来最小侵害的手段；②在达到同一目的有特殊侦查行为和一般侦查行为并列存在时，应选择一般的普通侦查行为；③看是否存在可替代行为，如果存在可替代行为，则侦查主体之行为不符合必要性原则，反之则符合；④一般而言，限制财产权的措施较限制人身权的措施，侵害要小；限制物质利益的措施较限制精神利益的措施，侵害要小；承担义务性的措施较之禁止性的措施，侵害较小。

（2）比例原则。比例原则，也称权衡理论，是有关刑事追诉的一项基本原则。就侦查而言，国家机关行使公权力时，其采用的手段必须是达成目的的适当手段与造成最小侵害的必要手段。当国家公权力为了维护更大范围的自由需要限制人的基本权利时，一定要有合乎比例原则的法律依据。该原则又包含适当性、比例性两个具体原则：①适当性原则。采用侦查措施时必须有合理的根据可以预期通过特殊侦查获得有关的犯罪证据或线索。②比例性原则。它被称为行政法的皇冠原则，与民法的公平原则一样居于帝王原则的地位。在侦查程序中，由于侦查本身具有浓重的行政色彩，因此，比例性原则在侦查行为运行中也仍然有帝王原则之势。侦查行为比例原则已经被许多现代国家明确地写进刑事诉讼法典中。

依据比例原则，侦查主体所使用的侦查手段不得与其所达成的侦查目的明显不相当。其考虑的重点是：一是涉嫌犯罪情节的轻重、危害结果的轻重。只有对犯罪情节严重的犯罪嫌疑人，方可使用侦查手段和控制保全措施。二是证据获取的难易程度。三是要看案情是否紧急，如犯罪嫌疑人是否可能逃跑、自杀、毁灭罪证、串供、订立攻守同盟等。

（3）依法侦查原则。依法侦查原则，是指侦查必须严格依法进行。具体说来，依法侦查就是要求侦查必须做到：①严格按照法定程序；②保证依法独立办案；③依法维护犯罪嫌疑人的合法权利；④绝对禁止刑讯逼供或者采取威逼、引诱、欺骗等非法手段获取犯罪嫌疑人供述或其他证据。

（4）客观真实原则。为了刑事案件侦查的正确开展，侦查人员在整个侦查活动中都必须遵循客观真实原则。该原则就是实事求是，就是要从客观实际情况出发去调查研究和分析问题，从而得出正确的结论。从理论上讲，侦查活动本身就是一种寻求客观真实的活动，或者说客观真实就体现了侦查活动的本质属性。

坚持客观真实原则，要求侦查人员不能先入为主，不能偏听偏信，应当客观全面地收集和使用证据，不能只收集或使用符合自己意愿的证据，更不能为了所谓的"工作需要"而弄虚作假、制造或使用虚假证据。只有客观全面地收集证据，实事求是地使用证据，才能准确地查明案件事实，为案件的正确处理奠定基础。

（5）迅速及时原则。迅速及时原则是在侦查过程中抓住战机、及时破案的指导思想的体现。迅速及时原则，是指在侦查活动的各个环节中，突出一个"快"字，以快制快，以快取胜。在侦查活动中强调迅速及时原则，并不意味着可以忽略侦查活动的质量，可以不进行任何准备、粗枝大叶，"迅速"与"高质量"应当是侦查活动同时追求的两大目标。

（6）重证据、不轻信口供原则。重证据，是指要求侦查人员在侦查活动中，树立证据优先的思想，应当始终把收集、核实证据放在侦查工作的首位，对一切案件事实的认定都要依据确实、充分的证据。

不轻信口供，绝不是把口供排除在证据之外，而是指口供具有不同于其他证据的特殊性，必须特别对待，不能轻信。"古今中外的司法实践证明，在认定案件事实上发生错误，往往同轻信被告人的口供有关。"因此，必须对犯罪嫌疑人的口供进行认真的审查判断，慎重地辨别其真伪。犯罪嫌疑人的口供是否可信，关键就在于是否符合客观真实情况，盲目相信或者断然否定口供的作用都是片面的，不可取的。

第二节　常规侦查行为和程序

常规侦查行为，是指侦查机关在办理案件过程中，依照法律规定进行的常规性专门调查工作和有关的强制性措施。常规侦查行为也是传统的侦查手段，是与特别侦查行为相对而言的，在我国主要有如下几种：

一、讯问犯罪嫌疑人

讯问犯罪嫌疑人，是指侦查人员依照法定程序以言词方式向犯罪嫌疑人查问案件事实和其他与案件有关的情况的一种侦查行为。

讯问犯罪嫌疑人是每一个刑事案件侦查工作中的必经程序，具有两方面的作用：一方面，有利于侦查人员收集、核实证据，查明案件事实，查清犯罪情节，并发现新的犯罪线索和其他应当被追究刑事责任的犯罪分子；另一方面，又可以为犯罪嫌疑人如实供述罪行或充分行使辩护权提供机会，使侦查机关通过听取犯罪嫌疑人的陈述和申辩，在保护犯罪嫌疑人合法权益的同时保障无罪的人和其他依法不应追究刑事责任的人免受刑事追诉，防止冤错案件的发生。因此，刑事诉讼法规定讯问犯罪嫌疑人应当严格遵守下列程序：

1. 讯问者是侦查人员，且不得少于2人

《刑事诉讼法》第一百一十六条规定，讯问犯罪嫌疑人，必须由人民检察院或者公安机关的侦查人员负责进行，其他任何机关、团体和个人都无权行使这项专有职权。为了保证侦查讯问的正确性、有效性，防止非法行为发生，保障侦查人员的人身安全，该条还规定讯问的时候，侦查人员不得少于2人。

2. 有同案共犯的，要分别讯问

对于共同犯罪案件，讯问犯罪嫌疑人应当分别进行，以免串供。但必要时可以互相对质。

3. 在法定的地点、时间内讯问

（1）拘留、逮捕后的讯问。《刑事诉讼法》规定，拘留、逮捕后应当立即将犯罪嫌疑人送往看守所，至迟不得超过24小时。在犯罪嫌疑人被送交看守所羁押以后，侦查人员对其进行讯问，应当在看守所内进行。这样规定的目的是通过羁押、审讯相分离的体制，实现看守所与侦查机关之间的制约，防止刑讯逼供。拘留、逮捕后，侦查机关必须在 24 小时内对犯罪嫌疑人进行讯问。在讯问过程中，如果发现犯罪嫌疑人有不应当拘留、逮捕的情形时，应当立即释放犯罪嫌疑人，并发给释放证，以保护公民的合法权益。

（2）无需拘留、逮捕的讯问。对于不需要拘留、逮捕的犯罪嫌疑人，可以传唤到犯罪嫌疑人所在市、县内的指定地点或者到他的住处进行讯问，但是应当出示人民检察院或者公安机关的证明文件。对在现场发现的犯罪嫌疑人，经出示工作证件，可以口头传唤，但应当在讯问笔录中注明。

犯罪嫌疑人经合法传唤，无正当理由而不到案的，可以拘传，也可不经传唤直接拘传。无论传唤或者拘传，持续的时间不得超过 12 小时；案情特别重大、复杂，需要采取拘留、逮捕措施的，传唤、拘传持续的时间不得超过 24 小时。不得以连续传唤、拘传的形式变相拘禁犯罪嫌疑人。

4. 遵循法定的讯问顺序

侦查人员在讯问犯罪嫌疑人的时候，应当首先讯问犯罪嫌疑人是否有犯罪行为，让他陈述有罪的情节或者进行无罪的辩解，然后向他提出问题。

5. 告知权利

侦查人员在讯问犯罪嫌疑人的时候，应当告知犯罪嫌疑人如实供述自己罪行可以从宽处理的法律规定。还应当告知，从第一次讯问或者采取强制措施之日起，嫌疑人可以请律师帮助辩护。2012 年修订的《刑事诉讼法》将"如实供述义务"改为"如实供述可以从宽"的权利，体现了立法的进步。

6. 对特殊的讯问对象适用特殊的程序

侦查人员讯问聋、哑犯罪嫌疑人，应当有通晓聋、哑手势的人参加，并将这种情况在笔录上加以注明；对于不通晓当地通用语言文字的犯罪嫌疑人，讯问时，应当有翻译人员参加；讯问未成年犯罪嫌疑人时，可以通知其法定代理人到场。

7. 依法制作讯问笔录

讯问笔录应当如实记载提问、回答和其他在场人的情况。讯问笔录应当交给犯罪嫌疑人核对，对于没有阅读能力的，应当向他宣读。如果记录有遗漏或有差错，犯罪嫌疑人可以提出补充或改正。犯罪嫌疑人承认笔录没有错误后，应当签名或盖章，侦查人员也应当在笔录上签名。犯罪嫌疑人请求自行书写供述的，应当准许。必要时，侦查人员也可以要求犯罪嫌疑人亲笔书写供词。讯问笔录是极为重要的证据材料，经过起诉和审判核实后，可以作为定案的重要依据。因此，必须以极其严肃的态度对待。

8. 可以对讯问过程录音录像

侦查人员在讯问犯罪嫌疑人的时候，可以对讯问过程进行录音或者录像；对于可能判处无期徒刑、死刑的案件或者其他重大犯罪案件，应当对讯问过程进行录音或者录像。录音或者录像应当全程进行，保持完整性。

9. 严禁刑讯逼供或以威胁、引诱、欺骗以及其他非法方式进行讯问

侦查人员讯问犯罪嫌疑人，必须严格遵守法律规定的程序，切实保障犯罪嫌疑人的诉讼权利，严禁刑讯逼供或以威胁、引诱、欺骗以及其他非法方式进行讯问。犯罪嫌疑人对侦查人员侵犯其诉讼权利的违法行为，有权提出控告；构成犯罪的，应当依法追究其刑事

责任。为了进一步保障犯罪嫌疑人在侦查阶段的诉讼权利，保证侦查工作依法顺利进行，我国法律允许犯罪嫌疑人在侦查阶段聘请律师为其提供法律帮助。

二、询问证人、被害人

询问证人、被害人，是指侦查人员依照法定程序以言词方式向证人、被害人调查了解案件情况的一种侦查行为。询问的目的在于取得能够证明案件事实情况的言词证据，发现案件线索，查找犯罪嫌疑人，核实其他证据，查明案情。询问证人、被害人是刑事侦查必不可少的取证手段，对于发现和收集证据、侦破案件、证实犯罪具有重要意义。

侦查阶段，询问证人、被害人应遵循如下程序和方式：

（1）询问者应当是侦查人员，且不得少于2人。侦查询问时，侦查行为应当由侦查人员进行。为防止发生危险或者非法取证现象，在场询问者不得少于2人。

（2）对证人、被害人的询问，应当个别进行。对证人、被害人的询问，都应当单个进行，不能把多个证人或者被害人叫在一起同时询问，以免相互影响，不利于对真实情况的查证。

（3）询问应当选择合适的时间和地点。侦查人员询问证人、被害人，可以在现场进行，也可以到证人所在单位、住处或者证人提出的地点进行，在必要的时候，可以通知证人、被害人到人民检察院或者公安机关进行询问。在现场询问证人，应当出示工作证件；到证人所在单位、住处或者证人提出的地点询问证人，应当出示人民检察院或者公安机关的证明文件。对询问时间、地点的选择，可适当考虑被询问人的便利。

（4）询问证人时，应当告知他应如实地提供证据、证言和有意作伪证或者隐匿罪证应负的法律责任。

（5）询问不满18周岁的证人、被害人，可以通知其法定代理人到场。这样有利于保护未成年人的权益，减少其思想顾虑，消除心理压力，达到询问的目的。

（6）询问的顺序。询问时，一般应先让证人、被害人就他所知道的情况作连续的详细叙述，并问明所叙述的事实的来源，然后根据其叙述结合案件中应当判明的事实和有关情节，向证人、被害人提出问题，让其回答。询问证人、被害人必须保证其有客观、充分的提供陈述的条件。

（7）对证人的叙述，应当制作笔录，或者录音录像。笔录交证人、被害人核对或者向他宣读。如果记载有遗漏或者差错，证人、被害人可以提出补充或者改正。笔录没有错误的，被询问人应当签名或者盖章，侦查人员也应当在笔录上签名。证人、被害人请求自行书写的，应当允许。

询问时，可以对询问过程进行录音或者录像；对于可能判处无期徒刑、死刑的案件或者其他重大犯罪案件，应当对询问过程进行录音或者录像。录音或者录像应当全程进行，保持完整性。

（8）严禁以暴力、威胁、引诱、欺骗等非法方式询问。询问证人、被害人不得使用暴力等非法方式，应当切实保障其合法权益。涉及被询问人个人隐私的，应当为他保守秘密。

三、勘验、检查、侦查实验

勘验、检查，是侦查人员对于与犯罪有关的场所、物品、尸体、人身进行勘查和检验的一种侦查行为。勘验和检查的性质是相同的，只是对象有所不同。勘验的对象是现场、物品和尸体，而检查的对象是活人的身体。通过勘验、检查，可以发现和取得犯罪活动留下的种种痕迹和物品。而对这些证据材料加以分析研究，就可以了解犯罪嫌疑人实施犯罪的情况，判断案件的性质以及犯罪嫌疑人的特征，发现侦破案件的各种线索，明确侦查方向和范围，从而为彻底查明犯罪事实，查获犯罪嫌疑人提供依据。

侦查实验，是指侦查人员为了确定与案件有关的某一事实在某种情况下能否发生或者是怎样发生的，而按当时的情况和条件进行试验的一种侦查活动。

1. 现场勘验

现场勘验，是侦查人员对刑事案件的犯罪现场进行勘查和检验的一种侦查活动。犯罪现场是指犯罪人实施犯罪的地点和其他遗留有与犯罪有关的痕迹和物证的场所。现场勘验的步骤：

（1）保护现场。《刑事诉讼法》第一百二十七条规定，任何单位和个人都有义务保护犯罪现场，并且立即通知公安机关派员勘验。接案后，侦查人员应当迅速赶到案发现场，在保护好现场的同时，要了解现场有无遭到过破坏。

（2）侦查人员勘验现场，必须持有公安机关或者人民检察院的证明文件。

（3）在必要时可以指派或聘请具有专门知识的人在侦查人员的主持下进行现场勘验。为了保证勘验的客观性，还应邀请两名与案件无关的见证人在场。

（4）在勘验现场时，侦查人员还应当及时向被害人、目睹人、报案人和其他群众调查访问，以便了解案发前和案发当时的状况，发现和收集同案件有关的各种情况，并及时采取紧急措施收集证据。

（5）勘验现场的情况应当写成笔录，由侦查人员、其他参加勘验的人员和见证人签名或者盖章。

2. 物证检验

物证检验，是指对在侦查活动中收集到的物品或者痕迹进行检查、验证。检验物证，必须认真、细致。需要经专门技术人员进行检验和鉴定的，应指派或聘请鉴定人进行。检验物证，应制作检验笔录，参加检验的人员和见证人均应签名或者盖章。

3. 尸体检验

尸体检验，是指由侦查机关指派或聘请的法医或医师对尸表和尸体解剖进行检查、验证。尸体检验的目的在于确定死亡的时间和原因，致死的工具和手段、方法，为查明案情和犯罪嫌疑人提供根据。

根据《刑事诉讼法》第一百二十九条的规定，对于死因不明的尸体，公安机关有权决定解剖，并通知死者家属到场。检验尸体，应当在侦查人员主持下，由法医或者医师进行。

尸体检验的情况，应当详细写成笔录，并由侦查人员和法医或医师签名或者盖章。

4. 人身检查

人身检查，是指为了确定被害人、犯罪嫌疑人的某些特征、伤害情况或者生理状态，依法对其身体进行检验、查看的侦查行为。人身检查是对活人身体进行的一种特殊检验。

人身检查应当由侦查人员进行，必要时应邀请法医或医师进行。犯罪嫌疑人如果拒绝检查，必要时可以强制检查。检查时，不得侮辱人格。检查妇女的身体，应由女性工作人员或者医师进行。检查时，根据需要可以提取指纹信息，采集血液、尿液等生物样本。

人身检查应制作笔录，详细记载检查情况和结果，并由侦查人员和进行检查的法医或医师签名或者盖章。

5. 侦查实验

根据《刑事诉讼法》第一百三十三条的规定，为了查明案情，在必要的时候，经公安局长或者检察长批准，可以进行侦查实验。侦查实验时，禁止一切足以造成危险、侮辱人格或者有伤风化的行为。

侦查实验，在必要的时候可以聘请有关人员参加，也可以要求犯罪嫌疑人、被害人、证人参加。侦查实验，应当制作笔录，记明侦查实验的条件、经过和结果，由参加侦查实验的人员签名或者盖章。

6. 复验、复查

《刑事诉讼法》第一百三十二条规定，人民检察院审查案件时，对公安机关的勘验、检查，认为需要复验、复查时，可以要求公安机关复验、复查，并且可以派检察人员参加。这一程序的规定，其目的在于保证和提高勘验、检查的质量，防止和纠正可能出现的差错。同时也是检察机关依法实施侦查监督的形式。复验、复查可以退回公安机关进行，也可以由人民检察院自己进行。对于退回公安机关的，人民检察院也可以派员参加。

复验、复查的情况应制作笔录，并由参加复验、复查的人员签名或者盖章。

四、搜查

搜查，是指侦查人员对犯罪嫌疑人以及可能隐藏罪犯或者罪证的人的身体、物品、住处和其他有关地方进行搜寻、检查的一种侦查行为。

搜查对于侦查机关及时收集证据，查获犯罪嫌疑人等具有重要意义。但是，如果使用不当，它也可能会侵犯公民的住宅自由、人身自由和隐私权，因而在西方国家，搜查通常都被严格控制。我国法律规定的搜查程序是：

（1）搜查只能由侦查人员进行。

（2）搜查具有强制性。

任何单位和个人，有义务按照公安机关和人民检察院的要求，交出可以证明犯罪嫌疑人有罪或无罪的物证、书证、视听资料。

（3）搜查时，必须出示搜查证。

搜查时，要向被搜查人出示搜查证，否则，对方有权拒绝搜查。但是，侦查人员在执行逮捕、拘留的时候，遇有紧急情况，不另用搜查证也可以进行搜查。

（4）搜查的时候，应当有被搜查人或他的家属、邻居或其他见证人在场。

（5）搜查妇女的身体，应当由女性工作人员进行。

（6）搜查的情况应当写成笔录，并且要经在场的搜查人、被搜查人或其家属、见证人签字。如果被搜查人或者他的家属在逃或者拒绝签名、盖章，应当在笔录上注明。

五、查封、扣押物证、书证

查封、扣押物证、书证，是指侦查机关依法强制查封、扣留或冻结与案件有关的财物、文件的一种侦查行为。这里所说的财物包括物品、邮件、存款、汇款、债券、股票、基金份额等财产。这些财物、文件是可以用来证明犯罪嫌疑人有罪或无罪、罪重或罪轻的，如果不及时查封、扣押，就可能发生毁弃、丢失或被隐藏等情况，妨碍侦查取证。查封、扣押须严格遵守如下程序：

（1）查封、扣押财物、文件时，应当会同在场见证人和被扣押财物、文件持有人查点清楚，当场开列清单一式两份，由侦查人员、见证人和持有人签名或者盖章，一份交给持有人，另一份附卷备查。

（2）与案件无关的财物、文件，不得查封、扣押。

（3）对查封、扣押的财物、文件，要妥善保管或者封存，不得使用、调换或者损毁。

（4）侦查人员认为需要扣押犯罪嫌疑人的邮件、电报的，应经公安机关或人民检察院批准，可通知邮电机关将有关的邮件、电报检交扣押。不需要继续扣押的时候，应即通知邮电机关。

六、查询、冻结存款、汇款

根据《刑事诉讼法》的规定，人民检察院、公安机关根据侦查犯罪的需要，可以依照规定查询、冻结犯罪嫌疑人的存款、汇款、债券、股票、基金份额等财产。有关单位和个人应当配合。犯罪嫌疑人的存款、汇款、债券、股票、基金份额等财产已被冻结的，不得重复冻结。

对冻结的存款、汇款、债券、股票、基金份额等财产，经查明确实与案件无关的，应当在三日以内解除冻结，予以退还。

七、鉴定

侦查鉴定，是指侦查机关指派或聘请具有专门知识的人，就案件中某些专门性问题进行科学鉴别和判断并提供鉴定意见的一种侦查行为。侦查中经常采用的鉴定有：法医鉴定、刑事科学技术鉴定、司法精神病学鉴定、文物鉴定、会计鉴定、一般技术鉴定等。

鉴定对于侦查机关及时收集证据，准确揭示物证、书证在诉讼中的证明作用，鉴别案内其他证据的真伪，查明案件事实真相，查获犯罪嫌疑人具有重要作用。

鉴定的程序和要求是：

（1）选定鉴定人。鉴定人的选定有两种方式：一是指派，即由公安机关或者人民检察院，指派其内部的刑事技术鉴定部门具有鉴定资格的专业人员进行鉴定；二是聘请，即由公安机关或者人民检察院聘请其他部门或社会机构的专业人员进行鉴定。

（2）侦查机关应当为鉴定人进行鉴定提供必要条件，及时向鉴定人送交有关检材和对比样本等原始材料，介绍与鉴定有关的情况，并且明确提出要求鉴定解决的问题，但是不得暗示或者强迫鉴定人作出某种鉴定意见。

（3）鉴定人进行鉴定时，应当遵守自己的职业道德，坚持实事求是的原则。鉴定人故意作虚假鉴定的，应当承担法律责任。

（4）鉴定人进行鉴定后，应当写出鉴定意见，并且签名。

（5）侦查机关应当将用作证据的鉴定意见告知犯罪嫌疑人、被害人。如果犯罪嫌疑人、被害人提出申请，可以补充鉴定或者重新鉴定。侦查人员认为必要时，也可以另行指派或者聘请鉴定人重新鉴定。

八、辨认

根据最高人民检察院《刑事诉讼规则》和公安部《办案程序规定》，辨认，是指在侦查中为了查明案情，必要时让被害人、证人以及犯罪嫌疑人对与犯罪有关的物品、文件、尸体、场所或者犯罪嫌疑人进行辨认的一种侦查行为。辨认有助于核实案件有关证据，查获犯罪嫌疑人，是一种重要的侦查手段。辨认的程序是：

（1）公安机关、人民检察院在各自管辖案件的侦查过程中，需要辨认犯罪嫌疑人的，应当分别经办案部门负责人或者检察长批准。

（2）辨认应当在侦查人员的主持下进行，主持辨认的侦查员不得少于 2 人。

（3）多个辨认人对同一辨认对象进行辨认时，应当由每位辨认人单独进行辨认。必要时，可以有证人在场。

（4）辨认前要让辨认人说明被辨认对象的特征。

（5）辨认时，应当将辨认对象混杂在其他人员或物品中，不得给辨认人以任何暗示。

（6）公安机关侦查的案件，辨认人不愿公开进行的，可以在不暴露辨认人的情况下进行，侦查人员应当为其保密。

（7）对于辨认的情况，应当制作笔录，由主持和参加辨认的侦查人员、辨认人、见证人签名或盖章。

九、通缉

通缉，是指公安机关通令缉拿应当逮捕而在逃的犯罪嫌疑人的一种侦查行为。通缉是公安机关内部通力合作、协同作战，及时制止和打击犯罪的一种重要手段，又是公安机关依靠群众同犯罪作斗争的一项有力措施。

通缉的程序：只有公安机关有权发布通缉令。各级公安机关在自己管辖的地区内，可以直接发布通缉令。如超出自己管辖的地区，应报请有权决定的上级机关发布。需要在全国范围内或跨协作区缉拿重要逃犯的，由省、自治区、直辖市公安厅、局报请公安部，由公安部发布通缉令。通缉令应写明被通缉人的身份情况、身体特征、照片、涉嫌犯罪的罪名与事实等。犯罪嫌疑人被缉拿后，应立即发布通知，撤销通缉令。

十、补充侦查

补充侦查，是指公安机关或者人民检察院依照法定程序，在原有侦查工作的基础上进行补充收集证据的一种侦查活动。补充侦查并不是每个案件都必须进行的活动，它只适用于事实不清、证据不足或者遗漏罪行、遗漏同案犯罪嫌疑人的案件。补充侦查由人民检察院决定，公安机关或者人民检察院实施。补充侦查对查明全部案情，正确适用法律，保证案件质量，具有重要意义。

根据《刑事诉讼法》和六机关的《规定》，补充侦查在程序上有两种：

1. 审查起诉时的补充侦查

根据《刑事诉讼法》第一百七十一条的规定，人民检察院审查起诉的案件，对于需要补充侦查的，可以退回公安机关补充侦查；也可以自行侦查，必要时可以要求公安机关提供协助。对于补充侦查的案件，应当在 1 个月以内补充侦查完毕，补充侦查以 2 次为限。

2. 法庭审理时的补充侦查

根据《刑事诉讼法》第一百九十八条的规定，在法庭审判过程中，检察人员发现提起公诉的案件需要补充侦查，提出延期审理建议的，合议庭应当同意。人民检察院应当自行侦查，必要时可以要求公安机关提供协助。人民检察院应当在 1 个月以内补充侦查完毕。

第三节 技术侦查措施

顺应科技进步对刑事侦查技术促进的必然趋势，2012 年修订的《刑事诉讼法》在侦查部分专门增加了技术侦查措施一节，使诸如电话监听，卧底、特情侦查，诱惑侦查等实践中早已开始使用的秘密侦查合法化。此前，《警察法》与《国家安全法》均规定有技术侦查手段，只是由于《刑事诉讼法》没有认可这些措施，所以，有关机关采用技术侦查手段获取的证据，必须经过转化才可以在刑事诉讼中使用。2012 年修订的《刑事诉讼法》实现了法律之间在技术侦查问题上的一致，将从整体上增强侦查机关控制、打击日益猖獗的大型集团性、高智能犯罪的手段和实力。

技术侦查手段的出现有着深刻的社会基础。随着社会政治经济的发展，犯罪现象也日益复杂，各种新型犯罪、新领域犯罪、高技术高智能犯罪、有组织犯罪等大量出现。总之，新的犯罪方式日益向组织化、技术化、隐秘化发展，给刑事侦查带来重重困难。为应付犯罪形势的新变化，首先是在西方国家，侦查机关的侦查手段开始日益向技术化、高隐秘性方向发展。随着科学技术的发展和运用，许多现代科学技术成果被用于侦查之中，如窃听视听装置与技术、红外线望远镜以及电子计算机技术等，这就使得侦查机关的侦查手段丰富起来，技术侦查措施由此产生并日益成为打击犯罪的一种重要的侦查手段。

一、技术侦查措施的概念、特点与分类

1. 技术侦查措施的概念

2012 年修订的《刑事诉讼法》对技术侦查措施规定了五条之多，却没有界定何为技术侦查措施。在立法机关最初的草案讨论稿中，提出过两种定义，最后可能是由于这些界定在范围上难以周延、随着技术的更新将会变得不合时宜等原因而没有采纳。这两种定义分别是：其一，"技术侦查是指采取监控通信，对公民住宅等场所秘密拍照、录音录像，截取计算机网络信息等技术手段获取犯罪证据的措施"。其二，"技术侦查是指采取监控通信、秘密拍照、录音录像、截取计算机网络信息等技术手段，影响公民通信、住宅或者隐私权利的措施"。[①] 两个定义虽表述不同，但涉及的技术侦查措施是相同的，很显然，并未能够包含侦查机关实际运用的技术侦查手段的全部，比如诱惑侦查、控制下交付等。因此，在立法没有明确概念和范围的情况下，学理解释、司法解释就有了更大的空间。

根据侦查手段的更新和立法规范的现实需要，本书认为，所谓技术侦查措施，是指侦查机关为了侦破特定犯罪的需要，依严格程序采用的超常规高技术性秘密侦查手段。通常包括电话监听、电子监控、秘密拍照、录音录像、截取计算机网络信息、特情侦查、诱捕等秘密的专门手段。

对技术侦查中"技术"的理解，不能局限于硬件技术如机器设备，还应当把软技术比如智能、方法、技巧等包含其中。所谓"技术"，按照《现代汉语词典》的解释，有两层含义，一是经验和知识，也泛指其他操作方面的技能；二是指技术装备。[②] 经验、知识与技能，属于软技术范畴，技术装备则为硬件技术类。侦查技术既有对硬件技术的运用，如电子监控、截取计算机网络信息等，也应当包括对知识、技巧型方法的运用，如特情、卧底、控制下交付等。

2. 技术侦查措施的特点

（1）超常规性。技术侦查措施是在常规侦查手段之外使用的新型侦查措施。如果单从技术而言，常规侦查也需要侦查技术的运用，比如刑事照相、痕迹提取与比对、血液化验等，因此，技术性并非技术侦查措施所独有的特性。从法律规范的需要看，常规侦查已经有明确的法律标准和程序，相反，超出常规的技术侦查措施则常常处于法律控制的边缘，因而，有必要对其专门规定并加以立法规范。区别常规性与超常规性，对于技术侦查的研究才具有意义。

（2）高技术性。技术侦查措施中运用的侦查技术，比常规侦查的技术要更为先进和普遍。一方面，技术侦查是及时吸收了最新科技、心理与行为研究的成果而对侦查手段的更新，体现了与科技发展同步的先进性；另一方面，高技术的运用在技术侦查中普遍存在，是每项技术侦查措施都具有的品性，不像常规侦查中有些措施是没有多少技术含量的。

---

① 陈卫东. 2012 刑事诉讼法修改条文理解与适用. 北京：中国法制出版社，2012. 216.
② 中国社会科学院语言研究所词典编辑室. 现代汉语词典. 北京：商务印书馆，1983. 533.

（3）高度隐秘性。技术侦查本身是为对付技术化、高隐秘性的犯罪而发展起来的，其显著的特点在于不经当事人知晓而运用技术装备或人员化装等形式，秘密调查、秘密监控、秘密取证，因而是典型的秘密侦查措施，也有人将技术侦查称为秘密侦查。德国《刑事诉讼法典》称之为"不经当事人知晓的措施"。

（4）高度危险性。相对于公民权利而言，技术侦查具有发生侵权的极大危险性。"秘密侦查手段的广泛运用，对公民的隐私权构成了极大的威胁。技术侦查使得警察可以获得有关犯罪的关键信息而没有被发现的危险，更重要的是，该技术使警察可以'知道全部、看见全部、控制全部'。"①

（5）开放机动性。首先，从形式和种类上，随着经济社会科技的快速发展，技术侦查措施也会随之扩充、更新，呈现开放式花样翻新的样态，因此，总会有新措施出现，而且会远远超过立法的速度。形成实践牵引立法的模式，这也是立法难对其予以界定的重要原因。其次，在何时何地对何人采用技术侦查措施，也具有极大的可选择性和机动性。技术侦查措施所具有的这一开放机动性特点，使得特别审批程序具有了存在的必然性和合理性。经过特别审批程序才能使用，是在立法尚未介入情况下的实践选择。

3. 技术侦查措施的分类

如上所言，技术侦查措施本身是个开放发展的体系，无论理论还是立法，试图对其种类加以明确的列举似乎并无必要。但是，可以根据一定的标准，对它们加以分类，有助于进行类型化的分析与规制。根据现有的技术侦查措施，我们可以将其分为三大类：

（1）工具型技术侦查措施。也即硬件类技术侦查措施，是通过先进工具、设施、设备等，秘密对犯罪嫌疑人及相关人员实施监控并获取相关证据的侦查手段。这类措施包括电子监控、电话监听、秘密拍照、秘密录音录像、截取计算机网络信息等。

（2）圈套型技术侦查措施。也即计谋类技术侦查措施，是侦查机关通过侦查谋略，通过设计陷阱、圈套等方式，对犯罪实施"瓮中捉鳖"、"人赃俱获"。这类措施如诱惑侦查、控制下交付等。这些措施的运用，主要不是依赖先进的硬件技术，而是根据心理学、行为科学的发展而促成的侦查智能的开发和提升。《刑事诉讼法》第一百五十一条第二款规定："对涉及给付毒品等违禁品或者财物的犯罪活动，公安机关根据侦查犯罪的需要，可以依照规定实施控制下交付。"

（3）情报型技术侦查措施。属于信息、知识经验类技术侦查措施。侦查机关通过化装侦查方式秘密获取有关犯罪的情报或线索，在此基础上制订计划，查获犯罪。具体措施主要有：培植线人或耳目，使用特情，派遣卧底，收买情报等。《刑事诉讼法》第一百五十一条第一款规定的侦查形式，即类似于特情或卧底侦查："为了查明案情，在必要的时候，经公安机关负责人决定，可以由有关人员隐匿其身份实施侦查。但是，不得诱使他人犯罪，不得采用可能危害公共安全或者发生重大人身危险的方法。"

在实践中，上述各类技术侦查措施经常会结合或交替使用。

---

① 熊秋红. 法治背景下的秘密侦查. 新华网 http：//news. xinhuanet. com/legal/2011 - 01/25/c_ 121017062. htm.

二、国外技术侦查措施运用的一般原则

技术侦查措施自产生以来，就在侦查的必要性和保障个人安全、秘密的私生活权益之间经受着拉锯战般的考验。毕竟，"秘密侦查措施的采用意味着公共权力以一种悄无声息的方式潜入了人们的生活，在一个公民权利应当受到尊重和保护的法治社会中，需要对于这样的权力侵入保持警醒。"[①] 因此现代各国在技术侦查措施的使用上都十分慎重，法律上作了严格的限制。西方国家一般需要遵守如下一些原则：

1. 重罪原则

技术侦查措施只能适用于法律明文规定的严重复杂案件。美国 1968 年《综合犯罪控制与街道安全法》规定，秘密监听只能适用于相对来说比较严重的犯罪侦查。法国《刑事诉讼法典》第一百条规定："在重罪或轻罪案件中，如果可能判处的刑罚为 2 年或 2 年以上监禁，预审法官为了侦查的必需，可以决定截留、登记和抄录邮电通讯。"德国、意大利、日本等国的刑事诉讼法对此也都有严格的限定。

2. 必要性原则

只有在常规侦查方式难以取得成效的情况下才可以使用技术侦查措施。技术侦查措施在侦查活动中具有补充性，只在最后阶段的必要时使用。原因在于，国家公权力的行使要有节制，不得因过度使用而不适当地侵害人民的自由权利。如德国《刑事诉讼法典》第九十八条（a）针对用机器设备排查、传送个人情况数据的措施，规定："对此项措施，只能在以其他方式调查案情、侦查行为人居所时十分困难、难以奏效的情况下，才允许采取。"该法对于监视电讯措施、录制电讯往来等，都作了类似的要求。美国 1968 年《综合犯罪控制和街道安全条例》规定，审问法官在批准电子监控命令之前必须认定：有合理的原因使人相信只有使用某种专门的窃听装置才能从某种犯罪中获得需要的信息，以及对某一案件来说一般的侦查方法都已经试过，并且是不成功的，或者一旦执行起来一般地说有很大的危险性。

3. 相关性原则

技术侦查措施只能针对犯罪嫌疑人及其相关人员使用，其范围应尽量限制在与侦查目的有关的内容上。不得任意扩大适用对象和范围而侵害民众的自由权利。如德国《刑事诉讼法典》第一百条规定，命令监视、录制电讯往来时，只许针对被指控人，或者针对基于一定事实可以推断他在为被指控人代收或者转送他所发出的信息的人员，或者针对被指控人在使用他们的电话线的人员。

4. 司法审查原则

即侦查机关采用技术侦查措施必须向有侦查控制权的司法机关报请批准，在司法机关签发许可令的情况下才能进行。法国《刑事诉讼法典》第一百条规定，电讯截留措施由预审法官采取并监督。德国《刑事诉讼法典》规定，技术侦查措施只允许由法院决定，在延误就有危险的时候也可以由检察院决定。检察院决定后，应当不迟延地提请法官确认。在

---

① 熊秋红. 法治背景下的秘密侦查. 新华网 http://news.xinhuanet.com/legal/2011-01/25/c_121017062.htm.

3 日内未得到法官确认的，决定失去效力。意大利《刑事诉讼法典》第二百六十七条规定："公诉人要求负责初期侦查的法官决定进行第二百六十六条规定的活动。当存在重大犯罪嫌疑并且为进行侦查工作必须实行窃听时，采用附理由命令的形式给予批准"。

同时，各国对技术侦查措施的审批都要求贯彻书面原则，并且必须规定有效期限。如德国法律规定，法官作出决定要用书面形式；《法国刑事诉讼法典》第一百条第二款规定，电讯截留的决定以书面形式。此项决定规定的截留期限最长为 4 个月。继续截留必须按同样的条件方式和期限重新作出决定。美国 1968 年《综合犯罪控制和街道安全条例》规定："命令的执行期间是获得窃听所需要的唯一的时间周期，并且如果超过 30 天就会自动失效。在该法令的实施中不能添改，如需要添改，必须重新申请。"

三、我国技术侦查措施适用的案件范围

1. 危害国家安全犯罪

危害国家安全犯罪是危害国家主权、安全和领土完整的严重刑事犯罪，在《刑法》分则第一章中有明确的罪名、罪状规定。对此类犯罪使用技术侦查，是保护国家根本利益的需要，也为西方国家所认可。

2. 恐怖活动犯罪、黑社会性质的组织犯罪、重大毒品犯罪或者其他严重危害社会的犯罪案件

此类案件列举中，有三个具体罪名加一个兜底性概括。

恐怖活动犯罪、黑社会性质的组织犯罪、重大毒品犯罪，是三类性质严重、危害极大、通常都是有组织的犯罪，一直是国家打击的重点。对这些犯罪在取证上通常也存在许多危险与困难，因而，采用技术侦查措施是很有必要的。除此之外，法律用"其他严重危害社会的犯罪案件"作为口袋，将其他需要技术侦查的严重犯罪都包含在内，以便应对特别情况的发生。

3. 重大的贪污、贿赂犯罪案件以及利用职权实施的严重侵犯公民人身权利的重大犯罪案件

这是职务犯罪中的重大犯罪案件，包括两类：一是重大的贪污、贿赂犯罪案件，是由人民检察院反贪部门负责侦查的案件；另一类是利用职权实施的严重侵犯公民人身权利的重大犯罪案件，如非法拘禁、刑讯逼供、暴力取证等侵权犯罪，属于检察院渎职侵权局侦查的案件。

4. 追捕被通缉或者批准、决定逮捕的在逃的犯罪嫌疑人、被告人的案件

追捕在逃的犯罪嫌疑人、被告人，有时也需要采用如卫星跟踪定位系统等技术进行查找，因此，也被列入适用技术侦查案件的范围。

四、我国有权使用技术侦查措施的主体

根据《刑事诉讼法》第一百四十八条和《人民警察法》、《国家安全法》的规定，在

我国有权使用技术侦查措施的主体，基本上就是各侦查机关。如果把公安机关作狭义的解释，那么享有技术侦查权的机关就具体可细分为：

1. 公安部及其下属的地方各级公安机关

法律授权可以使用技术侦查措施的恐怖活动犯罪、黑社会性质的组织犯罪、重大毒品犯罪或者其他严重危害社会的犯罪案件，基本上是公安机关负责侦查的案件，因此，公安部及其下属的地方各级公安机关是当然的有权主体。

2. 国家安全机关

依照管辖分工，危害国家安全的犯罪案件是国家安全机关负责侦查的案件，被列入使用技术侦查措施之首，这与此类犯罪的严重性和国家安全部门的工作特点有关。在《国家安全法》中早已有明确授权。

3. 人民检察院

重大的贪污、贿赂犯罪案件以及利用职权实施的严重侵犯公民人身权利的重大犯罪案件，是人民检察院负责侦查的案件，法律允许对这些案件使用技术侦查措施，显然是对人民检察院的授权。当然，法律规定检察机关可以使用技术侦查措施，但是要按照规定交有关机关执行。也就是说，检察机关只有采用技术侦查措施的决定权，不可以亲自执行技术侦查措施，要交公安机关执行。在《刑事诉讼法》修改之前，人民检察院办理贪污、贿赂等职务犯罪案件，需要采用技术侦查措施的，是通过享有技术侦查权的公安机关主管领导审批使用的，自己没有独立的使用权。当然，此前对于人民检察院应否享有技术侦查权的问题，理论和实务界有过不同意见的争论。

4. 军队保卫部门和军事检察院

根据我国法律，军队内部发生的各类犯罪案件，是由军队保卫部门和军事检察院负责侦查的，并且，军队保卫部门享有与公安机关相同的侦查职权。因此，如果在军队内部发生了法律规定可适用技术侦查措施的严重犯罪，按照管辖分工和法律解释，军队保卫部门和军事检察院也享有使用技术侦查措施的权力。当然，同样的，军事检察院只有采取技术侦查措施的决定权，执行权要交军事保卫部门。

5. 海关缉私警察局

海关缉私警察局专门负责侦查走私犯罪案件，在其管辖范围内，享有与公安机关相同的侦查权限。虽然，《刑事诉讼法》第一百四十八条没有明确赋予海关缉私警察局有采用技术侦查的权力，但是，根据如下两个方面可知，立法实际上并没有排除海关缉私警察对于技术侦查措施运用的权力，换句话说，根据该两点法律授权，海关缉私警察同样是技术侦查措施的使用主体。这两点是：

（1）追捕被通缉或者批准、决定逮捕的在逃的犯罪嫌疑人、被告人的案件。法律规定，侦查机关可以对这类案件使用技术侦查措施，而这类案件在海关侦查的案件中也会出现。如走私犯罪的嫌疑人、被告人被通缉或者被批准、决定逮捕而在逃的，为了抓捕，海关侦查机关即可采用技术侦查措施。

（2）其他严重危害社会的犯罪案件。"其他"与"严重危害社会"是这类案件的两个关键要素。"其他"是对案件范围的指称，"严重危害社会"是案件本身的特点。

从前者看，指的是《刑事诉讼法》第一百四十八条第一款规定的公安机关侦查的危害国家安全犯罪、恐怖活动犯罪、黑社会性质的组织犯罪、重大毒品犯罪以外的其他犯罪。条文中把危害国家安全犯罪与恐怖活动等犯罪并列，说明这里的"公安机关"是广义上的，也包括海关侦查机关在内。从后者看，"严重危害社会"的犯罪，也应当包括重大的走私犯罪。因此，海关侦查机关据此也可在侦查走私犯罪中使用技术侦查措施。

五、我国使用技术侦查措施的具体要求与审批程序

1. 使用技术侦查措施的具体要求

（1）适用于严重犯罪案件。从适用的案件范围可以看出，使用技术侦查措施的案件都必须是严重的犯罪案件，比如性质严重如危害国家安全犯罪，或者危害严重如恐怖活动犯罪、黑社会性质的组织犯罪、重大毒品犯罪、重大的贪污贿赂犯罪等。犯罪的严重性成为侦查手段趋向于严厉性的合理化理由，是公民权利在重大国家利益面前需要作出的适当让步。

（2）为侦查犯罪所必须。即使是针对非常严重的犯罪，如果采取常规性侦查手段足以查获作案人、收集到扎实的证据，也就不能采取技术侦查措施。技术侦查措施只能是补充性的最后侦查手段，这是必要性原则所要求的。我国《刑事诉讼法》用三个条款反复强调"根据侦查犯罪的需要"，说明必须是在确有需要时才可使用技术侦查措施。

必要性的另一层含义是，技术侦查措施必须与案件侦查的特殊需要相适应。比如，追捕在逃的犯罪嫌疑人、被告人，可以采取追捕所必需的技术侦查措施，而不是任何的技术侦查措施。侦查重大的贪污案件与侦查恐怖活动犯罪所需要的技术侦查措施就会有所不同。技术侦查是否对应于侦查事项的特殊需要，须由审批机关严格审查。

（3）经过严格的审批程序。要经过严格的批准手续。在公安机关和国家安全机关内部，已经建立了内部审查批准制度和程序。随着《刑事诉讼法》的施行，建立符合法律要求的正式的审批程序就成为必然的选择，这也是技术侦查措施规范化的必由之路。

（4）严格的期限限制。批准决定自签发之日起3个月以内有效。对于不需要继续采取技术侦查措施的，应当及时解除；对于复杂、疑难案件，期限届满仍有必要继续采取技术侦查措施的，经过批准，有效期可以延长，每次不得超过3个月。

（5）只用于特定的用途。采取技术侦查措施获取的材料，只能用于对犯罪的侦查、起诉和审判，不得用于其他用途。

（6）保守秘密。技术侦查措施的使用往往是以损害公民的隐私权等为代价的，所以，法律要求，侦查人员对采取技术侦查措施过程中知悉的国家秘密、商业秘密和个人隐私，应当保密；对采取技术侦查措施获取的与案件无关的材料，必须及时销毁。同时，有义务配合公安机关依法采取技术侦查措施的单位和个人，对有关情况也应当予以保密。

2. 使用技术侦查措施的审批程序

（1）技术侦查措施的采用必须是在立案后才考虑。

（2）报各有关机关负责人批准。根据法治发展的需要，国内也在积极探索司法审批制度，有望通过司法化途径，控制技术侦查措施的规范运用。

（3）批准决定中，应当确定采取技术侦查措施的种类和适用对象。采取技术侦查措

施，必须严格按照批准的措施种类、适用对象和期限执行。

（4）批准决定必须限制期限。

（5）人民检察院根据侦查犯罪的需要，经过严格的批准手续，决定采取技术侦查措施后，按照规定交有关机关执行。

六、我国运用技术侦查措施取证的法律效果

根据《刑事诉讼法》第一百五十二条的规定，依法采取技术侦查措施收集的材料在刑事诉讼中可以作为证据使用。这是技术侦查措施在《刑事诉讼法》中出现的自然结果。

如果使用该证据可能危及有关人员的人身安全，或者可能产生其他严重后果的，应当采取不暴露有关人员身份、技术方法等保护措施，必要的时候，可以由审判人员在庭外对证据进行核实。

当然，技术侦查取得的证据也会有真假或瑕疵，对此类证据同样要进行审查核实，才能作为定案的根据。

七、我国技术侦查措施需要完善的方面

《刑事诉讼法》关于技术侦查措施的规定，尚有一些不完善的方面，主要有：

（1）缺乏对技术侦查措施内涵与外延的适当界定。实践中可能会引起一定的混乱。

（2）案件适用范围弹性过大。如"其他严重危害社会的犯罪案件"，实际上就把可适用技术侦查的案件范围大大扩展了，似乎严重的伪造货币、贩卖妇女儿童、危害食品药品安全、抢劫、凶杀、爆炸等，都可适用。如此一来，先行列举的恐怖活动、黑社会组织、重大毒品犯罪等，已经意义不大。对于人民检察院侦查的职务侵权案件，是否应当采用技术侦查措施，值得认真研究，因为这类犯罪即使很严重，也不是难以查处、难以取证的案件。

（3）使用技术侦查措施的审批主体与程序不明晰。如由什么机关、什么人来审查批准？是本级审批还是上级审批？审批程序具体是怎样的？是否应当有权力制约与监督？这些在《刑事诉讼法》中都未能体现，这给公权力的行使留下了极大的任意空间。

第四节　侦查终结

一、侦查终结的概念和意义

侦查终结，是指侦查机关经过一系列的侦查活动，认为案件事实已经查清，证据确

实、充分，足以认定犯罪嫌疑人是否有罪和应否对其追究刑事责任而决定结束侦查，并对案件依法作出处理的一种诉讼活动。

正确及时的侦查终结，可以为人民检察院提起公诉、人民法院审判奠定基础，也可以为无罪的人和依法不应当受到刑事追究的人不受刑事追究提供根据。

二、侦查终结的条件

经过侦查的案件，当符合下列条件时可侦查终结：

（1）经侦查，认为犯罪嫌疑人有罪，且已符合犯罪事实清楚，证据确实、充分的条件时，才能侦查终结。

（2）在侦查中，发现犯罪嫌疑人无罪或符合《刑事诉讼法》第十五条的规定情形之一的，也应当侦查终结。

三、侦查终结的处理

（1）根据《刑事诉讼法》第一百五十九条的规定，在案件侦查终结前，辩护律师提出要求的，侦查机关应当听取辩护律师的意见，并记录在案。辩护律师提出书面意见的，应当附卷。这就是说，对于案件如何处理，辩护律师可以提出意见。

（2）公安机关侦查终结的案件，应当做到犯罪事实清楚，证据确实、充分，并且写出起诉意见书，连同案卷材料、证据一并移送同级人民检察院审查决定是否提起公诉。

（3）公安机关要将案件移送人民检察院的情况，告知犯罪嫌疑人及其辩护律师。

（4）公安机关在侦查过程中，发现不应对犯罪嫌疑人追究刑事责任的，应当撤销案件；犯罪嫌疑人已被逮捕的，应当立即释放，发给释放证明，并且通知原批准逮捕的人民检察院。

四、侦查中的羁押期限

侦查中的羁押期限，是指犯罪嫌疑人在侦查中被逮捕以后到侦查终结的期限。《刑事诉讼法》对此有以下重要的规定：

（1）一般侦查羁押期限不得超过2个月。案情复杂、期限届满不能终结的案件，可以经上一级人民检察院批准延长1个月。

（2）对于交通十分不便的边远地区的重大复杂案件；重大的犯罪集团案件；流窜作案的重大复杂案件；犯罪涉及面广，取证困难的重大复杂案件。在上述期限届满仍不能侦查终结的，经省、自治区、直辖市人民检察院批准或者决定，可以延长2个月。

（3）对犯罪嫌疑人可能判处10年有期徒刑以上刑罚，依照上述第二项的规定延长期限届满，仍不能侦查终结的，经省、自治区、直辖市人民检察院批准或者决定，可以再延长2个月。

（4）因为特殊原因，在较长时间内不宜交付审判的特别重大复杂的案件，由最高人民检察院报请全国人民代表大会常务委员会批准延期审理。

（5）遇有下列情况，重新计算侦查羁押期限：①在侦查期间，发现犯罪嫌疑人另有重要罪行的，自发现之日起依照《刑事诉讼法》第一百五十四条重新计算侦查羁押期限。即按上述第一项计算。②应当对其身份进行调查，侦查羁押期限自查清其身份之日起计算，但是不得停止对其犯罪行为的侦查取证。对于犯罪事实清楚，证据确实、充分，确实无法查明其身份的，也可以按其自报的姓名起诉、审判。

第五节　侦查监督

一、侦查监督的概念和意义

1. 概念

侦查监督，是指人民检察院依法对侦查机关的侦查活动是否合法进行的监督。它是宪法和法律赋予检察机关的一项重要职能，是检察机关对侦查机关活动以及在侦查过程中所作出的决定是否合法所实施的监督，是为了防止侦查权的滥用，保证侦查活动的合法与准确。

侦查监督主要通过对立案、侦查活动的监督和审查逮捕等方式实现，在检察业务中占有重要地位。近年来，检察机关强化了侦查监督职能，认真履行侦查监督职责，紧紧抓住"强化法律监督，维护公平正义"这一主题，发挥了侦查监督部门在维护社会稳定，实现司法公正等方面的积极作用，取得了一定成绩。但由于种种原因，侦查监督还存在着不少突出问题。

2. 意义

（1）它是社会主义法制原则的体现。侦查部门对刑事犯罪的侦查，必须依法进行。如果侦查活动没有法律监督，往往就会造成冤假错案。加强对侦查活动的监督，从而保证侦查活动的正确、合法进行，保证刑事诉讼任务的顺利完成。

（2）有利于及时纠正侦查活动中的违法现象。侦查活动监督的目的归根到底就是发现、纠正、预防侦查活动中的违法行为，保证侦查活动的规范和取证行为的合法有效，保障诉讼参与人的合法权利不受侵犯。

（3）侦查监督是遏制司法腐败的有力措施。

二、侦查监督的内容

《刑事诉讼法》和最高人民检察院《刑事诉讼规则》规定，人民检察院对公安机关的侦查活动是否合法实行监督，发现和纠正以下违法行为：

（1）对犯罪嫌疑人刑讯逼供、诱供的；

（2）对被害人、证人以体罚、威胁、诱骗等非法手段收集证据的；

（3）伪造、隐匿、销毁、调换或者私自涂改证据的；

（4）徇私舞弊，放纵、包庇犯罪分子的；

（5）故意制造冤、假、错案的；

（6）在侦查活动中利用职务之便谋取非法利益的；

（7）在侦查过程中不应当撤案而撤案的；

（8）贪污、挪用、调换所扣押、冻结的款物及其孳息的；

（9）违反《刑事诉讼法》关于决定、执行、变更、撤销强制措施的规定的；

（10）违反羁押和办案期限规定的；

（11）在侦查中有其他违反《刑事诉讼法》有关规定的行为的。

三、侦查监督的程序

（1）人民检察院通过审查逮捕、审查起诉，发现公安机关的侦查活动存在违法情况的，应当提出意见，通知公安机关纠正；构成犯罪的，移送有关部门依法追究刑事责任。

（2）人民检察院根据案件需要，通过派员参加公安机关对于重大案件的讨论和其他侦查活动，若发现公安机关在侦查活动中的违法行为，应当及时通知公安机关予以纠正。

（3）人民检察院通过接受诉讼参与人对侦查机关或侦查人员侵犯诉讼权利和人身权利的行为提出的控告，行使侦查监督权。

（4）人民检察院批捕部门或者审查起诉部门对本院侦查部门侦查或者决定、执行、变更、撤销强制措施等活动中的违法行为，应当根据情节分别处理。情节较轻的，可以直接向侦查部门提出纠正意见；情节较重或者需要追究刑事责任的，应当报告检察长决定。

案例分析

【案例】犯罪嫌疑人金某因涉嫌故意杀人，经某市人民检察院批准，由某市公安局执行逮捕后，向某市公安局提出聘请某律师事务所李律师为其提供法律服务的要求。某市公安局予以批准，但不允许李律师与金某见面，认为如果他们见面会影响侦查工作的进行。

【问题】

1. 金某聘请律师是否需经某市公安局批准？

2. 在侦查阶段，金某能否与李律师会见？

【解析】

1. 金某聘请律师无需经某市公安局批准。《刑事诉讼法》第三十三条规定："犯罪嫌疑人自被侦查机关第一次讯问或者采取强制措施之日起，有权委托辩护人；在侦查期间，只能委托律师作为辩护人。"第三十七条第一款、第三款分别规定：辩护律师可以同在押的犯罪嫌疑人、被告人会见和通信。危害国家安全犯罪、恐怖活动犯罪、特别重大贿赂犯罪案件，在侦查期间辩护律师会见在押的犯罪嫌疑人，应当经侦查机关许可。金某案是涉嫌杀人案，因此，金某聘请律师不需经某市公安局批准。

2. 在侦查阶段，金某有权与李律师会见。根据法律的上述规定，本案不是法定的三类案件，律师会见金某，不需要经侦查机关的许可。某市公安局以影响侦查工作为由不批准李律师和金某会见，其做法是不正确的。

思考与练习

1. 人民检察院对哪些刑事案件具有侦查权？
2. 如何认识在侦查阶段律师的诉讼地位？
3. 讯问犯罪嫌疑人应当遵循哪些程序？
4. 侦查终结的概念、条件和程序是什么？
5. 如何理解人民检察院的侦查监督？

第十三章 刑事起诉程序

要点提示

刑事起诉，是指检察机关或自诉人，依法向法院提出刑事控诉，请求对刑事被告人进行审判，以确定刑事被告人刑事责任并依法给予刑事制裁的一种诉讼活动或程序。分公诉和自诉两种。

审查起诉，是指检察院对公安机关以及自侦部门侦查终结移送起诉的案件进行全面审查核实，并作出提起公诉或不起诉决定的专项诉讼活动。意义在于：连接侦查与审判，体现检察独立性，为出庭公诉做准备。审查起诉的步骤：阅卷，讯问犯罪嫌疑人，听取被害人意见，听取辩护人、诉讼代理人的意见并记录在案。审查后的处理：提起公诉，不起诉，补充侦查。

提起公诉，是指检察院代表国家将其认为符合起诉条件的犯罪嫌疑人提交人民法院，要求法院通过审判追究其刑事责任的一种诉讼活动。提起公诉的条件：①犯罪嫌疑人的犯罪事实已经查清；②证据确实、充分；③对犯罪嫌疑人应当依法追究刑事责任；④符合审判管辖的规定。依法可能判处3年以下有期徒刑、拘役、管制、单处罚金的公诉案件，并且事实清楚、证据充分的，可以提起适用简易程序。

不起诉，是指检察院对侦查终结移送起诉的案件进行审查后，认为犯罪嫌疑人的行为不符合起诉条件或者不需要起诉的，而依法作出的不将案件提交人民法院进行审判的一种处理决定。分法定不起诉、酌定不起诉和证据不足不起诉三种。

自诉，由被害人及其法定代表人、近亲属直接向人民法院起诉，要求追究被告人刑事责任的起诉活动。自诉案件有：告诉才处理的案件；被害人有证据证明，不需要侦查的轻微刑事案件；公诉转自诉案。自诉案件的特点：有明确、具体的原告和被告；案件事实清楚、简单；可能判处的刑罚较轻；被害人有证据证明。

量刑建议，是指人民检察院对提起公诉的被告人，依法就其适用的刑罚种类、幅度及执行方式等向人民法院提出的建议。

第一节　起诉概述

一、起诉的概念和种类

1. 起诉的概念

刑事起诉，是指检察机关或自诉人，依法向法院提出刑事控诉，请求对刑事被告人进行审判，以确定刑事被告人刑事责任并依法给予刑事制裁的一种诉讼活动或程序。

2. 起诉的种类

根据刑事起诉主体的不同，刑事起诉可分为公诉和自诉。

公诉，是指依法享有刑事公诉权的国家机关代表国家向人民法院提起诉讼，要求人民法院通过审判确定被告人所犯被指控的罪行成立并给予相应刑事制裁的诉讼活动。在我国，依法享有刑事公诉权的国家机关仅指各级人民检察院。公诉实质上是国家公权力介入刑事起诉活动，由人民检察院代表国家行使提起公诉的职权。我国的绝大部分刑事案件属于公诉案件，均由人民检察院提起公诉。

自诉，是指依法享有刑事控诉权的被害单位或个人依法以自诉人的名义直接向人民法院提起控诉，要求人民法院通过审判确定被告人所犯被指控的罪行成立并给予相应刑事制裁的诉讼活动。在我国，依法享有刑事自诉权的自诉人包括刑事自然人被害人和单位被害人。刑事自然人被害人的法定代理人、近亲属可以依法代为行使自诉权。自诉实质上是个人（体）私权利参与刑事起诉活动，由个人（体）本身享有和行使控诉权利。这种权利既可以积极行使，也可以放弃行使，取决于自诉人个人（体）的自由意志。我国有少部分刑事案件属于自诉案件，原则上由自诉人提起诉讼。

二、起诉的任务和意义

1. 起诉的任务

起诉的任务在于通过享有刑事起诉权的国家专门机关或个人，根据事实和法律向人民法院提起刑事控诉，启动审判程序，从而使对指控的刑事被告人的罪行进行依法审判，以确定刑事被告人是否应被追究刑事责任和给予刑事制裁。也即通过起诉启动审判程序而使国家刑罚权在法定的审判程序中依法实现，防止法外滥用刑罚权。

2. 起诉的意义

起诉是连接侦查与审判的桥梁和纽带，是刑事诉讼中的一个关节点，具有非常重要的意义。

（1）通过起诉发动审判程序。现代刑事诉讼的一个基本要求是"不告不理"，也即审判要以起诉为前提和基础，没有起诉就没有法院的审判，没有起诉法院就不能主动追究犯罪。这是有别于封建社会"纠问式诉讼"的一个突出特点。所以，只有通过起诉发动审判程序才可能使法院获得审判权力，才可能使"诉讼两造"有权就受诉审判的案件参加诉讼活动并最终承担法院裁判的义务。

（2）通过起诉实现控诉职能。现代刑事诉讼有三大基本职能，即控诉职能、辩护职能和审判职能。在现代民主法治国家，刑事诉讼这三大基本职能的关系是控审分离、控辩平等对抗和审判中立。控诉方由享有控诉权的国家专门机关或个人（体）来承担，辩护方由享有辩护权的被告方来承担，审判方由享有审判权的审判机关来承担。在这"三方组合"的诉讼构造中各自履行相应职能，起诉也成为审判中控诉职能履行的开始，它是诉讼中实现两造对抗的起点。

（3）通过起诉确定法院的审判范围。对现代刑事诉讼的"不告不理"原则的遵循，意味着刑事起诉既是启动刑事审判的程序前提和基础，同时也对刑事审判的内容和范围予以限制。为了保证审判的中立性和消极性，法院的刑事审判范围必须与刑事起诉的范围保持一致，而不能在刑事指控之外，对指控方没有起诉的犯罪行为或者被告人进行刑事审判。因此，不诉而审违反诉讼机理。

（4）通过起诉为刑事辩护提供依据。刑事辩护是现代刑事诉讼中被告人的一项基本权利。有控告才会有辩护。起诉是向法院正式控告被告人，因而，也成为被告人进行法庭抗辩的正式依据。

三、起诉权的配置

1. 起诉权的来源

起诉权是提起诉讼的一项权利，是社会主体将纠纷诉诸法院，并由此启动审判程序的权利。[①] 从本源上讲，起诉权是一种权利而不是一种权力。诉权的逻辑起点是人作为社会共同体的一员的资格，社会共同体的任何一员都有起诉权（奴隶制下的奴隶除外）。起诉权的原初形态是自诉权，它是一种权利。自诉权体现了纠纷的解决通过私力救济实现，这又被称为私力救济。

但随着社会的发展与文明的进步，社会关系和各种利益已变得复杂、多样，犯罪行为对被害人个人利益的侵犯，有时已从根本上危害社会公共利益或国家利益，犯罪的泛滥将对统治阶级的统治管理秩序构成威胁，况且个体对抗犯罪的能力也愈显不足。因此，公权力（国家）为保护受害人利益而代替刑事受害人发动刑事追诉，同时也为了保护公共利益和国家利益而主动积极地对被告人发动刑事追诉，从而将本属于私权性质的起诉权变异成了公诉权——公权化的私诉权。但是公诉权的行使主体是公权力机构，已与权利主体相分离。所以，现今的公诉权是权力而不是权利，只有刑事自诉权是诉权。[②] 公诉权体现了纠纷的解决通过公力救济实现，这就又被称为公力救济。

① 周永坤. 诉权法理研究论纲. 中国诉讼法学精萃（2005年卷）. 北京：高等教育出版社，2005，36.
② 周永坤. 诉权法理研究论纲. 中国诉讼法学精萃（2005年卷）. 北京：高等教育出版社，2005，37.

由此可见，起诉因起诉主体的不同可分为自诉型起诉和公诉型起诉。这也就意味着起诉权可根据国家意志并考量对犯罪行为打击的强度和力度进行不同的配置。

2. 起诉权的配置类型

（1）公诉独占类型。即将起诉权只配置给国家的专门机关独占行使。在近现代社会，通常是国家的检察机关独占行使刑事起诉权，而不将起诉权配置给个人（体），排除自诉。采用公诉独占类型的代表国家有美国、法国、日本等。如1948年日本《刑事诉讼法》第二百四十七条规定，对犯罪人的追诉实行"国家追诉主义"，"公诉由检察官提起"。法国刑事诉讼中规定追诉犯罪的权力只能由国家统一行使，也不存在自诉制度，被害人只可以就犯罪行为造成的损害提出附带民事赔偿的请求，但这种请求只构成检察官提出公诉的理由之一。

（2）公诉兼自诉类型。即一方面将起诉权主要配置给国家的专门机关行使，此为公诉权；另一方面将少部分案件的起诉权配置给个人（体）行使，即公诉兼自诉。采用此类型的代表国家有俄罗斯、德国、奥地利及中国等。我国1996年《刑事诉讼法》在公诉兼自诉的基础上，适当扩大了自诉案件的范围，给自诉人以更大的程序选择权。

第二节 审查起诉

一、审查起诉的概念和意义

1. 概念

审查起诉，是指人民检察院对公安机关以及自侦部门侦查终结移送起诉的案件进行全面审查核实，并作出提起公诉或不起诉决定的专项诉讼活动。《刑事诉讼法》第一百六十七条规定："凡需要提起公诉的案件，一律由人民检察院审查决定。"即审查起诉是提起公诉案件的法定必经程序，是连接侦查程序和审判程序的纽带，同时审查起诉权也是人民检察院法定独享的职权，其他任何机关、团体不享有此项权力。如果案件经侦查终结后侦查机关等决定撤销案件的，则不必经过审查起诉环节。自诉案件不需进行审查起诉。

2. 意义

审查起诉是刑事诉讼流程中起着承上启下作用的一个关键性诉讼阶段，它在刑事诉讼中的意义主要表现在以下几个方面：

（1）对于侦查程序而言，审查起诉是其后续程序，起着承接侦查程序的作用。审查起诉对侦查工作成果进行质量检验和把关，审查核实侦查终结移送起诉的案件是否做到案件事实清楚，证据确实、充分，定性准确，罪名适用正确。同时监督侦查活动是否合法，如发现侦查活动有违反法律的情况时，应及时提出纠正意见，对构成犯罪的依法追究刑事责任，从而发挥其侦查监督的功能作用。

（2）对于审判程序而言，审查起诉是其前置程序，起着启动连接审判程序的作用。审查起诉是人民检察院为实现提起公诉的职能而进行的最基本的准备工作阶段，通过审查核实，如认为案件符合起诉条件则依法提起公诉。从而防止将无罪的人、依法不需要追究刑事责任的人等交付审判，实现公诉活动的公正性和严肃性。

（3）为顺利履行控诉职能，提高审判效率打下良好基础。由于控审分离原则的确立，绝大部分公诉案件由公诉方承担证明被告人有罪的责任。因此，要在庭审中控诉成功，则控方需将犯罪事实揭露、证实清楚，证据收集、运用达到确实、充分的程度，请求法庭依法惩罚犯罪分子的法律依据提供准确、全面等，这些均依赖于审查起诉阶段的准备工作做得充分、细致和扎实。

二、审查起诉内容

根据《刑事诉讼法》第一百三十七条规定和最高人民检察院《刑事诉讼规则》的有关规定，审查起诉的内容应包括两个部分，即受理审查内容和起诉审查内容，现分述如下：

1. 受理审查内容

人民检察院对于公安机关移送审查起诉的案件，先应进行受理审查，考量其是否符合受理条件。经审查后，对具备受理条件的，填写受理审查起诉案件登记表，之后再进行受理后的审查起诉；不符合受理条件的，则不能受理。

人民检察院应当在收到起诉意见书后指定检察人员受理审查以下内容：①案件是否属于本院管辖。②起诉意见书以及案卷材料是否齐备；案卷装订、移送是否符合有关要求和规定，诉讼文书、技术性鉴定材料是否单独装订成卷等。③对作为证据使用的实物是否随案移送，移送的实物与物品清单是否相符。④犯罪嫌疑人是否在案以及采取强制措施的情况。如果上述条件均符合要求，则案件应当由该院受理并进入下一步的审查起诉。如果案卷材料不齐备、对作为证据使用的实物未移送等不合规定要求和遗漏的，应当要求公安机关在3日内补送。对于犯罪嫌疑人在逃的，应当要求公安机关在采取必要措施保证犯罪嫌疑人到案后再移送审查起诉。人民检察院受理同级公安机关移送审查起诉的案件，经审查认为属于同级其他人民法院管辖的第一审案件时，应当写出审查报告，连同案卷材料移送有管辖权的人民检察院或者报送共同的上级人民检察院指定管辖，同时通知移送审查起诉的公安机关，说明该院不具有受理审查起诉该案件的职权等等。

2. 起诉审查内容

当案件具备受理条件的，则由该人民检察院填写受理登记表，进入下一步的审查起诉环节。下一步的审查起诉内容为：①犯罪嫌疑人身份状况是否清楚，包括姓名、性别、国籍、出生年月日、职业和单位等。②犯罪事实、情节是否清楚，认定犯罪性质和罪名的意见是否正确；有无法定的从重、从轻、减轻或免除处罚的情节；共同犯罪案件的犯罪嫌疑人在犯罪活动中的责任认定是否恰当。③证据材料是否随案移送，不宜移送的证据的清单、复制件、照片或者其他证明文件是否随案移送。④证据是否确实、充分。⑤有无遗漏罪行和其他应当追究刑事责任的人。⑥是否属于不应当追究刑事责任的。⑦有无附带民事诉讼；对于国家财产、集体财产遭受损失的，是否需要由人民检察院提起附带民事诉讼。⑧采取的强制措施是否适当。⑨侦查活动是否合法。⑩与犯罪有关的财物及其孳息是否扣押、冻结并妥善保管，以供核查；对被害人合法财产的返还和对违禁品或者不宜长期保存的物品的处理是否妥当；移送的证明文件是否完备。

人民检察院审查案件，可以要求公安机关提供法庭审判所必需的证据材料；认为可能存在《刑事诉讼法》第五十四条规定的以非法方式收集证据情形的，可以要求其对证据收集的合法性作出说明。

三、审查起诉的步骤和方法

根据我国刑事诉讼法的规定，人民检察院对于移送起诉的案件，必须采用如下步骤和方法进行审查：

1. 审阅案卷材料

这是审查起诉所必须首先进行的一项基础工作。案卷材料记载了侦查机关全部的侦查活动、所收集的证据材料、侦查程序以及侦查机关对案件的认识与结论等，了解案卷材料，是审查起诉部门了解案件全部情况，确定进一步审查内容和方向的依据。

审阅案卷材料必须制作阅卷笔录。

2. 讯问犯罪嫌疑人

《刑事诉讼法》第一百七十条规定："人民检察院审查案件，应当讯问犯罪嫌疑人。"这是法律对审查起诉程序上的强制性要求，即人民检察院在审查起诉阶段，必须与犯罪嫌疑人见面，听取犯罪嫌疑人的认罪陈述或无罪、罪轻的辩解，以真实、准确地了解犯罪嫌疑人及其所涉嫌的犯罪。这是检察机关准确认识案件性质，决定是否起诉以及如何起诉的基本事实根据。通过讯问，还可以发现侦查阶段有无违法审讯，犯罪嫌疑人的口供稳定性，口供与案中其他证据是否一致等情况，可以了解犯罪嫌疑人的思想动态，主观恶性程度，了解有无遗漏犯罪或者其他作案人的情况等，这些对于检察机关正确行使公诉权都是非常重要的。

3. 听取被害人意见

听取被害人意见也是刑事诉讼法对检察机关的硬性要求。如果被害人还在世的话，检察机关在审查起诉阶段也必须与被害人见面。这一要求的意义是：第一，通过被害人进一步核实案件事实和证据。被害人是案件的当事人之一，对案件情况比较了解，询问被害人可以接近案件的原始真相。第二，体现了现代刑事诉讼对被害人主体资格的尊重。被害人受到犯罪的侵害，理应受到国家更多的关心与帮助，国家公诉本身也代表了被害人的利益，所以，公诉机关理应听取被害人对于案件处理的意见和惩罚犯罪的要求。第三，了解有无附带民事诉讼的情况，可以告知被害人有权提起附带民事诉讼。

4. 听取辩护人、诉讼代理人的意见并记录在案，辩护人、被害人及其诉讼代理人提出书面意见的，应当附卷

公诉案件在侦查阶段，犯罪嫌疑人即有权委托辩护人，被害人及其法定代理人、近亲属有权委托诉讼代理人。人民检察院自收到移送审查起诉的案件材料之日起3日以内，应

当告知当事人各方享有法律规定的这些权利。检察机关听取当事人双方委托人的意见，也是一个必经程序，是我国检察机关公正执法、维护公平正义的立场体现，是法律监督者能够兼听各方意见的应有胸怀。有助于人民检察院对案件的审查准确全面，对案件的处理做到正确和恰如其分。

四、对起诉审查的处理

人民检察院在对案件进行起诉审查后，根据不同的情况，可以作出三种处理：

1. 依法提起公诉

人民检察院通过审查起诉认为犯罪嫌疑人的犯罪事实已经查清，证据确实、充分，依法应当追究刑事责任的，应当作出起诉决定，按照审判管辖的规定向人民法院提起公诉，并将案卷材料、证据移送人民法院。关于案卷的移送，2012年修订的《刑事诉讼法》废止了1996年旧法实行的主要证据复印件移送主义，改回到全案材料的移送。这种回归，一方面证明了复印件移送是弊大于利，不符合中国司法现实；另一方面体现了对法院职能定位的重新考量，法院应当承担查明案情的客观义务。

2. 依法不起诉

人民检察院通过审查起诉认为犯罪嫌疑人没有犯罪事实，或者有《刑事诉讼法》第十五条规定的情形之一的，应当作出不起诉决定。对于二次补充侦查的案件，人民检察院仍然认为证据不足，不符合起诉条件的，应当作出不起诉的决定。

3. 补充侦查

人民检察院通过审查起诉，认为事实不清或者证据不足的，或者有其他尚需要侦查查明的事项，不能作出处理决定的，就可将案件退回公安机关补充侦查或者自行补充侦查。退回补充侦查的，应当制作退回补充侦查通知书，连同案卷材料一并退回。通知书应当载明需要补充侦查的具体事项和要求。

五、审查起诉的期限

人民检察院对于公安机关移送起诉的案件，应当在1个月内作出决定；重大复杂案件，可以延长半个月。对于补充侦查的案件，应当在1个月内补充侦查完毕，补充侦查以两次为限，补充侦查完毕移送人民检察院后，人民检察院重新计算审查起诉期限。人民检察院审查起诉的案件，改变管辖的，从改变后的人民检察院收到案件之日起计算审查起诉期限。

第三节 提起公诉

一、提起公诉的概念

提起公诉，是指人民检察院代表国家将其认为符合起诉条件的犯罪嫌疑人提交人民法院，要求人民法院通过审判追究其刑事责任的一种诉讼活动。此项诉讼活动的意义在于人民检察院代表国家实现国家追诉，人民检察院作出提起公诉的决定后，犯罪嫌疑人的诉讼地位转变为刑事被告人。

《刑事诉讼法》第一百七十二条规定："人民检察院认为犯罪嫌疑人的犯罪事实已经查清，证据确实、充分，依法应当追究刑事责任的，应当作出起诉决定，按照审判管辖的规定，向人民法院提起公诉。"此规定明确了提起公诉的条件。

二、提起公诉的条件

人民检察院要将犯罪嫌疑人提起公诉，应当具备以下几个条件：

1. 犯罪嫌疑人的犯罪事实已经查清

人民检察院对犯罪嫌疑人提起公诉，必须首先查清其犯罪事实。因为犯罪事实是定罪量刑的基础，只有犯罪事实清楚，定罪量刑才可能准确。所谓"犯罪事实已经查清"，一般就是要求查清"七何"要素，必须查清影响定罪量刑的事实。

2. 证据确实、充分

证据是查明和认定案件事实的基础，是揭露犯罪、证实犯罪的重要手段，是起诉和定罪量刑的依据。因此，对案件提起公诉时应当做到证据确实、充分。这里的"确实"是要求起诉所依据的证据是经过审查核实的，证据之间、证据与案件事实之间无矛盾，而"充分"则是指现有证据能够对指控的犯罪及其量刑构成充分理由。

3. 对犯罪嫌疑人依法应当追究刑事责任

人民检察院依法提起公诉的案件应当是依法应对犯罪嫌疑人追究刑事责任的案件，没有《刑事诉讼法》第十五条规定的情形，也没有依法可以免于追究刑事责任的情况，必须是需要追究刑事责任才提起公诉。

4. 提起公诉应当符合审判管辖的规定

人民检察院提起公诉除具备上述实体性条件外，还需具备程序性条件。即人民检察院作出起诉决定后，应当向有管辖权的同级人民法院提起公诉。否则，提起公诉将不会被法院受理。

三、提起公诉的程序

1. 制作起诉书

起诉书是人民检察院代表国家正式向人民法院提出追究被告人刑事责任的重要司法文书，是提起公诉的书面依据，是人民法院行使审判权的前提以及法庭调查和辩论的基础。这种文书是检察机关以国家公诉人的名义制作的，故又称为公诉书。

起诉书由下列部分组成：

（1）首部。

①标题。主要写明"人民检察院起诉书"字样。其右下方注明案号"（年度）×检字第××号"。

②被告人的基本情况。主要写明被告人的姓名、性别、年龄、籍贯、身份证号码、民族、文化程度、职业、住址、主要简历（包括有无前科）、何时被拘留、逮捕、在押被告人的关押处所等。

③案由和案件来源。主要写明案件是由哪个侦查机关侦查终结，或由哪个自侦部门侦查终结，并于何时以何种罪名移送人民检察院审查起诉，人民检察院何时受理，何时审查终结等。

（2）正文。

①犯罪事实和证据。这是起诉书中的主要部分。起诉书要写明对被告人提起公诉的罪名、罪状、犯罪情节、认罪态度以及罪证等。在记叙被告人的犯罪事实时，应写明犯罪的时间、地点、经过、手段、动机、目的、危害后果等与定罪量刑有关的事实要素。有多项指控的，要逐一列举犯罪事实。需要注意的是：起诉书所写内容是经过人民检察院严格审查和核实后所认定的，是人民法院审判被告人的依据，而且也是被告人及其辩护人进行辩护的依据。所以，起诉书要有严密的逻辑性和很强的说服力。

②起诉的理由和法律根据。这部分是写人民检察院在对被告人犯罪事实的分析、认定基础上，阐述对被告人所犯罪行进行法律追究的详细具体的意见，具体包括：被告人犯罪行为的性质、危害性大小以及触犯的刑法条款；法定从重、从轻或减轻处罚的情节以及适用的刑法条款；酌定从宽或从严处罚的理由；各共同犯罪中各被告人应负的罪责；有无附带民事诉讼的情况等。

（3）尾部。

主要写明"此致××人民法院"。并由检察长（员）署名，注明具文的时间，加盖公章。

（4）附项。

这部分写明：被告人的住址或羁押处所；证据目录、主要证据复印件或者照片；证人名单及住址或单位地址；鉴定人的住址或单位地址；随案移送案卷的册数、页数；随卷移送的赃物、证物。

2. 向同级人民法院移送起诉书、案卷材料和证据

人民检察院向人民法院起诉时，应当按照审判管辖的规定，向同级人民法院提起公

诉，不允许越级起诉。

3. 作出庭支持公诉的准备

根据最高人民检察院《刑事诉讼规则》第三百三十条规定，公诉人在人民法院决定开庭审判后，应当做好如下准备工作：①进一步熟悉案情，掌握证据情况；②深入研究与本案有关的法律政策问题；③充实审判中可能涉及的专业问题；④拟定讯问被告人、询问证人、鉴定人和宣读、出示、播放证据的计划并制定质证方案；⑤拟定公诉意见，准备辩论提纲。

四、出庭支持公诉

人民法院审判公诉案件时，人民检察院应当派员以国家公诉人的身份出庭支持公诉，任务主要在于通过在庭审中宣读起诉书、发表公诉词、参与法庭调查和法庭辩论来依法追究被告人的刑事责任，实现惩罚犯罪、保护教育公民的任务。

在法庭审理中，公诉人应当客观、全面、公正地向法庭提供证明被告人有罪、罪重或者罪轻的证据。

第四节　不起诉

一、不起诉的概念

不起诉，是指人民检察院对侦查终结移送起诉的案件进行审查后，认为犯罪嫌疑人的行为不符合起诉条件或者不需要起诉的，而依法作出的不将案件提交人民法院进行审判的一种处理决定。

不起诉决定是人民检察院对公诉案件审查后依法作出的一种处理结果，但它只是一种程序性处分，不是实体性处分，它产生了在审查起诉阶段终止刑事诉讼的法律效力。然而它并不产生终局效力。当案件符合起诉条件时，人民检察院可以再次提起公诉。如因为证据不足而决定不起诉的，在发现新的证据，符合起诉条件时，可以提起公诉。人民检察院如果发现不起诉决定确有错误，符合起诉条件的，应当撤销不起诉决定，提起公诉。

根据我国现行刑事诉讼法的规定，不起诉包括法定不起诉、酌定不起诉和证据不足不起诉三种。

1. 法定不起诉

又称绝对不起诉，是指人民检察院通过审查，认为犯罪嫌疑人没有犯罪，或者具有《刑事诉讼法》第十五条规定的不追究刑事责任情形之一的，应当作出不起诉决定。对此，人民检察院没有起诉与否的自由裁量权。

2. 酌定不起诉

又称相对不起诉。是指人民检察院认为犯罪情节轻微，不需要判处刑罚的，可以作出不起诉的决定。"可以作出不起诉决定"意即人民检察院对于起诉或不起诉有一定的自由裁量权，是酌定的不起诉。

根据《刑事诉讼法》第一百七十三条、第二百七十九条的规定，人民检察院的酌定不起诉权主要适用于两种情况：

（1）犯罪情节轻微，依照刑法规定不需要判处刑罚或者免除刑罚的，人民检察院可以作出不起诉决定。人民检察院对于犯罪情节轻微，依照刑法规定不需要判处刑罚或者免除刑罚的，可以直接作出不起诉决定。

（2）对于达成和解协议的公诉案件，人民检察院可以作出不起诉决定。对于达成和解协议的案件，公安机关可以向人民检察院提出从宽处理的建议。对于犯罪情节轻微，不需要判处刑罚的，人民检察院可以作出不起诉的决定。

人民检察院作出酌定不起诉决定，需要具备两个基本条件：

（1）犯罪嫌疑人的行为触犯了刑律，已经构成犯罪。这是区别于法定不起诉的前提条件。

（2）犯罪情节轻微，不需要判处刑罚。也就是根据刑法规定不需要判处刑罚或者可以免除刑罚的。

3. 证据不足不起诉

证据不足不起诉，又称存疑不起诉，是指人民检察院对于补充侦查的案件仍然认为证据不足，不符合起诉条件的，可以作出不起诉的决定。

根据《刑事诉讼法》第一百七十一条第四款的规定："对于二次补充侦查的案件，人民检察院仍然认为证据不足，不符合起诉条件的，应当作出不起诉的决定。"补充侦查应当在一个月以内补充侦查完毕。补充侦查以二次为限。

根据最高人民检察院《刑事诉讼规则》第二百八十六条第三款的规定，具有下列情形之一的，属于证据不足不符合起诉条件，可以作出不起诉决定：①据以定罪的证据存在疑问，无法查证属实的；②犯罪构成要件事实缺乏必要的证据予以证明的；③据以定罪的证据之间的矛盾不能合理排除的；④根据证据得出的结论具有其他可能性的。

二、不起诉的程序和效力

1. 不起诉的程序

（1）作出不起诉决定的主体。根据最高人民检察院《刑事诉讼规则》的有关规定，对于绝对不起诉，即具有法定不起诉情形的，应当由检察长作出不起诉决定；对于相对不起诉，即具有酌定不起诉情形的，应当通过检察委员会讨论决定，可以作出不起诉决定；对于证据不足不起诉，即具有存疑不起诉情形的，也应当通过检察委员会讨论决定作出不起诉决定。

（2）制作不起诉决定书。当人民检察院作出不起诉决定后，应当制作不起诉决定书。不起诉决定书应当包括下列内容：①被不起诉人的基本情况，包括姓名、出生年月日、出生地、民族、文化程度、职业、住址、身份证号码,是否受过刑事处罚,拘留、逮捕的年月日和关押处所等;②案由和案件来源;③案件事实,包括否定或者指控被不起诉人构成犯罪的事实以及作为不起诉决定根据的事实;④不起诉的根据和理由,写明作出不起诉决定适用的法律条款;⑤有关告知事项。

(3)宣布和送达不起诉决定书。不起诉决定作出后,由人民检察院公开宣布。公开宣布的活动应当记明笔录。

不起诉决定书应分别送达下列机关和个人:①根据《刑事诉讼法》的规定,不起诉决定书应送达被不起诉人和他的所在单位。如果被不起诉人在押,应立即释放并发给释放证明;②对于公安机关移送起诉的案件,应当将不起诉决定书送达公安机关。对于人民检察院直接侦查的案件决定不起诉后,应当由审查起诉部门将不起诉决定书副本及案件审查报告报送上一级人民检察院备案;③根据《刑事诉讼法》的规定,对于有被害人的案件,人民检察院应当将不起诉决定书送达被害人或者近亲属及其诉讼代理人、被不起诉人以及被不起诉人的所在单位。送达时应尽到相应的告知义务。

(4)解除查封、扣押与冻结。人民检察院决定不起诉的案件,应当同时对侦查中查封、扣押、冻结的财物解除查封、扣押、冻结。

(5)移送有关机关处理。对被不起诉人需要给予行政处罚、行政处分或者需要没收其违法所得的,人民检察院应当提出检察意见,移送有关主管机关处理。有关主管机关应当将处理结果及时通知人民检察院。

2. 不起诉的效力

(1)不起诉决定书的效力。不起诉决定书是人民检察院代表国家依法确认对犯罪嫌疑人不予追究刑事责任的决定性法律文书,它具有终止刑事诉讼活动的法律效力。

(2)不起诉决定书自公开宣布之日起生效。即生效时意味着刑事诉讼活动终止。

(3)公安机关认为不起诉决定有错误的可要求复议复核。根据《刑事诉讼法》第一百七十五条规定,公安机关认为不起诉决定有错误时,可要求复议,如果意见不被接受,可以向上一级人民检察院提请复核。人民检察院应当在收到要求复议意见书后30日内作出复议决定,通知公安机关。上一级人民检察院应当在收到提请复核意见书后的30日内作出决定,制作复核决定书送交提请复核的公安机关和下级人民检察院。如经复核改变了下级人民检察院不起诉决定的,应当撤销下级人民检察院作出的不起诉决定,交由下级人民检察院执行。

(4)被害人对不起诉决定不服的可以申诉、起诉。根据《刑事诉讼法》第一百七十六条的规定,如果被害人不服人民检察院作出的不起诉决定,可以自收到不起诉决定书后7日内向上一级人民检察院申诉,请求提起公诉。人民检察院应当将复查决定告知被害人。对人民检察院维持不起诉决定的,被害人可以向人民法院起诉。被害人也可以不经申诉,直接向人民法院起诉。人民法院受理案件后,人民检察院应当将有关案件材料移送人民法院。上一级人民检察院对被害人不服不起诉决定的申诉进行复查后,应当在3个月内作出复查决定,案情复杂的,最长不得超过6个月。复查决定书应送达被害人和作出不起诉决定的人民检察院。上级人民检察院经复查作出起诉决定的,应当撤销下级人民检察院的不起诉决定,交由下级人民检察院提起公诉,并将复查决定抄送审查起诉的公安机关。出庭支持公诉由审查起诉部门办理。

（5）人民检察院如发现不起诉决定有错误的应撤销，重新提起公诉。人民检察院如发现不起诉决定确有错误，符合起诉条件的，应当撤销不起诉决定，重新提起公诉。

第五节　自诉程序

一、自诉案件的范围

自诉案件，是指根据我国法律规定的可以由被害人或者其法定代理人、近亲属直接向人民法院起诉，要求追究被告人刑事责任，人民法院能够直接受理的刑事案件。自诉是相对于公诉而言的。

根据《刑事诉讼法》第二百零四条、"六机关"《规定》第四条和最高人民法院《解释》第一条的规定，自诉案件包括下列案件：

1. 告诉才处理的案件

（1）侮辱、诽谤案件；

（2）暴力干涉婚姻自由案；

（3）虐待案；

（4）侵占案。

2. 被害人有证据证明，不需要侦查的轻微刑事案件

（1）故意轻伤害案；

（2）非法侵入住宅案；

（3）侵犯通信自由案；

（4）重婚案；

（5）遗弃案；

（6）生产、销售伪劣商品案（严重危害社会秩序和国家利益的除外）；

（7）侵犯知识产权案（严重危害社会秩序和国家利益的除外）；

（8）属于《刑法》分则第四章、第五章规定的，对被告人可能判处 3 年有期徒刑以下刑罚的其他轻微刑事案件。

3. 被害人有证据证明对被告人侵犯自己人身、财产权利的行为应当依法追究刑事责任，而公安机关或者人民检察院已经作出不予追究的书面决定的案件

第三类自诉案件又称为公诉转自诉的案件，是 1996 年《刑事诉讼法》中增加的内容。哪些公诉案件可转化为自诉案件？法律上的标志应是公安机关或者人民检察院对这些公诉案件已经作出了不予追究的书面决定，如不起诉决定、不予立案决定等。这类自诉案件具有监督公诉权的意义。

二、自诉案件的特点

1. 有明确、具体的原告和被告

自诉案件均是有具体被害人的案件，犯罪行为侵害的主要是具体个人或个体的利益，这类案件追诉权在具体的被害人手中，被害人主动追诉时可向法院起诉，被害人则成为自诉人，被追诉人则成为被告人。

自诉人起诉时，被告人应当是明确的，否则，法院拒绝受理。这一点在所有案件中均如此。

2. 案件事实清楚、简单，无需经过专门侦查

自诉案件的事实比较清楚，犯罪情节比较简单，因此，不需要由公安机关采取专门的侦查手段和侦查措施来介入侦查，检察机关也不介入审查起诉，而由自诉人凭借自身能力来承担控诉职能。

3. 危害后果不严重，可能判处的刑罚较轻

自诉案件一般性质不太严重，给社会造成的危害较小，因此，可能判处的刑罚也较轻。如侮辱、诽谤罪，处 3 年以下有期徒刑、拘役、管制或者剥夺政治权利。

4. 被害人有证据证明应当追究被告人刑事责任

自诉仍需遵循证据裁判原则。自诉人起诉时必须提供相应的证据以证明指控的犯罪事实成立，依法应追究被告人刑事责任。自诉人提供的证据不充分，不能证明犯罪事实存在的，人民法院应当说服自诉人撤回起诉或者裁定驳回起诉。

三、提起自诉的条件

根据法律的有关规定和自诉案件的特征，提起自诉须具备如下条件：

1. 提起自诉的人应属于符合法律规定的适格的人

适格的提起自诉的人，包括被害人及其法定代理人、近亲属，即遭受犯罪行为直接侵害的被害人有权向人民法院提起自诉。这意味着被害人享有自诉权。但如被害人死亡、丧失行为能力或者因受强制、威吓等原因无法告诉的，或者是限制行为能力以及因年老、患病、盲聋哑等原因不能亲自告诉的，由被害人的法定代理人、近亲属向人民法院代为告诉，且代为告诉人应当提供与被害人关系的证明和被害人不能亲自告诉的原因的证明。

2. 提起自诉时应有明确的被告人和具体诉讼请求

提起自诉时既要有明确的被告人，又要有具体的诉讼请求。前者是应当承担刑事责任的主体，后者是提起自诉的目的，二者缺一不可。

3. 提起自诉的案件属于法定自诉案件范围

4. 自诉人要提供指控的相应证据

自诉人向法院提起自诉时，必须提供相应证据，无证据或证据不足的指控将被法院要求撤诉或驳回。这是"谁主张，谁举证"原则的要求，也体现了程序启动的谨慎，防止滥诉。

5. 提起自诉时应向有管辖权的人民法院提起

自诉人应当依据刑事诉讼法关于级别管辖和地区管辖的规定，向有管辖权的人民法院提起自诉。根据有关司法解释的规定，刑事自诉案件的自诉人、被告人一方或者双方是在港、澳、台居住的中国公民或者其住所地在港、澳、台的，由犯罪地的基层人民法院审判。港、澳、台同胞告诉的，应当出示港、澳、台居民身份证、回乡证或者其他能够证明本人身份的证明。

四、提起自诉的程序

根据《刑事诉讼法》和最高人民法院《解释》的规定，提起自诉应遵循下列程序：

（1）自诉人向人民法院提交刑事自诉状；提起附带民事诉讼的，还应当提交刑事附带民事自诉状。如果自诉人书写诉状确有困难的，可以口头告诉，由人民法院工作人员作出告诉笔录，向自诉人宣读，自诉人确认无误后，应当签名或盖章。

自诉状或者告诉笔录应当包括以下内容：①自诉人、被告人、代为告诉人的姓名、性别、年龄、民族、出生地、文化程度、职业、工作单位、住址；②被告人犯罪行为的时间、地点、手段、情节和危害后果；③具体的诉讼请求；④致送人民法院的名称及具状时间；⑤证人的姓名、住址及其他证据的名称、来源等。如果被告人是2人以上的，自诉人在告诉时需按被告人的人数提供自诉状副本。

（2）人民法院应当在收到自诉状或者口头告诉第2日起15日以内作出是否立案的决定，并书面通知自诉人或者代为告诉人。

（3）对于已经立案，经审查缺乏罪证的自诉案件，如果自诉人提不出补充证据，人民法院应当说服自诉人撤回起诉或者裁定驳回起诉。

（4）自诉人撤回起诉或者裁定驳回起诉后，又提出了新的足以证明被告人有罪的证据，再次提起自诉的，人民法院应当受理。

（5）自诉人明知有其他共同侵害人，但只对部分侵害人提起自诉的，人民法院应当受理，并视为自诉人对其他侵害人放弃告诉权。判决宣告后自诉人又对其他共同侵害人就同一事实提起自诉的，人民法院不再受理。

如果共同被害人中只有部分人告诉的，人民法院应当通知其他被害人参加诉讼。被通知人接到通知后表示不参加诉讼或者不出庭的，即视为放弃告诉权。第一审宣判后，被通知人就同一事实又提起自诉的，人民法院不予受理。但当事人另行提起民事诉讼的，不受本解释限制。

第六节　人民检察院的量刑建议

一、量刑建议的概念与原则

1. 量刑建议的概念

量刑建议是检察机关公诉权的一项重要内容。量刑建议是指人民检察院对提起公诉的被告人，依法就其适用的刑罚种类、幅度及执行方式等向人民法院提出的建议。

2. 量刑建议的原则

人民检察院提出量刑建议应当遵循如下原则：①依法原则。人民检察院应当根据犯罪的事实、犯罪的性质、情节和对于社会的危害程度，依照刑法、刑事诉讼法以及相关司法解释的规定提出量刑建议。②客观公正原则。应当从案件的实际情况出发，客观、全面地审查证据，严格以事实为根据，提出公正的量刑建议。③贯彻宽严相济的刑事政策原则。贯彻宽严相济刑事政策，在综合考虑案件从重、从轻、减轻或者免除处罚等各种情节的基础上，提出量刑建议。④注重效果原则。提出量刑建议时，既要依法行使检察机关的法律监督职权，也要尊重人民法院独立行使审判权，争取量刑建议的最佳效果。

二、人民检察院提出量刑建议的条件

（1）犯罪事实清楚，证据确实、充分；

（2）提出量刑建议所依据的各种法定从重、从轻、减轻等量刑情节已查清；

（3）提出量刑建议所依据的酌定从重、从轻等量刑情节已查清。

三、人民检察院提出量刑建议的分类

除有减轻处罚情节外，量刑建议应当在法定量刑幅度内提出，不得兼跨两种以上主刑。建议判处死刑、无期徒刑的，应当慎重。

1. 具体幅度的量刑建议

建议判处有期徒刑的，一般应当提出一个相对明确的量刑幅度，法定刑的幅度小于3年（含3年）的，建议幅度一般不超过1年；法定刑的幅度大于3年小于5年（含5年）的，建议幅度一般不超过2年；法定刑的幅度大于5年的，建议幅度一般不超过3年。根据案件具体情况，如确有必要，也可以提出确定刑期的建议。建议判处管制的，幅度一般不超过3个月。

建议判处拘役的，幅度一般不超过1个月。建议适用缓刑的，应当明确提出。建议判

处附加刑的，可以只提出适用刑种的建议。

2. 概括性的量刑建议

对不宜提出具体量刑建议的特殊案件，可以提出依法从重、从轻、减轻处罚等概括性建议。

四、对数罪与共同犯罪的量刑建议

人民检察院指控被告人犯有数罪的，应当对指控的各罪分别提出量刑建议，可以不再提出总的建议。对于共同犯罪案件，人民检察院应当根据各被告人在共同犯罪中的地位、作用以及应当承担的刑事责任分别提出量刑建议。

五、公诉部门的量刑评估

公诉部门承办人在审查案件时，应当对犯罪嫌疑人所犯罪行、承担的刑事责任和各种量刑情节进行综合评估，并提出量刑的意见。量刑评估应当全面考虑案件所有可能影响量刑的因素，包括从重、从轻、减轻或者免除处罚等法定情节和犯罪嫌疑人的认罪态度等酌定情节。一案中多个法定、酌定情节并存时，每个量刑情节均应得到实际评价。

六、量刑建议的审批程序

提出量刑建议，应当区分不同情形，按照以下审批程序进行：①对于主诉检察官决定提起公诉的一般案件，由主诉检察官决定提出量刑建议；公诉部门负责人对于主诉检察官提出的量刑建议有异议的，报分管副检察长决定。②对于特别重大、复杂的案件、社会高度关注的敏感案件或者建议减轻处罚、免除处罚的案件以及非主诉检察官承办的案件，由承办检察官提出量刑的意见，部门负责人审核，检察长或者检察委员会决定。

七、量刑建议书的制作

人民检察院提出量刑建议，一般应制作量刑建议书，根据案件具体情况，也可以在公诉意见书中提出。根据最高人民检察院公诉厅发布的《人民检察院量刑建议书格式样本（试行）》，量刑建议书格式如下：

人民检察院量刑建议书

被告人：

案由：

起诉书文号：

被告人一案，经本院审查认为，被告人的行为已触犯《中华人民共和国刑法》第×条（款、项）之规定，犯罪事实清楚，证据确实、充分，应当以罪追究其刑事责任，其法定

刑为 _____

因其具有以下量刑情节：

1. 法定从重处罚情节；

2. 法定从轻、减轻或者免除处罚情节；

3. 酌定从重处罚情节；

4. 酌定从轻处罚情节；

5. 其他

故根据（法律依据）的规定，建议判处被告人（主刑种类及幅度或单处附加刑或免予刑事处罚），（执行方式），并处（附加刑）。

此致

人民法院

检察员：

年 月 日

（××××院印）

案例分析

【案例】犯罪嫌疑人张某，重庆市甲区人，35 岁。1995 年以来，与社会上不三不四的人来往，染上赌博恶习，负债累累。为了付清赌债，张某开始盗窃。1996 年 4 月 12 日，潜入某单位仓库盗窃钢丝一捆，销赃后得人民币 1 500 元。1996 年 6 月 3 日，撬开临江路 120 号居民房门，盗得现金、国库券、高档衣服等物价值 2 500 多元。1997 年 3 月 1 日，在公共汽车上扒窃他人钱物时被抓获。经过侦查，收集了大量证据，犯罪嫌疑人张某对三次盗窃的事实和盗窃数额供认不讳。

区公安局侦查终结后移送区人民检察院提起公诉。区人民检察院在审查起诉中，张某的父母到人民检察院控告张某多年来不尽孝道，对无生活来源的父母不闻不问，且经常谩骂、殴打父母，要求追究张某虐待父母的刑事责任。对于虐待父母的事实，张某亦供认不讳，且有群众的来信检举、揭发和单位、街道的有关证明材料。于是，区人民检察院便以盗窃罪和虐待罪对张某提起公诉，提请区人民法院对张某进行数罪并罚。

【问题】区人民检察院在起诉张某盗窃罪时一并起诉张某虐待父母罪是否正确？

【解析】区人民检察院在起诉张某盗窃罪时，将虐待罪一并起诉，是错误的。因为虐待罪，是告诉才处理的案件，属于人民法院直接受理案件的范畴。自诉案件应当由人民法院受理，人民检察院不应提起公诉。当张某的父母向人民检察院控告张某的虐待行为时，人民检察院应当告知其向人民法院起诉或者先接受控告的情况，移送人民法院处理。"移送人民法院处理"与"向人民法院提起公诉"是有根本区别的。人民法院在接受移送后，要对控告材料进行审查，是否作为自诉案件进行立案和审判，由人民法院决定。而向人民法院提起公诉的案件，人民法院一般都必须受理和开庭审判。因此人民检察院对于张某的虐待罪，不能提起公诉，而应当移送人民法院处理。

思考与练习

1. 审查起诉的内容是什么？

2. 提起公诉的条件是什么？

3. 不起诉的法定种类有哪些？

4. 提起公诉的程序步骤是什么？

5. 复旦教授、博士生导师谢百三于 2005 年 8 月 30 日上午向法院递交诉状，起诉德勤华永会计师事务所（以下简称德勤）触犯《反分裂国家法》，在其网站中将台湾列为国家。谢百三据此要求德勤立即改正错误、在《上海证券报》等媒体公开致歉，并提出 10 万元精神损害赔偿。

问：该项起诉属于刑事还是民事？为什么？如果是刑事起诉，那么是否属于自诉的范围？

6. 案例："伪造病历逃兵"案宣判周杰伦免罪不起诉

周杰伦被检举利用假病历逃避兵役，他曾向台北有关部门抗辩提出"僵直性脊椎炎"证明免当兵，检察官将病历及就医记录送交有关部门鉴定后证实为伪造。随后，检察官传唤他和五名医护人员出庭应讯，之后认定他确实因病无法当兵，并审定给予不起诉处分。

周杰伦在经纪人杨峻荣陪同下出庭接受聆讯。整个过程，他心情平静，对于检方透过司法程序还他清白表示感谢，但他也希望检察官告诉他到底是否为圈内人故意诬陷，不过检察官回应："我不能把告发人告诉你，但可以确定并非是你所说的圈内人。"Jay 七年前由医院复检后确定不必当兵，但有名同病患者检举他是伪造病历逃避兵役，检方才把他列为被告进行调查。

问：从该案看，台湾的不起诉程序是怎样的？

第十四章 刑事审判概述

> **要点提示**
>
> 刑事审判，是指人民法院代表国家在控辩双方和其他诉讼参与人的参加下，依照法定职权和程序，依法对被告人的刑事责任问题作出最终裁判的活动。任务是全面核查证据，查清案件事实，依照刑事法律对案件作出裁判，使犯罪者受到应有的惩罚，无罪的人不受刑事处罚。作用：终结刑事诉讼，体现主流观念，保障当事人合法权利。
>
> 审判原则，在实质上有：不告不理、中立性、终结性、证据裁判、疑罪从无、一事不再理原则等。形式上有：审判公开；直接、言辞、集中审理；辩论；控审分离；控辩平等原则等。不公开审判的案件：涉及国家秘密的、涉及个人隐私的、未成年人犯罪、涉及商业秘密当事人申请的。审理不公开，宣判要公开。
>
> 审判制度：两审终审制、人民陪审制。
>
> 审判组织有：独任庭、合议庭、审判委员会。
>
> 审判笔录：法庭审判的全部活动，都由书记员写成笔录，经审判长审阅后，由审判长和书记员签名。
>
> 判决，在刑事诉讼中是指人民法院对案件中罪与非罪、科刑与否等实体问题所作的处理结论。裁定，是指人民法院在案件审理过程中或审理结束后对所涉及的程序问题或部分实体问题所作的处理决定。决定是对有关程序问题所作的一种处理决定。
>
> 对违反法庭秩序的惩戒：警告、强行带出法庭、罚款或者拘留、追究刑事责任。

第一节 刑事审判的概念和任务

一、刑事审判的概念和意义

1. 概念

刑事审判，是指人民法院代表国家在控辩双方和其他诉讼参与人的参加下，依照法定职权和程序，依法对被告人的刑事责任问题作出最终裁判的活动。这项诉讼活动以公诉机关或自诉人向人民法院提起诉讼为前提，在控辩双方及其他诉讼参与人共同参与下，进行公正、公开的庭审，从而确定被告人的行为是否构成犯罪、是否应当承担刑事责任、应受到何种刑罚处罚。

2. 意义

刑事审判程序的意义体现为以下三个方面：

（1）通过刑事审判程序可以从实体上正确解决案件。刑事案件是引起刑事审判程序的内在根据，而解决案件中所涉及的国家、被害人与被告人之间的冲突，就是刑事诉讼的首要任务，也是刑事审判程序意义的首要体现。

（2）给控辩双方提供公开公正对话的平台，释放不满，和平地解决矛盾。公正的诉讼程序具有吸纳不满、释放愤怒、缓解紧张的功能，能使被害人、被告人冷静、和平地通过对话解决矛盾。有了这样的程序，法院的裁判也容易被接受。

（3）通过审判程序向当事人和其他公民宣示法律价值。法律是国家意志的体现，集中代表了国家的价值追求，如惩恶扬善、平等、人权等。司法审判的过程，是一个宣示法律的过程，法律所体现的公平、正义可以借助于个案而得到最具体的阐释。

二、刑事审判的任务和作用

1. 任务

刑事审判的任务是全面核查证据，查清案件事实，依照刑事法律对案件作出裁判，使犯罪者受到应有的惩罚，无罪的人不受刑事处罚。所以说，审判是刑事诉讼活动中最重要的一个阶段。刑事审判要重点解决两方面的问题：一是纠纷的事实真相到底如何；二是对这种事实真相如何评价，包括有没有犯罪？谁实施了犯罪？侵害的程度有多大？如何作出合理合法的裁决来准确地认定事实？社会的公平与正义，是刑事诉讼所要追求的目标。

2. 作用

（1）终结刑事诉讼。从某种意义上说，刑事诉讼就是控辩双方围绕刑事责任而展开的论争，刑事诉讼以刑事责任争议而开始，因争议的解决而结束。刑事审判亦以解决双方刑事责任的争议为中心而进行。审判的最终结果是审判机关依法解决控辩双方的争议，得出公正合法的结果，从而终结刑事诉讼。

（2）体现主流观念，维护社会有序发展。刑事犯罪强烈地破坏了社会原有的以某种主流观念为主的资源配置和利益格局。刑事诉讼的发生意味着社会公正观念已受到一定程度的威胁和挑战，而且在社会上造成了因利益失衡而带来的动荡。刑事审判对社会主流公正的捍卫是通过两方面来实现的，一方面对刑事犯罪人实行法律惩治，施以刑罚，使其承受生理痛苦、精神耻辱及财产损失的不利后果；另一方面对被害人及社会予以伦理或情感上的支持。刑事审判的启动不仅能获得社会公众情绪上的共鸣，其诉讼结果必将对犯罪人施以法律制裁，使被害人的物质利益和人格尊严得以维护或恢复，使公众的道义要求获得满足，由此可以增强对审判机关乃至法律整体运作行为的信任度。同时，刑事审判对个案的处理结果基本与依社会主流道德评判个案的结论是相同或者相似的，所以在公众中产生的教育效果也是深远巨大的,而刑事审判结果能弥合因犯罪行为而破坏的社会利益秩序。因此,刑事审判有从根本上平息、消弭社会冲突,减少、抑制社会震荡,从而使社会充分发展的强大作用。

(3) 保障被告人合法权利。刑事被告人的人权是刑事诉讼必须保护的另一种利益。由于审判是决定被告人有罪与否及其刑事责任的最后和最关键阶段,因此,对被告人的合法权益的保障很重要。在刑事审判中,通过赋予被告方尽可能与控诉相对应的诉讼手段,以及采用法官主导下控辩双方对抗的证据调查机制,使控辩双方都能够就案件事实和适用法律充分发表意见,从而有利于法官辨明事实真相,正确地作出裁判,进而有效地保障被告人的合法权利。

三、刑事审判程序的种类

在我国,依据不同的标准,可以将刑事审判程序分为几种:依程序的完整性分普通程序和简易程序;依程序的适用范围分一般程序和特别程序;依审判阶段分第一审程序、第二审程序、死刑复核程序、审判监督程序;依案件划分,有公诉案件的审判程序、自诉案件的审判程序以及附带民事诉讼的审判程序。

四、关于规范量刑程序的问题

2012 年修订的《刑事诉讼法》第一百九十三条规定:"法庭审理过程中,对与定罪、量刑有关的事实、证据都应当进行调查、辩论。"这是用法律的形式,将法庭量刑与定罪放在同等重要的地位上给予重视。

此前,中央关于深化司法体制和工作机制改革确立了一项重大司法改革项目——"量刑规范化改革",即"规范裁量权,将量刑纳入法庭审理程序"。最高人民法院制定了《人民法院量刑指导意见(试行)》(以下简称《量刑指导意见》),最高人民法院、最高人民检察院、公安部、国家安全部、司法部联合制定了《关于规范量刑程序若干问题的意见(试行)》。经中央批准同意,这两个试行文件从 2010 年 10 月 1 日起在全国全面推行。

长期以来,我国的庭审程序中并没有构建相对独立的量刑程序,且庭审的重心偏向于定罪而忽视量刑,法官的刑罚裁量权常常在庭审之外运行,量刑不公开,这极不符合刑事程序法定原则,也极容易滋生司法腐败。这次司法改革的主要目的,是进一步规范法官审理刑事案件的刑罚裁量权,通过将量刑纳入法庭审理程序,增强量刑的公开性与透明度,统一法律适用标准,更好地贯彻落实宽严相济的刑事政策。

"量刑规范化改革"包括量刑的实体规范化和量刑的程序规范化,其理论依据在于:

1. 刑事程序法定原则或称"法治国家程序原则"

该原则是指刑事诉讼程序应当由法律事先明文规定,刑事诉讼活动应当依据法律的明文规定来进行。强调刑事诉讼活动的法定程序性,意在保证刑事诉讼活动的公开性、民主性、确定性、公正性,防止国家专门机关滥用职权,从而使刑事诉讼活动的任务顺利实现。

2. 刑事诉讼主体理论

根据诉讼主体说，犯罪嫌疑人、被告人在诉讼中是享有诉讼权利的诉讼主体，并非是被追诉、惩罚的客体。基于这样的理论基础，保障当事人等的程序参与权是必须的，这既是对当事人等参与人权的保障，也是实现诉讼民主性的保障。

量刑程序规范化的法律依据，首先是《宪法》、《刑事诉讼法》关于公开审判的原则，犯罪嫌疑人、被告人有权获得辩护的原则。审判公开既包括定罪公开，也包括量刑公开。辩护不仅针对定罪，也针对量刑。我国 2012 年颁布的新《刑事诉讼法》对量刑的调查与辩论作了明确的规定。

第二节　刑事审判的原则和制度

刑事案件进入审判阶段之后，审判机关、检察机关和诉讼参与人各方，除了要遵循《刑事诉讼法》的各项基本原则以外，还必须遵守审判阶段特有的原则和制度。审判原则，是指法官、检察官（公诉人）及诉讼参与人各方在刑事审判过程中必须遵循的特有的行为准则。刑事审判原则体现了审判程序价值的目标和要求，对刑事审判活动产生着重大的影响和作用。各项原则都从不同的方面保证程序在符合公正标准的前提下具备产生公正结果的能力。

一、实质性审判原则

实质性审判原则，是指规范和指导刑事审判的范围、内容等的行为准则。它们涉及审判的实质内容和实体结果，为控、辩、审三方所普遍遵循，却未必在《刑事诉讼法》中有条文体现。

1. 不告不理原则

没有原告就没有诉讼，没有纠纷也就没有审判。法院在程序的启动上是被动、消极的，法院的审判不得超出控诉范围和幅度，不得无诉而判，不得擅自改变指控的罪名和刑罚。这是由设立法院的根本目的所决定的。

不告不理原则起源于古罗马时代。近代大陆法系各国普遍采纳"控诉式程序"而确立了"控告原则"，控告原则已成为现代刑事审判基本原则。英美法系国家由于历史法律文化的原因一开始并一直适用控告原则。控告原则包含四个方面的含义：一是审诉分离。二是无控诉则无审判。三是诉审同一，即法院审理和裁判的对象、范围、内容必须仅限于起诉书中所明确记载的。起诉书是法院开始审判的根据，它所记载的被告人及其罪状是法院审判的对象，审判不得超越起诉书的范围，也就是不得对未被指控的人进行审判，不得对未被起诉的案件进行审判。四是裁判结论建立在独立庭审基础上，即起诉书只启动审判程序和约束审判对象、范围，但并不等于就是裁判结论，裁判结论还需法院独立庭审得出。

2. 中立性原则

在审判中不能有法院或法官自己的利益，法院或法官必须中立，在控辩双方之间保持公正的立场，超然、无偏袒。联合国法律文件《关于司法机关独立的基本原则》第二条规定："司法机关应不偏不倚，以事实为根据并依法律规定来裁决其所受理的案件。"审判中立是司法公正的基本保证。法哲学家戈尔丁将法官的中立性具体化为三项内容："①'任何人不能充当有关自己案件的法官'；②结果中不应包含纠纷解决者个人的利益；③纠纷解决者不应有支持或反对某一方的偏见。"① 这意味着法官与所审判的案件不能有丝毫利益瓜葛，连偏见都不应该存在，实现利益规避。为保证审判中立，则要求控审必须分离，控辩双方在诉讼中居于主体地位且地位平等，才可实现现代刑事诉讼的基本理念和要求。

3. 终结性原则

法官不得拒绝裁判，对于已经受理的所有的案件，法院都必须作出终结性裁判，对同一事项，在生效裁判作出后，就不得再向法院重新起诉，除非是为了纠正错判的目的。裁判要及时。

4. 证据裁判原则

证据裁判原则是指法院在刑事审判中须听取与审查证据，并根据证据获得的案件事实情况作出裁判。证据裁判原则要求司法官认定事实以有证据存在为前提。无证据就无认定事实的根据，也丧失了自由判断的基础。证据是司法官形成内心确信的前提。证据裁判原则是近、现代刑事诉讼的普遍原则。② 日本于1876年（明治9年）制定的改定律令第三百一十八条规定"凡断罪依证据"，自从采用证据裁判主义以来，一直延续至今。确立证据裁判原则最根本的意义在于将刑事裁判建立于理性基础之上，是科学理性的要求。首先，它为司法官员对案件的自由裁断限度作了一定限制，防止其主观擅断。其次，证据裁判原则对刑事诉讼程序的设定有应然要求，即将是否有利于全面收集和正确运用、合理判断证据视为检验刑事诉讼制度的设定和操作质量的一项重要标准。再次，证据裁判原则还有规范证据的意义，即必须根据具有证据能力的证据，而且只有经过调查之后才能认定构成犯罪核心内容的事实。也就是证据裁判原则不仅注重证明力，还更注重证据能力，它要求司法官裁判时运用的证据首先应具备证据能力（证据资格）。

5. 疑罪从无原则

1996年《刑事诉讼法》第十二条规定："未经人民法院依法判决，对任何人都不得确定有罪。"这是我国刑事诉讼法确立的一项基本原则。该原则吸收了英美法系的无罪推定原则的精神，从而在立法上解决了我国长期以来关于疑罪处理的原则问题，即确立了"疑罪从无"的处理疑罪的原则。

所谓疑罪，是指刑事诉讼中对案件事实的证明证据不足，没有达到证明标准，因而难以决断的案件。"疑罪从无"原则要求：对于疑案从有利于被告人的方面加以解释和处理，即被告人有罪无罪难以确定时，按被告人无罪处理；被告人罪轻罪重难以确定时，按被告人罪轻处理。经法庭审理后，认为证据不足、不能认定被告人有罪的，应当作出证据不

① ［美］戈尔丁. 法律哲学. 齐海滨译. 北京：生活·读书·新知三联书店，1987. 240.
② 龙宗智. 刑事庭审制度研究. 北京：中国政法大学出版社，2001. 64~65.

足、指控的罪名不能成立的无罪判决。

"疑罪从无"原则体现了刑事诉讼的科学性和民主性，在维护司法公正，保障被追诉者充分行使诉讼权利，保障任何人免受无根据或不公正追究发挥着重大作用，反映了我国刑事诉讼更加尊重人权、保障人权。

6. 一事不再理原则

一事不再理原则。是一项为现代各国所普遍确立的刑事审判基本原则。这一原则要求，法院对于任何已经生效裁判加以处理的案件，不得再行审判；对于所有已被生效法律裁判确定为有罪或无罪的被告人，法院不得再予审判或科刑。一事不再理原则是一项十分古老的诉讼原则，它起源于古罗马法。大陆法系国家的法律继承了古罗马法中的"一事不再理原则"，但赋予了一些新的含义。英美法系中将其称为"不受双重危险"的原则，但其含义和适用范围有些差异。这项原则已是联合国刑事司法准则所确立的原则。这一原则的重要例外是再审程序的设立。这项原则设立的意义在于保障被追诉人的权利、维护法律实施的确定性和权威性、节约诉讼资源、保证控诉质量。

二、形式性审判原则

形式性审判原则，是指实现公正审判所应当遵循的正当程序规则。一般包括审判公开原则；直接、言辞审理原则；辩论原则；集中（持续）审理原则；控审分离原则；控辩平等原则等。

1. 审判公开原则

（1）审判公开的含义。狭义上的审判公开是指法院对案件的审理和判决的宣告向社会公开，公民可以到法庭旁听，新闻记者也可以采访报道。广义上的审判公开还包括向当事人公开。审判公开作为一项原则并不排斥对少数不宜公开的案件进行不公开审理。联合国《公民权利以及政治权利国际公约》中就有类似限制性的规定，法院可因民主社会之风化、公共秩序和国家安全关系、保护当事人私生活之必要以及因情形特殊公开审判势必影响司法而认为在绝对必要之限度内禁止新闻界及公众旁听审判程序之全部或一部分。

（2）审判公开原则的价值。第一，把审理和判决置于公众的监督之下，有利于防止不同程度的"暗箱操作"，确保案件审理和判决的正确性。控辩审三方组合的审判方式是确保审判公正的核心措施，审判公开是确保审判公正的必要补充。当然，考虑到审判过程是一个冷静的探索案件真实的过程，为防止法官受到不应有的干扰，审判公开应该控制在一定的范围之内，比如把审判过程向全社会进行电视直播其实质是把审判公开原则推向了极端化。

第二，把审理和判决向社会公开，有利于向社会宣示正义。此种功能的实质是为实现程序正义发挥重要作用，使正义能够"看得见"。

第三，审判公开也是向公民进行法制教育的良好形式。

（3）公开审判的例外。在我国，公开审判是原则，不公开审判是例外。不公开审判的刑事案件有四种：①涉及国家秘密的案件；②涉及个人隐私的案件；③未成年人犯罪案件。其中，已满14周岁不满16周岁的未成年人犯罪的案件一律不公开审理，已满16周岁不满18周岁的未成年人犯罪案件，一般也不公开审理；共同犯罪案件，如果主犯是未成年人的，就不公开审理；如果主犯是成年人的，未成年人可以与成年人一起公开审理。④涉及商业秘密的案件，当事人申请不公开审理的，可以不公开审理。

不公开审理的案件，应当当庭宣布不公开审理的理由，但判决结果应当公开。

2. 直接、言辞、集中审理原则

（1）直接、言辞审理原则。实际上为两项原则，即直接审理原则和言辞审理原则。但这两项原则实行时具有的先决条件均是有关诉讼主体必须在场。因此，两项原则有着紧密的内在联系，故将其视为一项原则看待。

这一原则的基本含义是：法官必须在法庭上亲自听取被告人、证人及其他诉讼参与人的陈述；案件事实和证据必须以口头方式向法庭提出；调查须以控辩双方口头辩论、质证的方式进行。

该原则实际包含三层内容：一是直接审理原则，即在场原则。法官审查案件时，公诉人、当事人及其他诉讼参与人应当在场。除法律有特别规定外，上述人员不在场时，不得进行法庭审理。否则，审理活动无效。二是直接采证原则，即法官在审理案件过程中对证据的调查认定必须亲自直接进行，必须与被告人、被害人、证人、鉴定人等进行直接的接触，不能仅就文书、卷宗的记载资料，从事间接采证工作；法官用于作为判决依据的证据，必须是经过其亲自以直接采证方式而获得的证据。三是言辞审理原则，即控辩双方须以口头陈述的形式进行举证、质证和辩论，被告人、证人、鉴定人须亲自到法庭上进行口头陈述或作证，法官直接对其进行口头讯问、询问，除法律有特别规定的以外，凡是未经当庭以口头言辞方式调查的证据材料不能作为判决的依据。

这项原则的法律意义在于体现诉讼的民主性和公正性；有助于查明案件事实，准确及时地实现审判任务；有利于保护被告人的合法权益。

（2）集中审理原则是指刑事案件的审判，原则上应是持续不断地进行，亦即审理程序应尽可能一气呵成，即行判决。这一原则包括两层含义：①整个审判阶段以庭审为中心，所有的事实、证据和法律适用都应在庭审时一并提出、辨明，审判结论也应在庭审中形成。②审判不间断，即对一个案件的审判应该一次性连续完成，即使对需要进行2日以上审理的复杂、疑难案件也应当每日连续审理至审理完毕为止，其间除法定节假日外，不应有日期间隔。

在此期间，庭审法官不得审理其他案件，如果庭审因故不能继续审理，审理则由一直在场的候补法官中另换法官重新进行审判。其意义在于：①可以避免审判拖延，使案件及早审结，提高刑事诉讼的效率；②可以防止来自庭外的不正当干扰，保证法官在开庭连续审理中获得对案件清晰、完整的印象，防止同其他案件混淆，以保证实现公正的裁决。

3. 辩论原则

辩论原则是指在法庭审理过程中，控辩双方应当以公开的、口头的、对立性的方式进行充分的辩驳，未经充分的辩驳，不得进行裁判。

完整意义上的辩论原则应包含以下内容：一是辩论的内容，包括案件事实的认定、证据的确认及法律的适用。二是辩论阶段，包括庭审中的专门辩论阶段、法庭调查阶段中对某一证据、事实和情节的辩论、分散辩论。三是辩论的方式，应当是口头的，包括控辩双方各自先奋力阐明己方观点和理由，反驳对方观点和理由；再交叉辩论，使双方观点、看法和意见发生实质上的交锋。

在英美法系国家，法官是消极、居中的裁判，辩论原则得到了充分体现。在大陆法系国家，刑事审判主要是法官的积极职权活动，辩论原则的发挥受到限制，其主要起辅助作用。

在我国，法庭辩论不仅体现在法庭辩论阶段，而且在法庭调查阶段也可进行辩论，辩论的内容既包括法律的适用、证据和案件事实，也包括量刑轻重。只是这种辩论仍在法官主持下进行，仍受到一些限制。

4. 控审分离原则

联合国第八届预防犯罪和罪犯待遇大会通过的《关于检察官作用的准则》第十条确立了控审分离的原则："检察官的职责应与司法（审判）职能严格分开。"控诉、审判分离是调整控诉职能与审判职能的一项重要原则。这一原则的基本要求是控诉与审判职能分离，分别由不同的主体来承担；审判机关审判的范围受起诉范围的制约，未经起诉机关或个人起诉的事项，审判机关不得径行审判。我国《刑事诉讼法》也都体现了控审分离的原则要求，起诉权由人民检察院或自诉人行使，人民法院专司审判，履行审判职能。控审分离才可保障审判的独立性和不偏不倚。控审分离的对应称谓是控审合一。控审合一混同了控诉与审判职能，背离了诉讼机理，不符合认识规律和诉讼规律。

5. 控辩平等原则

现代刑事诉讼追求理想的等腰三角形结构和控辩审三项基本职能分离，因此，为维持其结构的稳定性和诉讼职能区分机制的正常运行，控辩双方在其诉讼结构中应是平等的。这种平等应包括控辩双方的诉讼法律地位平等和诉讼能力均衡对等。前者可认为是"形式平等"，后者可认为是"实质平等"，这两者的有机结合才是真正意义上的平等。如赋予被告人诉讼主体地位而不再是客体地位，至少表明控辩双方实现了"形式平等"；如在"形式平等"的基础上更进一步实现控辩双方诉讼能力、手段的均衡对等，则可实现"实质平等"。

大陆法系各国，控辩双方诉讼地位的平衡是随着刑事司法改革的深入进行而逐步得以实现的。19世纪的刑事司法改革废止了纠问式诉讼程序，使被告人成为诉讼的主体，并享有一系列基本程序保障。"二战"结束后受国际性人权保障潮流的影响，使得被告人拥有更高的诉讼地位。英美法系国家，控辩双方地位的平衡经历了从"形式平等"到"实质平等"这一观念的转变。控辩平等原则应包括三个关键性的重要内容：①控辩双方均具有诉讼主体地位，地位平等；②控方享有控诉权，辩方享有辩护权，诉讼权力（利）对等；③诉讼权力（利）能力、手段、措施等对等均衡。只有做到了控辩平等，司法公正才可得以实现。

三、审判制度

审判制度，在这里是指专门适用于审判阶段的特有制度，在我国主要是指两审终审制；合议制；人民陪审制等。

1. 两审终审制

两审终审制度，是指一个案件经过两级人民法院审判即告终结的制度。第二审人民法院作出的终审判决、裁定，立即发生法律效力，刑事被告人等不得再提起上诉，人民检察院不得按上诉审程序提起抗诉。

我国人民法院体系设置为四级，即最高人民法院、高级人民法院、中级人民法院和基层人民法院，而审级制度设立为两审终审制度，故又可称为四级两审终审制度。它是我国的一项基本审判制度。

在我国，两审终审制存在着例外情况和特殊情况。

例外情况：两审终审制度的唯一例外是最高人民法院审理的一审案件为一审终审，不再有可能进入第二审程序。因为最高人民法院是我国的最高审判机关，经它审判的一切案件，宣判后均立即生效，不存在上诉或按上诉审程序抗诉的问题。因此，两审终审制度只适用于地方各级人民法院审判的第一审案件。

特殊情况：一是第二审程序的开启必须要有合法的上诉权或抗诉权的行使。如果上诉权或抗诉权被自愿放弃，则第二审程序不被启动，此时案件则经过一审终审。二是我国在两审终审之外，设立了死刑复核程序。它是在贯彻两审终审制的前提下为确保死刑案件的质量而设立的特殊程序。

2. 合议制

合议制，是指人民法院审理案件时的一种审判组织制度，包括合议庭的组成形式、合议的原则等。根据我国《刑事诉讼法》及《人民法院组织法》的有关规定，合议制度是最普遍、最常见的基本审判组织制度形式，而独任制和审判委员会制只是特殊形式而已。

合议制的基本含义就是案件审判由审判人员组成合议庭进行，是一种集体审判案件的制度。采用合议制度审判案件意在集思广益，避免个人独断专行和主观片面性，从而保证人民法院客观公正地裁断案件。

在我国，合议庭可由审判员组成，也可由审判员、人民陪审员组成。合议庭的组成人员数应当是单数。合议庭评议原则是每个合议庭成员都有平等的发言权和表决权；如果意见发生分歧时，应当按照少数服从多数的原则作出决定；判决书必须由合议庭全体成员署名。

中央新一轮司法体制和工作机制改革与人民法院"三五改革纲要"将合议庭制度纳入重点改革任务之一。2009 年 12 月 14 日最高人民法院审判委员会第 1 479 次会议通过了《关于进一步加强合议庭职责的若干规定》（以下简称《合议庭职责规定》）（2010 年 2 月 1 日起施行）。主要针对合议制运行中存在的突出问题和难点问题作出了相关规定，以加强合议庭职责，完善规范合议庭工作，从而推动合议制度的改革，建立公正高效的审判运行机制。

3. 人民陪审制

人民陪审制，是指在我国公民中选举产生人民陪审员参加合议庭，审判第一审案件的一种审判制度。根据我国《刑事诉讼法》的规定，在我国，人民陪审员只能够参加四级法院的第一审刑事案件的审理，而第二审案件的审理、死刑复核案件的审理、减刑和假释的裁定等只能由审判员（法官）组成合议庭进行。

陪审制对我国来讲是一种舶来品，并非我国原创。从当前西方国家的陪审制来看，大致分为两类，即陪审团制和参审制。英美法系国家采用的是陪审团制，大陆法系国家采用的是参审制，我国采用的也是参审制。参审制的特点在于陪审员个人参加到以法官为主导的审判组织中进行审判活动，陪审员与法官地位平等并享有平等的评议权和表决权，共同参与对案件事实的认定和法律适用问题的审判。

第十届全国人大常委会第十一次会议通过，并于 2005 年 5 月 1 日生效的《关于完善人民陪审员制度的决定》，就人民陪审员的产生、任免，适用陪审的案件，陪审员的资格和条件、任期及陪审员的权利等作了明确规定。2009 年 11 月 23 日最高人民法院审判委员会第 1 477 次会议又通过了《关于人民陪审员参加审判活动若干问题的规定》，将人民陪审制度又进一步作了细化，增强人民陪审的实效。

第三节　刑事审判组织

人民法院是我国唯一的审判机关。审判机关在审理各类案件（包括刑事案件、民事案件、行政案件）时都必须要通过一定的组织形式来进行。这一定的组织形式代表人民法院对案件进行审理和裁判，即为审判组织。根据《刑事诉讼法》、《人民法院组织法》等相关法律规定，人民法院审判刑事案件的具体组织形式有两种：独任庭、合议庭。而审判委员会因对重大的或者疑难的案件处理有最后的决定权，从此意义上讲，审判委员会具有审判组织的性质。

一、独任庭

独任庭，是指由审判员一人独任审判案件的审判组织。基层人民法院按照简易程序审理的轻微刑事案件，通常是由独任庭主持审理的。

二、合议庭

合议庭，是指由审判人员数人按照合议原则组成集体审判案件的审判组织。合议庭是人民法院审判案件的基本组织形式。除法律规定可以由独任庭审判的案件外，其他案件均应由合议庭审判。根据审级或程序的不同，我国合议庭的组成人数分别为 3 人、5 人或 7 人，即必须是单数。

合议庭设审判长一人，但人民陪审员不能担任案件的审判长。审判长由院长或者庭长指定一人担任。院长或者庭长参加合议庭时，由院长或者庭长担任审判长。审判长负责主持、组织和指挥合议庭进行审判活动。

参加合议庭的人民陪审员与审判员享有同等审判权利。合议庭评议时，每个合议庭成员享有平等的发言权和表决权。意见发生分歧时，按照少数服从多数的原则作出决定，但少数人的意见应当记入笔录。评议笔录必须由合议庭全体成员签名，判决书必须由合议庭全体成员署名。

三、审判委员会

审判委员会，是指人民法院内部设立的对审判工作实行集体领导的组织形式。

根据《人民法院组织法》的有关规定，我国各级人民法院设立审判委员会，审判委员会由法院院长、庭长和资深审判员组成，所有组成成员被称为审判委员会委员。各级人民法院的审判委员会委员均由各级人民法院院长提请本级人民代表大会常务委员会任免。审判委员会的任务是总结审判经验，讨论重大、疑难案件，讨论其他有关审判工作的问题。

审判委员会讨论决定案件时，采用会议的方式进行。会议由院长主持，院长因故不能主持时，可以委托副院长主持。审判委员会的工作原则是民主集中制，当有意见分歧时，应按照少数服从多数的原则作出决定。审判委员会各委员权利平等，在表决案件时具有同等表决权。本级人民检察院检察长可以列席审判委员会会议，对讨论事项可发表意见，但不参加表决。审判委员会讨论案件的情况和决定，应当记入笔录，并由参加讨论的审判委员会各成员签名。合议庭有不同意见的，可建议院长提交审判委员会复议。审判委员会各成员在判决书或裁定书上不署名，仍应由审理该案的合议庭成员署名。

第四节 刑事审判笔录

一、审判笔录的含义

审判笔录，又称庭审笔录，是指人民法院的书记员对法庭审判的全部活动应作的文字记载，是一种诉讼文书。《刑事诉讼法》第二百零一条规定："法庭审判的全部活动，应当由书记员写成笔录，经审判长审阅后，由审判长和书记员签名。"这是制作审判笔录的法律根据。

二、审判笔录的诉讼意义

审判笔录的诉讼意义主要有：

（1）是固定法庭审判过程的方法。法庭审判程序怎样，各方参与者在法庭上的言论、观点、态度等，是一闪即逝的，需要用笔录将其固定。

（2）是进行审判监督的重要依据。如二审、审判监督等程序，都需要对一审的庭审情况进行审查，以发现法庭审判中存在的问题。

（3）是对参诉各方的法庭行为进行监督约束的有效措施。无论何方，特别是审判人员，都会因为有法庭记录而更为谨慎行事，不可滥用法律赋予的权力或权利。

（4）是建立诉讼档案的需要。对于人的生命、自由、权利、财产的剥夺或限制，将可能持续多年，影响多年，所以，记录的保存是非常有必要的。

三、审判笔录的制作要求

笔录必须真实、详细、全面、完整、清晰，要符合法律规定的制作要求。否则就是有瑕疵的或者是无效的。

法庭审判的全部活动，都由书记员写成笔录，经审判长审阅后，由审判长和书记员签名。

法庭笔录中的证人证言部分，应当当庭宣读或交由证人阅读。证人承认没有错误后，应当签名或盖章。

法庭笔录应当交给当事人阅读或者向他宣读。当事人认为记录有遗漏或差错的，可以请求补充或改正。当事人承认没有错误后，应当签名或盖章。

第五节　刑事判决、裁定和决定

刑事判决、裁定和决定，是指人民法院在审理刑事案件过程中或审理结束后，根据事实和法律，为解决案件实体问题和程序问题对当事人和其他诉讼参与人所作的具有拘束力的处理结论。其种类有三种，即判决、裁定和决定。

一、刑事判决

1. 刑事判决的概念

刑事判决，在刑事诉讼中是指人民法院对案件中罪与非罪、科刑与否等实体问题所作的处理结论。

判决是人民法院代表国家行使审判权的具体结果，是国家意志在具体案件中的体现，具有一定的稳定性，非依法定程序不能改变。因此，判决只能在调查案件事实后的终结阶段作出。判决一经作出，既标志着实体问题的解决，也标志着程序审理的结束。刑事判决根据其法律适用的结果可以分为有罪判决和无罪判决。有罪判决是人民法院通过对案件的审理，根据已经查明的事实、证据和有关的法律规定，确认被告人行为构成犯罪时所作出的判决。有罪判决又可分为科刑判决和免刑判决。

科刑判决是确认被告人有罪，决定给予适当刑事处罚的判决。免刑判决是认定被告人行为构成了犯罪，但因犯罪情节轻微不需要判处刑罚或者有其他法定免刑情节而免除对被告人刑事处罚的判决，无罪判决是人民法院经过审判，对被告人的行为不应当被视为有罪时所作的认定和处理。

判决书是判决的法定表现形式，是刑事诉讼中最重要的法律文书，执行判决一律以判决书为依据。

2. 刑事判决书的组成

（1）开头部分。包括：①人民法院名称、判决书类别、案号；②公诉机关的名称、公诉人的姓名、职务，如果是自诉案件，则应写明自诉人的情况；③被告人姓名、性别、年龄、民族、职业、籍贯、住址、是否在押；④辩护人、代理人的姓名、职业；⑤案件由来、开庭日期、审判形式、是否公开审理等。

（2）事实部分。应先写明控方指控的基本内容，被告人、辩护人对指控的看法、态度，然后写明人民法院认定的事实。作有罪判决的，人民法院认定的事实应当详细写明犯罪的时间、地点、动机、目的、手段、行为过程、结果等有关情况；被告人犯数罪的，要写清各罪的犯罪事实和情节，共同犯罪案件中要写明各个被告人参与的犯罪情节，明确主从关系。叙述事实应以法庭审理中查证属实的证据为根据，层次要清楚，主次要分明。如果事实内容涉及国家机密的，应当注意防止泄密；涉及当事人隐私的，不能叙述有关隐私的具体情况和被害人的姓名。无罪判决的事实部分，可以和理由部分合并起来写。

（3）理由部分。有罪判决应当写明认定被告人犯有指控罪行的证据，叙明具体运用证据的理由，确定犯罪性质和罪名的法律依据，判处刑罚或者免除刑罚以及从重、加重、从轻、减轻处罚的理由和根据，这些理由和根据应当包括对辩护意见否定或者肯定的理由和根据。判决无罪的，应当写明判决无罪的具体理由或者有关的证据。

（4）判决结果部分。即判决的主文，是判决书的实质内容，是人民法院对案件所作的结论。

认定被告人有罪的一部分应当写明被告人犯了何罪，给予的刑事处罚，赃款、赃物的处理；数罪并罚的，应写明对各罪所判的刑罚和决定执行的刑罚；被告人被羁押的日期如何折抵刑期，刑期的起止日期；有附带民事诉讼的，还应写明附带民事部分的处理。无罪判决则应写明对被告人宣告无罪的决定。如果有被扣押、封存的物品、文件等，还应写明如何处理。

（5）结尾部分。应写明对本判决不服可以上诉及上诉的法院和上诉期限；合议庭或独任审判员、书记员署名；判决书制作日期等。

二、刑事裁定

刑事裁定，是指人民法院在案件审理过程中或审理结束后对所涉及的程序问题或部分实体问题所作的处理决定。

根据《刑事诉讼法》的有关规定，裁定解决的部分实体问题包括人民法院依法减刑、假释、撤销缓刑、减免罚金等。裁定解决的程序问题包括是否恢复诉讼期限、中止审理、维持原判、撤销原判发回重审、驳回自诉或公诉、核准死刑等。

与判决不同的是，判决只解决实体问题，而裁定既可解决部分实体问题也可解决程序问题。判决必须采用书面形式，而裁定既可采用书面形式也可采用口头形式，法律允许裁定以口头宣告后记入笔录，无需专门写成裁定书。在一个案件中，只能有一个判决，而裁定可以有若干个。不服第一审刑事判决的上诉或抗诉期限为 10 日，而不服第一审裁定的上诉或抗诉期限为 5 日。

裁定的书面形式是裁定书。裁定书的制作格式、要求与判决书基本相同，只是内容较简单。它也是重要的司法文书，在制作时内容和形式都必须符合法律的要求。

三、刑事决定

刑事决定，在这里仅指人民法院在案件审理过程中依法对有关程序问题所作的一种处理决定。实际上，公安、检察机关在其他诉讼阶段也会作出决定。

根据《刑事诉讼法》的规定，人民法院作出的有关审判程序的决定主要有：

（1）关于回避的决定；

（2）适用各种强制措施或变更强制措施的决定；

（3）开庭审判的决定；

（4）在庭审过程中，当事人和辩护人、诉讼代理人申请通知新的证人到庭，调取新的物证，申请重新鉴定或者勘验等的决定；

（5）延期审理、中止审理的决定；

（6）提起审判监督程序的决定等。

对于决定不能提起上诉或抗诉。一般情况下，决定一经作出即刻发生效力；某些决定法律允许当事人或有关机关申请复议、复核。

决定也可采用口头形式或书面形式。采用书面形式应制作决定书，写明处理结论及理由。口头形式的决定应当记入笔录，它与书面形式的决定具有同等法律效力。

四、裁判文书引用法律文件时应注意的问题

2009 年最高人民法院通过了《关于裁判文书引用法律、法规等规范性法律文件的规定》，旨在进一步规范裁判文书的法律、法规等规范性法律文件的引用，以提高裁判质量，确保司法统一，维护法律权威。要求如下：

1. 裁判文书引用相关法律、法规等规范性文件的要求

人民法院的裁判文书应当依法引用法律、法规等规范性法律文件作为裁判依据，不包括引用《宪法》。人民法院的裁判文书不能引用不规范的文件作为裁判依据，也不能不引用法律依据直接裁判。引用时应当准确完整写明规范性法律文件的名称、条款序号。引用具体条文时应当整条引用。保持条文含义的完整性和准确性，不可断章取义，以免发生误解或歧义。

2. 裁判文书引用多个规范性法律文件时的基本顺序要求

并列引用多个规范性法律文件时的顺序是：①法律及法律解释；②行政法规；③地方性

法规；④自治条例或者单行条例；⑤司法解释。同时引用两部以上法律的，应当先引用基本法律，后引用其他法律。引用包括实体法和程序法的，先引用实体法，后引用程序法。

3. 裁判文书引用法律文件发生冲突时的解决原则

人民法院制作裁判文书确需引用的规范性法律文件之间存在冲突时，根据立法法等有关法律规定无法选择适用的，应当依法提请有决定权的机关作出裁决，不得自行在裁判文书中认定相关规范性法律文件的效力。

第六节　对违反法庭秩序的惩戒

法庭是司法裁判的广场，是宣示法律的庄严圣地。因此，各国对于扰乱法庭审判秩序、蔑视法庭的行为，都会给予法律惩戒。《刑事诉讼法》第一九十四条规定了对妨害法庭秩序行为的程序性制裁措施。该条虽然放在公诉案件第一审程序中，但实际是通用于各种审判程序中的，因此，放在本章论述，以便于各个审判程序中共同遵循。

我国违反法庭秩序的惩戒措施分别是：

（1）警告。在法庭审判过程中，如果诉讼参与人或者旁听人员违反法庭秩序，审判长应当警告制止。

（2）强行带出法庭。对违反法庭秩序而又不听制止的，可以由法警将其强行带出法庭，以免继续扰乱法庭秩序。

（3）罚款或者拘留。违反法庭秩序情节严重的，处以1 000元以下的罚款，或者15日以下的拘留。罚款、拘留必须经院长批准。被处罚人对罚款、拘留的决定不服的，可以向上一级人民法院申请复议。复议期间不停止执行。

（4）追究刑事责任。对聚众哄闹、冲击法庭或者侮辱、诽谤、威胁、殴打司法工作人员或者诉讼参与人，严重扰乱法庭秩序，构成犯罪的，依法追究刑事责任。

案例分析

【案例】某县人民法院受理县人民检察院提起公诉的王某破坏电力设备一案。在法庭审判活动中公诉人宣读起诉书。起诉书指控王某犯有下列罪行：1997年2月10日晚，被告人王某携带钳、踩板、绳子等作案工具，进入新建抽水机房盗窃输电用的铜线400米。盗窃后，被告人用斧头把铜线砍断，铸成铜块，销赃时被查获。由于被告人盗窃铜线，造成输电中断，使该乡农、副业停工停产，居民用电也受到了影响。被告人王某的行为已构成破坏电力设备罪，依法提起公诉。

其后，法庭调查开始，控、辩双方对被告人进行了讯问、质证。审判长也讯问了被告人，查核案件事实、犯罪证据，被告人均已供认。紧接着，审判长又问被告："王某，你

1997年2月5日晚去新建抽水机房干什么？"王答："我记不起干了什么。"审判长又问："你偷了什么没有？"王答："我只拿了一捆铜线，是放在库房柜子里的。"问："有多少铜线？"答："我也不太清楚，当时我拿了后就跑回家了，我托一亲戚帮我卖了，他给了我4 300元钱。"接着，审判长宣读了乡抽水房的材料登记簿，证明机房铜线一捆丢失。然后，审判长问公诉人对此事实有什么要问的。公诉人对此未作任何提问。

这时，被告的辩护人向合议庭提出，被告人王某偷窃电线一事，起诉书未指控，对这一事实应该重新调查，补充起诉，建议合议庭决定延期审理。合议庭对辩护人的建议未予理睬，并认为，被告人偷窃电线一事已十分清楚，有证明材料，被告也供认，于是案件审理继续进行，合议庭合议后当庭宣判，依法分别判处王某破坏电力设备罪、盗窃罪各有期徒刑3年、1年，合并执行4年，宣判后，被告人不服判决，要求上诉。

【问题】人民法院对没有起诉的事实可以审判吗？

【解析】人民法院对该案的审理有不妥之处，表现在审判内容超出了起诉书所指控犯罪的范围，因为：

（1）它违背了刑事诉讼活动的基本原理。从刑事诉讼发生、发展的本质上看，诉讼活动表现为起诉在先，审判在后。也就是说，只有在存在起诉的情况下，才可能产生审判。审判机关不能擅自审判没有被起诉的人和事实。结合本案，检察院的起诉书中只指控王某有破坏电力设备罪，而在法庭调查过程中，法院还审理了被告人的盗窃罪，这超出了起诉书所控的罪行，不符合诉讼基本原理。

（2）它不符合"分工负责，互相配合，互相制约"原则。根据该原则规定，起诉权由人民检察院或被害人行使，审判权由人民法院行使。人民检察院和人民法院在行使各自权力时，均具有相对独立的地位，属于依法独立行使职权。在本案中，对于人民检察院没有起诉的犯罪事实，人民法院可以退回检察院补充侦查后起诉，但不能代替人民检察院行使起诉权。将起诉权和审判权集于法院一身的做法，与刑事诉讼法的分工负责、互相配合、互相制约原则相悖。

（3）在本案中，被告人王某盗窃铜电线的行为，属于公诉案件的范畴，只有在公诉的情况下，法院才能开庭审判。

思考与练习

1. 什么是刑事审判？刑事审判有何意义？
2. 刑事审判的任务和作用是什么？
3. 刑事审判应坚持的原则有哪些？
4. 审判公开原则的内容和意义是什么？
5. 直接、言辞、集中审理原则的含义是什么？
6. 如何理解辩论原则？
7. 结合我国人民陪审员制度的完善，谈谈实行陪审制与参审制的意义。
8. 什么是两审终审制？
9. 法庭审判笔录有什么作用？
10. 什么是判决、裁定和决定？三者有何区别？

第十五章　第一审程序

要点提示

第一审程序，是指人民法院根据级别管辖的规定对人民检察院提起公诉、自诉人提起自诉的案件进行初次审判时所必须遵循的步骤、方式和方法。

公诉案件第一审普通程序。对公诉案件的审查、开庭前的准备、法庭审判，可召开审前会议。法庭审判有五个阶段：开庭、法庭调查、法庭辩论、被告人最后陈述、评议和宣判。法庭审限：法院应在受理后 2 个月以内宣判，至迟不得超过 3 个月。可能判处死刑的、附带民事诉讼的或其他重大复杂案件，经上一级法院批准，可以延长 3 个月；有特殊需要，报最高法院延长。

延期审理，是指案件因故不能按原计划开庭或继续审理，合议庭决定暂时延期，待影响审理进行的原因消失后，再行开庭审理。适用于通知新证人、调取新物证、重新鉴定或者勘验；补充侦查；回避；更换辩护人等。

中止审理，是指因发生特定情况影响了案件的正常审理活动，法院决定不定期限地中止诉讼程序，待该项原因消失后，再行恢复审理。适用于当事人身患重病、脱逃及其他不能抗拒的原因。

自诉案件审判的特点有：①可适用简易程序，独任审判；②多数可调解；③宣判前可自行和解或撤诉；④可提起反诉；⑤被告人未被羁押的，法院应当在受理后 6 个月以内宣判。

简易程序，是指基层人民法院审理某些事实清楚、情节简单、犯罪轻微的刑事案件所适用的比普通程序相对简化的第一审程序。公诉案件和自诉案件都可能适用简易程序。要求：①案件事实清楚、证据充分的；②被告人认罪，对指控没有异议的；③被告人对适用简易程序没有异议的。对不认罪的，被告人是盲、聋、哑、精神病人的，有重大社会影响的等，不适用。检察院、法院都可提起简易程序。

简易程序的特点：①基层人民法院适用；②第一审程序中适用；③被告人认罪且同意适用；④程序可简化；⑤一般当庭宣判；⑥一般 20 日内审结。

公诉人可提量刑建议，当事人等可提量刑意见。对量刑可举证、辩论。

第一节 第一审程序概述

一、第一审程序的概念和种类

1. 第一审程序的概念

第一审程序，是指人民法院根据级别管辖的规定对人民检察院提起公诉、自诉人提起自诉的案件进行初次审判时所必须遵循的步骤、方式和方法。审判第一审案件的人民法院称为一审人民法院。

2. 第一审程序的种类

第一审程序按照所审理的案件，可分公诉案件的第一审程序和自诉案件的第一审程序。按照审判程序的完整性，可分为第一审普通程序和简易程序。

二、第一审程序的意义

（1）第一审程序是将侦查、起诉等活动和控辩双方的意见纳入诉讼轨道的枢纽。在西方有审判中心主义之说，其含义之一就是强调第一审审判位于审前程序和判决执行程序的核心，是全部刑事诉讼程序的中心环节。

（2）第一审程序是法院审判活动的基础性程序。第一审程序是法院整个审判程序的起点。我国审判程序包括第一审程序、第二审程序、审判监督程序，另有死刑复核程序。刑事案件的审理只有启动了第一审程序审理并作出了裁判后，才有可能进入其他审判程序。因此，它是所有案件审理的必经程序，是审判程序体系中的起始点，在全部审判程序中也居于中心的地位。

（3）第一审程序是全面体现诉讼民主性和科学性的关键程序。从程序设计看，第一审普通程序最为完整、全面，能够全面体现刑事诉讼的各项原则和制度，比如公开审判、辩论、辩护、陪审等。

第二节 公诉案件的第一审普通程序

公诉案件的第一审普通程序，是指人民法院对人民检察院提起公诉的案件依法进行初次审理时所普遍适用和遵守的程序。它是第一审程序中各项规定最全面的程序。

一、对公诉案件的审查

1. 对公诉案件审查的概念

对公诉案件审查，是指人民法院对人民检察院提起公诉的案件依法进行庭前审查，并决定是否开庭审判的一项诉讼活动。《刑事诉讼法》第一百八十一条规定："人民法院对提起公诉的案件进行审查后，对于起诉书中有明确的指控犯罪事实的，应当决定开庭审判。"这表明对公诉案件的审查是公诉案件进入第一审程序的必经环节。

2. 对公诉审查的内容

根据《刑事诉讼法》第一百八十一条的规定，人民法院的公诉审查重点是看起诉书中是否有明确的指控犯罪事实。有明确的指控犯罪事实则决定受理，没有则不予以受理。所谓"明确的指控犯罪事实"，一般应当包括具体的罪名、明确的被告人、具体的案件事实与情节、一定的指控证据等。

相比1996年《刑事诉讼法》关于公诉审查的内容，2012年的修改有两个明显的变化：一是公诉审查的范围粗略、简明。改变了过去审查证据目录、证人名单和主要证据复印件的做法，仅仅是审查有无明确的指控犯罪事实，对证据似乎并无要求。二是变原来的形式审查为实质审查。即不看起诉所需要的形式要件，而是看实质上，起诉指控的犯罪事实有无，是否明确等。

公诉审查内容的改变，原因大概有三个方面：一是承认1996年法律修改的不成功，从而重回实质审查；二是对检察机关审查起诉工作给予了足够的信任；三是对庭前审查进行简单化处理，以防范审前预断和庭审虚化。

3. 公诉审查后的处理

根据最高人民法院《解释》第一百一十七条的规定，人民法院对公诉案件审查后，应根据案件的具体情况作如下处理：

（1）退回人民检察院。对于不属于本院管辖或者被告人不在案的，应当决定退回人民检察院。

（2）不予受理。人民法院裁定准许人民检察院撤诉的案件，没有新的事实、证据，人民检察院重新起诉的，人民法院不予受理。

（3）终止审理或不予受理。对于符合《刑事诉讼法》第十五条第（二）项至第（六）项规定的情形的，应当裁定终止审理或不予受理。

（4）依法受理。对于有明确的指控犯罪事实的案件，以及因证据不足而宣告被告人无罪，人民检察院依据新的事实、证据材料重新起诉的，人民法院应当依法受理。

对于犯罪事实清楚，证据确实、充分，确实无法查明其身份的，也可以按其自报的姓名起诉，人民法院应当依法受理、审判。

二、开庭审判前的准备

1. 确定合议庭组成人员或独任庭审判员

2. 将起诉书副本送达当事人

人民法院应将人民检察院的起诉书副本至迟在开庭 10 日以前送达被告人及其辩护人。按照 2012 年修订的《刑事诉讼法》的要求,不仅要送达被告人,还要送达辩护人。

3. 召开审前会议

在开庭以前,审判人员可以召集公诉人、当事人和辩护人、诉讼代理人,对回避、出庭证人名单和非法证据排除等与审判相关的问题,了解情况,听取意见。

4. 进行权利告知或帮助

对未委托辩护人的被告人,告知其可委托辩护人,或者为符合条件者指定承担法律援助义务的律师为其提供辩护。

5. 通知和公告开庭

人民法院确定开庭日期后,应当将开庭的时间、地点通知人民检察院,传唤当事人,通知辩护人、诉讼代理人、证人、鉴定人和翻译人员,传票和通知书至迟在开庭 3 日以前送达。

公开审判的案件,应当在开庭 3 日以前先期公布案由、被告人姓名、开庭时间和地点。

人民法院在开庭审判前所作的上述各项准备工作,均是依法进行的诉讼活动,具有法律效力。根据法律相关规定,应将其制作笔录,并由审判人员和书记员签名。

三、法庭审判

1. 法庭审判概念

法庭审判,是指人民法院的审判组织(合议庭或独任庭)通过开庭的方式,在公诉人、当事人、其他诉讼参与人的参加下,调查核实证据、查清案件事实,充分听取控辩双方对证据、案件事实和法律适用的意见,依法确定被告人的行为是否构成犯罪,应否承担刑事责任以及给予何种刑罚处罚的诉讼活动。根据《刑事诉讼法》的规定,法庭审判程序包括五个阶段:开庭、法庭调查、法庭辩论、被告人最后陈述、评议和宣判。

2. 开庭

开庭是正式进行法庭审判的起始标志。

(1)开庭前,书记员应依次进行下列工作:

首先查明公诉人、当事人、证人及其他诉讼参与人是否已经到庭;然后宣读法庭规则;请公诉人、辩护人入庭;请审判长、审判员(人民陪审员)入庭,审判人员入庭时,请全体人员起立;审判人员、全体人员就座后,书记员当庭向审判长报告开庭前的准备工作已经就绪。

(2)审判长宣布开庭。审判长宣布开庭后,应当宣布案由,并传唤被告人到庭,问明被告人姓名、年龄、民族、籍贯、出生地、文化程度、住址、职业，被告人受过何种法律处分及处分的种类、时间；是否被采取强制措施及种类、时间；是否收到起诉书副本及收到的日期；如果有附带民事诉讼，还应查明附带民事诉讼被告人收到民事诉状的日期。上述情况也可以由书记员在开庭前查明，开庭后向审判长报告。

（3）审判长宣布是否公开审理。即审判长宣布案件的来源、起诉的理由、附带民事诉讼原告人和被告人的姓名及是否公开审理。对不公开审理的案件，应当当庭宣布不公开审理的理由。

（4）审判长宣布合议庭组成人员、书记员、公诉人、辩护人、鉴定人和翻译人员名单。

（5）审判长告知诉讼权利。审判长应当告知当事人及其法定代理人、辩护人、诉讼代理人在法庭审理过程中依法享有下列诉讼权利：①可以申请合议庭组成人员、书记员、公诉人、鉴定人和翻译人员回避；②可以提出证据、申请通知新的证人到庭、调取新的证据、重新鉴定或者勘验、检查；③被告人可以自行辩护；④被告人可以在法庭辩论结束后作最后陈述。

（6）审判长询问是否回避。审判长分别询问当事人及其法定代理人、辩护人、诉讼代理人是否申请回避，申请何人回避以及申请回避的理由。如果有申请回避的，合议庭认为符合法定情形的，应当依照有关回避的规定处理；认为不符合法定情形的，应当当庭驳回，继续法庭审理。如果申请回避人当庭申请复议，合议庭应当宣布休庭，待作出复议决定后，确定是否继续法庭审理。同意或者驳回回避申请的决定及复议决定，由审判长宣布，并说明理由。必要时，也可由院长到庭宣布。

对共同犯罪案件，应将各被告人同时传唤到庭，向其宣布上述事项，以避免重复，节省开庭时间。

3. 法庭调查

法庭调查，是指在审判人员的主持下和公诉人、当事人与其他诉讼参与人的参加下，当庭对案件事实和证据进行调查、核实的诉讼环节。根据《刑事诉讼法》的规定，所有证据都必须在法庭上调查核实后才可能作为定案的依据。法庭调查是案件进入实体审理的一个重要阶段，是法庭审判的中心环节。案件事实能否确认，被告人是否承担刑事责任，关键在于法庭调查的结论如何。故它从事实和证据方面为正确判决打下基础。

法庭调查的范围是人民检察院起诉书所指控的被告人的犯罪事实和证明被告人有罪、无罪、罪重、罪轻的各种证据。依照《刑事诉讼法》的相关规定和最高人民法院的司法解释，法庭调查包括以下具体步骤和程序：

（1）公诉人宣读起诉书。审判长宣布法庭调查开始后，先由公诉人宣读起诉书；有附带民事诉讼的，再由附带民事诉讼的原告人或者其诉讼代理人宣读附带民事诉状。

如果一案有两名以上被告人，宣读起诉书时可以同时在场，但宣读起诉书后，审问被告人一般应当分别进行，以免互相影响，不利于法庭调查。

（2）被告人、被害人分别陈述指控的犯罪事实。公诉人宣读起诉书后，在审判长主持下，被告人、被害人可以就起诉书指控的犯罪事实分别进行陈述。一般先由被告人陈述，再由被害人陈述。如果被告人承认起诉书指控的犯罪事实，则应当让其把实施犯罪行为的经过、情节详细地陈述清楚；如果被告人否认起诉书指控的罪行，应当允许他对控诉的事实和证据进行充分的辩解和反驳。被告人陈述后，被害人可以根据起诉书对犯罪的指控陈述自己受害经过。审判人员对被告人、被害人就起诉书指控的犯罪事实分别所作的陈述，都应当认真地听取，以便于合议庭了解当事人对指控的基本意见。

（3）讯问被告人。

首先，公诉人讯问被告人。在审判长主持下，公诉人可以就起诉书中所指控的犯罪事实首先讯问被告人。通过讯问被告人，将案件的事实与情节依次问清、查明。这是法庭调查中的关键环节，讯问的内容应紧紧围绕起诉书对被告人的有罪指控进行，目的是通过讯问让审判人员当庭听清楚被告人的供述和辩解，以便于查明案件事实真相。

其次，被害人、附带民事诉讼的原告人和辩护人、诉讼代理人，经审判长许可，可以向被告人发问。

最后，审判人员讯问被告人。审判人员可以讯问被告人，但一般是补充性讯问。表明我国的审判人员在法庭上既不是消极的仲裁者，当然也非积极的控诉者。法官主持和指挥法庭的调查活动，又肩负查清案件事实的职责。

对于控辩双方的讯问与案件无关或者讯问方式不当的，审判长应当制止。对于一方提出异议的，审判长视情况予以支持或者驳回。

（4）向被害人发问。

在法庭调查中，控辩双方经审判长准许，均可以向被害人、附带民事诉讼原告人发问；审判人员认为有必要时，也可以向被害人及附带民事诉讼原告人发问，以求进一步弄清案件事实。

（5）核实证人证言和鉴定意见。

首先，控辩双方对证人证言、鉴定意见有异议，人民法院认为证人、鉴定人有必要出庭作证的，证人、鉴定人应当出庭作证。该规定对警察出庭同样适用。

其次，证人作证，审判人员应当告知他要如实地提供证言和有意作伪证或者隐匿罪证要负的法律责任。公诉人、当事人和辩护人、诉讼代理人经审判长许可，可以对证人、鉴定人发问。审判长认为发问的内容与案件无关的时候，应当制止。审判人员可以询问证人、鉴定人。

再次，对未到庭的证人的证言笔录、鉴定人的鉴定意见、勘验笔录和其他作为证据的文书，应当当庭宣读。审判人员应当听取公诉人、当事人和辩护人、诉讼代理人的意见。

最后，控辩双方可以申请法庭通知有专门知识的人出庭，就鉴定人作出的鉴定意见提出意见。有专门知识的人出庭，适用鉴定人的有关规定。

（6）出示、核查物证、书证。公诉人、辩护人应当向法庭出示物证，让当事人辨认。

（7）围绕诉讼主张进行举证、质证。除了对单个证据审查核实外，控辩双方还需要结合本方的诉讼主张向法庭进行举证，并接受对方的质证与反驳。顺序是：第一，由控方向法庭举证。第二，由被告人、辩护人、法定代理人就控诉方提出的证据当庭进行质证、辩认和辩论。第三，由辩方向法庭举证。第四，由控辩双方依次当庭进行质证和反驳。

（8）调取新证据。《刑事诉讼法》第一百九十二条规定："法庭审理过程中，当事人和辩护人、诉讼代理人有权申请通知新的证人到庭，调取新的物证，申请重新鉴定或者勘验。"当事人和辩护人等申请通知新的证人到庭，调取新的证据，申请重新鉴定或者勘验的，应当提供证人的姓名、证据的存放地点，说明所要证明的案件事实，要求重新鉴定或者勘验、检查的理由。法庭根据具体情况，应当作出是否同意的决定。同意当事人申请的，应当宣布暂时休庭延期审理；不同意的，应当告知理由并继续开庭。

（9）法庭调查核实证据。法庭审理过程中，合议庭对证据有疑问的，可以宣布休庭，对证据进行调查核实。人民法院调查核实证据，可以进行勘验、检查、扣押、鉴定和查询、冻结。必要时，可以通知检察人员、辩护人到场。合议庭收集到的证据材料也应在法庭上经过控辩双方的质证、辩论后，才能作为定案的依据。

经过法庭调查后，合议庭认为案情已经查清，证据已经核实，公诉人、当事人和辩护人也没有再提出需要补充调查的事实和证据，即由审判长宣布法庭调查结束，进入法庭辩论阶段。

4. 法庭辩论

《刑事诉讼法》第一百九十三条规定："法庭审理过程中，对与定罪、量刑有关的事实、证据都应当进行调查、辩论。经审判长许可，公诉人、当事人和辩护人、诉讼代理人可以对证据和案件情况发表意见并且可以互相辩论。"此规定表明，法庭辩论既可在法庭调查阶段分散进行，也可在法庭辩论阶段集中进行。

法庭辩论在审判长主持下，按照下列顺序进行：公诉人发言；被害人及其诉讼代理人发言；被告人自行辩护；辩护人辩护；控辩双方进行辩论。其中控辩双方可以反复互相辩论。对附带民事诉讼部分的辩论应在对刑事诉讼部分的辩论结束以后进行。

公诉人的发言，称为公诉词。公诉词是公诉人在总结法庭调查的事实、证据的基础上，依据法律揭露犯罪，阐明检察机关对被告人追究刑事责任的意见，并在法庭辩论阶段集中发表的演讲。其作用是支持公诉、宣传法制、教育民众。

辩护人的发言，称为辩护词。辩护词也应以法庭调查的情况为基础，从保护被告人的合法权益出发提出辩护的论点。辩护人一般可以从以下几个方面进行辩护：一是辩护被告人的行为不构成犯罪或罪行较轻；二是控方提出的证明被告人犯罪的证据不确实、不充分；三是辩方阐明其具有从轻、减轻或免除刑事责任的理由。辩护人的发言，论点要明确、具体，论据要充分、可靠。

法庭辩论的目的，是通过控辩双方正反两方面意见的阐述、辩论，全面查清案件事实，正确运用法律，协助审判人员对案件作出公正的判决。因此，控辩双方都应当坚持"以事实为根据，以法律为准绳"的原则，依法论罪，以理服人，不能强词夺理，更不能进行人身攻击。遵守法庭纪律，以保障诉讼参与人的合法权益不受侵犯，保证辩论活动有秩序地进行。审判长对于控辩双方与案件无关、重复意见或者互相指责的发言应当予以制止。

在法庭辩论中，合议庭对双方的辩论发言都应认真听取。审判长应当善于抓住双方辩论的焦点，把辩论引向深入。如果发现新的事实、情节和证据需要进一步核实查清，审判长应当暂停辩论，恢复法庭调查，待查清后再继续辩论。如果恢复法庭调查尚不能查清时，审判长应宣告延期审理。

审判长认为经过反复辩论，案情已经查明，罪责已经分清，或控辩双方的意见已经充分发表，应及时宣告法庭辩论终结。

5. 被告人最后陈述

审判长在宣布辩论终结后，被告人有最后陈述的权利。这是被告人享有的一项法定诉讼权利，同时也是法庭审理中的一个独立环节或步骤。

审判长首先应当告知被告人享有此项权利，同时应充分保障其行使这项权利。审判长应当让被告人作最后的充分的陈述。被告人最后陈述只要不超出本案范围，就不应限制其发言的时间，或随意打断其发言，应允许其把话讲完。但是如果陈述的内容重复或与本案无关，或涉及国家秘密、个人隐私，以及借陈述发表反动言论等，审判长应当予以制止。

被告人在最后陈述中如果提出新的犯罪事实或新的证据，在一般情况下，应当恢复法庭调查。如果案情复杂，恢复法庭调查仍不能查清事实，还可以宣告延期审理。如果被告人提出新的辩解理由，合议庭认为确有必要的可以恢复法庭辩论。

附带民事诉讼部分可以在法庭辩论结束后当庭调解。调解不能达成协议的，可以同刑事部分一并判决。

6. 评议和宣判

在被告人最后陈述完毕后，审判长即宣布休庭，法庭进入合议庭评议、宣判阶段。

（1）合议庭评议。合议庭评议是根据法庭审理查明的事实、证据，依照刑事法律的规定，并充分考虑控辩双方的意见，评议确定被告人有罪或者无罪、应否追究刑事责任；犯何种罪、应否处以刑罚、判处何种刑罚；有无从重或者从轻、减轻以至免除刑罚的情节；附带民事诉讼如何解决，赃款、赃物如何处理等。

合议庭评议案件一律秘密进行。进行评议时，合议庭组成人员享有同等的权利。合议庭进行评议的时候实行少数服从多数的原则，如果意见发生分歧，应当按多数人的意见作出决定，但是少数人的意见应当记入笔录。评议笔录由合议庭的组成人员签名。一般情况下，合议庭经过开庭审理并评议后，应当作出判决。但对于疑难、重大、复杂的案件，合议庭成员意见分歧较大的且难以形成统一意见而作出决定的，由合议庭提请院长决定提交审判委员会讨论决定，审判委员会的决定，合议庭应当执行。

（2）作出裁判。合议庭经评议后，根据已经查明的事实、证据和有关法律规定，分别作出以下裁判：

其一，起诉指控的事实清楚，证据确实、充分，依据法律认定被告人的罪名成立的，应当作出有罪判决。但是，若指控的罪名与人民法院审理认定的罪名不一致的，也应当作出有罪判决。只是需注意，人民法院改变指控罪名必须经过法定程序，即必须征求控辩双方意见；在必要时，应恢复法庭辩论。否则，就混淆了审判职能与控诉职能，并且有剥夺被告人辩护权之嫌。

其二，案件事实清楚，证据确实、充分，依据法律认定被告人无罪的，应当判决宣告被告人无罪。

其三，证据不足，不能认定被告人有罪的，应当以证据不足，指控的犯罪不能成立，判决宣告被告人无罪。

其四，对于案件中部分事实不清，证据不足的，依法不予认定。

其五，被告人属于《刑事诉讼法》第十五条规定情形之一的，应当判决宣告被告人不负刑事责任，作出无罪判决或者裁定终止审理。

（3）宣告判决。根据《刑事诉讼法》第一百九十六条第一款的规定，宣告判决一律公开进行，即不管案件是否公开审理，都应当将判决公之于众。宣告判决，有当庭宣判和定期宣判两种形式。

当庭宣判是指在合议庭经过开庭审理、评议并作出决定后，由审判长当庭宣判判决结果。当庭宣告判决的，应当在5日以内将判决书送达当事人和提起公诉的人民检察院。

定期宣判是指合议庭经休庭评议并作出决定后，或者因案情疑难、复杂、重大，由合议庭提请院长决定提交审判委员会讨论决定，而另行确定日期宣告判决的活动。定期宣告判决的，应当在宣告后立即将判决书送达当事人和提起公诉的人民检察院。

判决书应当同时送达辩护人、诉讼代理人。这是《刑事诉讼法》对于辩护人、诉讼代理人权利的新规定。

地方各级人民法院和专门人民法院在宣告第一审判决时，应当告知被告人，如果不服，有权在上诉期限内提出上诉，并告知上诉的期限和上诉的法院。

四、法庭审理期限

根据《刑事诉讼法》第二百零二条第一款的规定，人民法院审理公诉案件，应当在受理后2个月以内宣判，至迟不得超过3个月。对于可能判处死刑的案件或者附带民事诉讼的案件，以及有本法第一百五十六条规定情形之一的，经上一级人民法院批准，可以延长3个月；因特殊情况还需要延长的，报请最高人民法院批准。

五、延期审理和中止审理

1. 延期审理

延期审理，是指案件因故不能按原定开庭时间审理，或者在法庭审理过程中，遇有足以影响审判继续进行的情况，合议庭决定延期审理，待影响审理进行的原因消失后，再行开庭审理。

根据《刑事诉讼法》第一百九十八条和最高人民法院《解释》的有关规定，延期审理主要适用于以下几种法定情形：

（1）需要通知新的证人到庭，调取新的物证，重新鉴定或者勘验的。

（2）检察人员发现提起公诉的案件需要进行补充侦查，提出建议的。

（3）由于申请回避而不能进行审判的。

（4）辩护人依照有关规定当庭拒绝继续为被告人进行辩护或者被告人当庭拒绝辩护人为其辩护，而被告人要求另行委托辩护或者要求人民法院另行指定辩护律师，合议庭同意的。

（5）其他情形：被告人因患病而神志不清或体力不能承受审判的；人民检察院变更了起诉范围，指控被告人有新的罪行，被告人、辩护人为准备答辩，申请延期审理的；合议庭成员、书记员、公诉人、辩护人在审理过程中由于身体原因，审理无法继续进行的等。

人民检察院要求延期审理补充侦查的案件，应当在 1 个月以内补充侦查完毕。

延期审理原则上不能无限期拖延而应有一个确定的时间。因为延期审理的时间原则上要计入审理期限。延期审理的开庭日期和地点能当庭确定的，应当当庭通知公诉人、当事人和其他诉讼参与人；不能当庭确定的，应当在确定后另行通知。

延期审理后再行开庭审判时，仍应按照法庭审判的顺序进行，但对于以前庭审已经查清的事实和证据，可以不逐一核查。

2. 中止审理

中止审理，是指因发生某种特定情况影响了案件的正常审理活动，因此，人民法院决定停止诉讼活动，中止诉讼程序，待该项原因消失后，再行恢复审理。

根据《刑事诉讼法》第二百条的规定，在审判过程中，有下列情形之一，致使案件在较长时间内无法继续审理的，可以中止审理：

（1）被告人患有严重疾病，无法出庭的；

（2）被告人脱逃的；

（3）自诉人患有严重疾病，无法出庭，未委托诉讼代理人出庭的；

（4）由于不能抗拒的原因。

中止审理的原因消失后，应当恢复审理。中止审理的期间不计入审理期限。

3. 延期审理和中止审理的异同

相同点：刑事诉讼的延期审理和中止审理都是因遇到法定事由，由人民法院决定暂停审理的一种诉讼制度。

区别点：①原因不同。延期审理的原因是因故不能按照原定时间开庭审理，或者在开庭后因故不能继续审理而决定顺延审判日期的一种诉讼处理；中止审理的原因主要是与案件有直接利害关系的当事人不能到庭，尤其是被告人不能到庭受审，因而使案件不能继续审理。②结果不同。延期审理的结果只是中断审理的具体时间，不是诉讼活动的停止，因此延期的时间要计入审判期限；中止审理的结果是中止诉讼程序，诉讼活动停止，因此中止审理的期间不计入审判期限。

第三节 自诉案件的第一审程序

自诉案件的第一审程序，是指第一审人民法院在自诉人、被告人及其他诉讼参与人的参加下，依法处理自诉案件的方式、方法和步骤。与公诉案件的第一审程序相比较，自诉案件的第一审程序有以下几个特点：一是参加诉讼的国家机关一般来讲只有人民法院，而公安机关和人民检察院不介入；二是没有专门的侦查程序；三是当事人对诉讼程序的开始和终止具有一定的决定作用，即没有自诉人提起自诉，自诉案件的诉讼程序就不会启动开始，自诉人撤诉或自诉人与被告人达成和解协议，案件的诉讼程序就可以终止。

一、自诉案件的审查和受理

1. 自诉案件的审查

自诉案件的审查，是指人民法院收到自诉状或者口头告诉后，应当按照受理条件进行审查。人民法院对自诉案件开庭前的审查既是诉讼程序性的审查，又是实体上的审查。经过审查，认为符合受理条件的，应当作出立案决定，并书面通知自诉人或者代为告诉人。人民法院审查后按下列情形分别处理：

（1）犯罪事实清楚、有足够证据的案件，应当开庭审判；

（2）缺乏罪证的自诉案件，如果自诉人提不出补充证据，应当说服自诉人撤回自诉，或者裁定驳回。

2. 自诉案件的受理

自诉案件的受理，是指人民法院按照法定受理条件对自诉案件进行审查后，认为符合受理条件的，则作出立案决定并进行审判；不符合受理条件的，则应说服自诉人撤回起诉，或者裁定驳回起诉。受理后，自诉人经两次依法传唤，无正当理由拒不到庭的，或者未经法庭许可中途退庭的，按撤诉处理。

二、自诉案件审判的特点

人民法院对于决定受理的自诉案件，应当开庭审判。审判程序既可适用简易程序，也可参照适用公诉案件第一审普通程序进行。

根据《刑事诉讼法》的规定，自诉案件第一审审判具有以下特点：

（1）可以适用简易程序，由审判员一人独任审判。

（2）人民法院可以对自诉案件进行调解。但公诉转自诉的案件，不适用调解。调解应当在自愿合法的基础上，在不损害国家、集体和其他公民利益的前提下进行。调解达成协议的，人民法院应当制作刑事自诉案件调解书。调解书经双方当事人签收后即发生法律效力。调解没有达成协议或者调解书签收前当事人反悔的，人民法院应当进行判决。

（3）自诉人在宣告判决前，可以同被告人自行和解或者撤回自诉。对于已经审理的自诉案件，当事人自行和解的，应当记录在卷。对于自诉人要求撤诉的，经人民法院审查认为确属自愿的，应当准许；不是出于自愿的，应当不予准许。自诉人经两次依法传唤，无正当理由拒不到庭的，或者未经法庭许可中途退庭的，按撤诉处理。自诉人是两人以上，其中部分人撤诉的，不影响案件的审理。

（4）被告人可以对自诉人提起反诉。反诉是指在自诉案件审理过程中，自诉案件的被告人基于同一个案件事实又作为案件的被害人向受理该自诉案件的人民法院控告自诉人犯有侵犯自己权益的罪行，而要求人民法院依法追究其刑事责任的诉讼。反诉必须符合下列条件：①反诉的对象必须是本诉的自诉人。②反诉的内容必须是基于本案事实的行为。通常，本诉与反诉控告的行为之间具有因果关系。③反诉的案件必须本身也是自诉案件性质。

反诉以自诉存在为前提，但它是一个独立的诉讼，它也不是对自诉的答辩。反诉案件的审理适用自诉案件的规定，并应当与自诉案件一并审理。如果原自诉人撤诉，不影响反诉案件的继续审理。

（5）被告人未被羁押的，法院应当在受理后 6 个月以内宣判。

三、自诉案件的审理期限

（1）被告人被羁押的，人民法院应当在受理后 2 个月以内宣判，至迟不得超过 3 个月。

（2）有附带民事诉讼的，经上一级人民法院批准，可以延长 3 个月。

（3）被告人未被羁押的，法院应当在受理后 6 个月以内宣判。

（4）法庭审理中，法官对证据有疑问，需要调查核实的，以及改变管辖法院的，重新计算审理期限。

第四节　简易程序

一、简易程序的概念和意义

1. 简易程序的概念

简易程序，是指基层人民法院审理某些事实清楚、情节简单、犯罪轻微的刑事案件所适用的比普通程序相对简化的第一审程序。公诉案件和自诉案件都可能适用简易程序，只是前者适用得少而后者多适用。

2. 简易程序设立的意义

简易程序是 1996 年《刑事诉讼法》新增设的一个程序。简易程序的增设，既符合我国审判实践的客观需要，也顺应了世界多数国家刑事诉讼制度改革发展的潮流，具有重要意义。

（1）简易程序有利于合理配置审判资源，提高审判效率。对于一些案件事实清楚，证据确实、充分，案情简单，犯罪情节轻微的刑事案件，通过简易程序审批，可以有效降低司法成本，节约司法资源。

（2）简易程序的快捷性，有利于当事人减少诉累，及时维护合法权益。

（3）简易程序的设立使刑事审判程序多样化，符合国际潮流。程序多样化意味着刑事审判程序更加科学、合理。

二、简易程序的适用范围

根据《刑事诉讼法》第二百零八条的规定，基层人民法院管辖的案件，符合下列条件的，可以适用简易程序审判：

（1）案件事实清楚、证据充分的；

（2）被告人承认自己所犯罪行，对指控的犯罪事实没有异议的；

（3）被告人对适用简易程序没有异议的。

上述三个条件同时具备才可适用简易程序。

有下列情形之一的，不适用简易程序：

（1）被告人是盲、聋、哑人，或者是尚未完全丧失辨认或者控制自己行为能力的精神病人的；

（2）有重大社会影响的；

（3）共同犯罪案件中部分被告人不认罪或者对适用简易程序有异议的；

（4）其他不宜适用简易程序审理的。

三、简易程序的审理特点

（1）基层人民法院适用。中级、高级人民法院等不得适用。

（2）第一审程序中适用。二审等其他审判程序不适用简易程序。

（3）实行独任制或者合议制审理。按照2012年修订的《刑事诉讼法》第二百一十条的规定，适用简易程序并非都是独任审判，有两种情形：①可选择独任制或合议制审判。对可能判处3年有期徒刑以下刑罚的，可以组成合议庭进行审判，也可以由审判员1人独任审判。独任审判不得由陪审员进行。②合议制审判。对可能判处有期徒刑超过3年的，应当组成合议庭进行审判。

（4）适用简易程序审理公诉案件，人民检察院应当派员出席法庭。这是2012年修订的《刑事诉讼法》对旧法的修正。

（5）确认被告人认罪且同意适用简易程序。《刑事诉讼法》第二百一十一条规定："适用简易程序审理案件，审判人员应当询问被告人对指控的犯罪事实的意见，告知被告人适用简易程序审理的法律规定，确认被告人是否同意适用简易程序审理。"这就是要确认两点：一是被告人认罪，二是被告人同意适用简易程序。缺一则不能适用。

（6）在庭审的程序步骤上，适用简易程序审理时，不受公诉案件第一审普通程序中关于送达期限，讯问被告人，询问证人，鉴定人，出示证据，法庭辩论程序规定的限制，可以将法庭调查阶段和法庭辩论阶段简化或合并起来进行，将一些程序环节、步骤从简、从略，从而大大简化审理程序。但在判决宣告前应当听取被告人的最后陈述意见。经审判人员许可，被告人及其辩护人可以同公诉人、自诉人及其诉讼代理人互相辩论。

（7）在宣判形式上，适用简易程序审理，原则上采用当庭宣判形式，不采用定期宣判形式。

（8）适用简易程序审理，人民法院应当在受理后 20 日以内审结；对可能判处的有期徒刑超过 3 年的，可以延长至一个半月。

上述除第三、四项外，都是简易程序不同于普通程序的特点。

四、简易程序的提起

1. 对公诉案件适用简易审判程序的提起

（1）人民检察院建议适用简易程序。对一些轻微的公诉案件，如认为符合适用简易程序条件的，人民检察院在提起公诉的时候，可以建议人民法院适用简易程序。具体做法是：人民检察院先制作《适用简易程序建议书》；在提起公诉时，连同全案卷宗、证据材料、起诉书一并移送人民法院。

人民法院在征得被告人、辩护人同意后决定适用简易程序的，应当制作《适用简易程序决定书》，在开庭前送达人民检察院、被告人及辩护人。人民法院认为依法不应当适用简易程序的，应当书面通知人民检察院。

（2）人民法院决定适用简易程序。对于人民检察院没有建议适用简易程序的公诉案件，而人民法院经审查认为可以适用简易程序审理的，由人民法院决定适用简易程序审理。做法是：首先，人民法院应当征求人民检察院与被告人、辩护人的意见。向人民检察院征求意见时，应当提出书面建议，人民检察院应当在 10 日内答复是否同意，同意的即移送全案卷宗和证据材料。其次，人民法院决定适用简易程序时，应当制作《适用简易程序决定书》，在开庭前送达人民检察院、被告人及辩护人，案件则可适用简易程序审理。

2. 对自诉案件适用简易审判程序的提起

对自诉案件是否适用简易程序审理，只需由人民法院审查决定。人民法院通过审查案件，发现符合适用简易程序条件的，决定适用简易程序并制作《适用简易程序决定书》。然后，在开庭前将开庭时间、地点分别通知人民检察院、自诉人、被告人、辩护人及其他诉讼参与人。通知可用简便方式但应当记录在卷。

根据《刑事诉讼法》第二百一十五条的规定，适用简易程序审理的案件，在审理过程中如发现有不宜适用简易程序的，应当决定中止审理，并按照第一审普通程序重新审理。转为普通程序审理的案件，审理期限从决定转为普通程序之日开始计算。

第五节　法庭审判中的量刑程序

在各级检察机关的积极推动下，2010 年 2 月最高人民检察院公诉厅发布《人民检察院开展量刑建议工作的指导意见（试行）》（以下简称《量刑建议意见》），检察机关在全国广泛推行量刑建议制度。顺应司法改革的这一正确选择，2010 年 9 月 13 日最高人民法院、最高人民检察院、公安部、国家安全部、司法部联合印发《关于规范量刑程序若干问题的意见（试行）的通知》（以下简称《量刑通知》），同日，最高人民法院发布《人民法院量刑指导意见（试行）》规定 2010 年 10 月 1 日起施行。最高人民法院又于 2010 年 9 月 30 日发布了《人民法院量刑程序指导意见（试行）》（以下简称《法院量刑程序》），从实体和程序两个方面，对量刑问题加以规范。这是我国近年司法改革的一项重大成就，对于促进我国刑事司法的公正和人权保障，必将产生深远的影响。

一、检察机关的量刑建议及其庭审活动

1. 量刑建议书的提交和修正

对于公诉案件，人民检察院可以提出量刑建议。量刑建议一般应当具有一定的幅度。人民检察院提出量刑建议，一般应当制作量刑建议书，与起诉书一并移送人民法院；根据案件的具体情况，人民检察院也可以在公诉意见书中提出量刑建议。对于人民检察院派员出席法庭的案件，一般应将量刑建议书与起诉书一并送达人民法院；对庭审中调整量刑建议的，可以在庭审后将修正后的量刑建议书向人民法院提交。对于人民检察院不派员出席法庭的简易程序案件，应当制作量刑建议书，与起诉书一并移送人民法院。

对于二审或者再审案件，检察机关认为应当维持原审裁判量刑的，可以在出席法庭时直接提出维持意见；认为应当改变原审裁判量刑的，可以另行制作量刑建议书提交法庭审理。

量刑建议书中一般应当载明人民检察院建议对被告人处以刑罚的种类、刑罚幅度、刑罚执行方式及其理由和依据。

人民检察院以制作量刑建议书的方式提出量刑建议的，人民法院在送达起诉书副本时，将量刑建议书一并送达被告人。

2. 公诉人对量刑证据的出示

在法庭调查中，公诉人可以根据案件的不同种类、特点和庭审的实际情况，合理安排和调整举证顺序。定罪证据和量刑证据可以分开出示的，应当先出示定罪证据，后出示量刑证据。

对于有数起犯罪事实的案件，其中涉及每起犯罪中量刑情节的证据，应当在对该起犯罪事实举证时出示；涉及全案综合量刑情节的证据，应当在举证阶段的最后出示。

为适应法庭量刑的需要，在审前程序中，侦查机关、人民检察院就应当依照法定程序，收集能够证实犯罪嫌疑人、被告人犯罪情节轻重以及其他与量刑有关的各种证据。人民检察院提起公诉的案件，应当依照相关规定，将案卷及证据一并移送法院。

3. 公诉人对量刑证据的质证和答辩

对于辩护方提出的量刑证据，公诉人应当进行质证。辩护方对公诉人出示的量刑证据质证的，公诉人应当答辩。公诉人质证应紧紧围绕案件事实、证据进行，质证应做到目的明确、重点突出、逻辑清楚，如有必要，可以简要概述已经法庭质证的其他证据，用以反驳辩护方的质疑。

4. 公诉人在法庭辩论阶段提出量刑建议及量刑答辩

公诉人应当在法庭辩论阶段提出量刑建议。根据法庭的安排，可以先对定性问题发表

意见，后对量刑问题发表意见，也可以对定性与量刑问题一并发表意见。

对于检察机关未提出明确的量刑建议而辩护方提出量刑意见的，公诉人应当提出答辩意见。

5. 公诉人可依法建议休庭或延期审理调整量刑建议

在庭审过程中，公诉人发现拟定的量刑建议不当、需要调整的，可以根据授权作出调整；需要报检察长决定调整的，应当依法建议法庭休庭后报检察长决定；出现新的事实、证据导致拟定的量刑建议不当、需要调整的，可以依法建议法庭延期审理。

6. 人民检察院对法院裁判文书中是否采纳量刑建议及量刑的审查，可依法抗诉或向当事人解释说明

人民检察院收到人民法院的判决、裁定后，应当对判决、裁定是否采纳检察机关的量刑建议以及量刑理由、依据进行审查，认为判决、裁定量刑确有错误、符合抗诉条件的，经检察委员会讨论决定，依法向人民法院提出抗诉。当然，人民检察院也不能单纯以量刑建议未被采纳作为提出抗诉的理由。人民法院未采纳人民检察院的量刑建议但并无不当的，人民检察院在必要时可以向有关当事人解释说明。

二、辩护方的量刑建议与法庭活动

1. 当事人等可以提出量刑意见

在诉讼过程中，当事人和辩护人、诉讼代理人可以提出量刑意见，并说明理由。

2. 对被告人的法律援助

对于公诉案件，特别是被告人不认罪或者对量刑建议有争议的案件，被告人因经济困难或者其他原因没有委托辩护人的，人民法院可以通过法律援助机构指派律师为其提供辩护。

3. 申请调取量刑证据材料

若当事人和辩护人、诉讼代理人申请人民法院调取在侦查、审查起诉中收集的量刑证据材料，人民法院认为确有必要的，应当依法调取；人民法院认为不需要调取有关量刑证据材料的，应当说明理由。

三、法庭量刑程序

1. 量刑程序相对独立

人民法院审理刑事案件，应当将量刑纳入法庭审理程序。在法庭调查、法庭辩论等阶段，应当保障量刑活动的相对独立性。在法庭审理过程中，审判人员应当注意听取公诉人、当事人、辩护人和诉讼代理人提出的量刑意见。

适用普通程序审理的案件，在法庭调查过程中，可以根据案件具体情况先调查犯罪事实，后调查量刑事实；在法庭辩论过程中，也可以先辩论定罪问题，后辩论量刑问题。被告人认罪或者虽然不认罪但同意参与审理量刑问题的，按照被告人认罪案件的程序审理量刑问题；被告人不认罪且不同意参与审理量刑问题的，合议庭应当告知其有权提出从轻、减轻、免除处罚的意见和理由，记录在卷后，法庭审理继续进行。

适用简易程序或普通程序审理的被告人认罪案件（即普通程序简化审），在核实犯罪事实，确定被告人对起诉书指控的犯罪事实和罪名没有异议，自愿认罪且知悉认罪的法律后果后，庭审主要围绕量刑事实、情节和刑罚适用问题进行举证、质证和辩论。

2. 量刑事实的查明和辩论

对于被告人不认罪或者辩护人做无罪辩护的案件，在法庭调查阶段，应当查明有关的量刑事实。在法庭辩论阶段，审判人员引导控辩双方先辩论定罪问题。在定罪辩论结束后，审判人员告知控辩双方可以围绕量刑问题进行辩论，发表量刑建议或意见，并说明理由和依据。

在法庭调查过程中，人民法院应当查明对被告人适用特定法定刑罚幅度以及其他从重、从轻、减轻或免除处罚的法定或者酌定量刑情节。

人民法院、人民检察院、侦查机关或者辩护人委托有关方面制作涉及未成年人的社会调查报告的，调查报告应当在法庭上宣读，并接受质证。

在法庭审理过程中，审判人员对量刑证据有疑问的，或者发现影响量刑的情节有遗漏或者事实不清的，可以宣布休庭，对证据进行调查核实，必要时也可以要求人民检察院补充调查核实。人民检察院应当补充调查核实有关证据，必要时可以要求侦查机关提供协助。当事人及其辩护人、诉讼代理人也可以就量刑问题，申请新的证人到庭，调取新的物证、书证，申请鉴定或者重新鉴定，人民法院认为有必要的，应当同意。

3. 庭审中量刑事实的调查顺序

（1）审判人员首先归纳在犯罪事实调查阶段已经查明的量刑事实，并告知公诉人、当事人和辩护人、诉讼代理人不再重复举证和质证；

（2）公诉人、自诉人及其诉讼代理人就其掌握的未经审理的量刑事实举证，并接受质证；

（3）被告人及其辩护人就其掌握的未经审理的量刑事实举证，并接受质证；

（4）被害人及其诉讼代理人到庭参加诉讼的，可以向法庭提交量刑事实证据，并接受质证；

（5）有关方面向法庭提交涉及未成年人量刑的社会调查报告的，调查报告应当当庭宣读，并接受质证。

4. 量刑辩论

在法庭辩论阶段，审判长应当注意引导控辩双方围绕有争议的量刑事实和刑罚适用问题进行辩论。法庭如果在辩论阶段发现新的量刑事实，认为有必要进行调查的，审判长可以宣布恢复法庭调查，待事实查清后继续法庭辩论。

5. 量刑辩论顺序

量刑辩论活动按照以下顺序进行：

（1）公诉人、自诉人及其诉讼代理人发表量刑建议或意见；

（2）被害人（或者附带民事诉讼原告人）及其诉讼代理人发表量刑意见；

（3）被告人及其辩护人进行答辩并发表量刑意见。

6. 裁判文书应当说明量刑理由

裁判文书中的量刑说理，一般包括以下内容：①已经查明的量刑事实及其对量刑的影响；②是否采纳公诉人、当事人和辩护人、诉讼代理人的量刑意见及其理由；③人民法院的量刑理由和法律依据。

案例分析

【案例】被告人朱某系某厂工人，某日，朱某为修理本车间屋顶已经损坏的水管，到邻组拿了一根废旧白铁管，受到邻组工人徐某的阻拦而引起争吵。被告人朱某与徐某平时素有隔阂，徐某经常散布一些捏造的事实败坏朱某的名誉，说他与三四个女人有不正当性关系。这次，徐某对朱某来拿废旧白铁管的行为又大加指责，说朱某是惯偷，当众进行谩骂，被告人朱某难以忍受，便拿起一根铁棍朝徐某打去，造成徐某深度性脑挫裂伤及脑震荡，经鉴定为重伤。此案由人民检察院向人民法院提起公诉后，人民法院经过庭前审查，认为符合开庭审判的法定条件，决定开庭审理此案，为此，人民法院做了下列准备工作：①确定合议庭的组成人员。合议庭由3名审判人员和1名人民陪审员组成。②在开庭前7日给被告人送达起诉书副本。③在开庭前3日通知人民检察院开庭的时间、地点。④在开庭前3日给当事人、证人、鉴定人和翻译人员送达传票和通知书。

【问题】

1. 该人民法院开庭前的准备工作正确吗？

2. 人民法院尚需做哪些准备工作？

【解析】

1. 根据《刑事诉讼法》第一百八十二条（原第一百五十一条）的规定，上述第①、②、③、④项均错误，原因是：

（1）基层人民法院、中级人民法院审判第一审案件，应当由审判员3人或者由审判员和人民陪审员3人组成合议庭进行。合议庭的成员人数应当是单数。本案中合议庭由3名审判人员和1名人民陪审员组成，违背了这一法律规定。

（2）刑事诉讼法规定，人民法院至迟应当在开庭10日以前将人民检察院的起诉书副本送达被告人。新法还要求送达辩护人。

（3）人民法院应当在开庭3日以前通知人民检察院开庭的时间、地点。在开庭3日以前给当事人、证人、鉴定人和翻译人员送达传票和通知书。而不是开庭前3日。

2. 根据2012年《刑事诉讼法》，人民法院尚需做如下准备工作：

（1）将人民检察院的起诉书副本至迟在开庭10日以前送达被告人及其辩护人。

（2）在开庭以前，审判人员可以召集公诉人、当事人和辩护人、诉讼代理人，对回避、出庭证人名单，非法证据排除等与审判相关的问题，了解情况，听取意见。

（3）还应当将开庭的时间、地点至迟在开庭3日以前通知辩护人、诉讼代理人。

（4）公开审判的案件，还应当在开庭3日以前先期公布案由、被告人姓名、开庭时间和地点。

（5）对于被告人未委托辩护人的，告知被告人可以委托辩护人，或者在必要的时候指定承担法律援助义务的律师为其提供辩护。

思考与练习

1. 第一审程序有什么意义？

2. 公诉案件第一审普通程序要经过哪几个环节？法庭审判有哪几个阶段？

3. 人民法院审理第一审案件的期限是多长？

4. 什么是延期审理和中止审理？二者有何区别？

5. 自诉案件有何特点？

6. 哪些案件可以适用简易程序？简易程序有什么特点？

第十六章　第二审程序

要点提示

第二审程序，是指地方各级第一审人民法院的上一级人民法院根据合法的上诉或抗诉，对第一审人民法院作出的判决和裁定尚未生效的案件进行重新审判所适用的审判程序。

审判原则：全面审查原则，上诉不加刑原则。上诉不加刑原则即第二审人民法院审判只有被告人一方提出上诉的案件时，不得改判或者发回重审而加重刑罚的裁判原则。

第二审程序的提起。对象是一审未生效的裁判。主体是除公诉案件被害人外的当事人及其法定代理人，经授权的亲属、辩护人；人民检察院。形式是上诉或抗诉。期限对判决为10日，裁定为5日。理由：对抗诉要求原裁判确有错误，对上诉不要求。方式：抗诉是书面的，上诉不限。途径：上诉可直接向上一级法院，抗诉必须通过原审法院。

第二审审理。开庭审理的案件是：对一审认定的事实、证据有异议，可能影响定罪量刑的上诉案；被判处死刑的上诉案；抗诉案等。抗诉案检察院应派员出庭。阅卷期为1个月内。参照第一审程序审理。不开庭审理的案件也要组成合议庭，必须阅卷，讯问被告人，听取其他当事人、辩护人、诉讼代理人的意见。审理结果：维持原判、改判、发回重审。发回重审须另行组成合议庭。二审裁判为终审裁判，不得上诉。审限为2个月，必要时可延长。

死刑二审程序。判处死刑立即执行的二审必须开庭，死缓的二审可部分开庭。保障辩护权，必要时给予法律援助。法庭审理实质化。

第一节　第二审程序概述

一、第二审程序的概念和特点

第二审程序，是指地方各级第一审人民法院的上一级人民法院根据合法的上诉或抗诉，对第一审人民法院作出的判决和裁定尚未生效的案件进行重新审判所适用的审判程序。第二审程序具有以下特点：

（1）第二审程序是建立在两审终审制度基础之上的普通程序，是继第一审程序之后的一个独立的诉讼阶段，是普通刑事案件的终审程序。

（2）第二审程序属于补救性程序，其目的在于纠正第一审判决和裁定中可能存在的错误。

（3）第二审程序不是每个刑事案件的必经程序，必须以提出合法的上诉或抗诉作为第二审程序启动和审判的依据。

（4）第二审程序的审判主体是地方各级人民法院的上一级人民法院。

（5）第二审程序的审判对象是第一审人民法院已经作出了判决和裁定但判决和裁定尚未生效的案件。

二、第二审程序的任务

第二审程序的任务是在对第一审裁判认定的事实和适用法律进行全面审查的基础上，维持正确的第一审裁判，纠正错误的第一审裁判。具体包括如下方面：

（1）对第一审裁判认定的事实是否清楚、证据是否确实充分进行审查。案件事实是第一审裁判的根据，也是第二审程序中适用法律的基础，因此，不论第一审裁判在认定事实、使用证据方面是否存在错误，在第二审程序中都应审查第一审裁判认定的事实是否清楚、证据是否确实充分。

（2）对第一审裁判在适用法律上是否正确进行审查。适用法律包括适用实体法和程序法两个方面。第二审阶段应当审查第一审裁判在实体法方面对被告人的定罪、定性是否准确，量刑是否适当。同时，审查第一审人民法院的审判程序是否符合《刑事诉讼法》的规定。

（3）对案件作出公正处理。经过审查，发现第一审裁判事实清楚、证据确实充分，实体处理和程序都合法的，就应当维持原裁判；发现第一审裁判事实不清、证据不足，或者实体处理有错误、程序违法的，就分别依法改判或发回第一审人民法院重审。

三、第二审程序的意义

1. 维持正确的第一审裁判，肯定第一审人民法院的审判工作

第一审裁判作出之后，当事人上诉或人民检察院抗诉，引起第二审程序，但这并不意味着第一审裁判就一定是错误的。如果第二审人民法院经过审查查明第一审裁判是正确的，第二审人民法院应当维持第一审裁判，不仅可以肯定第一审人民法院的审判工作，而且可以打消当事人的侥幸心理，促使被告人认罪服判，心悦诚服地接受改造。

2. 纠正错误的第一审裁判

由于刑事案件的复杂性以及同犯罪作斗争的艰巨性，第一审人民法院作出错误裁判的可能性总是存在的。人民法院通过第二审程序发现第一审裁判确有错误时，或者发回第一

审人民法院重审，或者依法改判，对错误予以纠正，以满足上诉者或抗诉者的请求，同时维护国家法律的尊严，保障当事人的合法权益不受侵犯。

3. 指导、监督第一审人民法院的审判工作

第二审人民法院通过对上诉、抗诉案件的审判，可以深入细致地了解第一审人民法院的审判工作情况，肯定其成绩，发现其不足，促进第一审人民法院提高审判工作的质量。

四、第二审程序的审判原则

根据我国《刑事诉讼法》的规定，我国第二审程序中，人民法院除了要遵守《刑事诉讼法》的基本原则和审判阶段的审判原则以外，根据二审阶段的特殊性，还必须遵循全面审查原则和上诉不加刑原则。

1. 全面审查原则

第二审程序中的全面审查原则，是指第二审人民法院应当就第一审裁判认定的事实和适用法律进行全面审查，不受上诉或者抗诉范围的限制。第二审程序中的全面审查原则的具体含义包括以下几个方面：

（1）第二审人民法院既要进行事实审又要进行法律审。事实审在于审查第一审裁判认定的事实是否正确，证据是否确实、充分。法律审在于审查第一审裁判适用法律有无错误。就法律审而言，既要从实体法的角度审查第一审裁判定罪量刑是否正确，又要从程序法的角度审查第一审人民法院的审判程序是否合法，简言之，既要进行实体审，又要进行程序审。

（2）第二审人民法院不受上诉或抗诉范围的限制。对第一审裁判中已经被提出上诉或抗诉的部分，第二审人民法院应当审查；对第一审裁判中未被提出上诉或抗诉的部分，第二审人民法院也应当审查。

（3）不受上诉主体或抗诉对象的限制。在共同犯罪案件中，只有部分被告人提出上诉的，第二审人民法院对第一审裁判中涉及提出上诉的被告人的部分应当进行审查，对第一审裁判中涉及未提出上诉的被告人的部分也应当进行审查；或者人民检察院只对第一审裁判中的部分被告人提出抗诉的，第二审人民法院对抗诉涉及的和未涉及的被告人的部分都要进行全面审查。在共同犯罪案件中，如果提出上诉的被告人死亡，其他被告人没有提出上诉时，第二审人民法院仍然应当对全案进行全面审查。死亡的被告人以前的行为不构成犯罪的，应当宣告其无罪；审查后认为死亡的被告人以前的行为构成犯罪的，应当宣告终止审理，但对裁判中涉及其他同案被告人的部分仍应当进行审理并作出判决或裁定。

（4）不受案件性质的限制。对只针对第一审裁判中的附带民事诉讼部分提出上诉或抗诉的案件，应当对全案中的刑事诉讼部分和附带民事诉讼部分进行全面审查。但是，在这种情况下，第二审人民法院只能就附带民事诉讼部分作出裁判，不能对第一审刑事诉讼裁判部分进行裁判；由于没有对第一审裁判中的刑事诉讼部分提出上诉或抗诉，刑事诉讼部分的第一审裁判在上诉或抗诉期限届满后就发生法律效力。第二审人民法院无权对第一审裁判已经生效的案件进行裁判，如果裁判已经生效的案件确有错误，也只能通过审判监督程序加以纠正。从另一个角度讲，第二审人民法院作出裁判必须以合法的上诉或抗诉作为

依据，当对第一审人民法院裁判中的刑事诉讼部分没有上诉或抗诉时，第二审人民法院对其裁判是违法的。但是，对只针对第一审裁判中的刑事诉讼部分提出上诉或抗诉的案件，情形则相反。第二审人民法院要对全案中的刑事诉讼部分和附带民事诉讼部分进行全面审查，在此基础上，既可以对刑事诉讼部分作出裁判，也可以对附带民事诉讼部分作出裁判，如果附带民事诉讼部分确实存在错误，可以改判或者发回重审。这里体现了民事诉讼的附带性质，其可以附带在刑事二审程序中被法院审查和处理。

2. 上诉不加刑原则

（1）上诉不加刑原则的含义。上诉不加刑原则，是指第二审人民法院审判只有被告人一方提出上诉的案件时，不得通过改判或者发回重审而加重刑罚的裁判原则。在理解上诉不加刑原则的含义时，必须注意以下几点：

第一，我国《刑事诉讼法》规定的上诉不加刑原则，不是以对被告人有利为前提的，而是以提起上诉的主体为前提的。上诉不加刑原则适用于只有被告人或其法定代理人、辩护人、近亲属提出上诉的案件。如果人民检察院提出抗诉或者自诉人及其法定代理人提出上诉时，无论被告人及其法定代理人、辩护人、近亲属是否提出上诉，不受上诉不加刑原则的限制；第二审人民法院在改判时，可以减轻被告人的刑罚，也可以加重被告人的刑罚；人民检察院抗诉的案件，第二审人民法院审理后，改判被告人死刑立即执行的，应当报请最高人民法院核准。但是，在共同犯罪案件中，人民检察院仅对部分被告人的判决提出抗诉的，第二审人民法院对其他第一审被告人不得加重刑罚。

第二，上诉不加刑原则既适用于第二审人民法院直接改判的案件，也适用于发回第一审人民法院重审的案件。对于只有被告人或其法定代理人、辩护人、近亲属上诉的案件，经第二审人民法院查实，第一审人民法院判决确实认定事实不清或证据不足或者第一审人民法院确实违反诉讼程序，并且符合《刑事诉讼法》第一百九十一条的规定，需发回第一审人民法院重审的案件，第一审人民法院在重审中也受上诉不加刑原则的限制，即没有检察相关同时抗诉或自诉人上诉的情况，那么，二审法院改判时，不得加重刑罚。另一方面，除非控方变更扩大了指控事实范围。这是新刑诉法的新规定，有助于防范利用发回重审规避上诉不加刑原则的适用，保障上诉者的合法权益。

第三，所谓不能加重被告人的刑罚，包含以下几层含义：①不能改无罪判决为有罪判决，不能改免刑判决为科刑判决。②不能增加刑种。由于主刑不能合并适用，不能增加刑种当然是指不能增加附加刑。③不能提高刑种等级，例如，不能改拘役6个月为有期徒刑6个月。④不能增加同一刑种的刑期和数额，例如，不能改有期徒刑3年为5年，不能改罚金1万元为2万元。⑤不能改死刑缓期2年执行为死刑立即执行；对被告人判处拘役或有期徒刑宣告缓刑的，不得撤销原判决宣告的缓刑而改为实刑，也不得延长缓刑考验期限。⑥对被告人实行数罪并罚的，不得加重决定执行的刑罚，也不能在维持原判决决定执行刑罚不变的情况下而加重数罪中某罪的刑罚。⑦共同犯罪案件中，只有部分被告人提出上诉的，既不能加重提出上诉的被告人的刑罚，也不能加重其他同案被告人的刑罚。⑧对事实清楚、证据确实充分，但判处的刑罚畸轻，或者应当适用附加刑而没有适用的案件，不得撤销第一审判决，直接加重被告人的刑罚或适用附加刑，也不得以事实不清或者证据不足为借口发回第一审人民法院重新审判。必须依法改判的，应当在第二审判决、裁定生效后，按照审判监督程序重新审判。当然，对原判认定事实清楚、证据确实充分，只是认定的罪名不当的，在不加重原判刑罚的情况下，可以改变罪名。

（2）上诉不加刑原则的意义。上诉不加刑原则有以下意义：

第一，上诉不加刑原则有利于保障被告人的上诉权，保障两审终审制度的贯彻执行。被告人及其法定代理人、辩护人、近亲属提出上诉的目的是希望第二审人民法院改变原裁判，对被告人从轻、减轻或免除刑罚，改善被告人在第一审判决中的不利处境。如果不规定上诉不加刑原则，二审法院在被告人一方上诉后反而会加重被告人的刑罚，使其处境更加恶化，就可能使被告人及其法定代理人、辩护人、近亲属对上诉产生顾虑，即使其认为第一审裁判有错误，也可能因害怕加重被告人的刑罚而不敢上诉，在客观上限制了被告人一方的上诉权的行使，使上诉制度流于形式，使两审终审制度形同虚设。只有规定上诉不加刑原则，才能排除被告人一方上诉的思想顾虑，切实保障被告人一方的上诉权得以充分行使，从而保障两审终审制度得以贯彻执行。

第二，上诉不加刑原则有利于促使第一审人民法院加强责任心，不断提高办案质量。上诉不加刑原则解除了被告人一方害怕因上诉而加刑的思想顾虑，其上诉的积极性被调动起来了，被告人一方提出上诉的案件占第一审裁判的比重无疑会加大，第二审人民法院通过第二审程序监督检查第一审人民法院审判工作的面就大幅度扩大了。因此，这就要求第一审人民法院的审判人员加强工作责任心，认真负责地对待每一起案件，正确运用法律，准确地定罪量刑，做到不枉不纵，以期经得起第二审人民法院的监督检查。

第三，上诉不加刑原则有利于促使人民检察院履行法律监督职能，促使自诉人及其法定代理人积极行使上诉权。人民检察院提出抗诉或者自诉人及其法定代理人上诉的案件，第二审人民法院在改判时不受上诉不加刑原则的限制。因此，在人民检察院履行法律监督职能提出抗诉，或者自诉人及其法定代理人提出上诉的案件中，第二审人民法院在审判中就可以不受限制地以事实为根据、以法律为准绳作出公正裁判，尤其是对第一审判决量刑畸轻的案件，也可以在第二审程序中直接改判加刑。

第二节　第二审程序的提起

一、提起第二审程序的形式

我国《刑事诉讼法》明确规定，提起第二审程序的形式有上诉和抗诉两种。

刑事诉讼中的上诉是指被告人、自诉人等依法享有上诉权的人不服地方各级人民法院的第一审判决或裁定，在法定期限内依照法定程序提请第一审人民法院的上一级人民法院对案件进行重新审判的一种诉讼活动。

刑事诉讼中的抗诉是指人民检察院认为人民法院的判决、裁定确有错误，依法要求人民法院重新审判案件的诉讼活动。根据抗诉引起的诉讼程序不同，分为二审抗诉和再审抗诉。再审抗诉将在审判监督程序中被论述，在此仅论述二审抗诉。二审抗诉是指地方各级人民检察院认为同级人民法院的第一审未生效判决、裁定确有错误，在法定抗诉期限内依照法定程序提请上一级人民法院重新审判案件的诉讼活动。二审抗诉既是人民检察院起诉权的延伸，又是人民检察院进行审判监督的重要方式。

上诉和二审抗诉在对象、期限、效力上都相同。上诉和二审抗诉的对象都是地方各级人民法院第一审裁判尚未生效的案件。不服判决的上诉和二审抗诉期限都是 10 日，不服裁定的上诉和抗诉期限都为 5 日，从接到判决书、裁定书的第 2 日起算。合法的上诉和抗诉都具有以下两个法律效力：第一，都能阻止第一审判决或裁定生效，即第一审判决或裁定在上诉或抗诉期限届满后仍不能发生法律效力；第二，都能启动第二审程序，都是第二审程序的审判依据，即引起案件由第一审人民法院移交上一级人民法院，由上一级人民法院进行第二审程序的审判。

二、提起第二审程序的对象

提起第二审程序的对象是地方各级人民法院第一审判决、裁定尚未生效的案件。

强调"地方各级人民法院"，意味着经最高人民法院第一审判决、裁定的案件不能成为提起第二审程序的对象，因为最高人民法院作出的所有判决、裁定都是终审的判决和裁定，一经宣告立即发生法律效力，而判决、裁定已经生效的案件不可能成为第二审程序的审判对象。

强调"第一审判决、裁定尚未生效"，意味着地方各级人民法院作出第一审判决、裁定后，上诉或抗诉期限届满以前，判决、裁定尚未生效之时，其案件可以成为提起第二审程序的对象。上诉或抗诉期限届满之后，判决、裁定已经发生法律效力之后，案件就不能成为提起第二审程序的对象。如果判决、裁定已经发生法律效力的案件确有错误，只能通过以后的审判监督程序加以纠正，而不能通过第二审程序予以纠正。因此，判决、裁定以及调解协议已经生效的案件，都不能成为提起第二审程序的对象。

三、提起第二审程序的主体

1. 上诉的主体

《刑事诉讼法》第二百一十六条规定："被告人、自诉人和他们的法定代理人，不服地方各级人民法院第一审的判决、裁定，有权用书状或者口头向上一级人民法院上诉。附带民事诉讼的当事人和他们的法定代理人，可以对地方各级人民法院第一审的判决、裁定中的附带民事诉讼部分，提出上诉。"可见，上诉的主体包括以下三类：

（1）对刑事判决、裁定享有独立上诉权的主体，即刑事被告人、自诉人和他们的法定代理人。刑事被告人通常是在第一审判决、裁定中承担刑事责任的人，第一审判决、裁定是否正确，直接影响到刑事被告人的生命、自由、财产、名誉等切身利益，因此，刑事被告人无论在公诉案件中还是在自诉案件中，都享有独立的上诉权，对第一审的判决或裁定不服均有权提出上诉，请求上一级人民法院重新审判。自诉人在刑事诉讼中居于原告地位，执行控诉职能，当其认为第一审判决或裁定存在错误、侵犯了自己的合法权益时，有权依法独立提出上诉。当刑事被告人或自诉人是未成年人或者是其他限制民事行为能力人、无民事行为能力人时，为维护刑事被告人或自诉人的合法权益，基于监护责任，刑事被告人或自诉人的法定代理人对第一审判决、裁定享有独立上诉权，在提出上诉时不用征求被代理的自诉人或刑事被告人的意见。

（2）经刑事被告人授权上诉的主体，即没有独立上诉权的上诉主体。刑事被告人的近亲属和辩护人，经被告人同意后，可以为刑事被告人的利益而提出上诉。

（3）对第一审判决、裁定中附带民事诉讼部分的上诉主体。附带民事诉讼的原告、被告及其法定代理人，对地方各级人民法院第一审判决、裁定中的附带民事诉讼部分不服，有权提出上诉。附带民事诉讼的原告、被告及其法定代理人也只能对第一审判决、裁定中的附带民事诉讼部分提出上诉，而不能对刑事诉讼部分提出上诉。

公诉案件中的被害人及其法定代理人没有上诉权。《刑事诉讼法》第二百一十八条规定："被害人及其法定代理人不服地方各级人民法院第一审判决的，自收到判决书后 5 日以内，有权请求人民检察院提出抗诉。人民检察院自收到被害人及其法定代理人的请求后 5 日内，应当作出是否抗诉的决定并答复请求人。"由此可见，公诉案件中的被害人及其法定代理人只有请求抗诉权而没有上诉权。

2. 抗诉的主体

第二审程序中提出抗诉的主体是地方各级人民检察院。抗诉是国家赋予法律监督机关即人民检察院的特定诉讼权利。地方各级人民检察院如果认为同级人民法院的一审裁判确有错误，不管这个裁判对被告人有利还是不利，都应当向上一级人民法院依法提出抗诉，其上级人民检察院或者下级人民检察院，都无权提出抗诉。法律将抗诉权赋予了检察院，而不是检察长或者检察员，因此，抗诉应当由享有抗诉权的人民检察院决定，并以检察院的名义提出。人民检察院是国家法律监督机关，对于人民法院的审判活动是否合法，应当实行监督。无论对被告人有利还是不利的错误判决、裁定，人民检察院都应当提起抗诉。与上诉的效力相同，抗诉的效力首先阻断第一审刑事判决、裁定生效的自然进程，同时导致第二审程序的开始，将案件移送第二审法院审理。但是最高人民检察院对其同级人民法院即最高人民法院的裁判，只能按审判监督程序抗诉，不能按第二审程序抗诉。

要注意的是，抗诉的主体还具有不完全独立的特性。根据《刑事诉讼法》的规定，对一审裁判提出抗诉的检察院，应将抗诉书抄送上一级人民检察院，上级人民检察院如果认为抗诉不当，可以向同级人民法院撤回抗诉，并且通知下级人民检察院；上级人民检察院如果认为抗诉有理，则予以支持。在开庭时，还要由上级检察院派员出庭支持抗诉。抗诉主体的这一特性是由我国检察机关实行上下级领导体制所决定的，客观上讲，这对提高抗诉的准确性、慎重用好抗诉权是有益和必要的。

四、提起第二审程序的期限和理由

1. 提起上诉和抗诉的期限

《刑事诉讼法》第二百一十九条规定："不服判决的上诉和抗诉的期限为 10 日，不服裁定的上诉和抗诉的期限为 5 日，从接到判决书、裁定书的第 2 日起算。"上诉和抗诉的主体必须在法定的期限内提出上诉和抗诉，才能达到阻止第一审裁判生效并引起第二审程序的目的。

上诉主体和抗诉主体在上诉和抗诉期限内是否提出上诉和抗诉，以其在上诉和抗诉期限届满前最后一次意思表示为准。即使上诉主体和抗诉主体明确表示不提出上诉和抗诉，人民法院也不能在上诉和抗诉期限届满以前就将判决、裁定交付执行，因为此时判决、裁定尚未发生法律效力。超过法定上诉和抗诉期限而没有人提出上诉和抗诉的，判决、裁定就发生法律效力而成为执行根据，在一般情况下，上诉主体不得再行上诉，抗诉主体不得再提起二审抗诉。

2. 提起上诉和抗诉的理由

根据我国《刑事诉讼法》的规定，上诉主体提出上诉的理由是"不服地方各级人民法院第一审的判决、裁定"，抗诉主体提出抗诉的理由是"认为同级人民法院的第一审未生效判决、裁定确有错误"。无论是"不服"，还是"认为确有错误"，都具有极强的主观性，需要进一步对其进行解析。所谓"不服"或者"认为确有错误"，通常表现在以下某个方面：

（1）第一审判决、裁定认定事实有错误。

（2）第一审判决、裁定认定事实所依据的证据不确实、不充分。

（3）第一审判决、裁定适用实体法有错误，定罪量刑不准；未能正确解决附带民事诉讼。

（4）第一审审判程序严重违反《刑事诉讼法》的规定。

（5）第一审审判人员徇私舞弊、枉法裁判。

当然，法律对当事人等的上诉理由要求并不严格，只要当事人方对第一审法院的裁判不服，不论依据什么理由，也不论所依据的理由是否成立，其上诉都必然会引起第二审程序，人民法院不得以上诉理由不确实、不充分或不正确等为借口阻止上诉或者拒绝二审。但是，对于人民检察院来说，法律就要求是在"认为判决、裁定确有错误"的情况下，才可发动第二审程序，以体现法律监督的严肃性和专业性。

五、提起第二审程序的途径和方式

1. 提起上诉的途径和方式

上诉的方式有两种：书面方式和口头方式。上诉主体通常应当提交上诉状及其副本。上诉状内容应当包括：第一审判决书、裁定书的文号和上诉人收到判决书、裁定书的时间；第一审人民法院的名称；上诉的请求和理由；提出上诉的时间；上诉人签名或者盖章。如果是被告人的辩护人、近亲属经被告人同意提出上诉的，还应当写明提出上诉的人与被告人的关系，并应当以被告人作为上诉人。被告人、自诉人、附带民事诉讼原告和被告因书写上诉状确有困难而口头提出上诉的，人民法院应当根据其所陈述的理由和请求制作笔录，由上诉人阅读或者向其宣读后，让上诉人在笔录上签名或者盖章。

上诉的途径有两种：上诉主体通过第一审人民法院提出上诉，或者上诉主体直接向第二审人民法院提出上诉。上诉主体通过第一审人民法院提出上诉的，第一审人民法院应当审查上诉是否符合法律规定。符合法律规定的，应当在上诉期满后3日内将上诉状连同案卷、证据移交上一级人民法院，同时将上诉状副本送达同级人民检察院和对方当事人。上诉主体直接向第二审人民法院提出上诉的，第二审人民法院应当在收到上诉状后3日内将上诉状移交第一审人民法院；第一审人民法院应当审查上诉是否符合法律规定。符合法律规定的，应当在接到上诉状后3日内将上诉状连同案卷、证据移交上一级人民法院，同时将上诉状副本送达同级人民检察院和对方当事人。

2. 提出抗诉的途径和方式

提出抗诉的方式只有一种，即书面方式。人民检察院提出抗诉，应当向人民法院提交抗诉书，抗诉书是抗诉的唯一表现方式。在第一审法庭上，公诉人当庭表示抗诉意思的，随后也应当提交抗诉书，否则不能产生抗诉的法律效力。

抗诉的途径只有一种，即人民检察院应当通过第一审人民法院提交抗诉书。第一审人民法院收到抗诉书后，应当将抗诉书连同案卷、证据一并移送上一级人民法院，并将抗诉书副本送达当事人。直接向第一审人民法院提出抗诉，目的在于强化审判监督的效果，促使法院进一步提高审判工作质量。

六、上诉和抗诉的撤回

上诉主体和抗诉主体提出上诉和抗诉后，在上诉和抗诉期限内要求撤回上诉和抗诉的，人民法院应当准许，因为上诉主体和抗诉主体在上诉和抗诉期限内是否提出上诉和抗诉，以其在上诉和抗诉期限届满前最后一次意思表示为准。在上诉和抗诉期限届满后，上诉主体和抗诉主体要求撤回上诉和抗诉的，应当由第二审人民法院进行审查：如果认为第一审判决、裁定认定事实和适用法律正确，量刑适当的，应当裁定准许其撤回上诉和抗诉；如果认为第一审判决、裁定事实不清、证据不足或者将无罪判为有罪、轻罪重判等，应当不准许其撤回上诉和抗诉，并按照第二审程序进行审判。

第三节　第二审程序的审理方式和程序

一、对上诉、抗诉案件的审查

第二审人民法院对第一审人民法院移送上诉、抗诉的案卷，应当审查是否包括下列内容：移送上诉、抗诉案件函；上诉状或者抗诉书；第一审判决书或者裁定书 8 份（每增加 1 名被告人增加 1 份）；全部案卷材料和证据，包括案件审结报告和其他应当移送的材料。

以上材料齐备的，第二审人民法院应当收案；材料不齐备的，应当通知第一审人民法院及时补送。

二、第二审程序的审理方式

对上诉案件或者人民检察院抗诉的案件，第二审人民法院应当组成合议庭，依法审理。第二审人民法院审理第二审案件，有两种审理方式：开庭审理、不开庭审理。

1. 开庭审理

（1）开庭审理的案件范围。根据《刑事诉讼法》第二百二十三条第一款的规定，第二审人民法院对于下列案件，应当组成合议庭，开庭审理：

其一，被告人、自诉人及其法定代理人对第一审认定的事实、证据提出异议，可能影响定罪量刑的上诉案件；

其二，被告人被判处死刑的上诉案件；

其三，人民检察院抗诉的案件；

其四，其他应当开庭审理的案件。

（2）开庭审理的地点。第二审人民法院开庭审理上诉、抗诉案件，可以到案件发生地或者第一审人民法院所在地进行。

（3）检察人员出庭与阅卷。人民检察院提出抗诉的案件或者第二审人民法院开庭审理的公诉案件，同级人民检察院都应当派员出席法庭。第二审人民法院应当在决定开庭审理后及时通知人民检察院查阅案卷。人民检察院应当在 1 个月以内查阅完毕。人民检察院查阅案卷的时间不计入审理期限。

（4）开庭审理程序。第二审人民法院开庭审理上诉或抗诉案件，除参照第一审程序的规定外，还应当依照下列规定进行。在法庭调查阶段，审判长或审判员宣读第一审判决书、裁定书后，由上诉人陈述上诉理由或者由人民检察院检察人员宣读抗诉书。如果是既有上诉又有抗诉的案件，先由检察人员宣读抗诉书，再由上诉人陈述上诉理由。法庭调查的重点要针对上诉或抗诉的理由，全面查清事实、核实证据。在法庭调查阶段，如果检察人员或者辩护人申请出示、宣读、播放第一审审理期间已经移交给人民法院的证据的，法庭应当指令值庭法警出示、播放有关证据；需要宣读的证据，由法警交由申请人宣读。在法庭辩论阶段，上诉案件，应当先由上诉人、辩护人发言，再由检察人员发言；抗诉案件，应当先由检察人员发言，再由被告人、辩护人发言；既有上诉又有抗诉的案件，应当先由检察人员发言，再由上诉人、辩护人发言，并进行辩论。

在第二审程序中，被告人除自行辩护外，还可以委托辩护人辩护。共同犯罪案件，只有部分被告人提出上诉或者人民检察院只就第一审人民法院对部分被告人的判决提出抗诉的，其他同案被告人也可以委托辩护人辩护；没有提出上诉的和人民检察院没有对其判决提出抗诉的第一审被告人，应当参加法庭调查，并可以参加法庭辩论。

2. 不开庭审理

第二审人民法院决定不开庭审理的案件，应当组成合议庭。

不开庭审理的要求：

（1）合议庭必须阅卷。合议庭要充分了解第一审判决所依据的证据材料，对第一审案件事实的认定和法律适用情况明了，做到胸有成竹。

（2）应当讯问被告人，听取其他当事人、辩护人、诉讼代理人的意见，以便准确判断案情，防止案卷材料掩盖事实真相。

三、第二审程序对案件的处理

1. 案件处理形式

（1）第一审判决或裁定认定事实正确、证据确实充分、适用法律定罪量刑适当、程序合法的，应当裁定驳回上诉或抗诉，维持原判决或裁定。

（2）第一审判决或裁定认定事实不清、证据不足的，可以查清事实后改判，也可以撤销原判决或裁定，发回第一审人民法院重新审判。但是，依照此种情形发回重审的案件，原审人民法院作出判决后，被告人提出上诉或者人民检察院提出抗诉的，第二审人民法院应当依法作出判决或者裁定，不得再发回原审人民法院重新审判。这样限制，目的在于防范过多的案件发回重审，浪费司法资源。

（3）第一审判决认定事实没有错误，但适用实体法有错误的，应当撤销原判决，进行改判。第二审人民法院对于刑事和附带民事诉讼部分都有上诉或抗诉的案件，如果发现刑事和附带民事诉讼部分均有错误需要改判的，应当一并改判。

（4）第二审人民法院发现第一审人民法院的审理有下列违反法律规定的诉讼程序的情形之一的，应当裁定撤销原判，发回第一审人民法院重新审判：①违反审判公开制度的；②违反回避制度的；③剥夺或者限制了当事人的法定诉讼权利，可能影响公正审判的；④审判组织的组成不合法的；⑤其他违反法律规定的诉讼程序，可能影响公正审判的。违反法定程序是发回重审的法定理由，不管程序的违反是否实际导致了裁判的错误。

2. 改判或重审须遵循上诉不加刑原则

《刑事诉讼法》第二百二十六条要求：

（1）第二审人民法院审理只有被告人或者其法定代理人、辩护人、近亲属上诉的案件，不得加重被告人的刑罚。当然，如果同时有人民检察院提出抗诉或者自诉人提出上诉的，就不受该限制，可以加刑也可以减刑。

（2）第二审人民法院发回原审人民法院重新审判的案件，除有新的犯罪事实、人民检察院补充起诉的以外，原审人民法院也不得加重被告人的刑罚。

3. 发回重审须另行组成合议庭

第一审人民法院对第二审人民法院发回重审的案件，应当另行组成合议庭，依照第一审程序重新进行审判，其作出的判决或裁定是第一审判决或裁定，可以对其依法提出上诉或二审抗诉。

4. 二审裁判的效力

第二审人民法院的判决、裁定是终审的判决、裁定，一经宣告，立即发生法律效力，不得对其提出上诉或者二审抗诉。

四、第二审程序的审理期限

第二审人民法院受理上诉、抗诉案件，应当在 2 个月以内审结。

对于可能判处死刑的案件，附带民事诉讼的案件，交通十分不便的边远地区发生的重大复杂案件，重大的犯罪集团案件，流窜作案的重大复杂案件，犯罪涉及面广且取证困难的重大复杂案件等，经省、自治区、直辖市高级人民法院批准或者决定，可以延长 2 个月。

因特殊情况还需要延长的，报请最高人民法院批准。

最高人民法院受理上诉、抗诉案件的审理期限，由最高人民法院决定。

五、自诉案件、附带民事诉讼案件的第二审特别事项

1. 自诉案件的二审调解与反诉

在自诉案件的第二审程序中，除了公诉转自诉的案件外，可以进行调解，当事人也可以自行和解。

（1）调解结案的，应当制作调解书；调解书送达后，第一审判决、裁定被视为自动撤销。

（2）当事人自行和解的，由人民法院裁定准许撤回自诉，并撤销第一审判决或者裁定。

（3）第二审人民法院对于调解结案或者当事人和解的自诉案件，被告人被采取强制措施的，应当立即予以解除。

（4）在第二审程序中，自诉案件的被告人提出反诉的，第二审人民法院应当告知其另行起诉。

2. 附带民事诉讼案件的第二审调解与反诉

在附带民事诉讼案件的第二审程序中，第一审民事原告人增加新的诉讼请求或者第一

审民事被告人提出反诉的，第二审人民法院可以根据当事人自愿的原则就新增加的诉讼请求或者反诉进行调解；调解不成的，告知当事人另行起诉。

六、对查封、扣押和冻结财物的处理程序

公安机关、人民检察院和人民法院对查封、扣押、冻结的犯罪嫌疑人、被告人的财物及其孳息，应当妥善保管，以供核查，并制作清单，随案移送。法定处理方式是：

（1）对被害人的合法财产，应当及时返还。

（2）对违禁品或者不宜长期保存的物品，应当依照国家有关规定处理。

（3）对作为证据使用的实物应当随案移送；对不宜移送的，应当将其清单、照片或者其他证明文件随案移送。

（4）人民法院作出的判决，应当对查封、扣押、冻结的财物及其孳息作出处理。人民法院作出的判决生效以后，有关机关应当根据判决对查封、扣押、冻结的财物及其孳息进行处理。

（5）对查封、扣押、冻结的赃款赃物及其孳息，除依法返还被害人的以外，一律上缴国库。

（6）任何单位和个人不得挪用或者自行处理。司法工作人员贪污、挪用或者私自处理查封、扣押、冻结的财物及其孳息的，依法追究刑事责任；不构成犯罪的，给予处分。

第四节 死刑案件第二审程序

2006年，最高人民法院和最高人民检察院联合发布了《关于死刑第二审案件开庭审理程序若干问题的规定（试行）》（以下简称《死刑二审规定》），依据《刑事诉讼法》，对死刑案件的二审程序作了较为具体的规定，目的显然是强化死刑案件二审程序的实效，提高死刑案件二审审判的质量，为死刑复核权在2007年收归最高人民法院进行配套部署。《死刑二审规定》的主要内容是：

一、上诉、抗诉的案卷移交

被判处死刑的被告人提出上诉的案件，原审人民法院应当在上诉期满后3日以内将上诉状连同案卷、证据移送上一级人民法院，同时将上诉状副本送交同级人民检察院和当事人。收到上诉状副本的人民检察院应当在3日以内将上诉状副本及有关材料报送上一级人民检察院。

对第一审的死刑判决抗诉的案件，提出抗诉的人民检察院向原审人民法院提交抗诉书后，应当在3日以内将抗诉书副本及有关材料报送上一级人民检察院。原审人民法院应当

在抗诉期满后 3 日以内将抗诉书连同案卷、证据移送上一级人民法院，并将抗诉书副本送交当事人。

对死刑判决提出上诉的被告人，在上诉期满后第二审开庭前要求撤回上诉的，第二审人民法院应当进行审查。合议庭经过阅卷，讯问被告人，听取其他当事人、辩护人、诉讼代理人的意见后，认为原判决事实清楚、适用法律正确、量刑适当的，不再开庭审理，裁定准许被告人撤回上诉；认为原判决事实不清、证据不足或者将无罪判为有罪、轻罪重判的，应当不准许撤回上诉，按照第二审程序开庭审理。

二、开庭审理的案件范围

（1）死刑立即执行案件的二审，都应当开庭审理。二审程序的启动是基于当事人的上诉或检察机关的抗诉，就实践而言，死刑案件不可能是自诉案件，所以，《死刑二审规定》指出："第二审人民法院审理第一审判处死刑立即执行的被告人上诉、人民检察院抗诉的案件，应当依照法律和有关规定开庭审理。"这就意味着死刑立即执行案件的二审都必须开庭。

（2）死刑缓期执行案件的二审，部分开庭审理。对于一审判处死刑缓期两年执行的案件，第二审人民法院对两种情况应当开庭审理：一是被告人提出上诉的案件中，被告人或者辩护人提出了影响定罪量刑的新证据，需要开庭审理的；二是人民检察院提出抗诉的案件，应当开庭审理。

三、二审法院开庭前对案卷的审查

第二审人民法院开庭审理死刑上诉、抗诉案件，合议庭应当在开庭前对案卷材料进行全面审查，重点审查下列内容：

（1）上诉、抗诉的理由及是否提出了新的事实和证据；

（2）被告人供述、辩解的情况；

（3）辩护人的意见以及原审人民法院采纳的情况；

（4）原审判决认定的事实是否清楚，证据是否确实、充分；

（5）原审判决适用法律是否正确、量刑是否适当；

（6）在侦查、起诉及审判中，有无违反法律规定的诉讼程序的情形；

（7）原审人民法院合议庭、审判委员会讨论的意见；

（8）其他对定罪量刑有影响的内容。

四、二审开庭前控辩双方的准备

1. 辩护准备

第二审人民法院应当及时查明被判处死刑立即执行的被告人是否委托了辩护人。没有委托辩护人的，应当告知被告人可以自行委托辩护人或者通知法律援助机构指定承担法律援助义务的律师为其提供辩护；被告人拒绝人民法院指定的辩护人为其辩护，有正当理由的，人民法院应当准许，被告人可以另行委托辩护人；被告人没有委托辩护人的，人民法院应当为其另行指定辩护人。

2. 检察机关的出庭准备

第二审人民法院开庭审理的死刑上诉、抗诉案件，同级人民检察院应当派员出庭。第二审人民法院应当在开庭10日以前通知人民检察院查阅案卷。

人民检察院应当在开庭前对案卷材料进行全面审查，重点围绕抗诉或者上诉的理由，审查第一审判决认定案件事实、适用法律是否正确，证据是否确实、充分，量刑是否适当，审判活动是否合法，并进行下列工作：①讯问被告人，听取被告人的上诉理由或者辩解；②必要时听取辩护人的意见；③核查主要证据，必要时询问证人；④对鉴定结论有疑问的，可以重新鉴定或者补充鉴定；⑤根据案件情况，可以听取被害人的意见。

人民检察院应当在开庭前拟定庭审中的讯问、询问、举证、质证、答辩提纲和出庭意见书等。

五、二审合议庭的组成及其开庭准备

第二审人民法院开庭审理死刑上诉、抗诉案件，应当由审判员3人或5人组成合议庭，对于疑难、复杂、重大的死刑案件，应当由院长或者庭长担任审判长。

合议庭应当在开庭前查明有关情况并做好以下准备工作：①在第一审判决宣判后，被告人是否有检举、揭发行为需要查证核实的。②是否存在可能导致延期审理的情形。③必要时应当讯问被告人；④拟定庭审提纲，确定需要开庭审理的内容。⑤将开庭的时间、地点在开庭3日以前通知人民检察院。⑥通知人民检察院、被告人及其辩护人在开庭5日以前提供出庭作证的证人、鉴定人名单。⑦将传唤当事人和通知辩护人、证人、鉴定人和翻译人员的传票和通知书，在开庭3日以前送达。⑧人民检察院向第二审人民法院提交新证据的，第二审人民法院应当通知被告人的辩护律师或者经许可的其他辩护人在开庭前到人民法院查阅；被告人及其辩护人向第二审人民法院提交新证据的，第二审人民法院应当通知人民检察院在开庭前到人民法院查阅。⑨人民检察院在审查期间进行重新鉴定或者补充鉴定的，作出的鉴定应当及时提交人民法院，人民法院应当在开庭3日以前将鉴定意见告知当事人及其诉讼代理人、辩护人；被害人及其诉讼代理人或者被告人及其辩护人提出重新鉴定、补充鉴定要求并经第二审人民法院同意的，作出的鉴定应当及时提交人民法院，人民法院应当在开庭3日以前将鉴定意见告知对方当事人及其诉讼代理人、辩护人并通知人民检察院。⑩公开审判的案件，在开庭3日以前先期公布案由、被告人姓名、开庭时间和地点；上述活动情形应当写入笔录，由审判人员和书记员签名。

第二审人民法院开庭审理死刑上诉、抗诉案件，具有下列情形之一的，应当通知证人、鉴定人、被害人出庭作证：①人民检察院、被告人及其辩护人对鉴定意见有异议、鉴定程序违反规定或者鉴定意见明显存在疑点的；②人民检察院、被告人及其辩护人对证人证言、被害人陈述有异议，该证人证言或者被害人陈述对定罪量刑有重大影响的；③合议庭认为有其他必要出庭作证的理由。

六、二审法庭审理

第二审人民法院应当全面审理死刑上诉、抗诉案件。但在开庭时，审理可以根据具体情况围绕人民检察院、被告人及其辩护人提出争议的问题和人民法院认为需要重点审查的问题进行。

1. 开庭

审判长宣布开庭后，可以宣读原审判决书，也可以只宣读案由、主要事实、证据和判决主文等判决书的主要内容。法庭调查时，上诉案件由上诉人或者辩护人先宣读上诉状或者陈述上诉理由，抗诉案件由检察人员先宣读抗诉书；对于既有上诉又有抗诉的案件，先由检察人员宣读抗诉书，后由上诉人或者辩护人宣读上诉状或者陈述上诉理由。

2. 法庭调查

法庭调查的重点是原审判决提出异议的事实、证据以及提交的新的证据等。对于人民检察院、被告人及其辩护人没有异议的事实、证据和情节，可以不在庭审时调查。人民检察院、被告人及其辩护人对原审判决采纳的证据没有异议的，可以不再举证和质证。

对共同犯罪中没有被判处死刑且没有提出上诉的被告人，人民检察院和辩护人在开庭前表示不需要进行讯问和质证的，可以不再传唤到庭。对没有被判处死刑的其他被告人的罪行，事实清楚的，可以不在庭审时审理。

对被告人所犯数罪中判处其他刑罚的犯罪，事实清楚且人民检察院、被告人及其辩护人没有异议的，可以不在庭审时审理。

在第二审程序中，检察人员或者辩护人发现证据出现重大变化，可能影响案件定罪量刑的，可以建议延期审理。

3. 法庭辩论

在法庭辩论阶段，抗诉的案件，由检察人员先发言；上诉的案件，由上诉人、辩护人先发言；既有抗诉又有上诉的案件，由检察人员先发言，并依次进行辩论。

4. 判决或裁定

第二审人民法院作出判决、裁定后，当庭宣判的，应当在5日以内将判决书或者裁定书送达当事人、辩护人和同级人民检察院；定期宣判的，应当在宣判后立即送达。

第二审人民法院可以委托第一审人民法院代为宣判，并向当事人送达第二审判决书或者裁定书。

第二审人民法院应当在裁判文书中写明人民检察院的意见、被告人的辩解和辩护人的意见，以及是否采纳的情况并说明理由。

七、二审审判监督

在第二审程序中，出席法庭的检察人员如发现法庭审判活动违反法律规定的诉讼程序，休庭后由人民检察院向人民法院提出纠正意见。

案例分析

【**案例一**】兰某因犯故意伤害罪（重伤）而被某县人民检察院向该县人民法院提起公诉，被害人林某也向该县人民法院提起了附带民事诉讼，要求兰某赔偿医药费等 5 000 元。该县人民法院开庭审理后，以故意伤害罪（重伤）判处兰某有期徒刑 3 年，并判处其赔偿林某 500 元。林某收到第一审判决书后不服，以第一审判决兰某刑罚太轻、赔偿太少为由提出上诉，但兰某没有提出上诉，该县人民检察院也没有提起抗诉。第二审人民法院经审理后，认为第一审判决认定事实清楚，证据确实、充分，适用程序也合法，但对被告人兰某处刑畸轻，给被害人林某的赔偿显失公正，于是以故意伤害罪（重伤）改判兰某有期徒刑 7 年，赔偿林某医药费等共计 4 000 元。

【问题】

1. 第二审人民法院对本案的处理在程序上有何错误？为什么？

2. 第二审人民法院对本案在程序上应该如何处理？

【解析】

1. 第二审人民法院对刑事裁判部分进行改判，在程序上是错误的。理由有二：

其一，第二审人民法院审判案件必须以合法的上诉或抗诉为根据。林某在本案中是被害人和附带民事诉讼的原告人。作为被害人，林某无权对第一审刑事裁判部分提出上诉，认为第一审刑事裁判部分有错误也只能请求人民检察院抗诉。作为附带民事诉讼的原告人，林某只能对附带民事诉讼部分的判决提出上诉。本案中，林某对刑事裁判部分提出的上诉不合法，人民检察院也没有提出合法的抗诉，第二审人民法院对刑事裁判部分进行二审审判缺乏合法的根据。

其二，第二审人民法院审判的对象只能是第一审裁判未生效的案件。只对附带民事诉讼部分的裁判提出上诉，不影响刑事裁判部分的生效。本案中，只有作为附带民事诉讼原告人的林某对附带民事诉讼部分提出的上诉是合法的，因此，在过了上诉期限后，刑事裁判部分就发生法律效力。第二审人民法院对本案刑事裁判部分的改判，意味着用第二审程序对裁判已经生效的案件进行改判，其错误是非常明显的。

2. 第二审人民法院对本案刑事裁判部分的正确处理程序，应当是通过审判监督程序来对刑事裁判部分的错误进行纠正。

【**案例二**】被告人张某，男，40 岁。某年 3 月某日晚 6 时许，张某在位于某市洪新路一段 20 号的某餐厅 2 楼 3 号包间就餐，喝醉后趴在饭桌上睡觉。同日晚 11 时许，餐馆结束营业，当班经理唐某、营业员刘某要求被告人张某付账后离开。被告人张某因无钱付账，要求在餐馆睡一晚，次日让朋友送钱来付账，在遭唐某等人拒绝后，被告人张某从其随身携带的挎包内拿出一把长约 25 厘米的水果刀，将被害人刘某拉住，右手持刀将刀刃架在被害人刘某的脖子上，情绪激动，要求其他人退出包间。唐某等人遂退出包间并报警。警察赶到后与被告人张某谈判，被告人张某劫持被害人刘某为人质，与警察对峙 4 个小时，其间要求警察提供人民币 2 万元和汽车一辆。因被告人张某在与警察谈判的过程中一直拒绝释放人质，后警察冲入包间，成功解救被害人刘某，并将被告人张某当场抓获。某区人民检察院向某区人民法院提起公诉，指控被告人张某构成绑架罪。某区人民法院经过审理认为本案事实清楚、证据充分，对某区人民检察院的指控予以支持，以被告人张某犯绑架罪，判处其有期徒刑 10 年，并处罚金人民币 10 000 元，剥夺政治权利 1 年。在上诉期间，被告人提出上诉，认为原审判决畸重，要求二审法院重审，并要求不要公开审理以免声誉扫地，将来无脸见人。二审法院依法受理了被告人张某的上诉，并由审判员王某、陈某和人民陪审员孙某组成了合议庭，以顾及被告人张某的面子和将来的犯罪改造为由进行了不公开审理。二审法院审理后认为原判认定的事实清楚，但判决畸轻，遂作出二审改判，判处被告人张某有期徒刑 12 年，并处罚金人民币 10 000 元，剥夺政治权利 2 年。

【问题】

1. 被告人张某提出的上诉理由是否符合法律规定？

2. 本案二审合议庭的组成是否符合法律规定？

3. 被告人张某提出的二审不公开审理的理由是否符合法律规定？

4. 二审法院的加重改判是否符合法律规定？

【解析】

1. 被告人张某提出的上诉理由符合法律规定。

根据《刑事诉讼法》第二百一十六条规定，被告人不服地方各级人民法院第一审的判决、裁定，有权向上一级人民法院提起上诉。即提出上诉的法定理由是"不服"一审判决、裁定，"不服"的上诉理由范围很宽泛并无严格限制。本案例中被告人以原判决畸重为由提起上诉，上诉理由应是在"不服"的上诉理由范围内，因此，符合法律规定。且被告人是在上诉期限内提出上诉的，也符合法律规定，故启动二审程序是合法的。

2. 本案二审合议庭的组成不符合法律规定。

根据《刑事诉讼法》第一百七十八条第四款规定，人民法院审判上诉和抗诉案件，由审判员 3 人至 5 人组成合议庭进行。即二审合议庭的组成人员只可由法官组成，不可由人民陪审员组成。本案中二审合议庭的组成人员中有 2 人是法官，1 人为人民陪审员，这不符合法律的规定。因此，二审法院就审理本案组成的合议庭不合法，违反了我国《刑事诉讼法》确立的合议制。

3. 被告人张某提出的二审不公开审理的理由不符合法律规定。

根据《刑事诉讼法》第二百二十三条第一款规定，第二审人民法院对几类案件，应当组成合议庭，开庭审理。这些案件包括：①被告人、自诉人及其法定代理人对第一审认定的事实、证据提出异议，可能影响定罪量刑的上诉案件；②被告人被判处死刑的上诉案件；③人民检察院抗诉的案件；④其他应当开庭审理的案件。除上列案件外，二审法院可以不开庭审理，不开庭也就意味着不公开审理。本案中，被告人张某提出的二审不公开审理的理由是"怕声誉扫地，将来无脸见人"，这并不符合法律规定的二审不开庭审理、不公开审理的理由。被告人张某触犯的绑架罪案也不在法律有特别规定的不公开审理的三类案件（涉及国家机密案件、涉及个人隐私案件、未成年人犯罪案件）中。二审法院以顾及上诉人面子为由不公开审理，违反了公开审理原则的精神。

4. 二审法院的加重改判不符合法律规定。

根据《刑事诉讼法》第二百二十六条规定，第二审人民法院审判被告人一方上诉的案件，不得加重被告人的刑罚。发回原审人民法院重新审判的案件，除有新的犯罪事实，人民检察院补充起诉的以外，原审人民法院也不得加重被告人的刑罚。人民检察院提出抗诉或者自诉人提出上诉的，则不受该规定的限制，即只有被告人上诉的二审案件，二审法院不得以任何理由加重对被告人的处罚。既有被告人上诉，又有人民检察院提出抗诉的或者没有被告人上诉，只有人民检察院提出抗诉的二审案件才可以改判而加重处罚。本案中，只有被告人提出了上诉，并无人民检察院提出抗诉，因此，不应在二审后加重对被告人的处罚。二审法院加重对被告人的处罚改判违反了上诉不加刑原则。

思考与练习

1. 什么是第二审程序？有何特点？
2. 第二审程序的任务和意义是什么？
3. 什么是全面审查原则？
4. 什么是上诉不加刑原则？其内容和意义是什么？
5. 什么是上诉？有权提起上诉的人有哪些？上诉的期限、途径是什么？
6. 什么是抗诉？抗诉的主体、对象、理由、期限、途径各是什么？
7. 二审审理方式有哪些？审判程序是什么？
8. 二审法院对案件的处理方式有哪几种？

第十七章　死刑复核程序

要点提示

死刑复核程序是法院对依法需要核准的死刑案件予以审查核准的一种特殊的审判程序。特点：适用案件特定为死刑案；效力的终局性；复核主体的专属性；程序启动的职权性；审判方式的封闭性。意义：保障死刑裁判的正确性；统一死刑法律适用尺度；控制并减少死刑数量。

判处死刑立即执行案件的核准权依法由最高人民法院行使，由审判员3人组成合议庭进行。要求提审被告人，听取辩护人意见，听取检察机关意见，审查核实案卷材料，制作复核审理报告。复核结果：裁定核准或者不予核准。裁定不予核准的，可撤销原判，发回重审或者改判。

判处死刑缓期二年执行案件的复核权由高级人民法院行使，由审判员3人组成合议庭审理。要阅卷、调查，提审被告人，听取控辩双方意见。复核结果：裁定核准、发回重审或者改判。复核改判也不能加重被告人的刑罚。

第一节　死刑复核程序概述

一、死刑复核程序的概念与特征

死刑复核程序是法院对依法需要核准的死刑案件予以审查核准的一种特殊的审判程序。它包括对判处死刑立即执行案件的复核程序和对判处死刑缓期二年执行的案件的复核程序。

作为一种特殊的审判程序，死刑复核程序具有以下特征：

1. 适用的案件范围只能是死刑案件

这一审判程序与其他普通的或者特别的程序都不同，其适用的案件范围只限于死刑案件，是所有审判程序中适用案件范围最特殊的。

2. 裁判效力的终局性

我国实行两审终审制，一般刑事案件最多经过两级人民法院的审判就宣告终结。而死刑案件则不同，除了具备死刑核准权的法院自身判决的死刑案件外，其他死刑案件即使经过普通的两级人民法院的审判，也不能终结，还必须经过具有死刑核准权的法院的复核，裁判方能生效。对这些必须经过死刑复核程序才能够生效的裁判而言，死刑复核程序是这部分案件的终局性程序。

3. 复核主体的专属性

按照《刑事诉讼法》规定，死刑由最高人民法院核准，中级人民法院判处死刑缓期二年执行的案件，由高级人民法院核准。可见，适用死刑复核程序的主体只有最高人民法院和高级人民法院。

4. 程序启动的职权性

基于司法的被动性，法院一般不能主动启动审判程序。鉴于此，第一审程序需要根据起诉方的起诉书或者起诉状才能启动，第二审程序需要根据上诉状或者抗诉书才能启动。与此不同，死刑复核程序可以由下级人民法院的主动报请而启动，属于职权启动。

5. 审判方式的封闭性

按照审判程序的典型特点，审判程序的展开一般是法官在控辩双方在场的情况下进行审理，并在此基础上进行判决。这类典型的审判方式具有诉讼程序所惯常具有的多方在场性和对外的公开性。与此不同，死刑复核程序进行过程中尽管也听取被告人一方的意见，但是，并不经常性地采用控辩对抗的方式听取，也不采用集中对外公开的方式进行审查核准。

二、死刑复核程序的任务和意义

死刑复核程序作为一种独立的审判程序，无疑具有自己的特定任务。总体看，该程序的任务是：依法享有死刑复核权或者核准权的人民法院对报请复核的死刑案件，在认定事实和适用法律上是否正确进行全面审查，然后作出是否同意判处死刑或者是否核准死刑的决定。详言之，该任务包括两方面：其一，对案件内容进行全面审查。这一内容主要包括审查原审判处死刑的犯罪罪名相关的案件事实是否清楚，证明该犯罪相关的案件事实的证据是否达到了法律关于死刑案件证明标准的要求，罪名是否准确，量刑是否适当，程序是否合法。其二，依据事实和法律，作出是否同意判处死刑或者是否核准死刑的决定并制作相应的司法文书，以肯定正确的死刑裁判及阻止错误的死刑裁判生效。

死刑由于其剥夺权利的极端重要性而在历史上倍受各朝历代立法者的重视。毕竟生命的丧失比自由的丧失更能震撼人们的心灵。然而，死刑是一把双刃剑，使用得当，能够发挥刑法对犯罪的抑制作用，能够伸张社会正义；使用不当，则不仅会助长新的犯罪，而且会对社会的稳定造成新的威胁。基于此，我国《刑事诉讼法》中专设了死刑复核程序。这一程序的设置充分体现了我国一贯坚持的严肃与谨慎、慎杀与少杀相结合的适用死刑政策。长期以来的司法实践表明，死刑复核程序对于死刑的恰当适用具有十分重要的意义。

具体表现在：

1. 死刑复核程序有利于保障死刑案件的质量

鉴于办案人员个体认识水平的差异，死刑案件尽管经过了侦查、审查起诉、一审程序、二审程序等诉讼环节，仍然可能因为办案人员认识的原因发生错误裁判的可能。立法上设置死刑复核程序，能够防止错判死刑，防止错杀无辜。

2. 死刑复核程序有利于统一适用死刑的尺度

司法人员对案件事实的认识是属于对事物的定性认识而非对事物的定量认识。在定性认识范畴中，仅仅凭借人们认识的主观把握很难保证这种认识的精确性。显然，死刑裁判的主体越多，个体认识差异所带来的适用死刑的尺度的差异就越大。差异越大，死刑适用的公正性就越难保证。死刑复核程序的设置将死刑缓期二年执行的案件的复核主体数减少到 30 余个，将死刑立即执行的复核主体减少到 1 个。这就最大限度地统一了我国适用死刑的尺度。

3. 死刑复核程序有利于控制适用死刑的数量

死刑作为一种剥夺生命的刑罚，虽然能够消除已然的犯罪主体，但是，对于未然的犯罪主体起到了不好的示范作用。死刑数量增多就意味着一个公民只要涉嫌犯的是法定的死刑之罪，就极可能被判处死刑。这就告诉那些已经触犯死罪的公民，从犯罪一开始就只能同国家对抗到底，结果死刑适用越多，预防和惩罚严重犯罪的难度越大。此外，废除死刑虽然在我国现阶段难以实现，但毕竟也是一种世界潮流。而世界范围内废除死刑的路径表明，从限制到废除是我国废除死刑的必经之路。鉴于此，我国一直坚持少杀、慎杀政策。根据这一政策，可杀可不杀的坚决不杀。死刑复核程序的设置将判处死刑立即执行的权力集中在最高人民法院，有利于最高法院在整体上控制我国死刑适用的数量。

第二节 死刑立即执行案件的复核程序

一、死刑立即执行案件的核准权

死刑立即执行案件的核准权依法由最高人民法院行使。

死刑立即执行案件的核准权关系到死刑复核程序的立法宗旨是否能够实现，因此，死刑核准权是死刑复核程序的核心问题。我国自 20 世纪 80 年代初起，为体现严打政策，将死刑复核权逐步大规模下放：1980 年 2 月 12 日，全国人大常委会决定由最高人民法院将部分死刑案件授权给高级人民法院进行复核。1981 年，全国人大常委会又将上述限时特别法的规定延续下去（至 1983 年）。1983 年，全国人大常委会修订了《人民法院组织法》并特别规定："杀人、抢劫、强奸、爆炸以及其他严重危害公共安全和社会治安的判处死刑案件的核准权，最高人民法院在必要的时候，得授权省自治区、直辖市的高级人民法院行使。"1983 年 9 月，最高人民法院以通知的形式将除反革命案件和贪污等严重经济犯罪案件（包括受贿案件、走私案件、投机倒把案件、贩毒案件、盗运珍贵文物出口案件）外的其他案件的死刑核准权下放给高级人民法院。1991 年 6 月，最高人民法院以同样形式将毒品犯罪的核准权授权给云南省高级人民法院行使。1993 年和 1996 年，最高人民法院又将毒品犯罪的核准权分别授予广东省和广西壮族自治区、四川省、甘肃省的高级人民法院。1997 年 9 月，由于 1996 年和 1997 年《刑事诉讼法》与《刑法》的修改再次明确规定了死刑复核权由最高人民法院统一行使，最高人民法院仍然以通知的形式维持了原来对死刑复核权的下放。

2006 年 10 月 31 日十届全国人大常委会第二十四次会议表决通过了关于《修改人民法院组织法》的决定（以下简称《决定》），并明确自 2007 年 1 月 1 日起施行。该《决定》将《人民法院组织法》的第十三条修改为："死刑除依法由最高人民法院判决的以外，应当报请最高人民法院核准。"据此，最高人民法院于 2006 年 12 月 28 日公布了最高人民法院关于死刑的《决定》，并明确自 2007 年 1 月 1 日起施行。该《决定》明确废止了以前最高人民法院所发布的授权行使死刑案件核准权的各种规定，同时明确，死刑除依法由最高人民法院判决的以外，各高级人民法院和解放军军事法院依法判处和裁定的，应当报请最高人民法院核准。至此，死刑立即执行案件的核准权真正由最高司法机关——最高人民法院行使，而死刑缓期二年执行的案件则可以由各高级人民法院判决或者核准。

二、死刑立即执行案件的报请复核

根据《刑事诉讼法》和最高人民法院的有关司法解释，死刑立即执行案件的报请复核程序的内容主要有：

（1）中级人民法院判处死刑的第一审案件，被告人不上诉、人民检察院不抗诉的，在上诉、抗诉期满后 3 日内报请高级人民法院复核。高级人民法院同意判处死刑的，应当依法作出裁定后，报请最高人民法院核准；不同意判处死刑的，应当提审或者发回重新审判。高级人民法院提审的案件应当按照第二审程序进行审理，所作出的裁判是终审裁判。如果改判为死刑缓期二年执行的，高级人民法院无需再对该案进行复核；如果直接改判死刑的，须报请最高人民法院核准。对发回重新审判的案件，原审法院应当按照第一审程序进行审理，作出的判决是初审判决，当事人可以上诉，检察机关可以抗诉。对于仍然判处死刑的案件，如果当事人不上诉，检察机关不抗诉，原审法院应当依法报请核准。

（2）中级人民法院判处死刑的第一审案件，被告人提出上诉或者人民检察院提出抗诉，高级人民法院终审裁定维持死刑判决的，报请最高人民法院核准；高级人民法院不同意判处死刑的，可以直接改判或者发回重新审判。改判或者发回重新审判后的情况与上文所述情况相同。

（3）高级人民法院判处死刑的第一审案件，被告人不上诉、人民检察院不抗诉的，在上诉、抗诉期满后 3 日内报请最高人民法院核准。高级人民法院改判为死刑的第二审案件，应当报请最高人民法院核准。判处死刑缓期二年执行的罪犯，在死刑缓期执行期间，如果故意犯罪，经查证属实，应当执行死刑的，由高级人民法院报请最高人民法院核准。

（4）被告人所犯数罪中，或者共同犯罪案件部分被告人的罪行有被判处死刑立即执行的，必须将全案报请最高人民法院核准。

三、判处死刑立即执行案件报请复核的要求

中级人民法院和高级人民法院报请复核死刑案件的要求有两方面：其一，一案一报；其二，全案的诉讼材料。全案的诉讼材料包括报请复核的报告、死刑案件综合报告和判决书各15份、全部诉讼案卷和证据；共同犯罪的案件，应当报送全部诉讼案卷和证据。具体内容包括如下三个方面：

（1）报请复核报告的内容有：①案由；②简要案情；③审理过程；④判决结果。

（2）死刑案件综合报告的内容有：①被告人的姓名、性别、出生年月日、民族、文化程度、职业、住址、简历以及拘留、逮捕、起诉的时间和现在被羁押的处所；②被告人的犯罪事实，包括犯罪时间、地点、动机、目的、手段、危害后果及从轻、从重处罚等情节，认定犯罪的证据，定罪量刑的法律依据；③需要说明的其他问题。

（3）诉讼案卷和证据的内容有：①拘留证、逮捕证、搜查证的复印件；②扣押赃款、赃物和其他在案物证的清单；③公安机关、国家安全机关的起诉意见书，或者人民检察院的侦查终结报告；④人民检察院的起诉书；⑤案件的审查报告、法庭审理笔录、合议庭评议笔录和审判委员会讨论决定笔录；⑥被告人上诉状、人民检察院抗诉书；⑦人民法院的判决书、裁定书和宣判笔录、送达回证；⑧能够证明案件具体情况并经过查证属实的各种肯定的和否定的证据，包括物证或者物证照片、书证、证人证言、被害人陈述、被告人供述和辩解、鉴定意见、勘验、检查、辨认等笔录和视听资料、电子证据。

四、判处死刑立即执行案件的复核与核准

判处死刑立即执行的案件由最高人民法院进行复核并作出是否核准的裁定。对于中级人民法院判处死刑立即执行的第一审案件，如果被告人不上诉、人民检察院不抗诉，应当先经过高级人民法院复核，高级人民法院同意判处死刑的，才报请最高人民法院核准。根据《刑事诉讼法》的规定，最高人民法院和高级人民法院复核死刑立即执行的案件，应当遵循下列程序和要求：

1. 复核

（1）复核组织。按照《刑事诉讼法》第二百三十八条的规定，最高人民法院复核死刑案件，应当由审判员3人组成合议庭进行。

（2）提审被告人。根据《刑事诉讼法》第二百四十条和最高人民法院《解释》第二百八十二条的规定，最高人民法院和高级人民法院复核死刑立即执行案件，必须提审被告人。提审被告人不仅有利于使其得到最后辩解的机会，而且有利于查明案件真实情况，发现和纠正错判，切实保障被告人的辩护权。

（3）听取辩护人的意见。鉴于被告人法律素养普遍不高、人身自由受到限制、受刑事追诉后心理状态不适应与控诉一方对抗等因素，由辩护人帮助其反映案件事实极为重要。

司法经验表明，某些有利于被告人的事实是律师发现并反馈给司法机关的。也正是律师的作用，某些死刑的错误适用才得以避免。因此，2012 年修订的《刑事诉讼法》在第二百四十条明确规定最高人民法院复核死刑案件，辩护律师提出要求的，应当听取辩护律师的意见。最高人民法院、最高人民检察院、公安部、司法部《关于进一步严格依法办案确保办理死刑案件质量的意见》（以下简称四机关《死刑案件意见》）第四十条规定，死刑案件复核期间，被告人委托的辩护人提出听取意见要求的，应当听取辩护人的意见，并制作笔录附卷。辩护人提出书面意见的，应当附卷。办案人员应该与被告人委托的律师及时联系，通知他们及时提供有利于被告人的新证据、新意见。对于检察机关在复核阶段提出处理意见的，可以征求辩护人的意见。

（4）听取检察机关的意见。《刑事诉讼法》第二百四十条第二款规定："在复核死刑案件过程中，最高人民检察院可以向最高人民法院提出意见。最高人民法院应当将死刑复核结果通报最高人民检察院。"四机关《死刑案件意见》第四十四条规定，人民检察院按照法律规定加强对办理死刑案件的法律监督；第三十四条规定，最高人民法院复核死刑案件，高级人民法院复核死刑缓期二年执行的案件，对于疑难、复杂的案件，合议庭认为难以作出决定的，应当提请院长决定，提交审判委员会讨论决定。审判委员会讨论案件，同级人民检察院检察长、受检察长委托的副检察长均可列席会议。

（5）审查核实案卷材料，简称为"阅卷"。四机关《死刑案件意见》第三十九条规定，复核死刑案件，应当对原审裁判的事实认定、法律适用和诉讼程序进行全面审查。通过全面审查案卷，可以发现原判认定犯罪事实是否清楚，证据是否确实、充分，定性是否准确，法律手续是否完备，对被告人判处死刑是否正确，以便结合提审被告人对案件作出正确的处理。审阅案卷应当全面审查以下内容：①被告人的年龄，有无责任能力，是否正在怀孕的妇女；②原判决认定的主要事实是否清楚，证据是否确实、充分；③犯罪情节、后果及危害程度；④有无法定、酌定从轻或者减轻处罚的情节；⑤其他应当审查的情况。

共同犯罪案件中，部分被告人被判处死刑立即执行，在复核时，应当对全案进行审查，但不影响对其他被告人已经发生法律效力的判决、裁定的执行；发现其他被告人已生效的裁判确有错误时，可以指令原审人民法院再审。

（6）制作复核审理报告。最高人民法院、高级人民法院对报请复核的死刑案件进行全面审查后，合议庭应当进行评议并写出复核审理报告。复核审理报告应当包括下列内容：①案件的由来和审理经过；②被告人和被害人简况；③案件的侦破情况；④原判决要点和控辩双方意见；⑤对事实和证据复核后的分析和认定；⑥合议庭评议意见和审判委员会讨论决定意见；⑦其他需要说明的问题。

2. 核准与不核准

《刑事诉讼法》第二百三十九条规定："最高人民法院复核死刑案件，应当作出核准或者不核准死刑的裁定。对于不核准死刑的，最高人民法院可以发回重新审判或者予以改判。"可见，最高人民法院在复核死刑案件后，只能作出核准或者不核准死刑的裁定，对于不核准死刑的，最高人民法院可以发回重新审判或者予以改判。

（1）裁定核准死刑。按照最高人民法院关于死刑的《决定》第二条之规定，原判认定事实和适用法律正确、量刑适当、诉讼程序合法的，裁定予以核准。此外，原判判处被告人死刑并无不当，但具体认定的某一事实或者引用的法律条款等不完全准确、规范的，可以在纠正后作出核准死刑的判决或者裁定。

（2）裁定不予核准死刑。根据最高人民法院关于死刑的《决定》，裁定不予核准的情况包括如下几种：①最高人民法院复核后认为原判认定事实不清、证据不足的，裁定不予核准，并撤销原判，发回重新审判。②复核后认为原判认定事实正确，但依法不应当判处死刑的，裁定不予核准，并撤销原判，按照《刑事诉讼法》第二百三十九条的规定，可以发回重新审判或者予以改判。发回重审是最高人民法院在关于死刑的《决定》中确定的方式，但《刑事诉讼法》增加了"予以改判"的处理。最高人民法院直接改判，对于提高诉讼效率，避免无谓的发回重审，具有非常重要的作用。同时，改判也意味着死刑复核程序仍然具有司法性，并非如一些人所主张的是行政性复核程序。③复核后认为原审人民法院违反法定诉讼程序，可能影响公正审判的，裁定不予核准，并撤销原判，发回重新审判。

最高人民法院裁定不予核准死刑的，根据案件具体情形可以发回第二审人民法院或者第一审人民法院重新审判。高级人民法院依照复核程序审理后报请最高人民法院核准死刑的案件，最高人民法院裁定不予核准死刑，发回高级人民法院重新审判的，高级人民法院可以提审或者发回第一审人民法院重新审判。

发回第二审人民法院重新审判的案件，第二审人民法院可以直接改判；必须通过开庭审理查清事实、核实证据的，或者必须通过开庭审理纠正原审程序违法的，应当开庭审理。发回第一审人民法院重新审判的案件，第一审人民法院应当开庭审理。

（3）对数罪并罚案件的核准与不核准。数罪并罚案件，1人有2种罪以上被判处死刑，最高人民法院复核后，认为其中部分犯罪的死刑裁判认定事实不清、证据不足的，对全案裁定不予核准，并撤销原判，发回重新审判；认为其中部分犯罪的死刑裁判认定事实正确，但依法不应当判处死刑的，可以改判并对其他应当判处死刑的犯罪作出核准死刑的判决。

（4）共同犯罪案件的核准与不核准。共同犯罪案件，同案中2名以上被告人被判处死刑，最高人民法院复核后，认为其中部分被告人的死刑裁判认定事实不清、证据不足的，对全案裁定不予核准，并撤销原判，发回重新审判；认为其中部分被告人的死刑裁判认定事实正确，但依法不应当判处死刑的，可以改判并对其他应当判处死刑的被告人作出核准死刑的判决。

除了因为原判认定事实正确，但依法不应当判处死刑而裁定不予核准并撤销原判、发回重新审判的案件以外，原审人民法院对于其他发回重新审判的案件应当另行组成合议庭进行审理。

第三节 死刑缓期二年执行案件的复核程序

一、死刑缓期二年执行案件的核准权

我国现行《刑事诉讼法》第二百三十七条规定："中级人民法院判处死刑缓期二年执行的案件，由高级人民法院核准。"第二百三十八条规定，高级人民法院核准死刑缓期二年执行的案件，应当由审判员 3 人组成合议庭进行。

由此可知，判处死刑缓期二年执行案件的核准权由各省、自治区、直辖市高级人民法院享有。合议庭组成人员必须是法官而不能是人民陪审员。

死刑缓期二年执行案件尽管不是立即剥夺被告人的生命的案件，但是，按照现行法律规定，只要被告人在缓期执行期间存在故意犯罪，缓期执行死刑的潜在可能性就变成了现实可能性。可见，死刑缓期二年执行案件的复核同样是十分重要的。换言之，行使这类案件的核准权的主体也必须严格把握。

我国死刑缓期二年执行案件的核准权行使主体经历了一个变化过程。1954 年颁布的《人民法院组织法》第十一条第五款规定，死刑案件的核准权一般由高级人民法院行使。这一规定包括死刑缓期执行案件的核准权一般由高级人民法院行使。随后鉴于全国形势较为稳定，死刑案件相对减少，1957 年第一届全国人民代表大会第四次会议决议指出："今后一切死刑案件，都由最高人民法院判决或者核准。"这就意味着死刑缓期执行案件的核准权也由最高人民法院行使。鉴于后来死刑缓期执行案件实际上执行死刑的很少，即使执行死刑也还必须报请最高人民法院核准，最高人民法院于 1958 年决定，凡由高级人民法院判决或者审核的死刑缓期执行案件，由高级人民法院核准。1979 年通过的《刑法》和《刑事诉讼法》及 1996 年修订的《刑事诉讼法》和 1997 修订的《刑法》都肯定了这一内容。

死刑缓期执行案件的核准权由高级人民法院行使是适当的。这可以从两方面予以分析。一方面，死刑缓期执行案件实际上大多被改判为有期徒刑，如果案件发生错误，还存在纠正的余地；另一方面，死刑缓期执行案件实际执行时还必须报请最高人民法院核准，因此，由各个高级人民法院行使死刑缓期执行案件的核准权，实际上能够达到保障当事人利益的目的。

二、死刑缓期二年执行案件的报请和复核

1. 报请复核

判处死刑缓期二年执行案件的报请和复核要求及所送的材料内容与报请复核死刑立即

执行案件相同。但需特别注意，高级人民法院核准死缓案件时，必须提审被告人。

2. 复核

复核同样是由3名审判员组成合议庭进行。复核方式也是调查讯问式，即阅卷、调查和讯问被告人。根据最高人民法院《解释》的规定，高级人民法院核准死刑缓期二年执行案件，应该提审被告人。复核的内容与死刑立即执行案件的复核相同。

3. 复核结果

根据《刑事诉讼法》及最高人民法院《解释》规定，高级人民法院核准死刑缓期二年执行的案件，应当按照下列情形分别办理：

（1）中级人民法院判处死刑缓期二年执行的第一审案件，被告人不上诉、人民检察院不抗诉的，在上诉、抗诉期满后，报请高级人民法院核准。

高级人民法院对于报请核准的死刑缓期二年执行的案件，经审查后，按照下列情形分别处理：

其一，同意判处死刑缓期二年执行的，作出予以核准的裁定。

其二，如果认为原判事实不清、证据不足、应当裁定发回原中级人民法院重新审判的案件，重新审判所作出的判决、裁定，被告人可以上诉，人民检察院可以抗诉。

其三，认为原判过重，不同意判处死刑缓期二年执行的，应当依法改判。

高级人民法院核准判处死刑缓期二年执行案件，只能作出核准或者不核准的决定，不能加重被告人的刑罚，即高级人民法院对死刑缓期二年执行案件的改判，只能减轻原判刑罚，而不能改判为死刑立即执行，也不得以提高审级等方式加重对被告人的刑罚。

（2）中级人民法院判处死刑缓期二年执行的第一审案件，被告人上诉或者人民检察院抗诉的，由高级人民法院进行二审。高级人民法院审理后，按照不同情形分别处理：

其一，同意判处死刑缓期二年执行的，作出维持原判的裁定。此裁定立即生效，无需再经过核准程序。

其二，原判认定的事实不清或者证据不足的，用裁定撤销原判，发回原审人民法院重新审判。

其三，原判认定事实正确，但适用法律有错误或者量刑不当，不需要判处死刑缓期二年执行的，应当用判决直接改判。

如果高级人民法院认为应当判处死刑立即执行的，应当区别对待：①如果属于人民检察院提出抗诉而由高级人民法院按照第二审程序审判，并依法改判死刑的案件，应当报请最高人民法院核准；②如果只有被告人上诉的案件，高级人民法院必须遵从"上诉不加刑"的原则，不得直接改判为死刑立即执行。

（3）高级人民法院第一审判处死刑缓期二年执行的案件，被告人不上诉、人民检察院不抗诉的，在上诉、抗诉期满后判决即发生法律效力。

案例分析

【案例】被告人郑某，女，38岁。被告人蔡某，男，39岁，系被告人郑某的丈夫。

郑、蔡夫妻共谋，组织民间金融互助会（俗称"平会"），从中渔利。郑、蔡为牟取暴利，将平会转为以高利率为诱饵的抬会，郑充当会主。抬会共收入会款6 200余万元，支付会员会款5 800余万元，非法经营资金共1.2亿余元，收支差额达400余万元，郑、蔡将其大都用于自家挥霍等。后经对赃款、赃物的追缴、变卖，郑、蔡仍造成会款损失200余万元。某市中级人民法院以非法经营罪分别判处被告人郑某死刑，剥夺政治权利终身；判处被告人蔡某死刑，缓期二年执行，剥夺政治权利终身。判决宣告后，郑某上诉，蔡某未上诉。某省高级人民法院经二审后维持原判。

【问题】本案应该如何报请复核？

【解析】在本案中，对郑某、蔡某的判决应当分别报请复核。①对于被告人郑某的死刑判决，高级人民法院应当依法将全案所有诉讼材料和证据报请最高人民法院核准。②对于蔡某的死缓判决，中级人民法院应当在上诉期满后的3日内，报请高级人民法院核准。高级人民法院同意判处死缓的，应当在复核后予以核准；不同意判处死缓的，应当提审或者发回重审。

思考与练习

1. 死刑复核程序的性质和意义是什么？
2. 死刑立即执行案件的核准权在哪里？
3. 死刑立即执行案件的核准程序是什么？
4. 死缓案件的复核权在哪里？
5. 死缓案件复核的步骤和处理结果怎样？

第十八章 审判监督程序

要点提示

　　审判监督程序，又称再审程序，是指人民法院、人民检察院对于已经发生法律效力的刑事判决和裁定，发现在认定事实和适用法律上确有错误，依法提出对案件重新审判的诉讼程序。

　　申诉，指当事人及其法定代理人、近亲属对已经发生法律效力的判决、裁定不服，向人民法院或者人民检察院提出重新审查并改判的一种诉讼请求。申诉是提起审判监督程序的重要材料来源或根据，也是司法机关发现错误裁判的一个重要途径。申诉符合下列条件的，法院应当再审：有新证据，原定罪量刑证据不实或有矛盾，原裁判适用法律错误，原判程序违法，原审法官有贪污受贿、徇私舞弊、枉法裁判行为的。申诉应在刑罚执行完毕2年内提出，超期后只有三种情形可受理：可能判无罪的，原申诉未被受理的，疑难复杂的。

　　提起审判监督程序的主体：各级法院院长并审委会；最高人民法院和上级法院，最高人民检察院和上级检察院。

　　再审理由：已经生效的裁判，在认定事实或适用法律上确有错误。

　　再审原则：全面审查原则，有错必纠原则。

　　再审法院：上级法院可提审，可指令下级其他法院审判，必要时可发回原法院重审。

　　再审程序：原一审按一审程序，原二审按二审程序，提审按二审程序。开庭审理的案件：①依一审程序审理的；②依二审程序需要对事实或者证据进行审理的；③抗诉案；④可能会加重刑罚的；⑤其他情形。开庭审理的再审案件，同级检察院应派员出庭。

　　再审期限：3个月，延长不超过6个月。

第一节　审判监督程序概述

一、审判监督程序的概念

审判监督程序，是指人民法院、人民检察院对于已经发生法律效力的刑事判决和裁定，发现在认定事实和适用法律上确有错误，依法提出对案件重新审判的诉讼程序。我国也有人称依审判监督程序审理的案件为再审案件，将审判监督程序称为生效裁判的再审程序。这里所谓的"再审"，可以理解为对已经发生法律效力的裁判进行的再次审理。审判监督程序是一种补救性的特殊程序，是专为纠正已经发生法律效力的错误判决、裁定而设置的，不是每案必经的，只在纠正错误的生效刑事裁判之类的少数情况才适用。

审判监督与审判监督程序是两个不同的概念。前者泛指对法院审判工作的监督，这种监督可以来自上级法院，也可以来自人大、法律监督机关、党委、政府、政协和社会各界。而审判监督程序是法律设置的一个专门程序，有其特定的含义和程序规范。由于各级法院都是独立的审判主体，依法独立行使审判权，因此，上级人民法院即使发现下级人民法院已经生效的刑事判决或裁定是错误的，也不能擅自予以更改，必须依照法定的审判程序给予纠正，这是维护审判权独立性的必然选择。

二、审判监督程序的任务

审判监督程序的任务是：纠正确有错误的生效刑事判决、裁定，确保刑事判决和裁定的正确性，维护公平正义；准确有效地惩罚犯罪分子，使无罪的人得以平反昭雪，做到实事求是，不枉不纵。

对已经发生法律效力的刑事判决、裁定确有错误的，各国大都会采取不同的程序和方式加以纠正，大致可分为两类：一是对生效刑事判决、裁定所依据的错误的案件事实，给予重新认定；二是对生效刑事判决、裁定在适用法律上的错误，给予纠正。而这两种情况，也都必须通过恰当的审判救济程序进行。大陆法系国家的生效裁判再审制度比较完善，一般包括上述两类救济性审判程序。在日本，对生效刑事判决的再审分为对事实认定错误进行的"再审"和对法律适用错误进行的"非常上告"。在法国，再审只能为被判有罪人之利益而提起，司法部长、检察院、被判有罪人及其法定代理人、近亲属等均可提出再审申请。申请先由最高法院"有罪判决复议委员会"审查，获得认可后才递交最高法院刑事庭。德国的再审旨在纠正生效裁判的错误，无论该错误对受判决人有利还是不利。检察院和有罪判决人一方都可提出再审申请，申请先经上级法院审查，获准才开始再审。为被判有罪人利益而提出的再审，改判不得加重罪与刑。英美法系国家一般没有设置再审程序，对生效刑事裁判事实认定错误不再给予重审，但对于裁判适用法律的错误，无论裁判是否已经生效，都可以按上诉程序走到底，被判有罪者最后还可以使用人身保护令寻求救济。我国借鉴大陆法系国家的再审制度，不仅设置专门的审判监督程序，而且对无论是事实上的错误还是法律上的错误，也无论是有利于被判刑人还是不利于被判刑人的生效判决或裁定，都可以通过审判监督程序予以审查并纠正。

三、审判监督程序的意义

人民法院依法作出的判决、裁定，一旦发生法律效力，就具有约束力和一定的稳定性，非经法定程序，任何机关、团体、单位和个人都无权变更或者撤销。但对于错误的判决、裁定，如果不及时地予以纠正，就可能冤枉无辜，也可能放纵犯罪分子。因此，设立审判监督程序对于保护公民的合法权益，准确打击犯罪，维护社会的稳定，都具有重要意义。具体体现在以下几个方面：

1. 体现"有错必纠"原则，恢复个案的公正

对于少数案件发生误判，一经发现就要实事求是地予以纠正，这是对错误裁判最好的补救办法，这是"实事求是，有错必纠"方针在刑事诉讼程序上的体现。在刑事诉讼中，不论是对被判刑人有利还是不利的案件，只要在实体上、程序上确有错误，都应及时加以纠正。这样，不仅可以使无罪者得以平反，而且使判处畸轻的罪犯受到应得的惩罚。

2. 保证司法体系内部监督的落实和国家法律适用的统一

审判监督程序是上级司法机关监督下级司法机关的重要形式。我国上下级人民法院之间不是领导和被领导关系，而是审判监督关系。上级人民法院通过审判监督程序提审改判或指令下级人民法院再审，纠正下级人民法院已生效的判决和裁定。人民检察院是具有法律监督职能的机关，人民检察院的监督活动贯穿于刑事诉讼的全过程，通过上级人民法院和上级人民检察院的监督，有利于改进审判工作，提高办案质量，确保国家法律在全国范围统一地正确实施。

3. 发挥公民和社会团体对司法机关监督的作用，增强司法机关的可信性和权威性

审判监督程序也是群众监督审判工作的重要渠道。依据《刑事诉讼法》，对于已发生法律效力的判决和裁定，当事人及其法定代理人、近亲属等都可以提出申诉，这是提起审判监督程序的基本材料来源，它有助于司法机关及时发现和纠正错误的判决和裁定，体现执法为民的宗旨，增强司法机关在全社会的可信性和权威性，促进依法治国方针的实现。

第二节　提起审判监督程序的理由和根据

一、提起审判监督程序的理由

已经发生法律效力的刑事判决、裁定，只有在出现了《刑事诉讼法》规定的再审理由时，才可以按照审判监督程序重新审理。我国《刑事诉讼法》明确的再审理由是：已经发生法律效力的判决和裁定，在认定事实上和适用法律上确有错误。

1. 判决、裁定在认定事实上确有错误

判决、裁定在认定事实上确有错误，主要包括如下几个方面：①发现新的事实或证据，足以证明原判决、裁定认定的事实确有错误。如被判刑人在服刑期间，真凶出现并承认了判决所认定的罪行，云南的杜培武案、河北的聂树彬案就属于这类情况。还有杀人案裁判生效后，被害人出现，如湖北的佘祥林案。②原判决、裁定认定的案件主要事实不清。如犯罪行为人是谁不能确定或者有张冠李戴之嫌疑，一罪或是数罪不清，一人或是数人犯罪不明，案件性质模糊、主从犯未区分等。③影响定罪量刑的重要情节不清。如行为人的年龄或精神状况没有查明，是否具备犯罪的特殊主体身份不清楚，有无前科、教唆未查证等。④案内主要证据不确实或不充分。也就是说，据以定罪量刑的证据有重大瑕疵，或者是虚假的，或者是无法印证的孤证，不足以证明主要犯罪事实或重大情节。⑤证明案件事实的主要证据之间存在矛盾，如被害人的陈述与目击证人的证言有重要矛盾且尚未排除，物证与其他证据不符等。

2. 判决、裁定在适用法律上确有错误

适用法律的错误，包括适用实体法上的错误和适用程序法上的错误两个方面。适用实体法上的错误，主要有：适用《刑法》条文不当，对案件定性错误导致罪与非罪、此罪与彼罪相混淆，对犯罪行为和形态认识错误引起罪数的混乱，量刑上出现轻罪重判或者重罪轻判的错误等。适用实体法的错误往往会直接导致刑事判决、裁定结果的错误，在传统上非常强调实体公正的我国，这种错误显然是必须加以纠正的，因此，适用实体法的错误就是提起审判监督程序的一个非常突出的理由。相比之下，适用程序法上的错误，就不一定都会引起再审。适用程序法的错误有两种。一种是严重的可能导致不公正审判结果的程序错误，如采纳侦查中刑讯逼供的证据，勘验、检查程序错误，办案人员该回避的没有回避，剥夺或者限制了被告人的辩护权，审判违反公开原则、辩论原则，诉讼文书送达方式错误，法庭审判程序不合法，审判人员在审理案件过程中贪污受贿、徇私枉法等，这些都可能影响判决、裁定的正确性。另一种是一般不会影响裁判结果的程序瑕疵，如开庭日期有拖延，法官的衣冠不整，法庭秩序不太好等。一般来说，对于那些严重违反法律规定的诉讼程序，可能导致不公正审判结果的程序错误，才有可能和必要启动审判监督程序加以纠正。

二、提起审判监督程序的根据

司法机关对已经生效的刑事判决、裁定错误的发现，一般是借助于如下途径获得的材料，反过来，当司法机关提起审判监督程序时，也会将通过什么途径获得的什么材料，作为提起再审的程序根据。所以，进一步疏通这些信息管道，有助于司法机关及时了解和发现刑事审判中存在的问题，并尽快予以纠正，确保刑事审判的质量。从司法实践来看，司法机关提起审判监督程序的材料来源和根据，主要有如下几种：

（1）当事人及其法定代理人、近亲属的申诉；

（2）人民法院、人民检察院在办案过程中或检查工作时发现的错误裁判；

（3）各级人民代表大会代表、政协委员提出的纠正错案的议案；

（4）机关、团体、企事业单位、新闻媒介、人民群众等对生效判决、裁定提出的质疑、意见和情况反映等。

三、申诉的理由和法律效力

1. 申诉的概念

这里的申诉是指，当事人及其法定代理人、近亲属对已经发生法律效力的判决、裁定不服，向人民法院或者人民检察院提出重新审查并改判的一种诉讼请求。申诉作为提起审判监督程序的材料来源或根据，在司法实践中占有很大比重，是提起审判监督程序最主要的根据，也是司法机关发现错误裁判的一个重要途径。

申诉不同于上诉。上诉是二审程序中的概念，是引起二审程序的根据。申诉和上诉最主要的区别有四点：①上诉是请求对未生效的判决、裁定进行重新审理，申诉则是针对已经生效的判决、裁定请求人民法院重新审理；②上诉必然会引起二审程序，无论理由正当与否，但申诉并不必然会引起审判监督程序，因为申诉者无权提起该程序。申诉仅是司法机关提起审判监督程序的一种根据和材料来源，是否提起审判监督程序，由司法机关对申诉进行审查后才决定；③上诉必然阻止一审判决、裁定发生法律效力，但申诉则不同，《刑事诉讼法》明确规定，申诉的提出不能停止判决、裁定的执行；④上诉有法定期限限制，申诉则没有期限限制。

2. 申诉的理由

根据《刑事诉讼法》的规定，提起审判监督程序的先决条件是发生法律效力的判决、裁定确有错误。由于当事人及其法定代理人、近亲属与案件的结果有直接的利害关系，这就决定了他们提出的申诉可能正确，也可能不正确。因此，为了充分保障当事人等的申诉权，使司法机关能够统一理解、掌握和执行"确有错误"的标准，确保合法的申诉能够引起重新审判的结果，《刑事诉讼法》第二百四十二条规定，当事人及其法定代理人、近亲属的申诉符合下列情形之一的，人民法院应当重新审判：

（1）有新的证据证明原判决、裁定认定的事实确有错误，可能影响定罪量刑的；

（2）据以定罪量刑的证据不确实、不充分、依法应当予以排除，或者证明案件事实的主要证据之间存在矛盾的；

（3）原判决、裁定适用法律确有错误的；

（4）违反法律规定的诉讼程序，可能影响公正审判的；

（5）审判人员在审理该案件的时候，有贪污受贿、徇私舞弊、枉法裁判行为的。

人民法院受理申诉材料后，应当认真进行审查，对于符合法定申诉理由之一的，应当依法启动审判监督程序，对案件进行重新审判。也就是说，具有法定理由的申诉是能够产生法律上的效力的，这就必然会促使人民法院提起审判监督程序。《刑事诉讼法》这样规定的原因，是过去有大量的申诉没有受到司法机关应有的重视，因为法律没有赋予申诉的效力，申诉大多是石沉大海，当然就导致反复申诉、长期申诉，甚至群体上访的事件不断发生，这样既削弱了司法的公信力，又造成了社会秩序的不稳定。所以，1996年、2012年《刑事诉讼法》对此均作了修正。

四、对申诉的受理和审查处理

根据《刑事诉讼法》的规定，当事人及其法定代理人、近亲属的申诉，既可以向人民法院提出，也可以向人民检察院提出。

1. 人民法院对申诉的受理和审查处理

人民法院对刑事案件的申诉人在刑罚执行完毕后两年内提出的申诉，应当受理。超过两年提出申诉，具有下列情形之一的，人民法院也应当受理：①可能对原审被告人宣告无罪的；②原审被告人在本条规定的期限内向人民法院提出申诉，人民法院未受理的；③属于疑难、复杂、重大案件的。不符合这些规定的，人民法院不予受理。

人民法院对申诉的审查处理：①各级人民法院对当事人及其法定代理人、近亲属对本院已经生效的判决、裁定提出的申诉，应当进行登记并认真审查。人民法院经审查，对不符合法定条件的申诉，按群众来信、来访处理；符合条件的，给予立案复查。②受理、审查申诉一般由作出生效判决、裁定的人民法院进行。直接向上级人民法院申诉的，如果没有经作出生效判决、裁定的人民法院审查处理，上级人民法院可以交该人民法院审查，并告知申诉人；如果属于案情疑难、复杂、重大的，或者已经由作出生效判决、裁定的人民法院审查处理后仍坚持申诉的，上级人民法院可以直接受理、审查，下级人民法院也可以请求移送上一级人民法院审查处理。③人民法院自接到申诉材料后，应当在3个月、至迟不超过6个月的时间内依法进行审查，写出审查报告，提出处理意见，经审定后作出决定：认为符合法定申诉理由的，由院长提请审判委员会讨论决定是否重新审判；对不符合条件的，应当说服申诉人撤回申诉，申诉人坚持的，应当书面通知驳回。④申诉人对驳回申诉不服的，可以向上一级人民法院申诉。上一级人民法院经审查认为申诉不符合《刑事诉讼法》第二百四十二条规定的情形之一的，应当予以驳回。经两级人民法院处理后又提出申诉的，如果没有新的充分理由，人民法院可以不再受理。

2. 人民检察院对申诉的受理和审查处理

人民检察院对于当事人等针对人民法院生效裁判的错误提出的申诉，首先由控告申诉部门、监所检察部门分别受理，依法进行审查，并将结果通知申诉人；经审查，认为法院生效的判决或裁定确有错误需要提出抗诉的，由控告申诉部门报请检察长提交检察委员会讨论决定。决定提出抗诉的，由公诉部门出庭支持抗诉；经审查认为申诉不符合法定理由的，予以驳回。

第三节　提起审判监督程序的主体

由于提起审判监督程序的案件，是判决、裁定已经发生法律效力且已交付执行或执行完毕的案件，为了保证人民法院裁判的稳定性和严肃性，并使确有错误的裁判能够实事求是地得以纠正，我国法律对有权提起审判监督程序的主体及其权限作了明确限定。根据《刑事诉讼法》第二百四十三条的规定，有权提起审判监督程序的机关、人员及其权限如下：

一、各级人民法院院长并审判委员会

各级人民法院院长对本院已经发生法律效力的判决和裁定，如果发现在认定事实上或者在适用法律上确有错误，必须提交本院审判委员会讨论决定提起审判监督程序。

二、最高人民法院和上级人民法院

最高人民法院对各级人民法院已经发生法律效力的判决和裁定，上级人民法院对下级人民法院已经发生法律效力的判决和裁定，如果发现确有错误，有权提审或指令下级人民法院再审。所谓提审即提高管辖审级，是指原审人民法院的上级法院若认为该案由原审人民法院审判不适宜，直接调取原案卷材料，将该案提调自行审判的一种诉讼活动。指令下级人民法院再审，一般是指要求原审人民法院对案件给予重新审判。提审和指令再审，是最高人民法院对各级人民法院、上级人民法院对其辖区内的下级人民法院已经生效的错误判决、裁定行使审判监督权，依法提起再审程序的两种重要方式。

三、最高人民检察院和上级人民检察院

最高人民检察院对各级人民法院已经发生法律效力的判决和裁定，上级人民检察院对下级人民法院已经发生法律效力的判决和裁定，如果发现确有错误，有权按照审判监督程序向同级人民法院提出抗诉。《刑事诉讼法》第二百四十三条第四款规定："人民检察院抗诉的案件，接受抗诉的人民法院应当组成合议庭重新审理，对于原判决事实不清或者证据不足的，可以指令下级人民法院再审。"这表明，人民检察院按照审判监督程序提出抗

诉的效力与申诉权人的申诉不同，能够直接引起审判监督程序。对于人民检察院提出抗诉的案件，人民法院必须再审。并且，还必须由接受抗诉的人民法院组成合议庭重新审理，只有在原判决事实不清或者证据不足的情况下，才可以指令下级人民法院再审。

第四节　按照审判监督程序对案件的再审

一、再审的原则

人民法院对再审案件进行重新审判时，除了要遵循《刑事诉讼法》的基本原则和一般的审判原则外，还应当坚持两个特殊的原则：

1. 全面审查原则

最高人民法院要求，人民法院按照审判监督程序重新审判案件，应当对原判决、裁定认定的事实、证据和适用法律进行全面审查，不受申诉或者抗诉范围的限制。全面审查的目的在于尽可能发现案件裁判上的错误并加以彻底解决，以节省诉讼资源，提高诉讼效率，避免今后的再次审判。

2. 有错必纠原则

无论是原裁判认定事实有错误，还是适用法律不当，或者是两种错误同时存在，都必须在认真查清的基础上，按照"有错必纠"的原则，予以客观公正的处理。我国《刑事诉讼法》没有关于再审不加刑的规定，因此，人民法院在再审改判时，既可以减刑，也可以加刑，可以按照案件的事实、证据和相关法律的规定，作出正确的判决或裁定。但是，根据《最高人民法院关于刑事再审案件开庭审理程序的具体规定》，除人民检察院抗诉的以外，再审一般不得加重原审被告人（原审上诉人）的刑罚。不具备开庭条件可以不开庭审理的，或者可以不出庭参加诉讼的，不得加重未出庭原审被告人（原审上诉人）、同案原审被告人（同案原审上诉人）的刑罚。这就要求人民法院在再审改判时，既要有错必纠，又要体现合乎程序理念的人文关怀。

二、再审的法院

按照审判监督程序对案件进行重新审判的法院，是不特定的，可以是如下任何一级法院：

（1）作出原生效裁判的第一审人民法院；

（2）作出原生效裁判的第二审人民法院；

（3）提审的上级人民法院，任何上级人民法院都可以提审，因而，这里的上级人民法院也是不特定的；

（4）被指令再审的下级人民法院。

《刑事诉讼法》第二百四十四条规定："上级人民法院指令下级人民法院再审的，应当指令原审人民法院以外的下级人民法院审理；由原审人民法院审理更为适宜的，也可以指令原审人民法院审理。"依该条规定的精神，被指令再审的法院首先应当选择原审法院以外的下级人民法院，只有在特殊情况下，才指令原审人民法院审理。被指令的原审人民法院，可能是原一审法院，也可能是原二审法院。

三、再审所适用的程序

1. 再审法庭审判程序

人民法院决定按照审判监督程序重新审判的案件，除人民检察院提起抗诉的外，应当制作再审决定书。再审期间可以决定中止原判决、裁定的执行。按照审判监督程序对案件重新审判的，一律组成合议庭。若由原审人民法院重新审理的，应当另行组成合议庭进行，原合议庭的成员不得参加。

审判监督程序本身没有独立的法庭审判程序，其审判程序是根据原审裁判生效的审级以及适用提审还是再审而确定的。

（1）原审生效的裁判若是经第一审程序作出的，那么再审就适用第一审程序。当然，不得适用简易程序，合议庭中不得有人民陪审员参加。再审所作出的判决、裁定可以上诉或抗诉。

（2）原审生效裁判若是由第二审人民法院作出的，那么，再审须适用第二审程序。所作出的判决、裁定是终审的判决、裁定，不得上诉或抗诉。

（3）再审若是上级人民法院提审的，适用第二审程序，所作出的裁判是终审的判决、裁定。

（4）指令再审的审判程序，依据原审生效裁判所适用的程序决定，原来是一审的按照一审程序进行；原来是二审的，按照二审程序进行。

2. 再审开庭审理与不开庭审理的情形

根据最高人民法院的规定，人民法院审理再审案件，有一部分要开庭审理，另有一部分可以不开庭审理。

（1）开庭审理的案件：①依照第一审程序审理的；②依照第二审程序需要对事实或者证据进行审理的；③人民检察院按照审判监督程序提出抗诉的；④可能对原审被告人（原审上诉人）加重刑罚的；⑤有其他应当开庭审理情形的。人民法院开庭审理的再审案件，同级人民检察院应当派员出席法庭。

（2）下列再审案件可以不开庭审理：①原判决、裁定认定事实清楚，证据确实、充分，但适用法律错误、量刑畸重的；②1979 年《刑事诉讼法》施行以前裁判的；③原审被告人（原审上诉人）、原审自诉人已经死亡或者丧失刑事责任能力的；④原审被告人（原审上诉人）在交通十分不便的边远地区监狱服刑，提押到庭确有困难的，但人民检察院提出抗诉的，人民法院应征得人民检察院的同意；⑤人民法院按照审判监督程序决定再审，按规定经两次通知，人民检察院不派员出庭的。

3. 再审期间的强制措施

人民法院决定再审的案件，需要对被告人采取强制措施的，由人民法院依法决定；人民检察院提出抗诉的再审案件，需要对被告人采取强制措施的，由人民检察院依法决定。

4. 再审的期限

人民法院按照审判监督程序重新审判的案件，应当在作出提审、再审决定之日起3个月以内审结，需要延长期限的，不得超过6个月。接受抗诉的人民法院按照审判监督程序审判抗诉的案件，审理期限适用前款规定；对需要指令下级人民法院再审的，应当自接受抗诉之日起1个月以内作出决定，下级人民法院审理案件的期限适用前款规定。

5. 再审对案件的处理

（1）原判决、裁定认定事实和适用法律正确、量刑适当的，应当裁定驳回申诉或者抗诉。

（2）原判决、裁定认定事实没有错误，但适用法律有错误，或者量刑不当的，应当改判。按照第二审程序审理的案件，认为必须判处被告人死刑立即执行的，直接改判后，应当报请最高人民法院核准。

（3）应当对被告人实行数罪并罚的案件，原判决、裁定没有分别定罪量刑的，应当撤销原判决、裁定，重新定罪量刑，并决定执行的刑罚。

（4）按照第二审程序审理的案件，原判决、裁定认定事实不清或者证据不足的，可以在查清事实后改判，也可以裁定撤销原判，发回原审人民法院重新审判。原判决、裁定认定事实不清、证据不足，经再审仍无法查清、证据不足，不能认定原审被告人有罪的，应当参照有关规定判决宣告被告人无罪。

人民检察院按照审判监督程序提出抗诉的案件，经人民法院审理并作出判决、裁定后，人民检察院认为仍然确有错误的，如果案件是依照第一审程序审判的，同级人民检察院应当向上一级人民法院提出抗诉；如果案件是依照第二审程序审判的，上级人民检察院应当按照审判监督程序向同级人民法院提出抗诉。

四、二审抗诉与再审抗诉的区别

二审抗诉与再审抗诉的区别，主要表现在：

1. 抗诉的对象不同

二审抗诉的对象是地方各级人民法院尚未发生法律效力的一审判决、裁定；而再审抗诉的对象是已经发生法律效力的判决和裁定。

2. 抗诉的权限不同

除最高人民检察院外，任何一级人民检察院都有权对同级人民法院的一审判决、裁定提出二审抗诉；而除了最高人民检察院有权对同级的最高人民法院发生法律效力的判决、裁定提出再审抗诉外，其他各级人民检察院只能对下级人民法院发生法律效力的判决、裁定提出再审抗诉。可见，基层人民检察院只能提出二审抗诉，无权提出再审抗诉；而最高人民检察院只能提出再审抗诉，无权提出二审抗诉。

3. 接受抗诉的审判机关不同

接受二审抗诉的是提出抗诉的人民检察院的上一级人民法院；而接受再审抗诉的是提

出抗诉的人民检察院的同级人民法院。

4. 抗诉的期限不同

二审抗诉必须在法定期限内提出，而法律对再审抗诉的提起没有规定期限。

5. 抗诉的效力不同

二审抗诉将阻止第一审判决、裁定发生法律效力；而再审抗诉并不导致原判决、裁定在人民法院按照审判监督程序重新审判期间执行的停止。

概括而言，二审抗诉针对的是同级人民法院的判决、裁定，但最高人民检察院没有二审的抗诉权；再审抗诉是针对下级人民法院作出的判决、裁定，而最高人民检察院可以向最高人民法院提起再审抗诉。

第五节　审判监督程序与其他程序的联系与区别

一、审判监督程序与二审程序

审判监督程序和二审程序都是为了纠正错误的判决和裁定，但是，审判监督程序是特殊程序，二审程序是普通程序，二者有很大的区别，主要表现在：

1. 审理的对象不同

审判监督程序审理的是已经发生法律效力的判决和裁定。它既包括已过法定期限没有提出上诉、抗诉的第一审判决和裁定，也包括第二审判决和裁定；既包括正在执行的，也包括已经执行完毕的；而二审程序审理的对象只限于尚未发生法律效力的第一审判决和裁定。

2. 提起程序的主体不同

审判监督程序的提起主体为最高人民法院、上级人民法院、各级人民法院院长（须提交审判委员会决定）以及上级人民检察院、最高人民检察院，而提起申诉的当事人及其法定代理人、近亲属，不构成提起主体；而二审程序的提起主体则包括由被告人、自诉人和他们的法定代理人、经被告人同意的近亲属、辩护人以及同级人民检察院，附带民事诉讼的当事人和他们的法定代理人针对附带民事诉讼部分也可提出上诉。

3. 提起的理由不同

提起二审程序的上诉，没有理由上的要求或限制，无论什么理由都可以引起二审审理。但提起审判监督程序，就必须是原判决或裁定"确有错误"，否则，不能引起再审，这是出于维护生效裁判的稳定性和权威性的需要。

4. 提起的期限不同

提起审判监督程序一般没有法定期限限制，只要发现生效的判决和裁定确有错误，就可根据实事求是、有错必纠的原则予以纠正，任何时候都可以提起；而二审程序的上诉、抗诉，必须在法定期限内提出，逾期而无正当理由的，二审法院不予受理。

5. 审理的法院不同

有权依照审判监督程序审理案件的法院，既可以是原审的第一审法院或第二审法院，又可以是提审的任何上级法院；而有权按照第二审程序审判案件的法院，只能是原审法院的上一级法院。

6. 量刑原则不同

按审判监督程序审判的案件，审理后量刑时，根据事实和法律规定，既可加重，也可维持或减轻；而二审程序审理后的量刑，如果是只有被告人一方提起上诉的，须适用上诉不加刑原则，只能维持原判或减轻刑罚，而不能加重刑罚。

二、审判监督程序与死刑复核程序

审判监督程序与死刑复核程序均为特殊程序。但它们仍有显著区别：

1. 审理的对象不同

审判监督程序审理的对象是已经发生法律效力的任何刑事判决和裁定；而死刑复核程序审理的对象是尚未生效的死刑判决、裁定。

2. 提起的主体和理由不同

死刑复核程序是由作出判决、裁定的法院依法向有死刑核准权的法院报请产生的，只要作出死刑判决即应提起，不用附加其他理由；而审判监督程序是由最高人民法院、上级人民法院、最高人民检察院、上级人民检察院以及本院院长提请审判委员会讨论决定而产生的，必须以认为生效判决、裁定确有错误为理由。

3. 审理的法院不同

依审判监督程序有权重新审理案件的法院是原审人民法院、上级人民法院和最高人民法院，而有死刑复核权的法院是最高人民法院和高级人民法院。

案例分析

【案例】邹某犯杀人罪，被二审法院终审判决有期徒刑15年。交付执行后，该二审法院发现本案判决确有错误，即按审判监督程序提起再审，再审结果为该被告人邹某被判处无期徒刑。

【问题】

1. 本案审判监督程序如何提起？

2. 被告人邹某对再审判决不服能否上诉？为什么？

【解析】

1. 我国2012年修订的《刑事诉讼法》规定，各级人民法院院长对本院已经发生法律效力的判决和裁定，如果发现在认定事实上或者适用法律上确有错误，必须提交审判委员会处理。该案是经过二审法院终审的案件，在生效判决的执行过程中，二审法院发现了判决的错误，根据法律的规定，就应当由该二审法院的院长提交本院审判委员会讨论，以决定提起审判监督程序对案件进行再审。

2. 本案被告人邹某对于二审法院作出的判决不服，不能提起上诉。因为《刑事诉讼法》和最高人民法院的司法解释都明确规定，人民法院按照审判监督程序重新审判的案件，如果原来是第二审案件，应当依照第二审程序进行审判，所作的判决、裁定，是终审的判决、裁定，当事人不得上诉。但是，该案再审应当开庭审理。

思考与练习

1. 什么是审判监督程序？
2. 审判监督程序与二审程序有何区别？
3. 提起审判监督程序的主体有哪些？
4. 什么是申诉？申诉的主体、期限和理由各是什么？
5. 提起审判监督程序的理由是什么？
6. 依审判监督程序对案件进行审理的法院有哪些？
7. 再审应当开庭审理的情形有哪些？
8. 再审适用什么庭审程序？
9. 二审抗诉与再审抗诉的区别是什么？

第十九章 执行

要点提示

执行，是指人民法院将已经发生法律效力的判决和裁定交付执行机关，以实施其确定的内容以及处理执行中的诉讼问题而进行的各种活动。

执行死刑的主体是原审人民法院。最高人民法院和高级人民法院执行死刑的命令，均由高级人民法院交付原审人民法院执行，原审人民法院接到执行死刑命令后，应当在7日内执行。同级人民检察院派员临场监督。执行前发现判决可能有错误的、被告人有重大立功的、被告人怀孕的等，应当停止执行，并立即报告核准死刑的人民法院，由其裁定。

死刑缓期二年执行、无期徒刑、有期徒刑的判决，交付执行机关是法院，公安机关执行交付，将罪犯送交监狱执行刑罚，余刑3个月以下的交看守所执行。

缓刑、假释、管制、监外执行等裁判，交付执行机关为终审法院，执行机关统一为司法行政机关所管理的社区矫正机构。

拘役和剥夺政治权利的裁判，由公安机关执行。

罚金、没收财产判决由人民法院执行。

宣告无罪和免除刑事处罚的判决，由人民法院执行。

社区矫正是与监禁矫正相对的行刑方式，是指将符合社区矫正条件的罪犯置于社区内，由专门的国家机关在相关社会团体和民间组织以及社会志愿者的协助下，在判决、裁定或决定确定的期限内，矫正其犯罪心理和行为恶习，并促进其顺利回归社会的非监禁刑罚执行活动。社区矫正人员应遵守：①定期报告情况；②进入特定场所要报经批准；③未经批准不得离开所居住的市、县（旗）；④未经批准不得变更居住的县（市、区、旗）；⑤每月参加教育学习时间不少于8小时；⑥每月参加社区服务时间不少于8小时。违反之则分情况处罚：治安处罚，撤销缓刑、假释，收监执行等。检察院对社区矫正实行监督。

执行变更。死缓2年期满变更为：无期徒刑、25年有期徒刑或执行死刑。有期徒刑、拘役的监外执行：有严重疾病需要保外就医；怀孕或者正在哺乳自己婴儿的妇女；生活不能自理，适用暂予监外执行不致危害社会的。

减刑。对确有悔改或者立功表现的，可依法减轻原判刑罚。无期徒刑实际执行刑期不能少于13年，其他不得少于原判刑期的1/2。

假释。对被判处有期徒刑的罪犯，原判刑期执行1/2以上，无期徒刑的罪犯实际刑期执行13年以上，确有悔改表现，没有再犯罪的危险的，可以假释。

人民法院审理减刑、假释案件，应当组成合议庭进行。

第一节　执行概述

一、执行的概念和意义

1. 执行的概念

执行，是指人民法院将已经发生法律效力的判决和裁定交付执行机关，以实施其确定的内容以及处理执行中的诉讼问题而进行的各种活动。它主要包括两个方面的内容：一是人民法院将已经发生法律效力的判决、裁定交付执行机关执行的活动；二是解决发生在执行过程中的裁判变更等诉讼问题而进行的活动。

判决和裁定发生法律效力后，应当立即交付执行。执行程序是我国刑事诉讼中与立案、侦查、起诉、审判并列的一个独立的诉讼程序，是由一系列执行行为构成的相对完整的刑事诉讼阶段，它具有以下一些特征：

（1）合法性。执行是一种刑事司法活动，直接涉及公民的人身、财产等权利的限制和剥夺，影响着刑罚目的的实现程度。因此，执行机关在执行过程中必须严格依照《刑事诉讼法》及有关司法解释中规定的操作程序进行，而不能按照执行主体的自由意志行事，任意变更，否则就会侵犯公民的人身权利和财产权利。

（2）确定性。执行是将特定判决、裁定付诸实施的活动，其内容具有确定性。由于判决和裁定是人民法院代表国家对案件所作的裁判，具有权威性和排他性，不允许与它相矛盾的其他处理决定与它并存。因此，执行机关必须严格按照生效判决、裁定所确定的内容开展执行活动。

（3）及时性。对于生效的判决、裁定而言，已经发生法律效力就必须立即执行。只有将生效的判决、裁定付诸实行才能体现刑罚的威慑性，才能实现惩罚犯罪和保障人权的刑事诉讼目的。因此，刑事执行应该高效进行，应尽快执行生效的判决、裁定，任何人不得以任何理由拖延执行时间。

（4）强制性。人民法院代表国家行使审判权，它作出的生效裁判具有国家意志的强制性，对于已经生效的判决、裁定，必须按照判决、裁定所确定的内容严格加以执行，不论当事人同意还是不同意，都必须执行，如果当事人抗拒执行，将被依法追究法律责任。《刑法》第三百一十三条规定："对人民法院的判决、裁定有能力执行而拒不执行，情节严重的，处 3 年以下有期徒刑、拘役或者罚金。"执行的强制性由法律的强制性所决定，以国家军队、警察、法庭、监狱等为后盾。

2. 执行的意义

执行是刑事诉讼中立案、侦查、起诉、审判、执行五个主要阶段的最后一个阶段，执行是将判决、裁定中所宣告的刑罚和其他决定付诸实施，它直接关系到惩罚犯罪、保障人权的刑事诉讼目的是否能够得以实现。因而，执行在刑事诉讼中具有重要的地位，具有重要的意义。

（1）通过判决、裁定的正确、及时执行，可以惩罚犯罪、预防犯罪。通过刑罚的执行，可以使犯罪分子承担相应的刑事责任，受到应得的法律制裁，这不仅打击了他们的犯罪活动，保护了国家和人民的利益。同时，通过执行，也对社会上有犯罪企图的社会不稳定分子起到了警戒和震慑作用，使他们消除犯罪意图，达到刑罚的一般预防目的。

（2）通过判决、裁定的正确、及时执行，可以达到保障人权的目的。准确、及时地执行判决、裁定，不仅可以使被判处刑罚的犯罪分子受到应得的法律制裁，而且可以使无罪和被免除刑事处罚的在押被告人恢复自由，对于被害人来说，可以尽快对其由于犯罪行为所遭受的损失予以补救。

（3）通过判决、裁定的正确、及时执行，可以维护国家司法的严肃性和权威性，教育公民遵守法律，增强公民的法制观念，提高公民同违法犯罪行为作斗争的自觉性。

在近代逐渐形成了以教育改造为主、以惩罚为辅的刑罚目的观。即刑罚的根本目的是教育和改造罪犯，使他们不再重新犯罪、危害社会，从而减少犯罪，增强社会的安全感和秩序。由此，刑罚执行所具有的教育、改造功能随之受到重视和强化，对刑罚执行的目的、方式、程序的理论研究和改革试验在世界各国都得到了广泛深入的开展，使刑罚执行在刑事诉讼中的地位和作用有了显著的提高。刑罚执行的改革完善概括起来主要有：①实行分押分管，以避免恶习传染和便于因人施教、个别改造；②执行不定期刑或累进处遇制，以鼓励犯人尽快改过自新；③大量使用监外执行的方法，如缓刑、假释等，使之不失去人身自由，保持与社会的联系，便于改造和今后重返社会；④完善犯人的各种权利，使其人格不受侮辱，保持尊严，以便重新做人，等等。

二、执行的依据

《刑事诉讼法》第二百四十八条规定："判决和裁定在发生法律效力后执行。"人民法院的发生法律效力的判决和裁定是指以下几种：

（1）已过法定期限没有上诉、抗诉的判决和裁定，即地方各级人民法院作出的上诉期满而没有被上诉或抗诉的第一审判决和裁定。

（2）终审的判决和裁定，包括中级人民法院、高级人民法院第二审的判决和裁定，最高人民法院第一审和第二审案件的判决和裁定。

（3）最高人民法院核准死刑的判决和裁定以及高级人民法院核准的死刑缓期二年执行的判决、裁定。

三、执行的机关

依法享有执行权的机关是执行的主体。生效的判决和裁定根据内容的不同，其执行机关也不相同。

（1）根据《刑事诉讼法》第二百五十一条、第二百六十条和第二百六十一条的规定，死刑、罚金和没收财产的判决和裁定以及无罪或免除刑罚的判决，均由人民法院自己执行。

（2）根据《刑事诉讼法》第二百五十三条规定，判处死刑缓期二年执行、无期徒刑、有期徒刑的罪犯，由公安机关送交监狱执行刑罚。对于被判处有期徒刑的罪犯，在被交付执行刑罚前，剩余刑期在 3 个月以下的，由看守所代为执行。

（3）根据《刑事诉讼法》第二百五十四条、第二百五十八条和第二百五十九条的规定，监外执行、缓刑、假释、管制的判决和裁定，由社区矫正机构实行社区矫正。

（4）拘役、剥夺政治权利判决、裁定，由公安机关执行。

在交付有关部门执行时，人民法院应当按照案件的性质和刑罚的不同，把判决或裁定交付法律所规定的有关部门。

第二节　各种判决、裁定的执行程序

一、死刑立即执行裁判的执行

死刑是剥夺犯罪分子生命的最严厉的一种刑罚，为了防止错杀无辜，无论判处死刑还是执行死刑，都必须十分慎重。《刑事诉讼法》第二百五十条、第二百五十一条和第二百五十二条在死刑执行程序上作了严格而周密的规定。

1. 签发死刑执行命令

《刑事诉讼法》第二百五十条规定："最高人民法院判处和核准的死刑立即执行的判决，应当由最高人民法院院长签发执行死刑的命令。"已经核准生效的死刑立即执行的命令，还应当经高级人民法院院长签发执行死刑的命令后，才能交付执行。执行死刑命令应当按照统一的样式填写，然后由院长签名，并加盖法院印章。任何判处死刑立即执行的判决执行都必须经过最高人民法院或高级人民法院院长签发执行死刑的命令程序，否则，不得执行死刑。

2. 执行死刑的主体

执行死刑的主体是原审人民法院。最高人民法院和高级人民法院的执行死刑的命令，均由高级人民法院交付原审人民法院执行，原审人民法院接到执行死刑命令后，应当在 7 日内执行。人民法院有条件执行的，应交付司法警察执行；没有条件的，可交公安机关的武装警察执行。

人民检察院是执行死刑的监督机关。人民法院应当在交付执行死刑 3 日前，通知同级人民检察院派员临场监督。担负现场监督职责的人民检察院检察人员如果发现有违法情况，应当立即纠正。临场执行死刑时，由人民法院审判人员负责指挥执行。

3. 死刑执行的停止

死刑执行的停止，是指下级人民法院在接到最高人民法院或高级人民法院执行死刑的命令后，在发现有法定不能执行死刑的情形时，停止将罪犯交付执行，并将此情况报请签发死刑命令的人民法院予以裁定的制度。

根据《刑事诉讼法》第二百五十一条规定，下级人民法院在接到死刑执行命令后，发现有下列情形之一的，应当停止执行，并立即报告核准死刑的人民法院，由核准死刑的人民法院作出裁定：①在执行前发现判决可能有错误的；②在执行前罪犯揭发重大犯罪事实或者有其他重大立功表现，可能需要改判的；③罪犯正在怀孕的。在停止执行的情况下，执行死刑的人民法院应当立即用书面形式报告核准死刑的人民法院，由院长签发停止执行死刑的命令，并指令原审人民法院或指定的人民法院查明有关情况上报。如果经过审查核实，原审判决是正确的，则必须报请核准的人民法院再签发执行死刑的命令，才能执行。如果原审判决确实有错误，或者罪犯有重大立功表现，依法可以从轻处罚的，应当报请核准死刑的人民法院按照审判监督程序再审并依法改判。前款第二项规定的理由如果查证属实，应当停止执行死刑，予以改判。如果查明罪犯确实是正在怀孕的妇女，应当报请核准死刑的人民法院按照审判监督程序裁定撤销核准死刑的裁定和原判决，发回原审人民法院重新审判，原审人民法院重新审理后，改判其他刑罚。有关司法解释还指出：在审判时发现在押受审时已是孕妇的，即使已作了人工流产，仍应当视为怀孕的妇女，不适用死刑。

4. 执行死刑的具体程序和要求

（1）执行地点和执行方法的选择。执行地点可以选择在刑场或者指定的羁押场所内。执行死刑的方法，《刑事诉讼法》第二百五十二条第二款规定，死刑采用枪决或者注射等方法执行。采用枪决、注射以外的其他方法执行死刑的，应当事先报请最高人民法院批准。"枪决"是指使用枪弹射击罪犯致其死亡的执行死刑的方法；"注射"是指通过注射致命性药物使罪犯死亡的执行方法。

（2）负责指挥执行的审判人员应当将罪犯验明正身。负责指挥执行的审判人员应当细致、认真地核对准备交付执行死刑罪犯的姓名、性别、年龄、籍贯、住所、所犯罪行等，查明其确实是该判决认定的应当执行死刑的罪犯。审判人员还应当讯问罪犯有无遗言、信札，并详细记录和妥善保管。对于罪犯的遗言、信札，人民法院应当及时审查，在执行前，如果发现可能有错误的，应当暂停执行，报请核准死刑的法院裁定。

（3）执行死刑后，在场书记员应当写成笔录，交付执行的人民法院应当将执行死刑情况报告最高人民法院并通知罪犯家属。笔录中应当记明执行的具体情况，包括执行死刑的时间、地点、方法、审判人员，临场监督的人民检察院检察人员，负责执行人员的姓名，执行死刑的具体情况等。

5. 死刑执行后的处理

执行死刑后，负责执行的人民法院应当办理以下事项：

（1）对于死刑罪犯的遗书、遗言笔录，应当及时进行审查，涉及财产继承、债务清偿、家事嘱托等内容的，将遗书、遗言等笔录交给家属，同时复制存卷备查；涉及案件线索等问题的，应当抄送有关机关。

（2）通知罪犯家属在限期内领取罪犯尸体；有火化条件的，通知领取骨灰。过期不领取的，由人民法院通知有关单位处理。对于死刑罪犯的尸体或者骨灰的处理情况，应当记录在卷。

（3）对外国籍罪犯执行死刑后，通知外国驻华使、领馆的程序和时限，依照有关规定办理。

二、死缓、无期徒刑和有期徒刑裁判的执行

1. 交付执行的机关与执行机关

（1）根据《刑事诉讼法》第二百五十三条规定，将判处死刑缓期二年执行、无期徒刑、有期徒刑的罪犯交付执行的机关是人民法院。

（2）对被判处死刑缓期二年执行、无期徒刑、有期徒刑的罪犯，由公安机关依法将该罪犯送交监狱执行刑罚。对被判处有期徒刑的罪犯，在被交付执行刑罚前，剩余刑期在 3 个月以下的，由看守所代为执行。

2. 执行交付

（1）罪犯被交付执行刑罚的时候，应当由交付执行的人民法院在判决生效后 10 日以内将有关的法律文书送达公安机关、监狱或者其他执行机关。对于被判处死刑缓期二年执行、无期徒刑和有期徒刑的罪犯，送交执行的人民法院还应当将执行通知书、判决书（经第二审人民法院审理后维持原判的，还应当有裁定书）送达羁押该罪犯的公安机关。公安机关应当自收到上述文件之日起 1 个月内将该罪犯送交监狱执行刑罚。把罪犯交付执行刑罚时，交付执行的人民法院还应当将人民检察院的起诉书副本、人民法院的判决书、执行通知书、结案登记表同时送达监狱。监狱没有收到上述文件的，不得将罪犯收监。

（2）对于被判处死刑缓期二年执行、无期徒刑、有期徒刑且交付执行前剩余刑期在 3 个月以上的罪犯，在判决时已经羁押的，交付执行的人民法院应当将有关的法律文书及时送达看守所，由公安机关将罪犯交付监狱执行；被判处有期徒刑但剩余刑期在 3 个月以下的，在判决时已经羁押的，交付执行的人民法院应当将相关法律文书及时送达看守所，由看守所根据法院的判决代为执行。

3. 具体执行

（1）执行机关收押罪犯，首先应当对罪犯进行身体检查。对于不适合收监执行的，可以暂不收监，但是对于暂不收监执行则有社会危害性的，应当收监。收监罪犯应当严格检查其人身和随身携带的物品。

（2）根据《刑事诉讼法》第二百五十三条第四款和《监狱法》的相关规定，罪犯收监后，刑罚执行机关应当通知罪犯家属。通知书应当自收监之日起 5 日内发出，告知罪犯所犯罪名、刑期及执行的地址等。

（3）监狱、看守所等执行机关对于罪犯应当分管分押。按照惩罚和改造相结合、教育和劳动相结合的原则对罪犯进行改造。执行机关应当依法对罪犯进行法制、道德、文化、职业技术等方面的教育；有劳动能力的罪犯必须参加劳动。

（4）有期徒刑的刑期从判决执行之日起计算，判决前先行羁押的，羁押 1 日折抵刑期 1 日。被判处有期徒刑的罪犯服刑期满，刑罚执行机关应当按期将其释放并发给释放证明书。

三、缓刑、假释、管制、监外执行等裁判的执行

交付执行的机关与执行机关

（1）交付执行机关。交付执行的机关是终审人民法院。判决尚未发生法律效力的，不能立即交付执行。

（2）执行机关统一为司法行政机关所管理的社区矫正机构。《刑事诉讼法》第二百五十八条规定："对被判处管制、宣告缓刑、假释或者暂予监外执行的罪犯，依法实行社区矫正，由社区矫正机构负责执行。"

四、拘役、剥夺政治权利裁判的执行

对于人民法院作出的拘役和剥夺政治权利的裁判，由公安机关执行。

1. 拘役的执行

拘役裁判生效后，由人民法院交由公安机关交由拘役所执行。具体程序可参照有期徒刑的执行。

2. 剥夺政治权利的执行

《刑事诉讼法》第二百五十九条规定："对被判处剥夺政治权利的罪犯，由公安机关执行。执行期满，应当由执行机关书面通知本人及其所在单位、居住地基层组织。"

剥夺政治权利是在一定期限内剥夺罪犯参加国家管理和其他政治活动权利的一种刑罚方法。剥夺政治权利可以附加适用。剥夺政治权利由公安机关执行。在执行时，公安机关应当向其所在党委或者居住地的群众宣布犯罪事实、剥夺政治权利的期限和应当遵守的规定。要严格按照《刑法》第五十四条规定的政治权利的范围执行，被剥夺政治权利的犯罪分子不得行使以下权利：①选举权和被选举权；②言论、出版、集会、结社、游行、示威自由的权利；③担任国家机关职务的权利；④担任国有公司、企业、事业单位和人民团体领导职务的权利。对于剥夺政治权利的罪犯，执行机关和有关单位、群众应当严格监督其不得行使已被剥夺的政治权利。对于不属于政治权利范围的其他权利，不能予以剥夺。执行期满，执行机关应当通知本人，并向有关群众公开宣布恢复政治权利。被剥夺政治权利的人在被恢复其政治权利后，可以重新享有法律赋予的政治权利。

五、罚金、没收财产裁判的执行

1. 罚金的执行

罚金，是指人民法院依法判决犯罪公民或单位向国家缴纳一定数额金钱的刑罚方法。《刑事诉讼法》第二百六十条规定，罚金判决由人民法院负责执行。罚金可以附加适用。不得以其他刑罚代替罚金。

对于被判处罚金的罪犯或者犯罪单位，在指定的期限内，按照判决确定的数额，一次或分次缴纳。期满无故不缴纳的，人民法院应当强制其缴纳，如冻结、划拨其银行存款，

查封、扣押、拍卖其财产或通知其所在单位扣发工资等。人民法院在任何时候，包括在判处的主刑执行完毕后，发现被执行人可能有可以执行的财产的，应当缴纳。被判处刑罚的罪犯，如果由于遭遇不能抗拒的灾祸而缴纳确有困难的，可以向人民法院申请减少或者免除。人民法院查证属实后，可以裁定对原判决确定的罚金数额予以减少或者免除。罪犯缴纳的罚金，应当按照规定及时上缴国库，任何单位、个人不得随意处置。

2. 没收财产的执行

没收财产，是指将犯罪个人所有财产的一部分或者全部依法无偿地收归国有的一种刑罚方法。没收财产可以附加适用。根据《刑事诉讼法》第二百六十一条规定和最高人民法院的有关规定，没收财产的判决，由第一审人民法院执行；在必要的时候，可以会同公安机关执行。

人民法院可以依法先采取查封、扣押、冻结被告人财产的措施，以防止执行前罪犯或者其他人将财产转移等影响判决执行的情况出现。没收财产的范围，只限于犯罪分子本人所有的部分财产或者全部财产。执行没收财产时，应当严格区分罪犯个人所有的财产与家属所有或应有的财产，不得没收属于犯罪分子家属所有或应有的财产。执行没收财产时，对于查封前犯罪分子所负的正当债务，需要从没收的财产中偿还的，经过债权人的申请，人民法院应当裁定在没收的财产中偿还。对于罪犯通过非法手段获得的他人财产，经原主申请，人民法院查证属实后，应当将原物退还原主。对于需要从没收的财产中执行附带民事诉讼的裁判以赔偿被害人物质损失的，应当从应当没收的财产中予以赔偿，再没收其财产。没收的财产，应当及时上缴国库。

六、无罪裁判和免除刑罚裁判的执行

《刑事诉讼法》第二百四十九条规定："第一审人民法院判决被告人无罪、免除刑事处罚的，如果被告人在押，在宣判后应当立即释放。"根据《刑事诉讼法》第一百九十五条的规定，无罪判决分为两种，即"依据法律认定被告人无罪"和"证据不足、指控的犯罪不能成立"的无罪判决。对于这两种无罪判决，人民法院都应当立即释放被关押的被告人。对于免除处罚的被告人，也应恢复其人身自由，撤销非关押性质的其他强制措施。

宣告无罪和免除刑事处罚的判决，由人民法院执行。为了保障无罪公民的人身自由和合法权利及时得到恢复，对于宣告被告人无罪或免除刑罚的判决，即使人民检察院提出抗诉或当事人提出上诉，一审判决尚未生效，也不影响被告人的立即释放。如果第二审人民法院对于被告人改判处以刑罚的，则再按第二审判决收监执行。

第一审人民法院判决被告人无罪或者免除其刑罚后，应当将无罪或免除刑事处罚的判决书连同执行通知书送交看守所，看守所收到上述文书后应当填发《释放证明书》，并立即释放被关押的被告人。同时，人民法院应当协同有关单位做好善后工作。因错误追诉而被造成损失的公民，可以依据（《中华人民共和国国家赔偿法》《国家赔偿法》）提起赔偿请求。对于免除处罚的被告人，人民法院可以根据案件的不同情况予以训诫或责令具悔过、赔礼道歉、赔偿损失，或是建议有关主管机关给予被告人行政处罚或者行政处分。

第三节　社区矫正执行程序

一、社区矫正的概念

社区矫正是与监禁矫正相对的行刑方式，是指将符合社区矫正条件的罪犯置于社区内，由专门的国家机关在相关社会团体和民间组织以及社会志愿者的协助下，在判决、裁定或决定确定的期限内，矫正其犯罪心理和行为恶习，并促进其顺利回归社会的非监禁刑罚执行活动。

《刑事诉讼法》第二百五十八条规定："对被判处管制、宣告缓刑、假释或者暂予监外执行的罪犯，依法实行社区矫正，由社区矫正机构负责执行。"

根据最高人民法院、最高人民检察院、公安部、司法部联合制定的《社区矫正实施办法》（2012年1月10日颁发，3月1日起实施）第三条的规定，县级司法行政机关社区矫正机构对社区矫正人员进行监督管理和教育帮助。司法所承担社区矫正日常工作。社会工作者和志愿者在社区矫正机构的组织指导下参与社区矫正工作。有关部门、村（居）民委员会、社区矫正人员所在单位、就读学校、家庭成员或者监护人、保证人等协助社区矫正机构进行社区矫正。

二、社区矫正的交接程序

被判处缓刑、假释、管制、监外执行的罪犯，虽然目前都适用社区矫正办法执行，即其执行都是社区矫正机构负责，但由于各罪犯本身的情况有差别，所以，具体交接的部门和手续不完全一样。如被判处缓刑、管制的罪犯，如果未被采取强制措施的，则需要一审法院办理裁判文书向司法行政机关的移送与交接；如果罪犯先行被采取了强制措施，那么，在裁判生效后，人民法院必须通知公安机关并向其送达法律文书，可由公安机关向司法行政机关办理转交法律手续。被判处假释或监外执行的罪犯，就需要法院对监狱、看守所先移交有关的法律文书，再由监狱对具体负责的司法行政机关办理法律文书的移送与交接。

根据《社区矫正实施办法》第五条、第六条的规定，被判处缓刑、假释、管制、监外执行的罪犯，按照下列程序进行交接：

1. 书面告知罪犯报到的时间、地点

人民法院、公安机关、监狱在向罪犯宣判时，或者在其离开监所之前，应当用书面形式告知其到居住地县级司法行政机关报到和报到的时间期限以及逾期报到的后果。

2. 通知居住地司法行政机关

负责交出的人民法院、公安机关或监狱，应当核实罪犯的居住地，并通知居住地县级司法行政机关。在判决、裁定生效起 3 个工作日内，要移送判决书、裁定书、决定书、执行通知书、假释证明书副本等法律文书至居住地县级司法行政机关。同时，要把情况抄送罪犯居住地的县级人民检察院和公安机关。县级司法行政机关收到法律文书后，应当在 3 个工作日内送达回执。

3. 报到与接收

社区矫正人员应当自人民法院判决、裁定生效之日或者离开监所之日起 10 日内，到居住地县级司法行政机关报到。县级司法行政机关应当及时为其办理登记接收手续，并告知其 3 日内到指定的司法所接受社区矫正。

发现社区矫正人员未按规定时间报到的，县级司法行政机关应当及时组织查找，并通报决定机关。

4. 暂予监外执行人员的交接

暂予监外执行的社区矫正人员，由交付执行的监狱、看守所将其押送至居住地，与县级司法行政机关办理交接手续。

罪犯服刑地与居住地不在同一省、自治区、直辖市，需要回居住地暂予监外执行的，服刑地的省级监狱管理机关、公安机关监所管理部门应当书面通知罪犯居住地的同级监狱管理机关、公安机关监所管理部门，由后者指定一所监狱、看守所接收罪犯档案，负责办理罪犯收监、释放等手续。

人民法院决定暂予监外执行的，应当通知罪犯居住地县级司法行政机关派员到庭办理交接手续。

三、社区矫正告知、具体要求与权利

司法所接收社区矫正人员后，应当及时向社区矫正人员宣布社区矫正期间应当遵守的事项、要求及其权利。

（1）宣告判决书、裁定书、决定书、执行通知书等有关法律文书的主要内容。这是执行社区矫正的基本依据。人民法院对每一个罪犯所作的判决、裁定或决定，内容都会有所不同，如有的是假释，有的是缓刑，有的是管制等，鉴于罪犯所犯罪行的不同以及个体特点的差异，人民法院在裁判文书中还可能附带有不同的禁止性规定。所以，宣告法律文书的内容，既是社区矫正人员自觉遵守的依据，也是社区矫正机构实施监督的主要内容。

（2）告知社区矫正中应当知道的其他事项。包括：

其一，社区矫正的期限，该期限可能在裁判文书中已经有规定，也可能没有，比如监外执行的。

其二，社区矫正人员应当遵守的规定、被禁止的事项以及违反规定的法律后果。社区矫正针对的是四种类型的罪犯，他们的个体情况差异很大，为了保证社区矫正的统一管理，社区矫正机构也有专门统一的规定，这些也是矫正人员应当遵守的规则。

其三，社区矫正人员依法享有的权利和被限制行使的权利。

其四，矫正小组人员组成及职责等。

四、社区矫正人员应当遵守的规定

根据《社区矫正实施办法》第十一条至第十七条的规定，社区矫正人员应当遵守下列要求：

（1）定期报告情况。社区矫正人员定期向司法所报告其遵纪守法、接受监督管理、参加教育学习、社区服务和社会活动的情况。发生居所变化、工作变动、家庭重大变故以及接触对其矫正产生不利影响人员的，社区矫正人员应当及时报告。保外就医的社区矫正人员还应当每个月向司法所报告本人身体情况，每3个月向司法所提交病情复查情况。

（2）进入特定场所要报经批准。对于人民法院禁止令确定须经批准才能进入的特定区域或者场所，社区矫正人员确需进入的，应当经县级司法行政机关批准，并告知人民检察院。未经批准，不得违反禁令。

（3）未经批准不得离开所居住的市、县（旗）。社区矫正人员因就医、家庭重大变故等原因，确需离开所居住的市、县（旗），在7日以内的，应当报经司法所批准；超过7日的，应当由司法所签署意见后报经县级司法行政机关批准。返回居住地时，应当立即向司法所报告。社区矫正人员离开所居住市、县（旗）不得超过1个月。

（4）未经批准不得变更居住的县（市、区、旗）。社区矫正人员因居所变化确需变更居住地的，应当提前1个月提出书面申请，由司法所签署意见后报经县级司法行政机关审批。县级司法行政机关在征求社区矫正人员新居住地县级司法行政机关的意见后作出决定。经批准变更居住地的，县级司法行政机关应当自作出决定之日起3个工作日内，将有关法律文书和矫正档案移交其新居住地县级司法行政机关。有关法律文书应当抄送现居住地及新居住地县级人民检察院和公安机关。社区矫正人员应当自收到决定之日起7日内到新居住地县级司法行政机关报到。

（5）社区矫正人员每月参加教育学习时间不少于8小时。

（6）有劳动能力的社区矫正人员应当参加社区服务，修复社会关系，培养社会责任感、集体观念和纪律意识。社区矫正人员每月参加社区服务时间不少于8小时。

五、社区矫正人员违反规定的惩戒

（1）违反监督管理规定或违反禁令情节轻微的，予以书面警告；

（2）违反监督管理规定或者人民法院禁止令，依法应予以治安管理处罚的，提请公安机关给予治安管理处罚；

（3）缓刑、假释的矫正人员有下列情形之一的，由居住地同级司法行政机关向原裁判人民法院提出撤销缓刑、假释建议书并附相关证明材料，人民法院应当自收到之日起1个月内依法作出裁定：①违反人民法院禁止令，情节严重的；②未按规定时间报到或者接受社区矫正期间脱离监管，超过1个月的；③因违反监督管理规定受到治安管理处罚，仍不改正的；④受到司法行政机关三次警告，仍不改正的；⑤其他违反有关法律、行政法规和监督管理规定，情节严重的。

司法行政机关撤销缓刑、假释的建议书和人民法院的裁定书，应当同时抄送社区矫正人员居住地同级人民检察院和公安机关。

（4）暂予监外执行的矫正人员有下列情形之一的，由居住地县级司法行政机关向批准、决定机关提出收监执行的建议书并附相关证明材料，批准、决定机关应当自收到之日起 15 日内依法作出决定：①发现不符合暂予监外执行条件的；②未经司法行政机关批准擅自离开居住的市、县（旗），经警告拒不改正，或者拒不报告行踪，脱离监管的；③因违反监督管理规定受到治安管理处罚，仍不改正的；④受到司法行政机关两次警告，仍不改正的；⑤保外就医期间不按规定提交病情复查情况，经警告拒不改正的；⑥暂予监外执行的情形消失后，刑期未满的；⑦保证人丧失保证条件或者因不履行义务被取消保证人资格，又不能在规定期限内提出新的保证人的；⑧其他违反有关法律、行政法规和监督管理规定，情节严重的。

司法行政机关的收监执行建议书和决定机关的决定书，应当同时抄送社区矫正人员居住地同级人民检察院和公安机关。

六、人民法院、监狱和公安机关决定变更执行

人民法院裁定撤销缓刑、假释或者对暂予监外执行罪犯决定收监执行的，居住地县级司法行政机关应当及时将罪犯送交监狱或者看守所，公安机关予以协助。

监狱管理机关对暂予监外执行罪犯决定收监执行的，应当立即赴羁押地将罪犯收监执行。

公安机关对暂予监外执行罪犯决定收监执行的，由罪犯居住地看守所将罪犯收监执行。

七、社区矫正人员的减刑

社区矫正人员符合法定减刑条件的，由居住地县级司法行政机关提出减刑建议书并附相关证明材料，经地（市）级司法行政机关审核同意后提请社区矫正人员居住地的中级人民法院裁定。人民法院应当自收到之日起 1 个月内依法裁定。暂予监外执行罪犯的减刑，案情复杂或者情况特殊的，可以延长 1 个月。司法行政机关减刑建议书和人民法院减刑裁定书副本，应当同时抄送社区矫正人员居住地同级人民检察院和公安机关。

八、矫正期满的解除

社区矫正人员矫正期满，司法所应当组织解除社区矫正宣告。宣告由司法所工作人员主持，按照规定程序公开进行。

（1）司法所应当针对社区矫正人员的不同情况，通知有关部门、村（居）民委员会、群众代表、社区矫正人员所在单位、社区矫正人员的家庭成员或者监护人、保证人参加宣告。

（2）宣告事项应当包括：宣读对社区矫正人员的鉴定意见；宣布社区矫正期限届满，依法解除社区矫正；对判处管制的，宣布执行期满，解除管制；对宣告缓刑的，宣布缓刑考验期满，原判刑罚不再执行；对裁定假释的，宣布考验期满，原判刑罚执行完毕。

（3）县级司法行政机关应当向社区矫正人员发放解除社区矫正证明书，并书面通知决定机关，同时抄送县级人民检察院和公安机关。

（4）暂予监外执行的社区矫正人员刑期届满的，由监狱、看守所依法为其办理刑满释放手续。

九、社区矫正人员的权利

社区矫正人员的人身安全、合法财产和辩护、申诉、控告、检举以及其他未被依法剥夺或者限制的权利不受侵犯。社区矫正人员在就学、就业和享受社会保障等方面，不受歧视。司法工作人员应当认真听取和妥善处理社区矫正人员反映的问题，依法维护其合法权益。

十、人民检察院对社区矫正的监督

人民检察院发现社区矫正执法活动违反法律法规的，可以区别情况提出口头纠正意见、制发纠正违法通知书或者检察建议书，交付执行机关。执行机关应当及时纠正、整改，并将有关情况告知人民检察院。

第四节 变更执行程序

变更执行程序，是指在刑事判决和裁定交付执行的过程中，执行机关根据执行中出现的法定情形，依照一定的法律程序，对生效判决和裁定所作的更改，是对原判刑罚内容和执行方法上的变更。

一、死刑立即执行的变更

死刑是刑罚中最严厉的一种，因此对于死刑的适用更应格外慎重。我国从死刑的判决到执行，在法律上都有严格的程序规定。为防止无辜的人被执行死刑，我国在法律上也规定了死刑执行中变更执行的情形，以把好最后一道关口，防止死刑的滥用。根据《刑事诉讼法》第二百五十一条和第二百五十二条的规定，执行死刑的程序分为停止执行死刑和暂停执行死刑两种变更执行的情况。

1. 停止执行死刑

根据《刑事诉讼法》第二百五十一条的规定和最高人民法院的有关规定，下级人民法院在接到执行死刑命令后，如果发现有下列情形之一的，应当依法停止执行，并立即报告核准死刑的人民法院，由核准死刑的人民法院作出裁定：

（1）在执行前发现判决可能有错误的。"可能有错误"表明死刑判决认定的事实或适用的法律可能不当，影响到判决的正确性。执行机关在执行前发现判决、裁定存在错误，在未经查证核实之前，应当停止执行。这一规定体现了法律对死刑执行的慎重要求。

（2）在执行前罪犯揭发重大犯罪事实或者有其他重大立功表现，可能需要改判的。司法实践表明，不少被判处死刑的罪犯，主观恶性还未达到非杀不可的程度，在执行前能够揭发重大犯罪或有其他重大立功表现。对于这类罪犯，应该给其最后的悔改机会，经过查证属实后，可以依法改判。

（3）罪犯正在怀孕。根据《刑法》规定，对于审判时正在怀孕的罪犯不适用死刑。审判时怀孕的妇女，不仅包括被告人在法院受理案件阶段是怀孕的妇女，也包括在羁押期间人工流产的妇女。执行死刑时发现罪犯正在怀孕，不仅要停止执行死刑，还应当报请核准死刑的人民法院依法改判。核准死刑的人民法院依法改判的，不得再判处死刑或死刑缓期二年执行。

2. 暂停执行死刑

《刑事诉讼法》第二百五十二条第四款规定："在执行前，如果发现可能有错误，应当暂停执行，报请最高人民法院裁定。"指挥死刑执行的审判人员，应当对罪犯验明正身，以确保死刑执行正确无误。在执行前，如果发现可能有错误的，应当暂停执行，报请核准死刑的人民法院裁定。"可能有错误"应当包括《刑事诉讼法》第二百五十一条规定的应当停止执行死刑的三项情形在内的一切可能的错误。负责指挥死刑执行的审判员，只要发现可能存在错误，就应当决定暂停执行，报请核准死刑的人民法院裁定。

在停止执行死刑或暂停执行死刑的决定作出后，执行死刑的人民法院应当立即报告核准死刑的人民法院进行重新审查。经审查，应当根据不同的情况作出不同的处理：如果原判决、裁定是正确的，必须报请原核准死刑人民法院院长再次签发死刑的命令，才能执行死刑；如果认为原判决、裁定确有错误，或者罪犯检举、揭发重大犯罪事实或者有其他重大立功表现，依法可以减轻处罚的，应当报请核准死刑的人民法院裁定撤销原判决，将案件发回第一审人民法院或者第二审人民法院重新审理，或者由核准死刑的法院提审，依法改判；如果经查证核实，罪犯确系正在怀孕的妇女，应当报请核准死刑的人民法院依法改判死刑以外的其他刑罚。

二、死刑缓期二年执行的变更

死刑缓期二年执行，是指对应当判处死刑但又不是必须立即执行的犯罪分子，在判处死刑的同时宣告缓期二年执行，对其进行监督改造，视其表现再行处理的一种执行制度。死刑缓期二年执行不是独立的刑罚种类，而是我国刑罚中死刑的一种特殊执行制度。

对死刑缓期二年的罪犯减刑，必须在 2 年考验期满之后进行。考验期从判决确定之日起计算，判决前羁押的日期不能折抵考验期。刑罚执行机关不得任意拖延或提前对死缓犯予以减刑。

监狱根据罪犯在监狱中的表现，在 2 年考验期满后，提出将罪犯刑罚减为无期徒刑或有期徒刑的建议，报经省、自治区、直辖市监狱管理机关审核后，报请当地高级人民法院依法裁定。高级人民法院组成合议庭对有关材料进行审查后，认为应当予以减刑的，应当自收到减刑建议书之日起 1 个月内作出裁定；案情复杂或者情况特殊的，作出裁定的时间可以延长 1 个月。作出减刑裁定的同时，将减刑裁定书的副本送达承担监督职能的人民检察院。

根据《刑法（修正案八）》第四条、第十五条的规定，判处死刑缓期执行的变更有三种情况，并有实际执行刑期的限制。

1. 减为无期徒刑

罪犯在死刑缓期执行期间，如果没有故意犯罪，2 年期满以后，减为无期徒刑。这是正常情况下的减刑，即只要没有故意再犯罪，就可减为无期徒刑。

2. 减为有期徒刑

如果确有重大立功表现的，2 年期满以后，减为 25 年有期徒刑。

3. 执行死刑

判处死刑缓期二年执行的罪犯，如果在考验期内任何时候故意犯罪的，查证属实后，应当执行死刑的，立即执行。对于在考验期内故意犯罪的，由人民检察院向服刑地的人民法院提起公诉，人民法院依法进行审判，所作的判决可上诉、抗诉。认为构成故意犯罪的判决、裁定发生法律效力后，由有核准权的人民法院核准并由院长签发死刑执行命令，交付罪犯执行地的中级人民法院立即执行死刑。对死刑缓期二年执行的罪犯，只要在缓刑执行期间故意犯罪，查证属实，经有权核准死刑的人民法院核准，即可执行死刑，不受 2 年的限制。需要指出的是，如在 2 年期满后故意犯罪，不能执行死刑，而只能依法对所犯新罪另行判决并决定应合并执行的刑罚。

4. 实际执行刑期

对判处死刑缓期执行的罪犯，在减为无期徒刑或者有期徒刑后，执行期间仍然存在再减刑的问题。为了维护刑罚的公平性和对罪犯改造的激励，《刑法（修正案八）》第十五条规定了再减刑的最低控制线，即实际执行刑期的限制。主要有两种情况：

（1）对于非限制减刑的犯罪，判处无期徒刑的，实际执行不能少于 13 年；判处有期徒刑的，不能少于原判刑期的 1/2。

（2）属于限制减刑的犯罪，缓期执行期满后依法减为无期徒刑的，实际执行刑期不能少于 25 年；缓期执行期满后依法减为 25 年有期徒刑的，实际执行刑期不能少于 20 年。

三、暂予监外执行

暂予监外执行，是指被判处有期徒刑或者拘役的罪犯，由于出现了法律规定的某种特殊情形，不适宜在监狱或其他刑罚执行场所执行刑罚时，暂时采取不予关押的方式执行原判刑罚的一种方法。

1. 可予监外执行的情形

根据《刑事诉讼法》第二百五十四条的规定，对被判处有期徒刑或者拘役的罪犯，有下列情形之一的，可以暂予监外执行：

（1）有严重疾病需要保外就医的。严重疾病，是指罪犯病危或者患有严重传染病、不治之症等服刑场所的医院难以救治的严重疾病。对于严重疾病的认定，应当由省级人民政府指定的医院诊断并开具证明文件，依照法定程序审批。对于保外就医的罪犯不符合保外就医条件的，或严重违反有关保外就医的规定的，应当及时收监。

对于适用保外就医可能有社会危险性的罪犯，或者自伤自残的罪犯，不得保外就医。

（2）怀孕或者正在哺乳自己婴儿的妇女。在妊娠终止后或被哺育的婴儿年满1周岁后，如果刑期尚未结束，应当及时将罪犯收监执行。

（3）生活不能自理，适用暂予监外执行不致危害社会的。这是指罪犯因老、弱、残等原因生活不能自理，需要由他人照顾才能生活。生活不能自理的情况消失后，如果刑期尚未届满的，应当及时将罪犯收监执行。

此外，对于被判处无期徒刑的罪犯，有前款第二项规定情形的，可以暂予监外执行。

2. 监外执行的决定与批准

（1）在裁判交付执行前，暂予监外执行由交付执行的人民法院决定。对于生效判决、裁定交付执行前，人民法院认为罪犯符合监外执行条件而作出暂予监外执行决定的，应当制作《暂予监外执行决定书》，载明罪犯基本情况、判决确定的罪名和刑罚、暂予监外执行的原因和依据等内容，同时将决定抄送人民检察院和罪犯居住地的公安机关。在监狱对交付执行的罪犯进行身体检查时，对于符合暂予监外执行条件的罪犯可以暂时不收监，书面说明理由后，由交付执行的人民法院决定暂予监外执行。

（2）在裁判交付执行后，暂予监外执行由监狱或者看守所提出书面意见，报省级以上监狱管理机关或者设区的市一级以上公安机关批准。在刑罚执行过程中，监狱等执行机关发现罪犯符合法律规定，需要暂予监外执行的，由执行机关提出书面处理意见，然后报省、自治区、直辖市的监狱管理机关批准。获批准后，应当将暂予监外执行决定通知公安机关和原审人民法院，并将书面意见的副本抄送人民检察院。

3. 监外执行的程序

暂予监外执行交由社区矫正机构负责监管。由于监外执行是对原判刑罚的执行，因此，监外执行的时间应当记入刑期。暂予监外执行的情形消失后，罪犯刑期未满的，应当及时收监，继续执行剩余刑期。如果在暂予监外执行期间，罪犯的刑期已满，则不再收监，由原刑罚执行机关发给刑满释放的证明。罪犯在暂予监外执行期间死亡的，执行机构应当及时通知监狱等执行机关或人民法院，同时告知罪犯死亡的原因及过程。

4. 监外执行的收监

对暂予监外执行的罪犯，有下列情形之一的，应当及时收监：①发现不符合暂予监外执行条件的；②严重违反有关暂予监外执行监督管理规定的；③暂予监外执行的情形消失后，罪犯刑期未满的。

对于人民法院决定暂予监外执行的罪犯应当予以收监的，由人民法院作出决定并将有关的法律文书送达公安机关、监狱或者其他执行机关。

不符合暂予监外执行条件的罪犯通过贿赂等非法手段被暂予监外执行的，在监外执行的期间不计入执行刑期。罪犯在暂予监外执行期间脱逃的，脱逃的期间不计入执行刑期。

罪犯在暂予监外执行期间死亡的，执行机关应当及时通知监狱或者看守所。

四、减刑和假释

1. 减刑

减刑，是指被判处管制、拘役、有期徒刑、无期徒刑的罪犯，在执行期间，如果认真遵守监规，接受教育改造，确有悔改表现的，或者有立功表现的，可以依法对其减轻原判刑罚。根据《刑法》第七十八条的规定，有下列重大立功表现之一的，应当减刑：①阻止他人重大犯罪活动；②检举监狱内外重大犯罪活动，经查证属实的；③有发明创造或者重大技术革新的；④在日常生产、生活中舍己救人的；⑤在抗御自然灾害或者排除重大事故中，有突出表现的；⑥对国家和社会有重大贡献的。减刑可以由较重的刑罚减为较轻的刑罚（只限于无期徒刑减为有期徒刑），也可以由较长的刑期减为较短的刑期。

无期徒刑罪犯在刑罚执行期间，如果确有悔改或立功表现，服刑2年后，可以减为18年以上20年以下有期徒刑；对确有悔改并有立功表现的，可以减为13年以上18年以下有期徒刑，实际执行刑期不能少于13年。无期徒刑罪犯在执行期间重新犯罪被判处有期徒刑以下刑罚的，自新判决确定之日起2年内不予减刑。被判处5年以上有期徒刑的，一般在执行1年半以上方可减刑，两次减刑之间一般以间隔1年以上为宜。被判处10年以上有期徒刑的，一次减2年或者3年有期徒刑后，再减刑的，期间隔的时间一般不得少于2年。被判处不满5年有期徒刑的罪犯，可以比照上述时间适当缩短。对于有立功表现的，可以不受上述时间限制。但是，经过一次或几次减刑以后实际执行的刑期，判处管制、拘役、有期徒刑的，不能少于原判刑期的1/2。

根据《刑事诉讼法》第二百六十二条第二款和《监狱法》等有关法律的规定，对于判处管制、拘役、有期徒刑、无期徒刑的罪犯，依法应当减刑时，应由各刑罚执行机关提出建议书，根据原判刑罚的不同，分别报请不同的人民法院审核裁定：①对于被判处无期徒刑的罪犯的减刑，应当由罪犯所在监狱提出书面意见，经过省、自治区、直辖市的监狱管理机关审核同意后，报请当地高级人民法院审核裁定；②对于被判处有期徒刑罪犯的减刑，应当由罪犯所在监狱或者社区矫正机构提出书面意见，报请当地中级人民法院审核裁定；③对于被判处1年以下有期徒刑或者交付执行时余刑在3个月以下有期徒刑罪犯的减刑，由罪犯所在看守所提出书面意见，经当地县级以上公安机关审查同意，或者由社区矫正机构提出，报县级司法行政机关审核同意，报请当地中级人民法院审核裁定；④对于被判处拘役的罪犯的减刑，由罪犯所在拘役所提出书面意见，经当地县级公安机关审查同意后，报请当地中级人民法院裁定；⑤对于被判处管制、被宣告缓刑的罪犯的减刑，由社区矫正机构提出意见，报县级司法行政机关审核同意，报请当地中级人民法院裁定。

2. 假释

假释，是指被判处有期徒刑的罪犯，原判刑期执行1/2以上，被判处无期徒刑的罪犯实际刑期执行13年以上，如果认真遵守监规，接受教育改造，确有悔改表现，没有再犯罪的危险的，可以假释。如果有特殊情况，经最高人民法院核准，可以不受上述执行刑期的限制。对于累犯以及因杀人、爆炸、抢劫、强奸、绑架等暴力性犯罪被判处 10 年以上有期徒刑、无期徒刑的犯罪分子，不得假释。《刑法》第八十一条对假释制度作了规定。

其中"特殊情况"应当包括下列几种情况：①在服刑期间有重大发明创造或突出的立功表现；②已经丧失活动能力，并有悔改表现，假释后不会再危害社会；③有专门技能，有关单位急需使用等。

《刑事诉讼法》第二百五十八条和《刑法（修正案八）》第十七条均规定，对假释的犯罪人，在假释考验期限内，依法实行社区矫正，假释考验期满没有违反相关规定，就认为原判刑罚已经执行完毕，并公开予以宣告。社区矫正依据《社区矫正实施办法》执行。

3. 减刑、假释的程序

减刑、假释的程序基本相同。

（1）监狱等执行机关报送材料。监狱等执行机关在报请人民法院审核裁定减刑、假释时，必须做到材料完备、手续齐全。执行机关应当移送以下材料：①减刑、假释建议书；②终审法院的判决书、裁定书、历次减刑裁定书的复印件；③罪犯确有悔改或者立功、重大立功表现事实的书面证明材料；④罪犯评审鉴定表、奖惩审批表等。经审查，如果上述材料齐全的，应当受案；材料不齐全的，应当通知提请减刑、假释的执行机关补送。

（2）人民法院组成合议庭进行审核、裁定。人民法院审理减刑、假释案件，应当组成合议庭进行。合议庭对监狱等执行机关移送的材料应当全面审查核实，经过查证核实，具备法定条件的，应当予以减刑、假释。对于不符合法律规定的减刑、假释条件的，不得予以减刑、假释。

减刑、假释的裁定书应当写明罪犯确有悔改或立功表现的事实，引用《刑法》、《刑事诉讼法》等法律规定的有关条款，并注明减刑、假释的起止日期。人民法院应当自收到减刑、假释建议书之日起 1 个月内予以审核裁定，案情复杂或者情况特殊的，可以延长 1 个月。减刑裁定书的副本或假释裁定书的副本应当抄送人民检察院，并送交原审人民法院存卷。

（3）人民检察院进行监督。人民检察院有权对减刑、假释进行监督。如认为不当，可以在收到裁定书副本 20 日内，向人民法院提出书面纠正意见。人民法院应当在收到书面纠正意见 1 个月以内，重新组成合议庭进行审理，作出最终裁定。

五、对新罪和漏罪的追诉

新罪和漏罪，是指罪犯在服刑期间又犯新罪或者发现了判决时所没有发现的罪行。

对于罪犯又犯新罪或有漏罪的，都应当依法追诉。《刑事诉讼法》第二百六十二条第一款规定："罪犯在服刑期间又犯罪的，或者发现了判决的时候所没有发现的罪行，由执行机关移送人民检察院处理。"第二百九十条还规定，对罪犯在监狱内犯罪的案件由监狱进行侦查。

在刑罚执行期间，如果发现罪犯在判决宣告以前所犯的尚未判决的漏罪，由原侦查机关负责侦查并移送起诉；如果罪犯服刑地或者主要犯罪地的监狱、公安机关更适宜侦查的，可以由罪犯服刑地或者主要犯罪地的监狱、公安机关负责侦查并移送起诉。

在刑罚执行期间，如果发现罪犯实施了脱逃等新的犯罪行为，则由监狱等有管辖权的机关进行侦查。侦查终结后，写出起诉意见书，连同案卷材料、证据一并移送人民检察院进行审查，决定是否提起公诉。人民检察院认为需要追究刑事责任的，应当向有管辖权的人民法院提起公诉。人民法院应当依法进行审判，按照数罪并罚的原则，决定应当执行的刑罚。

对于罪犯脱逃后又犯新罪的，如果在犯罪地被捕获并被发现新罪的，由犯罪地的公安机关负责侦查并移送起诉；如果是被缉捕并押解回执行场所后发现新罪的，由罪犯服刑地的监狱负责侦查并移送起诉。

六、对错判和申诉的处理

刑罚执行的前提是法院的判决、裁判必须正确，如果发现判决、裁定有错误，则必须变更执行，以防止错误判决对被执行人权利的侵害。

《刑事诉讼法》第二百六十四条规定："监狱和其他执行机关在刑罚执行中，如果认为判决有错误或者罪犯提出申诉，应当转请人民检察院或者原判人民法院处理。"监狱等执行机关认为判决有错误，应提出具体处理意见并附调查材料转送原起诉人民检察院或者原判人民法院处理。罪犯本人如果认为生效判决有错误，也可以向人民检察院或原审人民法院提出申诉，请求重新处理。

所谓申诉，是指罪犯认为对自己的判决有错误，在服刑中提出撤销或者变更原判刑罚的请求。对于罪犯的申诉材料，监狱或其他刑罚执行机关应当及时转递，不得扣压。人民检察院或者原判人民法院对收到的申诉材料和意见，应当迅速审查。人民检察院或者原审人民法院认为原审判决、裁定确有错误的，应当依法提起审判监督程序，对案件进行再审，在新的判决、裁定作出之前，不得停止原判决、裁定的执行。对于原判决、裁定正确的，申诉没有理由的，可以驳回申诉，并将处理结果通知申诉人和有关执行机关。

根据《监狱法》的规定，监狱在执行刑罚过程中，根据罪犯的申诉，认为判决可能有错误而提请人民检察院或者人民法院处理的，人民检察院或者人民法院应当自收到监狱提请处理意见书之日起6个月之内将处理结果通知监狱。

第五节　人民检察院的执行监督

执行监督是指人民检察院对人民法院已经发生法律效力的判决、裁定的执行是否合法实行法律监督的活动。人民法院的判决和裁定发生法律效力后，在执行中如不能依法加以执行，就会破坏或影响刑事诉讼的结果，违背刑罚的目的。开展执行监督，有利于维护生效判决和裁定的稳定性和严肃性，有利于纠正冤、假、错案，保护公民的合法权益，从而保障刑事诉讼任务的实现。

一、对执行死刑的监督

《刑事诉讼法》第二百五十二条规定，人民法院在交付执行死刑前，应当通知同级人民检察院派员临场监督。人民法院通常在交付执行死刑 3 日以前通知同级人民检察院派员监督。临场监督执行死刑的检察人员应当依法监督执行死刑的场所、方式和活动是否合法。在执行死刑前，发现有下列情形之一的，应当建议人民法院停止执行：①被执行人并非应当执行死刑的罪犯的；②罪犯犯罪时不满 18 周岁的；③判决可能有错误的；④在执行前罪犯检举揭发重大犯罪事实或者有其他重大立功表现，可能需要改判的；⑤罪犯正在怀孕的。

在执行死刑过程中，人民检察院临场监督人员根据需要可以进行拍照、摄像；执行死刑后，人民检察院临场监督人员应当检查罪犯是否确已死亡，并填写死刑临场监督笔录，签名后入卷归档。

二、对监外执行的监督

根据《刑事诉讼法》第二百五十六条的规定，为了防范滥用监外执行的决定或批准权，损害刑罚执行的严肃性，法律赋予人民检察院对监外执行予以监督的权力。决定或者批准暂予监外执行的机关应当将暂予监外执行决定抄送人民检察院，监狱或者看守所提出监外执行的，要将书面意见抄送人民检察院，以便人民检察院了解和监督。

人民检察院可以向决定或者批准机关提出书面意见。人民检察院认为暂予监外执行不当的，应当自接到通知之日起 1 个月以内将书面意见送交决定或者批准暂予监外执行的机关，决定或者批准暂予监外执行的机关接到人民检察院的书面意见后，应当立即对该决定进行重新核查。

三、对减刑、假释的监督

《刑事诉讼法》第二百六十三条规定，人民检察院认为人民法院减刑、假释的裁定不当，应当在收到裁定书副本后 20 日以内，向人民法院提出书面纠正意见。人民法院应当在收到纠正意见后 1 个月以内重新组成合议庭进行审理，作出最终裁定。

人民检察院接到人民法院减刑、假释的裁定书的副本后，应当立即进行审查。为了解情况，检察人员可以向罪犯所在单位和有关人员调查，可以向有关机关调阅有关材料。经审查认为人民法院减刑、假释的裁定不当，应当在收到裁定书副本后 20 日以内提出纠正意见。

对人民法院减刑、假释裁定的纠正意见，由作出减刑、假释裁定的人民法院的同级人民检察院向该人民法院书面提出。人民检察院对人民法院减刑、假释的裁定提出纠正意见后，应当监督人民法院是否在收到纠正意见后 1 个月内重新组成合议庭进行审理，并监督重新作出的最终裁定是否符合法律规定。对最终裁定不符合法律规定的，应当向同级人民法院提出纠正意见。

四、对执行机关执行活动的监督

《刑事诉讼法》第二百六十五条规定，人民检察院对执行机关执行刑罚的活动是否合法实行监督。如果发现有违法的情况，应当通知执行机关纠正。

1. 监督范围

人民检察院对执行机关执行活动的监督的对象是《刑事诉讼法》已有专条规定之外的一切刑罚执行活动。这些监督内容主要有：①人民法院判决被告人无罪、免除刑罚处罚的，在押被告人是否被释放；②人民法院将罪犯交付执行时，据以交付执行的刑事判决、裁定是否已经发生法律效力，交付执行的手续、程序是否合法，执行机关是否符合法律规定；③监狱、看守所、拘役所的执行活动是否符合《刑事诉讼法》、《监狱法》、《看守所条例》等有关法律法规，罪犯依法应该享有的各项权利是否得到保障；④社区矫正机构的执法活动是否符合《刑法》、《刑事诉讼法》及《社区矫正实施办法》等法律法规；⑤人民法院对罚金、没收财产等刑罚的执行是否合法，罚没的财产是否依法处理等。

2. 监督方式

人民检察院在对执行机关的活动进行监督的过程中，发现有违法行为的，应当通知执行机关纠正。对于情节较轻的违法行为，检察人员可以以口头方式向违法人员或者执行机关负责人提出纠正意见，并及时向执行机关的监察部门负责人汇报。必要时，由部门负责人提出。对于比较严重的违法行为，应报请检察长批准后，向执行机关发出《纠正违法通知书》或者《检察建议》。对于造成严重后果、构成犯罪的，应当依法追究责任人的刑事责任。

人民检察院发出《纠正违法通知书》或者《检察建议》的，应当等待执行机关的回复，监督落实情况；没有回复的，应当督促执行机关回复；纠正违法的情况，应当及时向上一级人民检察院报告，并抄报执行机关的上级主管机关。上级人民检察院认为下级人民检察院意见正确的，应当与同级执行机关共同督促下级执行机关纠正；上级人民检察院认为下级人民检察院纠正违法的意见有错误，应当通知下级人民检察院撤销发出的《纠正违法通知书》，并通知同级执行机关。

案例分析

【案例】被告王某，男，17岁，与被害人李某有仇，产生杀死李某的念头。某日晚8时许，王某身带杀猪用的尖刀突然闯进李某的家里，趁李某不备，用尖刀向李某的胸部猛刺一刀，又向李某的腹部连刺三刀，将李某杀死。作案后，王某到公安机关投案。公安机关即将王某刑事拘留。后经某县人民检察院批准逮捕。本案由某地中级人民法院公开审理。法院考虑到被告人系未成年人，且有投案自首情节，以故意杀人罪判处王某无期徒刑，剥夺政治权利终身。法定上诉、抗诉期满后，由人民法院将判决书、结案登记表、执行通知书送达看守所，由看守所派出警察将王某送往监狱执行刑罚。

【问题】 在本案中，人民法院将王某交付执行是否正确？

【解析】 本案被告人王某犯故意杀人罪，某地中级人民法院依法判处王某无期徒刑，剥夺政治权利终身，被告人不上诉。他的合法上诉期限已过后，对被告人王某的判决即是已经发生法律效力的判决。人民法院将其交付执行是正确的、合法的。对于对无期徒刑判决的执行应由监狱执行。

思考与练习

1. 执行的依据是什么？执行的机关有哪些？
2. 死刑裁判的执行程序是怎样的？
3. 减刑和假释各有什么限制？报请、审核程序是怎样的？
4. 什么是社区矫正？社区矫正怎样执行？
5. 人民检察院对执行怎样监督？

第二十章　未成年人刑事案件诉讼程序

要点提示

未成年人刑事案件诉讼程序，是指对未成年人犯罪案件依法追究刑事责任时所适用的立案、侦查、起诉、审判、执行等一系列诉讼程序的总称，是刑事诉讼中的特别程序。

特有原则：教育为主、惩罚为辅原则；分案处理原则；保障诉讼权利原则；审理不公开原则；全面调查原则。

合适成年人在场制度，是指公安司法机关在讯问、询问或审判未成年人时，应当通知其法定代理人或者其他合适的成年保护者到场，以保障未成年人权益的一种刑事诉讼制度。合适成年人包括：①法定代理人；②其他成年亲属；③所在学校、单位、居住地基层组织或者未成年人保护组织的代表；③讯问女性未成年犯罪嫌疑人，应当有女性工作人员在场。合适成年人的作用：①有效防范违法侵权行为的发生，保护未成年人人格尊严、诉讼权利不受侵犯；②到场的法定代理人可以代为行使未成年犯罪嫌疑人、被告人的诉讼权利；③到场的合适成年人认为办案人员在讯问、审判中侵犯未成年人合法权益的，可以提出意见。该制度适用于：未成年人犯罪嫌疑人、被告人，未成年被害人、证人。

附条件不起诉制度，在我国是指检察机关根据法律的授权，对于未成年人涉嫌犯罪的轻微刑事案件，符合起诉条件但有悔罪表现的，可以作出附加条件要求的不起诉决定，并设置一定的考验期，期限届满并满足了附加条件的，即不再提起公诉的制度。也称"暂缓起诉制度"。适用情形：①适用对象是涉嫌犯罪的未成年人；②适用的案件是轻微刑事案件；③适用的前提是符合起诉条件但有悔罪表现；④需要未成年犯罪嫌疑人及其法定代理人的同意。被附条件不起诉人，在考验期内有下列两种情形的，人民检察院应当提起公诉：①有新犯罪或者漏罪需要追诉的；②违反治安管理规定或者监督管理规定，情节严重的。作出附条件不起诉前，要分别听取未成年人及其法定代理人、公安机关、被害人的意见。考验期为6个月以上1年以下。人民检察院负责监督考察。

犯罪记录封存制度，是指曾受到法院有罪宣告或者被判处过刑罚的人，在具备法定条件时，司法机关封存其犯罪记录，使其不因前科而影响社会生活的一项刑事法律制度。适用条件：犯罪时不满18周岁，被判处5年有期徒刑以下刑罚的。犯罪记录被封存的，司法机关不得向任何单位和个人提供，有特殊情况需查询的，应当保密。

指定辩护制度。没有辩护人的，应当为其指定法律援助律师。

慎重适用强制措施，严格限制适用逮捕。

审判组织和审判人员专门化。被告人最后陈述后，法定代理人可以补充陈述。二审严格禁止书面审理。

监禁刑在未成年犯管教所执行，以教育改造为主，轻微劳动为辅。

社区矫正与成年人分开。矫正宣告不公开，矫正档案保密。

人民检察院对未成年人刑事诉讼实行法律监督。

第一节　未成年人刑事案件诉讼程序概述

一、未成年人刑事案件概念及特征

未成年人刑事案件，是指犯罪嫌疑人、被告人实施犯罪行为时已满 14 周岁、未满 18 周岁的刑事案件。最高人民检察院《人民检察院办理未成年人刑事案件的规定》（以下简称最高检关于未成年人《规定》）第四十六条对此作了规定。

与成年人犯罪相比，未成年人犯罪有其自身的特点：①他们正值青春发育期，生理变化显著，思想不稳定，欠缺社会经验，不能很好地辨别是非曲直，好奇心强，对一些不良行为容易模仿和盲从；②缺乏对自己行为的控制能力，行为往往具有突发性和盲目性，易于实施危害社会的行为，包括实施犯罪行为；③对于未成年人犯罪而言，外界环境因素的影响和刺激是一个主要诱因。因此，在处理未成年人案件时，分析其所处的家庭和社会环境，对于分析其如何走上犯罪道路以及制定相应的矫正方案具有极为重要的意义。

二、未成年人刑事案件诉讼程序的概念、适用范围及法律渊源

未成年人刑事案件诉讼程序，是指对未成年人犯罪案件依法追究刑事责任时所适用的立案、侦查、起诉、审判、执行等一系列诉讼程序的总称。它主要通过一些特别的诉讼原则和制度而建立，是刑事诉讼中的特别程序。

根据最高人民法院《关于审理未成年人刑事案件的若干规定》（以下简称最高人民法院《若干规定》）第十条规定，未成年人案件诉讼程序的适用范围包括：①被告人在实施被指控的犯罪时不满 18 周岁的案件；②被告人在实施被指控的犯罪时不满 18 周岁，并被指控为首要分子或者主犯的共同犯罪案件。

我国调整未成年人案件诉讼程序的法律渊源，主要包括以下几种：

（1）有关的法律。包括：《刑事诉讼法》、《中华人民共和国未成年人保护法》（以下简称《未成年人保护法》）以及《中华人民共和国预防未成年人犯罪法》，（以下简称《预

防未成年人犯罪法》）等法律中有关未成年人刑事案件诉讼程序方面的规定。

（2）有关的司法解释和部门规章、规定、通知、意见等。包括：1991 年 2 月 1 日起试行的最高人民法院《关于办理少年刑事案件的若干规定（试行）》；1991 年 4 月 6 日最高人民法院、国家教委、工会、青年团、妇联等组织联合发布的《关于审理少年刑事案件聘请特邀陪审员的联合通知》；1991 年 6 月 1 日最高人民法院、最高人民检察院、公安部、司法部联合发布的《关于审理少年刑事案件建立相应配套工作体系的通知》；2001 年 4 月 12 起施行的最高人民法院《关于审理未成年人刑事案件的若干规定》；2006 年 1 月 23 日起施行的最高人民法院《关于审理未成年人刑事案件具体应用法律若干问题的解释》（以下简称最高法关于未成年人《若干解释》）；2006 年 12 月 28 日最高人民检察院通过的《人民检察院办理未成年人刑事案件的规定》等。

（3）有关的国际准则。包括：《联合国少年司法最低限度标准规则》、《联合国预防少年犯罪准则》等。对于这些公约所确立的处理未成年人案件的原则、标准和规范，只要属于我国已经签署和加入的，我国都应当加以遵循。

第二节　未成年人刑事案件诉讼程序的特有原则

一、教育为主、惩罚为辅原则

《刑事诉讼法》第二百六十六条第一款开宗明义地提出："对犯罪的未成年人实行教育、感化、挽救的方针，坚持教育为主、惩罚为辅的原则。"教育为主、惩罚为辅原则是教育、感化、挽救方针的原则体现。该原则的精神在我国《未成年人保护法》第三十八条和《预防未成年人犯罪法》第四十四条都有规定。

教育为主、惩罚为辅原则，是指公安司法机关在处理未成年人刑事案件时，应当坚持教育、感化、挽救方针，充分考虑未成年人特有的生理、心理特点，以挽救为目的，突出教育感化的手段和处理结果，将惩罚作为不得已的最后选择，尽可能地帮助涉案未成年人回归社会、健康成长。

理解该原则，应当重点把握如下几点：

1. 教育为主、惩罚为辅，是对刑事诉讼过程和案件实体处理结果的统一考量与要求

从字义上看，这里的"惩罚"，显然是指刑罚处罚，即通过最后的刑罚对犯罪者给予惩治，因为在刑事诉讼程序中是不存在惩罚问题的。既然法律强调对于未成年人要"惩罚为辅"，那就意味着，多数案件应当是在刑事诉讼过程中终结，或者在程序结束后未成年人即能够回归社会，能够正常地读书或就业，只有极少数的未成年人将被送入监狱等处所接受惩罚。

如果不能做到这一点，那就是违反了"教育为主、惩罚为辅"原则的基本精神；不能

做到这一点，那就将苦口婆心的说教变成了一堆废话，因为终究是要进监狱等处所的，何必要浪费口舌呢？不能做到这一点，那就使程序中对未成年人的特别关照，由于缺乏实体处理结果的照应而显得虚假。

2. 刑事诉讼过程，应当是对未成年人教育挽救的过程

既然追究刑事责任的惩罚不是主要的，那么，刑事诉讼过程就显得极为关键，刑事诉讼程序就应当承担起教育、感化、挽救未成年人的功能。因此，未成年人刑事案件诉讼程序与成年人诉讼程序的一个最大区别，就在于其教育功能——通过立案、侦查、起诉甚至审判，完成对未成年人的法治教育。这个过程根据教育的效果，可在中途结束也可在审判阶段了结。之所以要通过刑事诉讼的方式进行教育，是因为未成年人涉嫌犯罪，用此程序距离惩罚的后果最近，程序本身就具有不可阻挡的威慑力。对于一些猎奇、寻刺激、调皮捣蛋的未成年人来说，面对即将入狱的现实危险，才可能会猛然醒悟、悔不当初，这时的教育比其他任何时间、地点都更有效果。

3. 对未成年人刑事案件，应当在综合考虑相关因素的基础上"参照"《刑法》的规定进行处理

因为如果是"按照"现行《刑法》的规定定罪量刑的话，进入刑事程序的多数未成年人都将被定罪量刑而送入监狱等场所。因为，《刑法》本身的弹性太小。对未成年人，《刑法》的特别规定主要是三个方面：一是基于责任年龄的考虑而限定了部分罪名，如已满14周岁而不满16周岁的人，只对部分犯罪承担刑事责任；二是在相同罪名下比照成年人从轻或者减轻处罚，并未"免除"处罚的规定；三是不适用死刑。

在刑事诉讼中，如果严格按照现行《刑法》的规定对未成年人定罪量刑，就不能体现"教育为主、惩罚为辅"的原则，多数未成人即使被减轻处罚了也还是要受到刑罚惩罚的。因此，对于未成年人，应当综合考虑其犯罪的主观原因、一贯表现、外在环境、犯罪的严重性和情节、悔罪态度、性格心理、挽救的可能性和现实条件等多种因素，本着对国家和社会负责、对下一代负责的态度，灵活运用法律政策处理案件，以求达到最好的法律效果。也就是说，对未成年人不能适用与成年人相同的定罪量刑标准。

未成年人人格尚未成型，社会理应给予他们必要的宽容，给予他们真诚改过的机会，即使对于已经犯有严重罪行的未成年人也一样。这就要求公安司法机关要像父母对待做了坏事的子女、老师对待犯了错的学生、医生对待病人那样，基于关爱和挽救的目的，分清未成年人的不同情况，采取讲法说理、陈明利害、甚至略施程序性强制手段等方法，促使其分清是非，诚信悔过，不再违法犯罪，从而宽宥其已经实施的犯罪行为，扩大非犯罪化处理，促使多数可挽救的未成年人留在社会上，养成健康的人格。

当然，对于少数冥顽不化、恶习难改或者人性扭曲，有充分的证据证明犯有重罪或者轻罪，无法教育挽救的未成年人，将其放入监狱等监管场所进行惩罚与改造，也是十分必要的。这也是"惩罚为辅"的应有之义。

在"教育为主、惩罚为辅"原则的理解与实施上，德国的少年犯处理程序比我国具有更大的机动灵活性。在德国，依据少年法院法进行的程序，适用于14~21周岁的少年和青年，审理的目的主要是对少年犯进行教育，而不是单纯的惩罚。因此，少年法庭被称为"一个充满人情味的法庭"。审理少年犯的审判组织包括：①少年法庭。由少年刑事法官独

任。②少年合议庭。由 1 名少年法官、2 名少年陪审员进行。③少年刑事法庭。由 3 名法官、2 名陪审员组成。少年法官承担家庭和监护法官对少年的教育任务。

少年检察官是专门负责少年案件的，有一定的决定权，可以不经法官同意决定免于刑事追诉。可以对违法少年下达教育处分令。如少年被告承认犯罪事实，检察官认为还是有必要给予处分，可以建议给予训示，但无需诉讼。如必须提起诉讼，法庭可以不按普通诉讼程序审理。对少年案件审理一律不公开，如果诉讼可能对少年被告造成不利或损害，则可部分免于审理。法定代理人或教养人有权参加庭审，并有权独立提起上诉或申诉。另外，少年福利局有权参加诉讼，并为法庭处理提供参考或建议。刑罚执行具有灵活性，要有利于回归社会。

少年法官确信，被判刑少年的行为已被矫正、品行端正时，可依职权，或经被判刑少年、监护人或法定代理人的申请，宣布取消少年的前科记录。

二、分案处理原则

分案处理原则，是指公安司法机关在刑事诉讼过程中应当对未成年人案件与成年人案件实行诉讼程序分离，包括分案处理、分案审理、分别关押、分别执行。

《刑事诉讼法》第二百六十九条和《预防未成年人犯罪法》第四十六条都规定，对被拘留、逮捕和执行刑罚的未成年人与成年人应当分别关押、分别管理、分别教育。从该原则的内容上看，包括三个方面：一是在刑事诉讼中适用拘留、逮捕等强制措施时，必须与成年犯罪嫌疑人分开关押和看管；二是在处理未成年人与成年人共同犯罪或者牵连的案件时，在不妨碍审理的前提下，坚持分案处理、分案审判；三是在执行阶段，不得与成年犯人同处一个监所。确立分案处理原则的目的，是为了充分保护进入诉讼阶段的未成年人，使其免受来自成年犯罪人的不良影响或交叉感染。更重要的是，可以充分发挥刑事诉讼程序的教育挽救功能，给未成年人以更多的保护和优待，有更多的选择机会，实现个体正义。

三、保障未成年人诉讼权利原则

未成年人由于身心尚未发育成熟，在刑事诉讼中，处于比较弱势的地位。因此，法律规定，未成年犯罪嫌疑人、被告人除享有成年犯罪嫌疑人、被告人的各项诉讼权利外，基于其身份特点，还享有一些特殊的权利。例如《刑事诉讼法》第二百六十七条规定，未成年犯罪嫌疑人、被告人没有委托辩护人的，人民法院、人民检察院、公安机关应当通知法律援助机构指派律师为其提供辩护。第二百七十条规定，在讯问和审判的时候，应当通知未成年犯罪嫌疑人、被告人的法定代理人到场。讯问女性未成年犯罪嫌疑人时，应当有女性工作人员在场。法定代理人可以进行最后陈述的补充陈述等。

该原则就是要求，公安司法机关在办理未成年人刑事案件时，要保障未成年人依法享有的各项诉讼权利，包括权利告知，积极协调，为其履行诉讼权利创造条件，不压制、限制其行使权利，对于妨害其行使诉讼权利的人或事给予及时处理等。

四、审理不公开原则

审理不公开原则，是指人民法院在开庭审理未成年人刑事案件时，不允许群众旁听，不允许记者采访，报纸等印刷品不得刊登未成年被告人的姓名、年龄、职业、住址及照片等。

该原则的法律依据是《刑事诉讼法》第二百七十四条和《预防未成年人犯罪法》第四十五条第三款的规定。前者规定：审判的时候被告人不满 18 周岁的案件，不公开审理。但是，经未成年被告人及其法定代理人同意，未成年被告人所在学校和未成年人保护组织可以派代表到场。后者规定：对未成年人犯罪案件，新闻报道、影视节目、公开出版物不得披露该未成年人的姓名、住所、照片及可能推断出该未成年人的资料。不公开审理的未成年人刑事案件不得以任何方式公开被告人的形象。

审理不公开原则的意义在于维护未成年人的名誉，防止公开审理对其造成的精神创伤而导致不利于教育改造的不良后果。因此，不公开审理原则也是对教育、感化、挽救方针的体现。

贯彻这一原则，应注意只是审理过程不公开，宣告判决仍将公开进行。当然，根据不公开审理原则的立法目的，公开宣判的应当是案件的实体处理结果本身，如有罪无罪、是否科刑及判处什么刑罚等，而不应当在宣判时公开未成年人的身份、住址及照片等情况。

根据审理不公开原则的精神，在侦查、审查、起诉阶段也应当注意保护未成年人的个人信息不对外泄露，否则，审理不公开就失去了意义。

五、全面调查原则

全面调查原则，是指公安司法机关办理未成年人刑事案件的过程中，不仅要调查案件事实与情节，而且要对未成年人的成长经历、生理和心理特征、家庭与生活环境、犯罪原因等情况进行调查，必要时还要进行医疗检查和心理学、精神病学的调查分析。

《刑事诉讼法》第二百六十八条规定："公安机关、人民检察院、人民法院办理未成年人刑事案件，根据情况可以对未成年犯罪嫌疑人、被告人的成长经历、犯罪原因、监护教育等情况进行调查。"这是全面调查原则的法律依据，也是教育、感化、挽救未成年人所需要坚守的一个特殊原则。

全面调查原则的目的在于通过对未成年人的人格、素质、生活经历和所处环境进行调查分析，以查清未成年人走上犯罪道路的原因和条件，对其人身危险性和再犯的可能性进行预测和评估，为案件的实质处理确定有针对性的解决方案和办法，以取得良好的教育与改造效果。

在美国，法官判刑之前，要由法院内设的缓刑监督部门对被告人的个人情况和其他有关情况进行调查，并作出"判刑前报告"。该报告要说明被告人的背景、有无前科、家庭和本人的经济状况、案件事实的特殊性等，并且根据法律的规定，提出判刑的具体建议，通常还需要附上被害人对于判刑的意见。这个报告是法官判刑的主要依据。判刑必须在公开的法庭上进行。控辩双方要对判刑进行陈述和辩论。

全面调查是贯彻"教育为主、惩罚为辅"原则的基础工作。实践中，许多司法机关已经建立了对未成年人的全面调查和评估机制，有的是委托社会调查机构进行，有的是委托当地的关心下一代工作委员会（简称"关工委"）进行调查。

第三节　未成年人刑事案件诉讼程序的特有制度

一、合适成年人在场制度

1. 合适成年人在场制度的概念和意义

合适成年人在场制度，是指公安司法机关在讯问、询问或审判未成年人时，应当通知其法定代理人或者其他合适的成年保护者到场，以保障未成年人权益的一种刑事诉讼制度。"合适成年人"又称"适当成年人"（appropriate adult，取自英国的《警察与刑事证据法》）。在英国，除非在某种紧急情况下，警察在对被拘留的未成年人进行讯问时，无论是在警察署还是在警察署之外，必须要有合适的成年人在场，否则即为违法。合适成年人在场被视为未成年人的一项诉讼权利，也是诉讼正当程序的一部分，不能违反。目前在美国、澳大利亚、新西兰等国家都有关于此项制度的立法。

2012年修订的《刑事诉讼法》第二百七十条规定："对于未成年人刑事案件，在讯问和审判的时候，应当通知未成年犯罪嫌疑人、被告人的法定代理人到场。无法通知、法定代理人不能到场或者法定代理人是共犯的，也可以通知未成年犯罪嫌疑人、被告人的其他成年亲属，所在学校、单位、居住地基层组织或者未成年人保护组织的代表到场，并将有关情况记录在案。到场的法定代理人可以代为行使未成年犯罪嫌疑人、被告人的诉讼权利。"该条规定是对我国一直存在的成年人在场制度的完善。过去法律用的是"可以通知"，新法则用"应当通知"，增强了执行的刚性和强制性，同时扩大了到场人的范围，完善了相关的程序。

合适成年人的到场，改变了讯问、询问的封闭性和公安司法机关可能给人造成的压迫感，有利于缓解未成年人的紧张情绪，改变未成年人孤立无援的处境，对于维护未成年诉讼参与人，特别是犯罪嫌疑人、被告人的身心健康，具有重要的作用。从程序效用看，合适成年人在场，一方面可以防止和减少司法伤害，维护未成年人的合法权益；另一方面有助于确保刑事诉讼活动的合法有效，保证获取证据的真实可采性，促进刑事诉讼的顺利进行。由于未成年人的智力、身心发育尚未成熟，容易受到外界的不良干扰，尤其是对收集证据人员的"诱导"、"诱供"、"启发"等不正当手段不具有辨别能力，容易按收集证据人员的要求作出陈述或供述，并且未成年犯罪嫌疑人对证据收集人员的违法取证行为一般也不知、不敢或不会反映。因此，合适成年人在场制度是保证刑事诉讼程序公正的必然选择。

2. 合适成年人的范围与作用

什么是合适成年人？在英国一般是指被讯问人的父母、监护人或者保护儿童组织的社会工作者；如果没有以上两类人员，则可考虑找其他受过有关培训的成年人，但不能是警察或警方其他人员。在上述两类人中，一般是在未成年人的父母或监护人联系不到，或他们本身卷入案件中，或未成年人由于与他们无法沟通或关系疏远而反对由其父母或监护人担当合适成年人时，才由社会工作者等其他成年人担任。而如果一名社会工作者在未成年人被羁押前就已受命照顾该未成年人，那么就由另外的社会工作者担任其合适成年人。

根据《刑事诉讼法》第二百七十条的规定，合适成年人主要包括如下几种人：

（1）法定代理人。即监护人，通常是父母、祖父母、兄姐等亲属，当然也可能是指定的其他监护人。

（2）其他成年亲属。在无法通知或者法定代理人不能到场，或者法定代理人是共犯的情况下，就可以通知其他成年亲属。也就是法定代理人之外的其他成年亲属。

（3）所在学校、单位、居住地基层组织或者未成年人保护组织的代表。其他成年亲属如果无法通知或者不能到场，或者不合适，则由未成年人所在学校、单位、居住地基层组织或者未成年人保护组织的代表到场。法律按此顺序排列，既尊重和保护了未成年人对亲情的需要，又考虑了特殊情况下亲属不能或者不合适到场的替代人选，相比1996年《刑事诉讼法》的规定，更周全和完善。

（4）讯问女性未成年犯罪嫌疑人，应当有女性工作人员在场。这是基于性别的特殊考虑而作的特别规定，是对未成年人女性犯罪嫌疑人权益的特别关照。

合适成年人在场的任务与作用主要是保证未成年人能够得到公正的对待，具体有三个方面：

（1）有效防范违法侵权行为的发生，保护未成年人人格尊严、诉讼权利不受侵犯，给未成年人提供心理或精神的依靠，使其能够正确进行诉讼行为。

（2）到场的法定代理人可以代为行使未成年犯罪嫌疑人、被告人的诉讼权利。讯问笔录、法庭笔录应当交由到场的法定代理人或者其他人员阅读或者向他宣读。审判未成年人刑事案件，未成年被告人最后陈述后，其法定代理人可以进行补充陈述。鉴于未成年人行为能力受限，帮助未成年人行使其诉讼权利，是法定代理人的分内之事，也是其他合适成年人到场的任务之一。只是，到场的法定代理人与其他合适成年人代行的诉讼权利有所不同。

（3）到场的法定代理人或者其他人员认为办案人员在讯问、审判中侵犯未成年人合法权益的，可以提出意见。也就是说，发现有损害未成年人合法权益的行为，可以反映，提出抗议或者纠正的意见。

从合适成年人的范围和作用看，合适成年人具有两个基本的特点：一是未成年人利益的保护者。能够保护未成年人的合法权益和诉讼利益，才是选择合适成年人的首要条件，否则，就是"不合适"。二是合适成年人一般应当是法定代理人或者其他成年亲属。法定代理人是依法负有对未成年人保护之责的人，多数也是亲属。成年亲属一般是未成年人最为熟悉、亲近和依赖的人，也是最为关心、爱护未成年亲属的人。所以，办案机关通知合适成年人在场时，应当首选法定代理人或者其他成年亲属，只有在这些人均不能到场或者"不合适"时，才可以选择其他单位的代表到场。在选择时，最好能够听取未成年人本人的意见。

3. 合适成年人在场制度适用的范围

合适成年人在场制度通常适用于未成年犯罪嫌疑人、被告人。因为作为受到刑事追究的责任人，未成年人将会较长时间地陷入焦虑不安、恐惧恍惚的身心困境中，极其需要成年亲属等的帮助和开导。同时，作为被追诉人，他们往往会被认为是"坏孩子"，在诉讼中受到不公正对待的可能性随时存在，因而是最需要合适成年人在场的弱势者。

同时，在刑事诉讼中，还会有未成年被害人、证人，公安司法机关也要对他们进行调查询问，甚至会要求他们出席法庭审判。对未成年人被害人、证人的询问，无论在法庭外还是法庭内，也都会给他们造成极大的心理压力，如果没有亲属等在场予以帮助与缓解，就可能影响他们的陈述，如果公安司法人员询问方式欠妥，那么陈述的真实性、稳定性就难以保证。因此，《刑事诉讼法》第二百七十条第五款规定："询问未成年被害人、证人，适用第一款、第二款、第三款的规定。"也就是说，上述关于合适成年人的在场、合适成年人的范围与作用，同样适用于未成年被害人、证人。

二、附条件不起诉制度

1. 附条件不起诉制度的概念

附条件不起诉制度，在我国是指检察机关根据法律的授权，对于未成年人涉嫌犯罪的轻微刑事案件，符合起诉条件但有悔罪表现的，可以作出附加条件要求的不起诉决定，并设置一定的考验期，期限届满并满足了附加条件的，即不再提起公诉的制度。也有人称之为"暂缓起诉制度"。这是2012年《刑事诉讼法》确立的专门用于处理未成年人刑事案件的一项制度，旨在通过不起诉程序，终结一部分未成年人刑事案件，达到教育、感化、挽救未成年人的目的。

2. 附条件不起诉制度的适用情形

根据《刑事诉讼法》第二百七十一条的规定，附条件不起诉制度需要具备如下几个方面的情形才可以适用：

（1）适用对象是涉嫌犯罪的未成年人。即附条件不起诉在现阶段只适用于未成年人涉嫌犯罪的案件，适用对象仅限于未成年人，对于成年人则不适用。

（2）适用的案件是轻微刑事案件。具体是指《刑法》分则第四章、第五章、第六章规定的犯罪，可能判处1年有期徒刑以下刑罚的案件。

（3）适用的前提是符合起诉条件但有悔罪表现。对于不符合起诉条件的案件，检察机关当然就应该作出不起诉决定，不存在附条件不起诉的问题。附条件不起诉制度适用的前提，一定是符合法定的起诉条件，但因未成年人能够真诚悔罪，可以挽救，才作出附条件不起诉决定。

（4）需要未成年犯罪嫌疑人及其法定代理人的同意。附条件不起诉制度的适用，在程序上有一定的考验期，对未成年人的权利也会给予一定的限制性要求，因此，还需要未成年人及其法定代理人同意才可以适用。未成年犯罪嫌疑人及其法定代理人对人民检察院决定附条件不起诉有异议的，人民检察院应当作出起诉的决定。

3. 被附条件不起诉人应当遵守的规定

被附条件不起诉的未成年犯罪嫌疑人，应当遵守下列规定：

（1）遵守法律法规，服从监督；

（2）按照考察机关的规定报告自己的活动情况；

（3）离开所居住的市、县或者迁居，应当报经考察机关批准；

（4）按照考察机关的要求接受矫治和教育。

4. 撤销附条件不起诉的情形

按照《刑事诉讼法》第二百七十三条的规定，被附条件不起诉的未成年犯罪嫌疑人，在考验期内有下列情形之一的，人民检察院应当撤销附条件不起诉的决定，提起公诉：

（1）实施新的犯罪或者发现决定附条件不起诉以前还有其他犯罪需要追诉的；

（2）违反治安管理规定或者考察机关有关附条件不起诉的监督管理规定，情节严重的。

被附条件不起诉的未成年犯罪嫌疑人，在考验期内没有上述情形，考验期满的，人民检察院应当作出不起诉的决定。

5. 附条件不起诉的程序

（1）听取意见。人民检察院在作出附条件不起诉的决定以前，除了听取未成年犯罪嫌疑人及其法定代理人的意见外，还应当听取公安机关、被害人的意见。

对于公安机关移送起诉的案件，人民检察院应当听取公安机关的意见。决定附条件不起诉的，应当将附条件不起诉决定书送达公安机关。公安机关认为附条件不起诉的决定有错误的时候，可以要求复议，如果意见不被接受，可以向上一级人民检察院提请复核。

对于有被害人的案件，决定附条件不起诉的，人民检察院应当将附条件不起诉决定书送达被害人。被害人如果不服，可以自收到决定书后 7 日以内向上一级人民检察院申诉，请求提起公诉。人民检察院应当将复查决定告知被害人。对人民检察院维持附条件不起诉决定的，被害人可以向人民法院起诉。被害人也可以不经申诉，直接向人民法院起诉。人民法院受理案件后，人民检察院应当将有关案件材料移送人民法院。

（2）附条件不起诉的考验期。附条件不起诉的考验期为 6 个月以上 1 年以下，从人民检察院作出附条件不起诉的决定之日起计算。

（3）监督考察主体。在附条件不起诉的考验期内，由人民检察院对被附条件不起诉的未成年犯罪嫌疑人进行监督考察。未成年犯罪嫌疑人的监护人，应当对未成年犯罪嫌疑人加强管教，配合人民检察院做好监督考察工作。

三、犯罪记录封存制度

1. 犯罪记录封存制度的概念和意义

犯罪记录封存制度，是指曾受到法院有罪宣告或者被判处过刑罚的人，在具备法定条件时，司法机关封存其犯罪记录，使其恢复正常公民的法律地位，不因前科而影响其社会生活的一项刑事法律制度。我国新确立的犯罪记录封存制度仅适用于未成年人犯罪案件，因而成为我国未成年人刑事诉讼程序中一项重要的制度。

与我国犯罪记录封存制度相似的制度，在法国叫犯罪记录撤销制度。法国对于无论是成年人还是未成年人的犯罪记录，在符合法律规定的适用条件时，依法都可以予以撤销。在德国，有犯罪记录消灭制度。该制度也只是适用于少年犯罪，对于符合法定条件的少年犯罪记录，可以予以消灭。比较而言，犯罪记录的撤销或者消灭，比我国的犯罪记录封存，显得更为彻底，因为封存是可以解封的，而撤销或者消灭就将不可恢复。

犯罪记录封存制度的建立，具有十分重要的意义。首先，有利于最大限度地保护未成年人的身心健康。弱化其本人和社会的犯罪标签意识，减少未成年人的自卑感，增强其积极向上的信心和勇气，避免破罐子破摔的自我放逐。其次，有助于消除社会歧视。避免犯罪记录可能给其本人读书、升学、求职就业、升职、婚恋等所带来的不利影响，给未成年人创造一个平等的社会生存环境，真正给予其改过自新的机会，而不是"一失足成千古恨"。也有助于恢复未成年人与其家人、亲属之间和睦的关系，弥合亲情。最后，符合我国签署的国际公约的原则精神，符合国际社会的大趋势。《联合国保护被剥夺自由少年规则》中规定："释放时，少年的记录应封存，并在适当的时候加以销毁。"《联合国少年司法最低限度标准规则》中也规定，对未成年罪犯的档案应严格保密，不能让第三方利用，也不得在其后的成人诉讼案件中加以引用。我国作为这两项国际公约的签署国，也有义务逐步完善国内现行的法律体系，建立起与国家承诺一致的未成年人司法制度。

2. 犯罪记录封存制度的适用条件

《刑事诉讼法》第二百七十五条规定："犯罪的时候不满18周岁，被判处5年有期徒刑以下刑罚的，应当对相关犯罪记录予以封存。"根据该规定，犯罪记录封存制度适用的条件有两个：

（1）犯罪的时候不满18周岁。也就是说，对于犯罪的时候不满18周岁的未成年人，鉴于其身心发育尚未成熟，犯罪具有一定的可宽宥性，为使其不因为少不更事的偶然犯罪而终身背负洗不去的污渍，才适用犯罪记录封存制度。

（2）被判处5年有期徒刑以下刑罚的。在我国，被判处5年有期徒刑以下刑罚的犯罪，均是相对较轻的犯罪，对这些犯罪才适用犯罪记录封存制度。

随着我国人权保障意识的增强和犯罪记录封存制度运行经验的积累，或许将来该制度的适用范围会进一步地扩大。

3. 犯罪记录封存制度的适用效果

犯罪记录被封存的，司法机关不得向任何单位和个人提供，但司法机关为办案需要或者有关单位根据国家规定进行查询的除外。依法进行查询的单位，应当对被封存的犯罪记录的情况予以保密。

根据犯罪记录封存制度的立法意图，对于最终被检察机关给予不起诉的未成年人，也应当参照该制度，将受过检察机关不起诉处分的记录予以封存。因为即使不起诉决定从性质上讲不算有罪认定，与有罪判决不同。但是，不起诉决定书中所涉及的涉嫌犯罪的事实，始终会让世人心生芥蒂，戴上"有色眼镜"，从而会在许多方面给被不起诉的未成年人带来莫名的歧视，造成生活的不便，就如同1996年《刑事诉讼法》中相对不起诉在实践中存在的情形一样。

四、指定辩护制度

依据我国法律，未成年犯罪嫌疑人、被告人如果没有委托辩护人的，人民法院、人民检察院、公安机关应当通知法律援助机构指派律师为其提供辩护。这是未成年人刑事案件与一般刑事案件在辩护制度上的重要区别。

第四节　未成年人刑事案件的特别程序

一、立案程序

在审查未成年人案件的立案材料时，要特别注意两个方面的问题：一是将其出生的年、月、日作为审查的重点；二是注意审查未成年人是否被教唆犯罪，未成年人的生活环境、经历以及心理、生理特征等材料。

经过审查，对于不符合立案条件的，可将案件材料转交有关部门，作出适当处理，或通知其监护人严加监护、教育，并且要协调各方，落实帮教措施。对于符合立案条件的，制作立案报告，除写明立案材料的来源，发案的时间、地点、犯罪事实，现有的证据材料，立案的法律依据和初步的意见外，还应当着重写明犯罪嫌疑人、被告人的确切出生时间、生活居住环境、心理性格特征、走上犯罪道路的原因等有关情况。

二、侦查程序

侦查未成年人案件，应注意以下几个方面：

（1）贯彻全面调查原则，扩大侦查范围。未成年人刑事案件的侦查除与成年人刑事案件一样要查明案情、收集证据和查获犯罪人外，还应当坚持全面调查的原则，查明未成年人的准确年龄、生活教育条件、作案动机、走上犯罪道路的原因、生理及心理素质，特别应注意查明那些全面地说明未成年人个性的材料，从而为教育、挽救、改造服务。

（2）慎重适用强制措施。对未成年人采取强制措施时，要慎重对待，尽量不采用或少采用强制措施，对于必须逮捕的未成年犯罪嫌疑人，应采取严格的条件。《刑事诉讼法》第二百六十九条规定："对未成年犯罪嫌疑人、被告人应当严格限制适用逮捕措施。人民检察院审查批准逮捕和人民法院决定逮捕，应当讯问未成年犯罪嫌疑人、被告人，听取辩护律师的意见。"对被拘留、逮捕的未成年人与成年人应当分别关押、分别管理、分别教育。

最高人民检察院《刑事诉讼规则》第十二条和第十三条规定，人民检察院审查批准逮捕未成年犯罪嫌疑人，应当根据未成年犯罪嫌疑人涉嫌犯罪的事实、主观恶性、有无监护与社会帮教条件等，综合衡量其社会危险性，确定是否有逮捕必要，慎用逮捕措施，可捕可不捕的不捕。对于罪行较轻，具备有效监护条件或者社会帮教措施，没有社会危险性或者社会危险性较小，不会妨害诉讼正常进行的未成年犯罪嫌疑人，一般不予批准逮捕。对于罪行比较严重，但主观恶性不大，有悔罪表现，具备有效监护条件或者社会帮教措施，不具有社会危险性，不会妨害诉讼正常进行，并具有下列情形之一的未成年犯罪嫌疑人，也可以依法不予批准逮捕：①初次犯罪、过失犯罪的；②犯罪预备、中止、未遂的；③有自首或者立功表现的；④犯罪后能够如实交代罪行，认识自己行为的危害性、违法性，积极退赃，尽力减少和赔偿损失，得到被害人谅解的；⑤不是共同犯罪的主犯或者集团犯罪中的首要分子的；⑥属于已满14周岁不满16周岁的未成年人或者系在校学生的；⑦其他没有逮捕必要的情形。

（3）采取适当传唤讯问方法。传唤未成年犯罪嫌疑人，可以采用较为缓和的方式，例如通过其父母、监护人进行。讯问时，可以选择其较为熟悉的场所，应当通知其法定代理人到场，并可以邀请其熟悉的亲友、教师参加。讯问时要使用符合未成年人的语言和方式，以减轻其心理负担，消除对立情绪。最高人民检察院《刑事诉讼规则》对于审查批捕工作中讯问未成年犯罪嫌疑人的特别程序进行了明确规定，根据《刑事诉讼规则》第十条和第十一条，人民检察院审查批准逮捕未成年人犯罪案件，应当讯问未成年犯罪嫌疑人。讯问未成年犯罪嫌疑人，应当通知法定代理人到场，告知法定代理人依法享有的诉讼权利和应当履行的义务。讯问女性未成年犯罪嫌疑人，应当有女检察人员参加。讯问未成年犯罪嫌疑人一般不得使用戒具。对于确有人身危险性，必须使用戒具的，在现实危险消除后，应当停止使用。上述讯问程序符合未成年犯罪嫌疑人的身心特点，对于保障未成年犯罪嫌疑人的合法权利具有极为重要的意义，公安机关应当参照执行。

（4）依法保障未成年犯罪嫌疑人聘请律师的权利。根据《刑事诉讼法》第三十三条的规定，犯罪嫌疑人自被侦查机关第一次讯问或者采取强制措施之日起，有权委托辩护人。为切实保障未成年犯罪嫌疑人的这一权利，未成年犯罪嫌疑人如果没有委托辩护人的，这时公安机关应当通知法律援助机构指派律师为其提供辩护。

三、起诉程序

根据最高人民检察院《刑事诉讼规则》，未成年人案件的起诉程序具有以下几个特点：

1. 工作机构和工作人员专门化

人民检察院一般应当设立专门工作机构或者专门工作小组办理未成年人刑事案件，不具备条件的应当指定专人办理。未成年人刑事案件一般应当由熟悉未成年人身心发展特点、善于做未成年人思想教育工作的检察人员承办。

2. 指定或者帮助申请法律援助

人民检察院审查起诉未成年人刑事案件，对未成年犯罪嫌疑人没有委托辩护人的，应当为其指定承担法律援助义务的律师为其辩护，对于未成年被害人或者其法定代理人提出聘请律师意向，但因经济困难或者其他原因没有委托辩护人、诉讼代理人的，应当帮助其申请法律援助。

3. 听取有关人员的意见、讯问未成年犯罪嫌疑人

人民检察院审查起诉未成年犯罪嫌疑人，应当听取其父母或者其他法定代理人、辩护人、未成年被害人及其法定代理人的意见；应当讯问未成年犯罪嫌疑人，并应当通知合适的成年人在场。

4. 安排会见、通话

移送审查起诉的案件具备以下条件的，检察人员可以安排在押的未成年犯罪嫌疑人与其法定代理人、近亲属等进行会见、通话：①案件事实已基本查清，主要证据确实、充分，安排会见、通话不会影响诉讼活动正常进行；②未成年犯罪嫌疑人有认罪、悔罪表现，或者虽尚未认罪、悔罪，但通过会见、通话有可能促使其转化，或者通过会见、通话有利于社会、家庭稳定；③未成年犯罪嫌疑人的法定代理人、近亲属对其犯罪原因、社会危害性以及后果有一定的认识，并能配合公安司法机关进行教育。

会见、通话时检察人员可以在场。会见、通话结束后，检察人员应当将有关内容及时整理并记录在案。

5. 不起诉的适用条件与程序

对于符合附条件不起诉的未成年犯罪嫌疑人，人民检察院可以作出附条件不起诉的决定。不起诉决定书应当向被不起诉的未成年人及其法定代理人公开宣布，并阐明不起诉的理由和法律依据。不起诉决定书应当送达被不起诉的未成年人及其法定代理人，并告知其依法享有的权利。对于公安机关移送起诉的案件、有被害人的案件，也应分别送达不起诉决定书，要求复议、复核的，按照一般规定执行。

6. 分案起诉

人民检察院审查未成年人与成年人共同犯罪案件，一般应当将未成年人与成年人分案起诉。但是具有下列情形之一的，可以不分案起诉：①未成年人系犯罪集团的组织者或者其他共同犯罪中的主犯的；②案件重大、疑难、复杂，分案起诉可能妨碍案件审理的；③涉及刑事附带民事诉讼，分案起诉妨碍附带民事诉讼部分审理的；④具有其他不宜分案起诉情形的。

7. 起诉书的制作以及移送起诉的材料

人民检察院制作起诉书中应当注明未成年人的出生年、月、日。对未成年犯罪嫌疑人、被告人、未成年罪犯的有关情况和办案人员开展教育感化工作的情况，应当记录在卷，随案移送。

四、审判程序

根据最高人民法院《关于审理未成年人刑事案件的若干规定》，未成年人案件的审判程序具有下列几个特点：

1. 审判组织和审判人员专门化

根据最高人民法院《关于审理未成年人刑事案件的若干规定》第六条和第七条的规

定，中级以下人民法院（包括中级人民法院）应当建立与其他审判庭同等建制的未成年人刑事审判庭。条件尚不具备的地方，也应当在刑事审判庭内设立未成年人刑事案件合议庭或者由专人负责办理未成年人刑事案件。高级人民法院可以在刑事审判庭内设立未成年人刑事案件合议庭。未成年人刑事审判庭和未成年人刑事案件合议庭统称"少年法庭"。

审判第一审未成年人刑事案件的合议庭，可以由审判员或者审判员与人民陪审员组成。审判未成年人刑事案件合议庭的审判长，应当由熟悉未成年人特点、善于做未成年人思想教育工作的审判员担任，并且应当保持其工作的相对稳定性。审判未成年人刑事案件的人民陪审员，一般由熟悉未成年人特点，热心于教育、挽救失足未成年人工作，并经过必要培训的共青团、妇联、工会、学校的干部、教师或者离退休人员、未成年人保护组织的工作人员等担任。

2. 做好开庭前的准备工作

（1）少年法庭对于人民检察院提起公诉的未成年人刑事案件，应当查明是否附有被告人年龄的有效证明材料。在向被告人送达起诉书副本时，应当向被告人讲明被指控的罪行和有关法律条款，讲解有关政策，并告知诉讼的程序及有关的诉讼权利、义务，指明在接受审判时应当实事求是地回答法庭的提问。少年法庭应当针对被告人的思想顾虑、畏惧心理、抵触情绪进行疏导和教育。

（2）少年法庭在向被告人的法定代理人送达起诉书副本时，应当告知其在开庭审判中的权利、义务和注意事项。在开庭审判前，少年法庭的审判长认为有必要的，可以让法定代理人或者其他成年近亲属、教师等人员与未成年被告人会见。

（3）控辩双方可以就未成年被告人的性格特点、家庭情况、社会交往、成长经历以及实施被指控犯罪前的表现等基本情况进行调查，并制作调查报告，在开庭审理前提交合议庭。必要时，少年法庭也可以就上述情况进行调查。

（4）少年法庭应为辩护律师提供阅卷的便利和会见少年被告人的时间。审判人员还可以向辩护人介绍审判未成人刑事案件的有关规定。人民法院应当依法保证未成年被告人获得辩护。

3. 法庭审理程序

（1）开庭前，少年法庭应当通知被告人的法定代理人到庭。法定代理人在法庭上享有申请回避、发问、辩护等诉讼权利。开庭审理时，已满18周岁被告人的法定代理人行使上述诉讼权利时，必须征得被告人同意。

（2）未成年被告人在法庭上可以坐着回答问题。在法庭上不得对未成年被告人使用戒具。

（3）在法庭审理过程中，审判人员应当根据未成年被告人的智力发育程度和心理状态，注意掌握庭审节奏和气氛；审判人员要注意不失严肃，用语准确且通俗易懂；注意防止对未成年被告人的诱供行为。在庭审过程中，审判人员应当立即制止对未成年被告人进行训斥、讽刺和威胁的行为。

（4）法庭调查时，审判人员要准确核实未成年被告人在案件发生时的年龄。在查明案件事实、核实证据的同时，还应当注意查明未成年被告人实施被指控行为的主观和客观原因。法庭审理中，如果控辩双方向法庭提出判处被告人有期徒刑或拘役宣告缓刑、管制、免予刑事处罚的建议的，审判人员应当要求建议方向法庭提供未成年被告人家庭监护条件或者其所在社区帮教措施的书面材料。

（5）未成年人刑事案件的证人是未成年人的，经人民法院准许，可以不出庭。根据最高人民检察院《刑事诉讼规则》第二十九条规定，公诉人一般不提请未成年证人、被害人出庭作证。

（6）人民检察院提出适用缓刑建议。根据最高人民检察院《刑事诉讼规则》第三十一条，对于具有下列情形之一的未成年被告人，包括依法可能判处拘役、3年以下有期徒刑的，悔罪态度较好的，具备有效监护条件或者社会帮教措施、适用缓刑确实不致再危害社会，人民检察院可以建议人民法院适用缓刑的情节。人民检察院提出对未成年被告人适用缓刑建议的，应当将未成年被告人能够获得有效监护、帮教的书面材料一并于判决前移送人民法院。

（7）被告人最后陈述后，法定代理人可以补充陈述。审判长应当宣布休庭，合议庭进行评议。对于可以当庭宣告判决的案件，合议庭应当在宣布有罪判决结果后，当庭对未成年被告人进行法庭教育。对于定期宣告判决的案件，如果经合议庭评议，确定未成年被告人有罪，被告人及其辩护人又未作无罪辩护的，应当在宣告判决时对未成年被告人进行法庭教育。

具有下列情形之一的，不应当进行法庭教育：第一，经过合议，合议庭确定被告人无罪的；第二，宣判后，未成年被告人及其法定代理人、辩护人当庭明确表示对有罪判决持有异议的。

（8）合议庭在宣判后应当组织公诉人、辩护人及未成年被告人的法定代理人对未成年被告人进行法庭教育。法庭教育可以围绕下列内容进行：第一，犯罪行为对社会的危害和应受刑罚处罚的必要性；第二，导致犯罪行为发生的主观、客观原因及应当吸取的教训；第三，正确对待人民法院的裁判。

（9）未成年人刑事案件宣告判决，应当公开进行，但不得召开群众大会。宣告判决时，应当通知被告人的法定代理人到庭，并向法定代理人送达判决书副本。对于刑事附带民事诉讼的案件，少年法庭应当讲明未成年被告人的法定代理人所应当承担的民事赔偿责任。

宣告判决时，应当明确告知被告人的上诉权利，并且讲明上诉不加刑的法律规定。不满18周岁的被告人及其法定代理人依法均享有上诉权；被告人已满18周岁的，其法定代理人、辩护人或者其他近亲属要求上诉的，必须征得被告人的同意。

（10）第二审程序应一律采用直接审理的方式，严格禁止书面审理。对维持或改变原判决、裁定的，二审法院应当向上诉人讲明维持或改判的理由和根据。对经二审判决、裁定确定有罪的，可以在审判后组织法庭教育，继续做好未成年罪犯的教育工作。

五、执行程序

对于判决、裁定已经发生法律效力并应当收监服刑的未成年罪犯，少年法庭应当填写结案登记表并附送有关未成年罪犯的调查材料及其在案件审理中的表现材料，连同起诉书副本、判决书或者裁定书副本、执行通知书，一并送达执行机关。

对于被判处交付执行前余刑在3个月以上有期徒刑、无期徒刑的未成年犯，应当在未成年犯管教所执行。未成年犯管教所要认真贯彻执行"以教育改造为主，轻微劳动为辅"的方针，坚持半天学习、半天劳动制度；要尽可能地做到对不同类型的未成年罪犯实行分管分押；要设专职人员对未成年罪犯进行文化、法制、劳动技能教育，为他们回归社会就业创造条件。根据《预防未成年人犯罪法》第四十六条的规定，未成年犯在被执行刑罚期间，执行机关应当加强对未成年犯的法制教育，对未成年犯进行职业技术教育，对没有完成义务教育的未成年犯，执行机关应当保证其继续接受义务教育。

对于被判处交付执行前余刑在3个月以下有期徒刑、拘役的未成年犯，应在看守所执行。执行机关应注意将未成年犯与成年犯分离关押，使未成年犯远离"污染源"。

对于被判处管制、拘役宣告缓刑、有期徒刑缓刑，或者被假释、监外执行的未成年罪犯，由其住所地的社区矫正机构负责考察、教育。

六、社区矫正

根据《社区矫正实施办法》第三十三条的规定，对未成年人实施社区矫正，应当遵循教育、感化、挽救的方针，按照下列规定执行：

（1）对未成年人的社区矫正应当与成年人分开进行；

（2）对未成年社区矫正人员给予身份保护，其矫正宣告不公开进行，其矫正档案应当保密；

（3）未成年社区矫正人员的矫正小组应当有熟悉青少年成长特点的人员参加；

（4）针对未成年人的年龄、心理特点和身心发育需要等特殊情况，采取有益于其身心健康发展的监督管理措施；

（5）采用易为未成年人接受的方式，开展思想、法制、道德教育和心理辅导；

（6）协调有关部门为未成年社区矫正人员就学、就业等提供帮助；

（7）督促未成年社区矫正人员的监护人履行监护职责，承担抚养、管教等义务；

（8）采取其他有利于未成年社区矫正人员改过自新、融入正常社会生活的必要措施。

七、未成年人案件的法律监督

最高人民检察院《刑事诉讼规则》第四章专门对未成年人案件的法律监督工作进行了规定，《刑事诉讼法》对社区矫正的检察监督工作也作了明确规定，具体分为以下几个方面：

1. 侦查监督

人民检察院审查批准逮捕、审查起诉未成年犯罪嫌疑人，应当同时审查公安机关的侦查活动是否合法。如违法，则应提出纠正意见；如构成犯罪，则应追究其刑事责任：①违法对未成年犯罪嫌疑人采取强制措施或者采取强制措施不当的；②未依法实行对未成年犯罪嫌疑人与成年犯罪嫌疑人分管、分押的；③对未成年犯罪嫌疑人采取刑事拘留、逮捕措施后，在法定时限内未进行讯问，或者未通知其法定代理人或者近亲属的；④对未成年犯罪嫌疑人威胁、体罚、侮辱人格、游行示众，或者刑讯逼供、指供、诱供的；⑤利用未成年人认知能力低而故意制造冤、假、错案的；⑥对未成年被害人、证人以诱骗等非法手段收集证据或者侵害未成年被害人、证人的人格尊严及隐私权等合法权益的；⑦违反羁押和办案期限规定的；⑧已作出不批准逮捕、不起诉决定，公安机关不立即释放犯罪嫌疑人的；⑨在侦查中有其他侵害未成年人合法权益行为的。

2. 审判监督

对依法不应当公开审理的未成年人刑事案件公开审理的，人民检察院应当在开庭前提出纠正意见。公诉人出庭支持公诉时，发现法庭审判有下列违反法律规定的诉讼程序的情形之一的，应当在休庭后及时向本院检察长报告，由人民检察院向人民法院提出纠正意见：①开庭或者宣告判决时未通知未成年被告人的法定代理人到庭的；②人民法院没有给聋哑或者不通晓当地通用的语言文字的未成年被告人聘请或者指定翻译人员的；③未成年被告人在审判时没有辩护人的；对未成年被告人及其法定代理人依照法律规定拒绝辩护人为其辩护，合议庭未另行指定辩护律师的；④法庭未告知未成年被告人及其法定代理人依法享有的申请回避、辩护、提出新的证据、申请重新鉴定或者勘验、最后陈述、提出上诉等诉讼权利的；⑤其他违反法律规定的诉讼程序的情形。

3. 执行监督

人民检察院依法对未成年犯管教所实行驻所检察。在刑罚执行监督中，发现关押成年罪犯的监狱收押未成年罪犯的，或者对年满18周岁后余刑在2年以上的罪犯没有转送监狱的，应当依法提出纠正意见。

人民检察院在看守所检察中，发现没有对未成年犯罪嫌疑人、被告人与成年犯罪嫌疑人、被告人分管、分押或者对未成年罪犯留所服刑的，应当依法提出纠正意见。

人民检察院依法对未成年犯的减刑、假释、暂予监外执行等社区矫正实行监督。对符合减刑、假释、暂予监外执行法定条件的，应当建议执行机关向人民法院、监狱管理机关提请；发现提请或者裁定、决定不当的，应当依法提出纠正意见；对徇私舞弊减刑、假释、暂予监外执行等构成犯罪的，依法追究刑事责任。人民检察院发现社区矫正执法活动违反法律法规或者存在侵权现象的，可以区别情况提出口头纠正意见、制发《纠正违法通知书》或者《检察建议书》。交付执行机关和执行机关应当及时纠正、整改，并将有关情况告知人民检察院。

案例分析

【案例】崔某17岁时因家境贫穷到某大城市打工，无法找到固定工作，后发现贩卖盗版音乐光盘有钱可赚，便跟一些同乡摸清黑市分销渠道，干起了贩卖盗版光盘的"生意"。在该市一次大规模打击盗版的集中行动中，存货地曝光，崔某由于涉嫌数额较大而被拘传。公安机关在讯问崔某时，鉴于他是外地人，父母不在身边，故未通知其法定代理人到场。后公安机关决定对其实施监视居住，但为达到大力打击翻版行为的目的，公安机关以其为外来人员无固定居所为由，将其与其同伙集中关在公安机关自行划定的外地嫌疑人"指定居住地"等候审理。崔某于侦查终结时年满 18 岁，后检察机关认为其在本案中是起策划作用的主犯，故以崔某和其他共同犯罪嫌疑人犯有贩卖侵权复制品罪向法院一并提起了公诉。法院开庭公开审理了该案。

【问题】

1. 该案的侦查和起诉程序是否正确？为什么？

2. 人民法院公开审理此案是否正确？

【解析】

1. 该案的侦查严重违反了我国未成年人刑事诉讼程序。首先，公安机关将监视居住地变为集中监视居住，实际是一种规避法律关于拘留的严格规定的变相拘留，本身已严重违反《刑事诉讼法》。其次，这种变相拘留对于当时尚未成年的崔某来说显然是过于严厉的，会造成过大的精神伤害，不利于对其教育、挽救。再次，公安机关没有将其与其他成年嫌疑人分别关押、分别管理、分别教育，使其处于易受教唆和伤害的境地，未能尽到保护未成年人的法定职责。最后，讯问的时候，没有通知其法定代理人或其他合适成年人在场，违法了法律的规定，侵害了未成年人的合法权益。

检察机关的起诉也违反了分案处理的原则。根据《关于审理未成年人刑事案件的若干规定》第十条第一款，被告人在实施被指控的犯罪时不满 18 周岁，并被指控为首要分子或者主犯的共同犯罪案件，应由少年法庭受理。本案中崔某实施犯罪时仍未成年，对于他的起诉应分案进行，这才有利于对其进行寓教于审、惩教结合的审理，结合其心理特点帮助其反省罪过，改过自新，有效地减少其再犯的可能。

2. 人民法院公开审理此案是正确的。《刑事诉讼法》第二百七十四条规定："审判的时候被告人不满 18 周岁的案件，不公开审理。"审判的时候崔某已经满了 18 周岁。

思考与练习

1. 未成年人刑事诉讼程序应当遵循什么特别的原则？

2. 未成年人刑事诉讼程序中有哪些特别的制度？

3. 合适成年人在场制度有哪些内容？该制度有什么意义？

4. 什么是附条件不起诉？附条件不起诉适用的条件、程序是什么？

5. 为何实行犯罪记录封存制度？该制度适用的对象有哪些？

6. 未成年人刑事案件在诉讼程序上有哪些特殊之处？

第二十一章 当事人和解的公诉案件诉讼程序

要点提示

当事人和解的公诉案件诉讼程序，简称和解程序，是指公安机关、人民检察院、人民法院对于一些符合法定条件的公诉案件，如果犯罪嫌疑人、被告人真诚悔罪，通过向被害人赔偿损失、赔礼道歉等方式获得被害人谅解，双方当事人自愿达成和解协议的，可以对犯罪嫌疑人、被告人作出不同方式处理的程序。

适用案件范围：①因民间纠纷引起，涉嫌侵犯公民人身权利、民主权利犯罪和侵犯财产罪，可能判处3年有期徒刑以下刑罚；②除渎职犯罪以外的可能判处7年有期徒刑以下刑罚的过失犯罪案件；③犯罪嫌疑人、被告人在5年以内没有故意犯罪的。

适用条件：①属于法律规定的公诉案件范围；②犯罪嫌疑人、被告人愿意和解；③被害人自愿和解。

和解程序：公、检、法机关在诉讼各阶段都应就是否适用和解程序征求意见，符合条件的，主持制作和解协议书。对达成和解协议的案件，可以提出从宽建议或作出从宽处理。

第一节 当事人和解的公诉案件诉讼程序概述

一、当事人和解的公诉案件诉讼程序概念、性质和意义

1. 概念

当事人和解的公诉案件程序，简称和解程序，是2012年修订的《刑事诉讼法》增加的一个特别程序。其含义是，公安机关、人民检察院和人民法院对于一些符合法定条件的公诉案件，如果犯罪嫌疑人、被告人真诚悔罪，通过向被害人赔偿损失、赔礼道歉等方式获得被害人谅解，双方当事人自愿达成和解协议的，可以对犯罪嫌疑人、被告人作出不同

方式处理的程序。

2. 性质

当事人和解的公诉案件程序，从性质上讲是公权力主导下的当事人自主协商解决案件的程序。首先，这不是私力救济，因为仍然是在国家公权力控制下的公诉程序之中，需要公、检、法机关的主导，是以国家强制力作为后盾的。这是防范刑事案件得不到解决并使矛盾激化产生新问题的必要手段。其次，是公权力对自力解决刑事冲突的一定限度的退让，是在一定程度上对民间"私了"的认可。公权力对公民自力解决纠纷的让步，既是社会民主意识增强的体现，是国家对当事人作为诉讼主体的资格以及意愿的更多的尊重；又表明国家对于诉讼效率有了更为积极的追求。如果能够通过发挥当事人双方的积极力量，高效便捷地解决某些刑事冲突，国家何必要不遗余力、不讲实效地劳民伤财呢？因此，当事人和解的公诉案件程序，是在公权力主导下，充分尊重双方当事人意愿，通过有效参与、沟通与协商，公平、合理、合法地解决刑事冲突，恢复社会秩序与稳定的一种新型刑事诉讼程序。

3. 意义

设立当事人和解的公诉案件程序的意义在于：

（1）提高刑事诉讼的民主化程度，更大限度地保障人权。刑事诉讼的民主与文明是社会民主与文明的重要体现，刑事诉讼的民主与文明程度，往往与人权保障的程度成正比。我国设立当事人和解的公诉案件程序，在公安司法机关的主持下，通过当事人双方的充分参与、沟通和协商，在国家刑罚权和公民、社会组织补偿权之间进行适当的平衡，有助于更大限度地保障当事人的权利。一方面，通过刑事赔偿等，有利于切实地保护被害人的利益，使被害人能够在刑事程序中获得实际的利益，以帮助其从犯罪的伤害中尽快恢复，通过赔礼道歉等能够让被害人获得心理的抚慰；另一方面，通过和解方式解决犯罪嫌疑人、被告人的法律责任，也能够最大限度地尊重被追诉者的合理、合法要求，避免公权力过于强硬的干涉或强制，从程序到实体上确保犯罪嫌疑人、被告人的人权不受侵犯，合法权利能够得到保障。

（2）有助于贯彻宽严相济的刑事政策。宽严相济刑事政策是我国处理刑事案件的基本政策，它要求对不同的犯罪和犯罪人应当区别对待，该宽则宽，该严则严，宽严适度，相互协调。当事人和解的公诉案件程序，体现的是对部分较轻的刑事案件，在犯罪嫌疑人、被告人真诚悔罪、积极赔偿并获得被害人谅解的情况下，所给予的宽缓化处理，是从宽处理案件的一条重要通道。相反，对于严重的、拒不悔罪的或者拒绝给予被害人赔偿的案件，则应当从严把握，从严惩处，不能适用该程序。这是实现宽严相济刑事政策的程序路径。

（3）有利于提高诉讼效率，节省司法资源。通过和解方式，快速解决一部分较轻的刑事案件，可以减轻公、检、法机关的工作负担，减少在侦查、审查起诉、审判和执行各环节不必要的人、财、物的投入，降低诉讼成本。同时，基于和解结案的，当事人一般也不会上诉、申诉等启动救济程序，减少诉累和缠诉，案结事了。快速处理案件，也有利于当事人尽快恢复原有的工作和生活规律，减少劳动力的浪费，提高社会生产能力。

（4）有利于促进社会和谐稳定。在公权力机关的主持下，允许双方当事人协商、和解，既尊重了法律的有效性，又最大限度地尊重了当事人的意愿，还可以防止冲突的升级或扩大化。通过三方都能够接受的案件解决方案的实施，可以有效修复被犯罪所破坏的社会关系，促进社会的和谐稳定和人民生活的安宁。

二、外国刑事和解制度的理论与实践

刑事和解正在成为一种世界化趋势，所不同的是各国法律关于刑事和解的制度设计和程序选择有所不同，刑事和解的理论基础和实践效果有别。

在美国，与刑事和解相似的制度是辩诉交易。辩诉交易占美国刑事案件的90%以上，也就是说，绝大多数刑事案件是通过辩诉交易结案的。《美国联邦刑事诉讼规则和证据规则》中有规定："检察官与辩护律师之间，或者与被告之间（当被告自行辩护时）可以进行讨论以达成协议。"检察官通过撤销、降格指控或者建议减轻刑罚，促使被告人认罪伏法，双方在罪名、量刑等方面，都可进行商谈。美国的辩诉交易在世界上产生了广泛的影响。英国也有辩诉交易的实践。意大利1988年《刑事诉讼法》，借鉴美国的辩诉交易并加以改造，形成意大利式的辩诉交易，即只对量刑进行交易，即使检察官不同意，被告方也可直接申请法官给予量刑上的减免，达成交易的结果是减轻法定刑的三分之一。

在大陆法系国家，近几十年来陆续出现了不同形式的刑事和解制度。在法国，检察机关采用公诉替代程序——在起诉与不起诉之间走了第三条道路。公诉替代程序包括附条件不起诉，刑事和解，刑事调解。庭前认罪答辩程序以及简易程序所组成的较完善的高效案件解决机制，既能最大限度地提高效率，又能确保责任追究及刑罚威慑力，并在很大程度上缓解了法院的审判压力。一种是刑事调解。对于一些轻微的犯罪，检察官在作出提起公诉的决定之前，经征求当事各方同意，可以运用调解——赔偿手段，使犯罪人与受害人之间达成谅解，以决定不予起诉。调解的前提是犯罪较轻，被害人的损失能够得到补偿，结束犯罪引起的混乱以及有益于犯罪人重新融入社会。对于未成年人案件，还需要监护人同意才可以适用。另一种是刑事和解，是由检察官提出的一种调解机制。为提高刑事司法效率，1999年法律允许检察机关对一些犯罪人提出和解处理。适用范围是一系列3年有期徒刑以内的轻罪，措施有多种，主要是支付罚款、没收、交回执照、提供公共劳动等。和解由检察官给犯罪行为人的书面建议启动，由司法警察或检察人员实施。如果建议被接受，仍然要法官用裁定批准其生效或者驳回检察官的建议。德国也有辩诉协商。辩护人与法院之间的协商，目的在于提高诉讼效率。日本2000年《刑事程序中保护被害人等附带措施的法律案》规定，要在刑事程序中导入民事和解制度。

为了提高诉讼效率，更快更好地化解控辩冲突，《俄罗斯联邦刑事诉讼法典》设立有"和解法官审理案件程序"。和解法官对被害人或其法定代理人申请提起的自诉案件可以进行和解。如果被害人由于孤立无援或其他原因不能维护自己的权利或合法利益，可以由检察长提起刑事案件，检察长的介入不影响控辩双方的和解。和解法官在开庭时向双方说明进行和解的可能性。如果双方达成和解协议，向法院申请和解，则和解法官作出终止刑事诉讼的裁决。

刑事和解制度的理论基础可以说是恢复性司法的理念。恢复性司法是对刑事犯罪通过在犯罪方和被害方之间建立一种对话、补偿与和解关系，来修复与重构被犯罪所破坏的社会关系。其基本价值目标是对社会关系给予建设性的恢复重建，而不是沿袭传统，在犯罪之后通过对犯罪者的打击与毁灭来达到破坏性的公平正义。具体方式如：①犯罪人主动承担责任，对自己的犯罪行为所造成的危害结果进行赔偿；②受害人在物质上得到救济、补偿，在心理上得到抚慰；③当事人双方达成和解，并通过社区等有关方面的参与，使受损的社会关系得到修整、恢复，使犯罪者早日回归社会。恢复性司法发端于20世纪60年代的北美，并迅速向全球传播、蔓延。美、加的最初形式是被害人——加害人和解计划。英国的恢复性司法发端于少年矫正制度，警察带少年犯与受害人面谈，真诚悔罪并得到受害人谅解，最后形成协商补偿方案，从而使犯罪人免于被起诉。恢复性司法在英美法系国家并不限于轻罪案件，一些重罪案也尝试恢复性司法模式，英国2000年就有1700名重罪案，如强奸、抢劫等仅仅通过"告诫"这种非常简单的恢复性司法程序结案。美国对未成年犯注重非监禁刑适用，有90%的未成年被告人未入监，其中绝大部分以恢复性司法方式结案。

第二节　当事人和解的公诉案件范围与诉讼程序

一、当事人和解的公诉案件范围

根据《刑事诉讼法》第二百七十七条的规定，下列公诉案件，可以适用当事人和解程序：

（1）因民间纠纷引起，涉嫌《刑法》分则第四章、第五章规定的犯罪，可能判处3年有期徒刑以下刑罚的案件。这类案件必须同时符合三个条件：

其一，因民间纠纷引起。即当事人双方在财产、人身、邻里等方面有过纠葛，进而引起了刑事犯罪。

其二，涉嫌《刑法》分则第四章、第五章规定的犯罪。这些犯罪是"侵犯公民人身权利、民主权利犯罪"和"侵犯财产罪"两大类。也就是公民之间涉嫌侵犯人身权利、民主权利和财产权利方面的犯罪，损害的主要是个人合法权益。

其三，可能判处3年有期徒刑以下刑罚。即属于事实、情节较轻的犯罪。

（2）除渎职犯罪以外的可能判处7年有期徒刑以下刑罚的过失犯罪案件。这类案件也必须同时符合三个条件：

其一，必须是过失犯罪。故意犯罪不能适用于此类情形。

其二，可能判处7年有期徒刑以下刑罚。7年有期徒刑可以涵盖多数过失犯罪的量刑。可能判处7年有期徒刑以下刑罚的过失犯罪，才可考虑适用和解程序。

其三，渎职犯罪除外。渎职犯罪是过失犯罪，而且也有许多判处7年有期徒刑以下刑罚的，但是却不能适用和解程序。原因在于，渎职犯罪侵害的是国家机关正常的职能活动，违背了公务职责的公正、廉洁与勤勉，严重损害了国家和人民的利益，不属于当事人可以和解的范围。

（3）犯罪嫌疑人、被告人在5年以内没有故意犯罪的。这是在上述两类公诉案件之外增加的一个限制性规定，是对上述案件范围的限缩。对5年内没有过故意犯罪的人，才允许适用和解程序；反之，如果犯罪嫌疑人、被告人在5年内曾经有过故意犯罪，说明其主观恶性较大，法律禁止其适用和解程序。

二、公诉案件适用当事人和解的条件

法律虽然列举了适用和解程序的公诉案件范围，但是，在此范围内的公诉案件却未必都能适用和解程序。公诉案件适用当事人和解程序，依据法律的规定，需要具备三个条件，而且缺一不可。这三个条件是：

（1）属于法律规定的公诉案件范围。

（2）犯罪嫌疑人、被告人愿意和解。和解是双方行为，如果犯罪嫌疑人、被告人本身不愿意协商、和解，拒绝赔偿，不愿意赔礼道歉，甚至不愿意承认犯罪，那么，就不能适用和解程序。因为有些公诉案件，犯罪嫌疑人、被告人可能不愿意承认犯罪，不愿意和解，在此情形下，就只能继续追诉程序。未成年人刑事案件，如果适用和解程序，还应当经其法定代理人同意。

（3）被害人自愿和解。如果犯罪嫌疑人、被告人真诚悔罪，通过向被害人赔偿损失、赔礼道歉等方式获得被害人谅解，被害人自愿和解的，才可以适用和解程序。被害人是否同意和解，对和解程序的适用也至关重要。被害人如果是未成年人，还应当征得其法定代理人的同意才可适用和解程序。

三、当事人和解的公诉案件诉讼程序

（1）在立案、侦查、审查起诉和审判各个阶段，公安机关、人民检察院、人民法院都应当就是否适用和解程序征求意见。也就是说，对于法定范围内的案件，从立案开始，在每一个诉讼阶段，办案机关都应当听取当事人和其他有关人员的意见，如果双方都愿意和解的，那么，办案机关就要重点审查和解是否出于自愿，是否符合法律的规定。经过审查，对于符合、适用和解条件的案件，则主持制作和解协议书。

（2）对于达成和解协议的案件，办案机关就要作出如下处理：①在侦查阶段达成和解协议的，公安机关在移送起诉或者不起诉时，可以向人民检察院提出从宽处理的建议。②在审查起诉阶段达成和解协议的，人民检察院可以向人民法院提出从宽处罚的建议；对于犯罪情节轻微，不需要判处刑罚的，可以作出不起诉的决定。③在审判阶段达成和解协议，或者在审查起诉阶段已经达成和解协议被提起公诉的案件，人民法院可以依法对被告人从宽处罚。

案例分析

【案例】被告人王某、赖某、周某抢劫并致被害人蔡某死亡。在检察机关提起刑事诉讼的同时，被害人的家属也依法提起了附带民事诉讼。蔡某是家里唯一的劳动力，上有年近八十的母亲，下有正在读书的女儿，该案的发生直接导致这个家庭陷入困境，女儿也因此面临失学。法官在审理过程中，多次组织双方当事人进行细致的调解。经过努力，双方就民事赔偿达成一致的意见。被告人王某家属先行赔偿原告5万元人民币，原告对此结果表示满意。同时被告人也对自己的行为作出了深刻的忏悔，表示要痛改前非，并积极对被害方作出赔偿，获得被害方一定程度上的谅解。最后，法院依照法律对被告人王某作出一定程度的从轻处罚，一审判处王某死刑缓期二年执行。

【问题】

1. 本案能否适用当事人和解的公诉案件诉讼程序？

2. 人民法院从轻判处是否正确？

【解析】

1. 本案不属于当事人和解的公诉案件诉讼程序的适用范围。根据我国《刑事诉讼法》第二百七十七条的规定，下列公诉案件，可以适用当事人和解程序：①因民间纠纷引起，涉嫌《刑法》分则第四章、第五章规定的犯罪，可能判处3年有期徒刑以下刑罚的案件；②除渎职犯罪以外的可能判处7年有期徒刑以下刑罚的过失犯罪案件；③犯罪嫌疑人、被告人在5年以内没有故意犯罪的。这是在上述两类公诉案件之外增加的一个限制性规定。本案是抢劫并致人死亡案件，犯罪性质严重，法定刑罚高于3年有期徒刑，因而不能适用刑事和解程序。

2. 人民法院对王某从轻判处，符合宽严相济、区别对待的刑事政策和限制死刑的立法精神。2000年12月4日最高人民法院颁布的《关于刑事附带民事诉讼范围问题的规定》第四条和第五条第一款中规定：被告人已经赔偿被害人物质损失的，人民法院可以作为量刑情节予以考虑；犯罪分子非法占有、处置被害人财产而使其遭受物质损失的，人民法院应当依法予以追缴或者责令退赔。被追缴、退赔的情况，人民法院可以作为量刑情节予以考虑。本案被告人积极赔偿被害人，真心悔过，获得被害方一定程度上的谅解，人民法院对其从轻判处，既体现了对悔罪者的宽大，有利于促进犯罪者的教育改造，又坚守了刑法的定罪量刑基本标准，更重要的是，帮助被害人解决了生活所需，体现了法律效果、社会效果与政治效果的统一。

思考与练习

1. 为什么公诉案件允许和解？其理论基础是什么？

2. 当事人和解的公诉案件范围是什么？

3. 公诉案件适用当事人和解的条件是什么？

4. 公诉案件刑事和解的程序是怎样的？

第二十二章 违法所得没收程序

要点提示

违法所得没收程序，是指公安机关、人民检察院和人民法院，对于法定的重大案件，在犯罪嫌疑人、被告人逃匿或者死亡的情况下，对其违法所得及其他涉案财物所采用的依法予以没收的审理程序，是2012年修订的《刑事诉讼法》增设的特别程序。

适用条件：①贪污贿赂、恐怖活动及其他重大犯罪案件；②被追诉人逃匿或者死亡；③有依法应当追缴的违法所得等涉案财产；④人民检察院向人民法院提出了没收违法所得的申请。

案件管辖：由犯罪地或者犯罪嫌疑人、被告人居住地的中级人民法院组成合议庭进行审理。

公告：人民法院受理没收违法所得的申请后，应当先发出公告，公告期间为6个月。

公检法机关可采取保全措施，查封、扣押、冻结财产。

权利保障：犯罪嫌疑人、被告人的近亲属和其他利害关系人有权申请参加诉讼，也可以委托诉讼代理人参加诉讼。利害关系人参加诉讼的，人民法院应当开庭审理。

审理方式：有利害关系人参加即开庭审理，否则实行不开庭审理。

处理结果：属于被害人的，依法裁定返还被害人；应当追缴的违法所得及其他涉案财产，裁定予以没收；不属于应当追缴的财产，裁定驳回申请，解除查封、扣押、冻结措施；审理过程中，对逃匿者归案的，法院应当决定终止没收程序的审理。

司法救济：对法院的裁定，犯罪嫌疑人、被告人的近亲属和其他利害关系人可以提出上诉，人民检察院可以提出抗诉。如果没收财产错误，则应予以返还或赔偿损失。

第一节 违法所得没收程序的概念和意义

一、概念

违法所得没收程序的全称是犯罪嫌疑人、被告人逃匿、死亡案件违法所得的没收程序。该程序是 2012 年《刑事诉讼法》增加的一个特别程序，是指公安机关、人民检察院和人民法院，对于法定的重大案件，在犯罪嫌疑人、被告人逃匿或者死亡的情况下，对其违法所得及其他涉案财物所采用的依法予以没收的审理程序。该审理程序独立于原有的刑事诉讼程序而存在，因而又被称为独立没收程序。

二、意义

我国增设违法所得没收程序具有非常重要的现实意义。主要是：

（1）是国内法与国际公约相衔接的现实需要。随着世界冷战的结束，曾经被意识形态所掩盖的腐败问题开始突现，并已成为后冷战时期导致政府垮台、政党丧失执政地位的主要原因。据权威数据显示，发展中国家每年由于腐败导致的经济损失约为 200 亿美元，而发达国家每年由于腐败导致的经济损失则高达 5 390 亿美元。面对日益严重的腐败问题，2003 年 10 月 31 日，第 58 届联合国大会全体会议审议通过了《联合国反腐败公约》（以下简称《公约》），2003 年 12 月 10 日，中国政府在该《公约》上签字，2005 年 10 月 27 日，中国十届全国人大常委会第十八次会议以全票批准加入，同时声明：中华人民共和国不受《公约》第六十六条第二款的约束。至 2006 年，已有 140 个国家签署了该《公约》。该《公约》第五十四条第一款第三项规定："各缔约国应根据本国法律，采取必要的措施，以便在因为犯罪人死亡、潜逃或者缺席而无法对其进行起诉的情形或其他有关情形下，能够不经过刑事定罪而没收因腐败犯罪所获得的财产。"违法所得没收程序的设置，正是我国履行国际公约义务、将国内法与国际法相衔接的重要表现。

（2）是挽回国家、集体、其他组织或个人财产损失的法律途径。我国以往对犯罪案件中的违法所得，是通过追赃、追缴或者附带民事诉讼方式进行的，追赃、追缴在刑事诉讼本身中找不到程序依托；附带民事诉讼则需要与刑事案件一并审判。由于我国刑事诉讼中没有缺席审判程序，一旦犯罪嫌疑人或被告人逃匿、死亡，刑事程序就无法推进或者无法审判，因而对有关涉案财产的处理也就没了程序路径。违法所得没收程序的设置，填补了我国刑事诉讼程序中的一个空白，为及时从犯罪案件中挽回国家、集体、其他组织或公民个人的财产损失提供了一个法律通道。

（3）是展开刑事司法协助，进行犯罪资产追回的依据。各国为应对日益猖獗的跨国、跨境的严重刑事犯罪，普遍展开了国际、区际刑事司法协助。这种协助不仅涉及追逃、引渡等，还同时存在犯罪资产的追缴与追回协助。我国设置违法所得没收程序，也有助于与其他国家或地区展开犯罪资产追回方面的互助合作，更有效地打击跨国、跨境的严重刑事犯罪。

（4）是从经济上控制犯罪、打击犯罪的有效手段。没收违法所得及其他涉案财物，可以有效剥夺犯罪个人或者组织的再犯能力，遏制犯罪人通过犯罪获取非法利益的动机，让犯罪者无利可图。有助于在经济上实现对犯罪的控制和打击。

（5）是保护犯罪嫌疑人、被告人合法财产的程序保证。通过非法所得没收程序，公安司法机关可以依法甄别财产是否为非法所得或者其他不正当财产，只有在符合法定条件时才可以没收，否则，将不能没收。这种程序设定，也有利于保护犯罪嫌疑人、被告人的合法财产不受侵犯，毕竟，程序提供了一个法定的标准和执行的尺度。

第二节　违法所得没收程序适用的条件

《刑事诉讼法》第二百八十条规定："对于贪污贿赂犯罪、恐怖活动犯罪等重大犯罪案件，犯罪嫌疑人、被告人逃匿，在通缉 1 年后不能到案，或者犯罪嫌疑人、被告人死亡，依照刑法规定应当追缴其违法所得及其他涉案财产的，人民检察院可以向人民法院提出没收违法所得的申请。公安机关认为有前款规定情形的，应当写出没收违法所得意见书，移送人民检察院。没收违法所得的申请应当提供与犯罪事实、违法所得相关的证据材料，并列明财产的种类、数量、所在地及查封、扣押、冻结的情况。人民法院在必要的时候，可以查封、扣押、冻结申请没收的财产。"从该条规定看，违法所得没收程序适用的条件包含如下几个方面：

一、适用于重大犯罪案件

违法所得在许多犯罪案件中都存在，是否都能适用该没收程序，必须依照法律的明确规定。就现有法条理解，违法所得没收程序是限定了特定的案件适用范围的，并不能适用于一切有非法所得的刑事案件。法律限定的案件范围是：贪污贿赂犯罪、恐怖活动犯罪等重大犯罪案件。分解开来就是：

（1）贪污贿赂犯罪案件。贪污与贿赂本是不同的犯罪，但共同点都是国家机关工作人员利用职务实施的，是人民检察院反贪污贿赂检察局自行侦查的案件。法律用笼统的语言表达这类犯罪，可以理解为在范围上，包含人民检察院反贪污贿赂检察局自侦的那些案件。

（2）恐怖活动犯罪案件。可以说，自美国"9.11"之后，恐怖活动犯罪成为全球的头号犯罪和各国打击的重点。恐怖活动犯罪通常是有组织、有雄厚财力支持的犯罪，因此，适用违法所得没收程序，收缴犯罪者的违法财产，就成为打击此类犯罪的有效手段之一。这类犯罪包括：组织、领导、参加恐怖组织罪，资助恐怖活动罪，劫持航空器犯罪，劫持船只、汽车罪，暴力危机飞行安全罪等。

（3）其他重大犯罪案件。法律在贪污贿赂犯罪、恐怖活动犯罪后用"等重大犯罪案件"，一是表明将列举的两类犯罪视为重大犯罪，因为性质严重；二是说明这是不完全列举，除此之外的其他重大犯罪案件，也都可以适用违法所得没收程序。这实际上又将适用范围扩大化了，只是最终落在"重大犯罪"案件上。也就是说，只要是重大犯罪案件，都可考虑适用违法所得没收程序。

这里指的"重大犯罪案件"，一般是根据刑事犯罪的性质、危害性、情节、社会影响而言的，但在此，实际上也包括犯罪本身并不严重，但涉案财产金额巨大的案件，比如，有些贪污贿赂犯罪本身并不严重，但可能涉案金额巨大，有必要启动违法所得没收程序。涉案金额巨大，意味着犯罪对国家、集体、其他组织或个人造成的损失巨大，也应该作为重大犯罪案件对待。

二、被追诉人逃匿或者死亡

在被追诉人逃匿或者死亡的情况下，才能启动违法所得没收程序，因为此时正常的刑事追诉程序已经无法继续，需要单独启动没收程序以收缴违法所得等涉案财产。如果刑事诉讼仍然在正常推进，有关涉案财物就通过正常程序处理。

（1）犯罪嫌疑人、被告人逃匿。在刑事诉讼过程中，如果犯罪嫌疑人、被告人逃匿，按照我国现有的程序设计，原有的追诉程序就得中止，因为我国没有刑事缺席审判制度。但是，犯罪嫌疑人、被告人由于涉嫌犯罪而获取的违法所得以及用于实施犯罪的财物，则是存在的，而且相对独立。因而，公安司法机关可以依法对该部分财产先予追回、没收，以削弱犯罪人再犯的经济能力，也可以防止这些财产被转移、使用而给社会造成的损失。因而，2012年修订的《刑事诉讼法》规定，对犯罪嫌疑人、被告人逃匿，在通缉一年后不能到案的，即可启动违法所得没收程序。

（2）犯罪嫌疑人、被告人死亡。在刑事诉讼过程中，犯罪嫌疑人、被告人如果死亡，刑事追诉一般就不再继续，因为失去了刑事责任的承担者和程序参与者，追究也就没有太多意义。但是，如果存在违法所得等需要处理的财物，就需要单独启动违法所得没收程序予以收缴。

三、有依法应当追缴的违法所得等涉案财产

没收的前提是有违法所得等涉案财产存在。即使是贪污贿赂犯罪、恐怖活动犯罪，如果案件中没有查到违法所得等涉案财产，就没有必要启动没收程序。这里有两个需要把握的要点：

（1）必须要有违法所得等涉案财产，而且这些财产已经被查获。没有涉案财产，或者

虽然怀疑有违法所得或涉案资金但没有查获，则不能启动没收程序。必须在查获并控制这些财产的情况下，启动没收程序才有意义，申请才会被法院所接受。

（2）违法所得等涉案财产是依法应当被追缴的。按照《刑法》的规定，应当追缴违法所得或者其他涉案财产的犯罪，启动没收程序予以追缴即是有法律依据的，如果没有法律上的依据，一般是不能没收的。也就是说，违法所得等涉案财产的没收，应当严格依法进行。

四、人民检察院向人民法院提出了没收违法所得的申请

这是适用违法所得没收程序所必需的程序要件。人民检察院提出申请，才可以启动该程序，人民法院是不可以自行启动审理程序的。按照《刑事诉讼法》的规定，启动违法所得没收程序的主体，只能是人民检察院。人民检察院认为需要追缴违法所得等涉案财产的，可以向人民法院提出没收违法所得的申请。

公安机关在侦查中认为有需要追缴违法所得情形的，应当写出没收违法所得意见书，移送人民检察院，由人民检察院决定提起申请。

人民检察院在没收违法所得的申请中，应当提供与犯罪事实、违法所得相关的证据材料，并列明财产的种类、数量、所在地及查封、扣押、冻结的情况。

第三节 违法所得没收案件的审理

一、审判管辖

《刑事诉讼法》第二百八十一条第一款规定："没收违法所得的申请，由犯罪地或者犯罪嫌疑人、被告人居住地的中级人民法院组成合议庭进行审理。"该款规定了违法所得没收案件的地区管辖和级别管辖。

（1）地区管辖。违法所得没收案件由犯罪地或者犯罪嫌疑人、被告人居住地的法院管辖。该地区管辖与刑事犯罪案件的地区管辖，在原则上保持一致，是便于将没收管辖与刑事犯罪案件管辖进行有效的衔接与协调。因为对刑事犯罪案件进行管辖的公安司法机关，才能够查获违法所得和其他涉案财产，才能够及时掌握犯罪嫌疑人、被告人逃匿、死亡等情况，也才能够及时地、便利地启动没收程序。所以，就此而言，违法所得没收案件的管辖地点，一般应当是原刑事犯罪案件的管辖地点。该管辖地点可能是犯罪地，也可能是居住地。

但是，如果违法所得等涉案财产的所在地与刑事犯罪案件的管辖地不在同一个地方的，为便于对财产实施控制和执行，则没收案件的管辖应当由财产所在地的法院受理。如

刑事案件原本是由犯罪地的公安司法机关受理的，而涉案财产却在犯罪嫌疑人、被告人的居住地被查获，那么，对违法所得没收案件则应当由居住地法院受理。如果涉案财产是在居住地以外的其他地方被查获，则应当由该财产所在地的法院受理，因为违法所得等涉案财产的所在地，也属于犯罪地，依照犯罪地管辖原则，该地法院对没收案件享有当然的管辖权。

（2）级别管辖。违法所得没收案件依法应当由中级人民法院管辖。也就是说由犯罪地或者犯罪嫌疑人、被告人居住地的中级人民法院管辖。由中级人民法院管辖，说明法律对没收程序的重视。

二、公告

人民法院受理没收违法所得的申请后，应当先发出公告。因为没收程序针对的是不在案的犯罪嫌疑人、被告人的财产，如果犯罪嫌疑人、被告人在案，就不能适用没收程序。如果财产不是违法所得或其他涉案资金等，也不能通过没收程序予以没收。因此，公告就是没收程序必不可少的步骤，是程序正当性的关键。

公告的作用在于：

（1）公开告知人民法院已经受理了没收违法所得的申请，没收程序已经启动；

（2）告知犯罪嫌疑人、被告人的近亲属和其他利害关系人所享有的权利。犯罪嫌疑人、被告人的近亲属和其他利害关系人有权申请参加诉讼，也可以委托诉讼代理人参加诉讼。

公告期间为6个月。人民法院在公告期满后对没收违法所得的申请进行审理。利害关系人参加诉讼的，人民法院应当开庭审理。

三、查封、扣押、冻结财产

对于违法所得或者其他涉案财产，公安、检察机关可以在侦查、审查起诉阶段采取强制性措施加以控制。人民法院在必要的时候，也可以查封、扣押、冻结申请没收的财产，以防范这些财产遭到破坏或者被私自转移。

四、利害关系人参与审理

在犯罪嫌疑人、被告人逃匿或者死亡的情况下，要确定与其相关的财产的法律归属，就应当有其近亲属或其他利害关系人的共同参与。这既是公正程序的要求，也关乎其近亲属和其他利害关系人的民事权益。因此，法律规定，犯罪嫌疑人、被告人的近亲属和其他利害关系人有权申请参加诉讼，也可以委托诉讼代理人参加诉讼。利害关系人参加诉讼的，人民法院应当开庭审理。

五、法庭审理

1. 审理主体

违法所得没收案件的审理，由中级人民法院组成合议庭进行。也就是说，此类案件的审理，不适用独任制审判，必须实行合议制。

2. 审理方式

违法所得没收案件的审理方式有两种：一种是开庭审理。如果犯罪嫌疑人、被告人的近亲属或利害关系人参加诉讼的，人民法院应当开庭审理。在合议庭的主持下，人民检察院和利害关系人作为控辩双方，对涉案财产的合法性及其归属进行审查，利害关系人可以提供有利于自己的证据，发表意见，维护本方的合法权益。另一种是不开庭审理。如果经过公告，没有利害关系人申请参加审理，人民法院就可以根据人民检察院提出的没收违法所得的申请，进行不开庭审理并作出处理结论。

3. 审理结果

人民法院经过审理，将根据不同的情况作出如下处理结果：

（1）对于属于被害人的财产，依法裁定返还被害人；

（2）对经查证属于应当追缴的违法所得及其他涉案财产，应当裁定予以没收，上缴国库；

（3）对不属于应当追缴的财产的，应当裁定驳回申请，解除查封、扣押、冻结措施；

（3）在审理过程中，在逃的犯罪嫌疑人、被告人自动投案或者被抓获的，人民法院应当决定终止没收程序的审理。

4. 司法救济

对于人民法院作出的上述裁定，犯罪嫌疑人、被告人的近亲属和其他利害关系人可以提出上诉，人民检察院可以提出抗诉。法律没有专门规定上诉期限和程序，因而，应当适用于《刑事诉讼法》规定的一般上诉期限和程序。对裁定的上诉期为 5 天，从接到裁定书的第二天起开始计算。上诉、抗诉引起第二审人民法院对案件的重新审理。二审的裁定是终审的裁定，一经送达，立即生效。

如果事后查明，没收犯罪嫌疑人、被告人的财产是错误的，则应当予以返还；在不能返还的情况下，应当根据对其所造成的损失予以赔偿。

思考与练习

1. 2012 年《刑事诉讼法》为何要设置违法所得没收程序？

2. 违法所得没收程序适用的条件是什么？

3. 违法所得没收的程序有哪些？

第二十三章　精神病人强制医疗程序

第一节　强制医疗程序的概念和意义

一、概念

精神病人强制医疗程序，其全称是依法不负刑事责任的精神病人的强制医疗程序。该程序是指公安司法机关对于不具有刑事责任能力但有社会危险性的精神病人，依法强行隔离，送入专门医院进行强制治疗的特别诉讼程序。

精神病人强制医疗程序，从性质上讲，是一种基于社会防卫的保安处分程序，不同于一般的刑事诉讼程序，因而被列入我国的特别程序中。在德国刑事诉讼法典中有"特别种类程序"，其中就包括"保安处分程序"。俄罗斯刑事诉讼法典中也有"适用医疗性强制方法的诉讼程序"。

二、意义

我国《刑事诉讼法》新增精神病人强制医疗程序，既是完善我国程序法治、健全程序法律体系的需要，也是维护社会安宁和公民人身安全的有效保障。具有重要的现实意义。

1. 是维护公共安全和社会安宁的迫切需要

严重的精神病患者，由于失去辨别能力和控制能力，往往会给公共安全、他人的生命、健康、财产造成严重威胁或损害。但依照法律，这些人又不具有刑事责任能力，不能依照《刑法》对他们实施惩治与教育。因此，为了维护公共安全、社会安宁和民众的生命、健康、财产等不受精神病患者的威胁，依法对他们实施强制医疗，就是非常有必要而迫切的。因为在2012年《刑事诉讼法》之前，我国在法律上没有类似的强制程序。

2. 是保护健康公民不受非法强制的有效手段

精神病人强制医疗程序的设置，对于防范健康公民"被精神病"而受到非法的强制医疗，具有明显的过滤性审查功能，是保护健康公民不受非法强制的有效手段。近年我国接连发生的"被精神病"案，让世人瞠目不安。这也是我国增设精神病人强制医疗程序的一个重要背景因素。

3. 是保护精神病人合法权益的必要措施

精神病患者在不能辨别是非、不能控制行为的情况下实施的危害行为，极有可能给自己带来反击性的伤害，如他人基于紧急避险或者正当防卫所给予的打击，警察的抓捕，或者他人报复性的杀伤等。这些患者能否得到治疗，往往取决于家庭的经济条件，一些贫困家庭的精神病人，根本没有条件进入医院治疗，有些病人则被长年装入铁笼或者锁在小屋内，受到非人的隔离。如此等等，都需要社会给予这些精神病患者应有的关怀。强制医疗程序的设置，也是发挥公权力积极干预的力量，以期给予确有必要治疗的精神病患者提供强制医疗的条件，保护他们的合法权益。

第二节 强制医疗程序适用的对象

《刑事诉讼法》第二百八十四条规定："实施暴力行为，危害公共安全或者严重危害公民人身安全，经法定程序鉴定依法不负刑事责任的精神病人，有继续危害社会可能的，可以予以强制医疗。"该条对于强制医疗程序适用的对象，限定为精神病人，并且作了三个方面的条件限定：

一、精神病人有暴力危害行为

我国强制医疗程序适用的首要条件，是精神病人实施了暴力危害行为。这里需要重点把握三个要点：

（1）必须是精神病人实施了暴力危害行为，才可进行强制医疗。也就是说，如果精神病人没有实施暴力危害社会的行为，即使是精神病患者，也不得对其实施强制医疗。因为精神病人也有正当权利，在正常情况下，本人及其近亲属有权选择治疗方式与地点，不受他人干涉或者强制。

（2）暴力危害行为必须是精神病人实施的，对实施暴力危害行为的非精神病人，则不能实施强制医疗。非精神病人实施了暴力危害行为，依法承担其应该承担的法律责任，不在被强制医疗的范围。实践中，一些基于谋财、政治或者感情动机，将非精神病人强行关入精神病院强制治疗的行为，本身就是严重侵害公民权利的犯罪行为。

（3）暴力危害行为，是指法律规定的"实施暴力行为，危害公共安全或者严重危害公民人身安全"。从法条语义和实践情形来理解，这里的暴力危害行为，在严重程度上应当等同于犯罪行为，在现实性上应当是已经实施了的，或者正在实施，或者具有随时发生的现实危险性。如果不具有这些行为特征，则不能作为可施行强制医疗的行为前提。现实的相当于犯罪程度的暴力危害行为，如暴力打、砸、抢、放火、决水、毁坏电线或电缆等危害公共安全，或者杀人、伤害、严重危害公民人身安全等，这些严重危害行为在一般情况下，实施者将会受到法律的追究，承担刑事或民事等法律责任，但对于精神病患者，这些行为则是引起强制医疗的缘由。

二、经法定程序鉴定依法不负刑事责任

强制医疗的第二个必备要件是，行为人实施了严重危害社会的行为，但经过法定程序鉴定，属于依法不负刑事责任的情形，即行为人不具有刑事责任能力。这里要把握的有两点：

1. 经过法定程序鉴定

也就是依照《刑事诉讼法》关于司法鉴定的程序，进行司法精神病鉴定。对精神病人的精神状态和认知能力、控制能力的准确判断，必须借助于司法精神病鉴定，这是实行强制医疗的必经程序。反过来说，没有经过法定程序的精神病鉴定，不得对任何人实行强制医疗。

2. 行为人不具有刑事责任能力，依法不负刑事责任

经过鉴定，行为人属于完全没有辨别、控制能力的精神病人，依照《刑法》不应负刑事责任。在此情况下，不能对实施暴力危害行为的人给予刑罚意义上的监禁，所以才有必要考虑强制医疗这样的控制措施。如果经鉴定，行为人具有一定的刑事责任能力，仍然要负一定的刑事责任，则不能实行强制医疗，应当用刑罚方法加以管控。

三、有继续危害社会可能

行为人具有继续危害社会的可能性，是采取强制医疗措施的第三个必备要件。强制医疗本身既有治疗功能，还有进行社会防卫的管控功能。对于有过暴力危害行为、经鉴定属于不负刑事责任的精神病人，只有在其具有继续危害社会的可能性时，才可以对其实施强制医疗。反过来说，如果行为人的病状减轻或者被治愈，已经没有社会危害性了，就不能对其实行强制医疗。

如上三个方面，是法律规定的对精神病人适用强制医疗程序的必备要件，缺一不可。

第三节 强制医疗案件的审理

一、强制医疗的适用申请

从提出强制医疗适用申请开始，强制医疗程序即被正式启动。

强制医疗的适用申请，由人民检察院向人民法院提出。对于公安机关移送的或者在审查起诉过程中发现的精神病人符合强制医疗条件的，人民检察院应当向人民法院提出强制医疗的申请。公安机关在侦查中，发现精神病人符合强制医疗条件的，应当写出强制医疗意见书，移送人民检察院。

对实施暴力行为的精神病人，在人民法院决定强制医疗前，公安机关可以采取临时的保护性约束措施。

二、强制医疗的决定权

《刑事诉讼法》第二百八十五条明确规定，对精神病人强制医疗的，由人民法院决定。

由于强制医疗直接关乎公共安全和公民的人身自由权利，为了保障程序公正、公开和处理结果的正确性，法律将强制医疗的决定权赋予人民法院，由人民法院按照司法程序进行法庭审理，在充分听取利害双方的意见后作出处理决定。

在当今社会，有三方参与的司法程序比起行政处理程序，具有更为正当、民主的程序要素，也更能为民众所接受。我国强制医疗程序也体现了世界法治文明的新成就。

三、对强制医疗案件的审理

1. 审判组织

人民法院受理强制医疗的申请后，应当组成合议庭进行审理。对强制医疗案件的审理，不适用法官独任制审判，而要求组成合议庭进行。因为审理要决定的是没有责任能力的精神病人，他的人身权利是否要受到强制的问题，他本身没有抗辩能力，必须要由负责任的法官承担其审理时的关照义务，合议庭就具有更强的辨别、判断能力。

2. 审理方式为被申请方参与的对审

人民法院审理强制医疗案件，应当通知被申请人或者被告人的法定代理人到场。被申请人或者被告人没有委托诉讼代理人的，人民法院应当通知法律援助机构指派律师为其提供法律帮助。也就是说，审理强制医疗案件，人民法院除了通知人民检察院参加以外，还应当通知被申请方的下列人员参与：

（1）被申请人或者被告人的法定代理人。因为法庭要认定的是被申请人或者被告人是否有精神病的问题，因此，应当通知其法定代理人到场。

这里的"被申请人"，指的是已经被鉴定为精神病人的人。在刑事侦查或者审查起诉阶段，如果办案机关或者当事人的家属、律师等认为当事人可能患有精神病的，可以先行决定或者申请进行司法精神病鉴定。经鉴定，如果确定当事人是精神病患者，那么，在申请强制医疗或者人民法院审理强制医疗案件时，该当事人即被称为"被申请人"。"被申请人"的监护人，或者在尚未指定监护人时，他的成年近亲属，即可作为其法定代理人参与法庭审理，以代表被申请人的利益，维护被申请人的合法权益。

这里的"被告人"，是尚未作精神病鉴定、但被怀疑患有精神病的刑事被告人。在审前程序中，如果没有作司法精神病鉴定，人民检察院提起公诉后，司法机关或者被告人家属、律师怀疑被告人患有精神病的，也可以先启动强制医疗程序，在程序中对被告人进行司法精神病鉴定。在此情况下，被申请强制医疗的人，其身份还是刑事诉讼的"被告人"。为了保障被告人的合法权益，仍然应当通知其成年近亲属作为可能的法定代理人到庭。

（2）被申请人或者被告人的诉讼代理人。法定代理人与诉讼代理人不能相互取代。诉讼代理人一般具有法律专业知识，能够给当事人提供法律上的帮助，比如律师。被申请人或者被告人有诉讼代理人的，人民法院还应当通知其诉讼代理人到庭，以更好地维护当事人的合法权益。

（3）指定的法律援助律师。被申请人或者被告人，如果没有委托诉讼代理人的，人民法院应当通知法律援助机构指派律师为其提供法律帮助。这里有两层含义：其一，如果被申请人或者被告人没有委托诉讼代理人，则人民法院应当通知法律援助机构为其指派律师。这是对可能被决定强制医疗的弱势者应尽的法律义务，是人民法院的职责。其二，在律师被指定后，人民法院开庭审理强制医疗案件，应当通知律师到庭。

人民检察院和被申请人或被告人及其代理人共同参与审理的意义就在于，双方可以通过举证、陈述、辩论等，对当事人的精神状态及强制医疗问题进行充分讨论，为法官最后的决定提供事实与法律论证，防范或减少不正确的强制医疗处分。

3. 审理期限

人民法院经审理，对于被申请人或者被告人符合强制医疗条件的，应当在 1 个月以内作出强制医疗的决定。

第四节　强制医疗决定的救济

一、申请复议

人民法院作出强制医疗决定后，如果有关人员对决定不服，可以向上一级人民法院申请复议。有权申请复议的人员包括：

（1）被决定强制医疗的人及其法定代理人、近亲属。被决定强制医疗人本人，如果认为决定有错误，有权申请复议。其法定代理人或者近亲属，也都可以申请复议。其中，法定代理人有独立申请复议的权利；近亲属申请复议，一般应当经本人同意。

（2）被害人及其法定代理人、近亲属。受到暴力危害行为侵害的被害人及其近亲属，对于案件的处理结果享有知情权、异议权。被害人及其法定代理人、近亲属如果认为强制医疗决定有错误，也有权申请上一级人民法院复议。

由于人民法院对强制医疗申请审理后作出的是司法决定，而不是判决或者裁定，所以，当事人不可以提起上诉，只能依法申请复议。

二、定期复查

强制医疗决定针对的是当事人现时的精神病状，经过一段医疗后，一些人的病情会明显好转而不再需要强制医疗，或者，有些人原本就可以不用强制医疗。因此，为了及时发现、甄别这类情况，及时将被强制医疗人从不必要的强制措施中解救出来，恢复其人身自由，《刑事诉讼法》第二百八十八条规定："强制医疗机构应当定期对被强制医疗的人进行诊断评估。对于已不具有人身危险性，不需要继续强制医疗的，应当及时提出解除意见，报决定强制医疗的人民法院批准。"

定期复查是强制医疗机构的一项法定义务，在发现不需要继续强制医疗时，应当及时提出解除意见，报原决定的人民法院批准。

三、申请解除权

被强制医疗的人及其近亲属有权申请解除强制医疗。如果被强制医疗人本人或者其近亲属，认为不应当继续进行强制医疗的，有权申请解除强制医疗。

法律虽然没有规定向哪里申请，但根据一般原理，向原决定机关或者执行机构申请，都是可行的。接到申请后，有关机关或机构应当尽快审查，并给予答复和解决。

四、人民检察院的法律监督

人民检察院对强制医疗的决定和执行实行监督。人民检察院如发现强制医疗有错误，或者发现不应当继续实施强制医疗的，应当及时向有关单位提出纠正意见或者检察建议，有关单位应当及时回复，尽快处理。被强制医疗的人及其近亲属也可以向人民检察院提出申诉，请求人民检察院对强制医疗予以法律监督。

案例分析

【案例】2011 年 4 月 19 日凌晨，被关在武钢第二职工医院精神科的徐某成功"越狱"。身无分文的他，借钱买了火车票逃到广州，试图在广州的医院证明自己没有精神病。据徐某向记者透露，他因为对武钢一些事情不满而多次上访，于 2006 年底被厂保卫科带回，即被宣布"患有精神病"，并于同月被羁押、收治。然而，在他还没来得及到医院检查时，在记者的眼皮下，于 4 月 27 日，徐某在广州被武汉警方强行带走，引起舆论一片哗然。此案引起了社会对精神病人强制医疗的高度关注，成为 2012 年《刑事诉讼法》增设强制医疗程序的诱因之一。

【问题】对徐某的强制医疗，在程序上有何错误？

【解析】根据《刑事诉讼法》的规定，第一，徐某不符合强制医疗的对象要求。实施强制医疗的对象，必须是精神病人实施了暴力危害行为，经法定程序鉴定依法不负刑事责任，并有继续危害可能的。有暴力危害行为是引起司法精神病鉴定，以及判断有继续危害可能的依据。徐某没有暴力危害行为，仅仅是上访、申诉，对其强制医疗，有人身迫害之嫌。第二，没有依照法定程序进行司法精神病鉴定。由工厂保卫科委托厂职工医院出具鉴定意见，不具有权威性，也不能排除有串通嫌疑。第三，即使需要对其实施强制医疗，也应当由人民检察院向人民法院提出申请，由人民法院依法审理后决定。本案对徐某的强制医疗，完全是由武钢保卫科一手操办，缺乏程序正当性。第四，没有给徐某及其近亲属陈述意见的机会和条件。第五，强制医疗机构没有定期复查。徐某被强制医疗数年，日复一日，医院没有任何新论。第六，剥夺了当事人本人及其近亲属申请解除强制医疗的权利。

思考与练习

1. 强制医疗程序适用的对象是什么？
2. 对强制医疗案件应如何审理？
3. 强制医疗决定的救济方法有哪些？

第二十四章　涉外刑事诉讼程序及刑事司法协助

要点提示

涉外刑事诉讼程序，是指中国公安机关、国家安全机关、人民检察院、人民法院和司法行政机关依法办理具有涉外因素的刑事案件时适用的特别诉讼程序。特点：诉讼要件具有跨国性；法律依据具有多元性；需求助于有关主权国家的司法协助；与外事部门联系。

特有原则：国家主权原则；信守国际条约原则；诉讼权利和义务平等原则；使用中国通用的语言文字进行诉讼原则；指定或委托中国律师参加诉讼原则。

对外国人适用强制措施要履行特殊的审批、通报和报告程序。可扣留护照、限制出境。

文书送达：外交途径送达；使、领馆代为送达；所在国允许时邮寄送达；司法协助送达。

刑事司法协助，是指我国司法机关和外国司法机关之间，根据本国缔结或者参加的国际条约，或者按照互惠原则，相互请求、代为进行某些刑事诉讼行为的一项制度。刑事司法协助的内容：调查取证；送达文书；移交证据；通报诉讼结果；引渡等。我国指定的司法协助国家机关是司法部，司法协助申请和结果通过司法部转递。

第一节　涉外刑事诉讼程序的概念和特点

一、涉外刑事诉讼程序的概念

涉外刑事诉讼程序，是指中国公安机关、国家安全机关、人民检察院、人民法院和司法行政机关依法办理具有涉外因素的刑事案件时适用的特别诉讼程序。所谓"涉外因素"，主要是指诉讼当事人全部或部分为外国人（包括无国籍人、外国法人或组织，下同），或者刑事案件发生在国外。

具有涉外因素的刑事案件有以下三类：第一，在中华人民共和国领域内，外国人犯罪或者我国公民侵犯外国人合法权益的刑事案件；第二，在中华人民共和国领域外，符合《刑法》第八条、第十条规定情形的外国人对中华人民共和国国家和公民犯罪和中国公民犯罪的案件；第三，符合《刑法》第九条规定的情形，中华人民共和国在所承担国际条约义务范围内行使管辖权的案件。

我国不存在相对独立、系统的涉外刑事诉讼程序法，但是我国《刑事诉讼法》中包含了关于涉外刑事诉讼的原则性、特殊性规定，这些特别的程序规定，被统称为涉外刑事诉讼程序。如《刑事诉讼法》第十六条、第十七条对涉外刑事案件法律适用原则的规定；我国《刑法》第六条至第十一条对涉外刑事诉讼程序问题作出的规定；有关的司法解释和相关决定等，如最高人民法院《解释》、最高人民检察院《刑事诉讼规则》和公安部《办案程序规定》；外交部、最高人民法院、最高人民检察院、公安部、国家安全部、司法部联合发布的《关于处理涉外案件若干问题的规定》；全国人民代表大会常务委员会的《关于对中华人民共和国缔结或者参加的国际条约所规定的罪行行使刑事管辖权的决定》和《中华人民共和国外交特权与豁免条例》；公安部、外交部、最高人民法院、最高人民检察院联合发布《关于处理会见在押外国籍案犯以及外国籍案犯与外界通信问题的通知》。

二、涉外刑事诉讼程序的特点

与国内刑事诉讼相比，涉外刑事诉讼程序具有如下特点：

（1）诉讼要件具有跨国性。如刑事诉讼的犯罪嫌疑人、被告人或者被害人可能是外国人，犯罪地点可能发生在外国，重要的证物或者证人可能在外国等。

（2）法律依据具有多元性。既要依据我国的程序法和实体法，又要依据我国参加的国际公约和条约、我国的外交政策和策略，有时还要适用外国实体法。

（3）进行涉外诉讼常常得求助于有关主权国家的司法协助。而司法协助是相互的，因而，涉外刑事诉讼实际包含了外国为我国提供的司法协助，也包括了我国为外国提供的司法协助。

（4）与外事部门联系。进行涉外诉讼必须要与国家的外事政策和活动相一致。如对外国人的逮捕、审判等，都要先将案情和处理意见报外交部门。

第二节　涉外刑事诉讼的特有原则

公安司法机关和诉讼参与人在涉外刑事诉讼中除了必须遵循我国《刑事诉讼法》规定的基本原则外，还必须遵循以下特有的原则：

一、国家主权原则

国家主权原则即追究外国人犯罪适用中国法律的原则，是涉外刑事诉讼程序的首要原则。主权是一个国家独立自主地处理对内、对外事务的最高权力。一个主权独立的国家，它的司法权也是独立的，任何国际条约未经该国同意，不得把不平等条约强加给它，更不能在本国领域内让外国行使领事裁判权。我国《刑事诉讼法》第十六条规定："对于外国人犯罪，应当追究其刑事责任的，适用本法的规定。对于享有外交特权和豁免权的外国人犯罪应当追究刑事责任的，通过外交途径解决。"本条规定体现了我国涉外刑事诉讼的国家主权原则，它主要包含以下内容：

（1）外国人、无国籍人在中华人民共和国领域内进行刑事诉讼，一律适用我国《刑事诉讼法》规定的程序；享有外交特权和司法豁免权的外国人犯罪应当追究刑事责任的，通过外交途径解决。外交特权和司法豁免权作为主权原则的延伸，是由正常国际交往中平等互惠原则所决定的。

（2）依法应由我国司法机关管辖的涉外刑事案件，我国司法机关坚决行使管辖权。依照我国《刑法》第三条、第六条的规定，外国人在我国领域内犯罪的，或者外国人在我国领域外对我国公民犯罪的，适用我国《刑法》。

（3）外国法院的刑事裁判，只有经我国人民法院按照我国法律、我国缔结和参加的有关双边协定和国际条约的规定予以承认的，才在我国境内发生应有的效力。否则，即使在外国经过审判，我国司法机关仍然可以按照《刑法》的有关规定和刑事诉讼程序，追究其刑事责任。

（4）对于国际条约的适用，以我国承认的为原则。

二、信守国际条约原则

信守国际条约原则，是指公安司法机关办理涉外刑事案件，凡是我国缔结或者参加的国际条约有规定的，除声明保留的条款外，都必须严格遵守。信守国际条约，是任何一个国家在涉外刑事诉讼中所应承担的国际义务，我国当然也不例外。国际条约是主权国家之间订立的多边或双边协议，在国际法上，有所谓"条约必须遵守"的原则，它是指条约生效以后，各方必须按照条约规定的条款，履行自己的义务，不得违反。我国对于自己缔结或者参加的国际条约，历来是认真遵守的。外交部、最高人民法院、最高人民检察院、公安部、国家安全部、司法部于1987年8月27日联合发布的《关于处理涉外案件若干问题的规定》指出："涉外案件应依照我国法律规定办理，以维护我国主权。同时亦应恪守我国参加和签订的多边或双边条约的有关规定。当国内法及其某些内部规定同我国所承担的条约义务发生冲突时，应适用国际条约的有关规定。"

三、诉讼权利和义务平等原则

诉讼权利和义务平等原则，是指外国人在我国参加刑事诉讼，与我国公民一样，享有我国法律规定的诉讼权利并承担诉讼义务。这既是国际法和国际惯例上的"国民待遇"原则在涉外刑事诉讼中的体现，也是作为社会主义国家的我国长期坚持的独立自主外交政策和"和平共处"五项原则的相应贯彻。在司法实践中，对于参加刑事诉讼的外国人，既不能给予歧视性待遇，随意剥夺或限制外国诉讼参与人应享有的诉讼权利；也不应给予特殊待遇，赋予外国诉讼参与人超出我国诉讼参与人的诉讼权利。但是，如果外国对我国国民的权利加以限制，或者额外增加我国国民的义务，则我国将给予其本国国民对等的权利限制，或者增加相应的义务。这也是国家平等原则的体现。

《刑事诉讼法》第十六条对于外国人犯罪追究刑事责任时适用本法的规定，以及公安部《办案程序规定》第三百二十一条和最高人民法院《解释》第三百一十六条的规定，都是关于外国籍犯罪嫌疑人、被告人在刑事诉讼中，享有我国法律规定的诉讼权利，并承担相应的义务的内容。我国《刑事诉讼法》总则规定了我国司法机关依法保障诉讼参与人诉讼权利的原则，这一原则也同样适用于涉外案件。

四、使用中国通用的语言文字进行诉讼原则

使用中国通用的语言文字进行诉讼原则，是指公安司法机关在办理涉外刑事案件过程中，应当使用中国通用的语言、文字进行诉讼活动，对于外国籍诉讼参与人，应当为他们提供翻译。联合国《公民权利和政治权利国际公约》第十四条第三款第六项规定："如他不懂或不会说法庭上所用的语言，能免费获得译员的帮助。"可见，使用本国通用的语言文字进行诉讼并对外国诉讼参与人提供翻译是国际公约的要求。使用本国通用的语言文字进行涉外刑事诉讼，这是国家司法主权独立和国家尊严的象征，是各国涉外刑事诉讼立法普遍采用的一项原则。我国公安司法机关在涉外刑事诉讼中也必须遵守这一原则。

五、指定或委托中国律师参加诉讼原则

指定或委托中国律师参加诉讼原则，是指人民法院依法为没有委托辩护人的外国籍被告人指定辩护人，或者为外国籍当事人委托辩护人或代理人，只能指定或委托中国律师，外国律师不得在中国参加刑事诉讼活动。律师制度是国家司法制度的重要组成部分，尤其是辩护律师制度更是一个国家法律制度中的敏感部分，世界各国一般都不允许外国律师在本国执行律师职务和出庭参加诉讼活动。根据中国法律和有关司法解释等的相关规定，外国籍当事人委托律师辩护或代理诉讼的，必须委托中国律师，而不允许委托外国律师；外国律师接受委托担任辩护人或诉讼代理人参加诉讼，不得以律师的名义或身份出现，不享有中国法律赋予律师的权利，人民法院只将其视为一般的辩护人或诉讼代理人；外国籍被告人没有委托辩护人的，人民法院可以为其指定辩护人，但应当指定中国律师。

第三节　涉外刑事诉讼程序

一、涉外刑事案件的管辖

我国《刑事诉讼法》对涉外案件的管辖没有作出系统规定，但是，我国缔结和参加的有关国际条约、最高司法机关的有关司法解释以及公安部、司法部的规章等对此作了一些具体的规定。

根据最高人民法院《解释》第三百一十四条的规定，外国人的国籍以其入境时的有效证件予以确认；国籍不明的，以公安机关会同外事部门查明的为准；国籍确实无法查明的，以无国籍人对待，亦适用涉外刑事诉讼程序。

1. 侦查管辖

根据公安部《办案件程序规定》，外国人犯罪的案件，由犯罪地公安机关立案侦查；外国人犯中华人民共和国缔结或者参加的国际条约规定的罪行后进入我国领域内的，由该外国人被抓获地的公安机关立案侦查；外国人在中华人民共和国领域外的中国船舶或者航空器内犯罪的，由犯罪发生后该船舶或者航空器最初停泊或者降落的中国港口的交通或者民航公安机关立案侦查；外国人在国际列车上犯罪的，由犯罪发生后列车最初停靠的中国车站所在地或者目的地的铁路公安机关立案侦查；外国人在中华人民共和国领域外对中华人民共和国国家或者公民犯罪，依照中国刑法应当受处罚的，由该外国人入境地的公安机关立案侦查；犯罪嫌疑人系享有外交特权和豁免权的外国人的，有管辖权的公安机关应当呈报公安部，由公安部移交外交部通过外交途径解决其刑事责任问题。

2. 审判管辖

根据2012年《刑事诉讼法》的规定，一般的涉外刑事案件，由基层人民法院审判。只有危害国家安全、恐怖活动案件，走私犯罪案件，可能判处无期徒刑、死刑的案件，才由中级人民法院作第一审审理。其他属于重大或特别重大的涉外刑事案件，也可以由高级人民法院或者最高人民法院进行第一审审判。

根据法律的这一调整，最高人民法院《解释》中涉及的具体涉外案件的级别管辖，也应当相应地作出审级调整：对于中华人民共和国缔结或者参加的国际条约所规定的罪行，中华人民共和国在所承担条约义务的范围内行使刑事管辖权的案件，由外国籍被告人被抓获地的人民法院管辖；外国人在中华人民共和国领域外的中国船舶内的犯罪，由犯罪发生后该船舶最初停泊的中国口岸所在地的人民法院管辖；外国人在中华人民共和国领域外的中国航空器内的犯罪，由犯罪发生后该航空器在中国最初降落地的人民法院管辖；外国人在国际列车上的犯罪，按照我国与相关国家签订的有关管辖协定确定管辖，没有协定的，由犯罪发生后该列车最初停靠的中国车站所在地或者目的地的铁路运输法院管辖；外国人在中华人民共和国领域外对中华人民共和国国家或者公民犯罪，依照中国《刑法》应受处罚的，由该外国人入境地的人民法院管辖。

上述案件中，属于危害国家安全犯罪、恐怖活动犯罪的案件，走私犯罪案件，以及可能判处无期徒刑、死刑的严重犯罪案件，由管辖地中级人民法院审判，其他犯罪案件则由基层人民法院审判。

至于我国公民侵犯外国人合法权益的犯罪以及我国公民在中华人民共和国领域外的犯我国《刑法》规定应追究刑事责任之罪的，除了依照《刑事诉讼法》由上级人民法院管辖的以外，一律由基层人民法院进行第一审审判。

二、涉外刑事诉讼中的强制措施

在涉外刑事诉讼中，公安司法机关根据案情的需要，完全可能对外国籍的犯罪嫌疑人、被告人采取强制措施，但是，由于存在涉外因素，应当遵守一些特殊的程序要求。

1. 对外国人适用强制措施要履行特殊的审批程序

需要对外国人采取拘留、监视居住、取保候审的，应当由省级公安机关负责人批准，并将有关案情、处理情况等在采取强制措施的 48 小时以内报告公安部，同时通报同级人民政府外事办公室。外国人涉嫌危害国家安全犯罪的案件或者涉及国与国之间政治、外交关系的案件，需要逮捕犯罪嫌疑人的，由分、州、市人民检察院审查并提出意见，层报最高人民检察院审查，最高人民检察院征求外交部的意见后，决定批准逮捕；外国人涉嫌其他犯罪的案件，需要逮捕犯罪嫌疑人的，由分、州、市级人民检察院审查并提出意见，报省级人民检察院审查，省级人民检察院征求同级人民政府外事部门的意见后，决定批准逮捕。但经审查认为不需要逮捕的，分、州、市人民检察院可以直接作出不批准逮捕的决定，同时报省级人民检察院备案。

2. 对外国人适用强制措施后要执行通报和报告程序

对外国人依法作出取保候审、监视居住决定或者执行拘留、逮捕后，省级公安机关应当在规定的期限内，将外国人的姓名、性别、入境时间、护照或者证件号码、案件发生的时间和地点及有关情况，涉嫌犯罪的主要事实，已采取的强制措施及其法律依据，通知该外国人所属国家的驻华使馆、领事馆，同时报告公安部。

3. 要安排有关的探视事宜

公安机关侦查终结前，外国驻华外交、领事官员要求探视被监视居住、拘留、逮捕的本国公民的，立案侦查的公安机关应当及时安排有关的探视事宜。犯罪嫌疑人拒绝其所属国家驻华外交、领事官员探视的，公安机关可以不予安排，但应当由其本人提交书面声明。同时，在侦查羁押期间，经立案侦查的公安机关批准，外国籍犯罪嫌疑人可以与其近亲属、监护人会见和与外界通讯。

4. 可以扣留护照

对外国籍犯罪嫌疑人采取强制措施的同时，经省级公安机关批准，可以依法扣留其护照，发给本人扣留护照的证明，并将有关情况及时报告公安部，同时通报同级人民政府外事办公室。

5. 可以限制出境

人民法院在审判期间，对涉外刑事案件的被告人及人民法院认定的其他相关犯罪嫌疑人，可以决定限制出境；对开庭审理案件时必须到庭的证人，可以要求暂缓出境。其中，限制出境的决定应当通报同级公安机关或者国家安全机关。

6. 可以通知边防检查站阻止出境

人民法院决定限制外国人和中国公民出境的，应当口头或者书面通知被限制出境的人，也可以采取扣留其护照或者其他有效出入境证件的办法，在案件审理终结前不得离境。对需要在边防检查站阻止外国人和中国公民出境的，人民法院应当填写口岸阻止人员出境通知书。控制口岸在本省、自治区、直辖市的，应当向本省、自治区、直辖市公安厅（局）办理交控手续；控制口岸不在本省、自治区、直辖市的，应当通过有关省、自治区、直辖市公安厅（局）办理变控手续。在紧急情况下，如确有必要，也可以先向边防检查站交控，然后补办交控手续。

三、涉外刑事诉讼的文书送达

根据最高人民法院《解释》第三百二十七条的规定，向在中华人民共和国领域外居住的当事人送达诉讼文书，采用下列方式：第一，通过外交途径送达；第二，对中国籍当事人，可以委托我国使、领馆代为送达；第三，当事人所在国的法律允许邮寄送达的，可以邮寄送达；第四，当事人所在国与我国有刑事司法协助协定的，按照协定规定的方式送达；第五，当事人是自诉案件的自诉人或者是附带民事诉讼的原告人，有诉讼代理人的，可以由诉讼代理人送达。对于同我国建交的国家，法院通过外交途径相互请求送达法律文书的，除该国同我国已有司法协助协定的依协定外，依据互惠原则办理。

第四节　刑事司法协助

一、刑事司法协助的概念

刑事司法协助，是指我国司法机关和外国司法机关之间，根据本国缔结或者参加的国际条约，或者按照互惠原则，相互请求，代为进行某些刑事诉讼行为的一项制度。

《刑事诉讼法》第十七条规定："根据中华人民共和国缔结或者参加的国际条约，或者按照互惠原则，我国司法机关和外国司法机关可以相互请求刑事司法协助。"对"我国司法机关和外国司法机关"应当作广义的解释，即不仅包括我国人民法院和外国法院，也包括我国人民检察院和外国检察机关，还包括我国的公安机关和外国的警察机关。

二、刑事司法协助的内容

在刑事司法协助中，不论是我国司法机关请求外国司法机关提供刑事司法协助，还是外国司法机关请求我国司法机关提供刑事司法协助，其主要内容一般有以下五个方面：

1. 调查取证

包括代为听取诉讼当事人的陈述，询问证人、被害人和鉴定人，进行鉴定、勘验、检查、搜查、扣押物证和书证、辨认等。

2. 送达文书

包括司法文书，如判决书、裁定书、决定书、传票、出庭通知等；也包括司法外文书，如身份证、来往信函等。

3. 移交证据

移交的证据可能是刑事诉讼中存在的任何一种证据，如物证、书证等。

4. 通报诉讼结果

通报的内容包括立案、侦查、采取强制措施、起诉或不起诉、判决或裁定等。

5. 引渡

引渡是指一国把当时在其境内而被他国指控犯有罪行或判处刑罚的人，根据该国的请求，移交给该国进行审判或处罚的活动。

此外，还有诉讼移转、刑事判决与裁定的承认与执行等，但适用较少。

三、刑事司法协助的申请与执行

1. 我国司法机关请求外国司法机关提供司法协助的程序

根据联合国大会 1990 年通过的《刑事案件互助示范条约》和有关国际条约的规定，我国司法机关在请求外国司法机关进行司法协助时，经省级司法机关审查同意后，报送最高司法机关。请求书及所附文件应当使用我国文字，并附有被请求国语言的译文或被请求国可接受的任何另一种语言的译文。

最高司法机关收到地方各级司法机关请求外国司法机关提供司法协助的请求书及材料后，应当依照有关条约进行审查。对符合条约有关规定、所附材料齐全的，应当连同上述材料一并转递缔约的外国的中央机关，或者交由我国其他中央机关（如司法部、外交部）办理。外国司法机关执行协助并将执行结果转递我国最高司法机关后，最高司法机关应当立即转递提出协助请求的司法机关。

根据公安部《办案程序规定》第三百五十条的规定，地方公安机关需要通过国际刑警组织缉捕罪犯或者犯罪嫌疑人、查询资料、调查取证的，应当提出申请，呈报公安部审批。

2. 外国司法机关请求我国司法机关提供司法协助的程序

通过有关国际条约规定的联系途径或外交途径，我国最高司法机关接收外国司法机关或外交机关提出的司法协助请求后，应当依据我国法律和有关司法协助条约进行审查。如果存在拒绝提供协助的情形，如按照被请求的缔约一方的法律，该项请求涉及的行为并不构成犯罪等情形，可以拒绝提供司法协助，通过接收请求的途径退回请求方并说明理由。对所附材料不齐全的，应当要求请求方予以补充。经过审查，认为符合司法协助条件的，最高司法机关应交有关省级司法机关办理或者指定有关司法机关办理，或者移交其他有关最高主管机关指定有关机关办理。

案例分析

【案例】一外籍留学生甲在中国某大学学习期间，与中国学生发生纠纷并最后演变成刑事案件，甲将两个中国学生打伤，一个为轻伤，一个为重伤。在以伤害罪被起诉后，甲坚决要求由其本国的律师出庭为其辩护，遭到法庭的拒绝。在庭审中，甲要求控方的证人出庭作证，又遭到检察官和法官的拒绝。甲聘请的中国律师引用《公民权利和政治权利国际公约》第十四条的规定："在法庭上有权在同等条件下讯问对他不利和有利的证人"，要求法庭必须传唤控方证人到庭接受辩护方的询问。法庭以中国法院只执行中华人民共和国法律为由，驳回了辩护律师的申请。

【问题】法庭的做法是否正确？

【解析】法院的做法都有法律根据。关于外国律师在中国境内不得从事诉讼业务的规定，是中国一直以来的政策，世界范围内的许多国家都有类似的规定，这是主权原则保护之下的国内立法权，不容置疑。至于《公民权利和政治权利国际公约》，虽然我国已经签署加入，但是，我国还没有批准其生效，所以，律师在法庭上直接引用其条文提出诉讼请求应当属于不当的行为。然而，既然我国已经签署加入该公约，就说明我国认可其内容的合理性，律师可以根据其中的法理，向法庭提出诉讼请求。法院也应当尽量满足辩护方的合理请求。

思考与练习

1. 涉外刑事诉讼程序有何特点？

2. 对外国人采取强制措施，为什么要实行特殊的报批、通报程序？

3. 什么是刑事司法协助？我国刑事司法协助有哪些形式？

第二十五章　刑事赔偿程序

要点提示

刑事赔偿程序，是指国家因行使侦查、起诉、审判、监狱管理职权的机关及其工作人员，在行使职权的过程中对公民、法人或其他组织的合法权利造成了损害，依法向受害者进行赔偿的具体方式、方法。

对侵犯人身权利的赔偿范围：违法拘留、逮捕；再审改判无罪，原判刑罚已经执行的；刑讯逼供等致人伤害或者死亡的；违法使用武器等造成伤害或死亡的。对财产损害的赔偿范围：违法查封、扣押、冻结、追缴；再审改判无罪，原判罚金、没收财产已经执行的，应予返还或者赔偿损失。

赔偿义务机关：①行使侦查、检察、审判、监管职权时侵权的，该机关为赔偿义务机关；②错误拘留、逮捕的决定机关；③再审改判无罪的，作出原生效判决的人民法院；④改判无罪的，原作出有罪判决的一审法院。

赔偿程序：提出赔偿申请，赔偿义务机关作出决定，对决定不服或无决定的可申请复议，向赔偿委员会提出赔偿申请。赔偿委员会的审查、处理：对赔偿委员的决定不服，可向上一级人民法院赔偿委员会提出申诉。

第一节　刑事赔偿程序的概念和意义

一、刑事赔偿程序的概念

刑事赔偿程序，是指国家因行使侦查、起诉、审判、监狱管理职权的机关及其工作人员，在行使职权的过程中对公民、法人或其他组织的合法权利造成了损害，依法向受害者进行赔偿的具体方式、方法。

二、刑事赔偿程序的意义

刑事赔偿是国家赔偿的一种形式，是取消国家豁免权的标志，是将国家在刑事诉讼中的地位降至与公民个人平等的民主法律制度。设置刑事赔偿程序的意义主要表现在以下几个方面：

（1）有利于救济在刑事诉讼中遭受国家侵害的公民、法人或其他组织的权利。国家侦查、起诉、审判、监管机关及其工作人员行使国家职权的行为，是国家授权的行为，与具体的执法人员个人没有关系，应当视为国家行为。国家行为出现错误，产生损坏后果，应当由国家进行赔偿。也只有国家对此进行赔偿，才能切实保护遭受侵犯的主体的合法权益。因为，只有以国家的名义进行赔偿，才能体现赔偿的诚意，才能对被侵犯的对象进行充分的精神安慰；也只有以国家的名义进行赔偿，才能全面弥补被侵害者的物质损失。刑事赔偿程序使得国家赔偿有了具体的程序保证。

（2）有利于规范侦查、起诉、审判、监狱管理机关及其工作人员的赔偿行为。如果侦查、起诉、审判、监狱管理机关或其工作人员在行使国家权力时，由于过失造成了损害，国家的赔偿行为对具体的机关或者其工作人员，会在一定程度上产生名誉和精神方面的负面影响。如果侦查、起诉、审判、监狱管理机关或其工作人员在行使国家权力时，故意滥用职权或玩忽职守，导致公民、法人或其他组织在刑事诉讼活动中受到侵害，国家在向受害人承担赔偿责任之后，将进一步向造成损害的侦查、起诉、审判、监狱管理机关或其工作人员追偿，要求其承担部分甚至全部赔偿费用。因此，如果没有国家赔偿程序的具体规定，赔偿申请人的赔偿要求就可能由于种种阻挠而落空，各个机关之间、同一个机关的不同部门之间，就可能相互推诿、扯皮，使得国家刑事赔偿难以实现。

（3）有利于保护依法行使职权的侦查、起诉、审判、监狱管理机关及其工作人员的职务行为。任何一项国家权力在行使的过程中都存在一定的侵权风险，刑事诉讼中的国家权力更是容易出现错误，甚至可以说，刑事追诉过程中的一些权力行使，必然存在一定比例的错误。比如逮捕，其实施的证据要求就明显低于定罪的证据要求，所以逮捕后由于证据的变化导致案情的变化而出现应当释放被逮捕者的情形是完全可能的。因此，在刑事赔偿程序中，对刑事赔偿的范围作出明确规定，指明哪些可以赔偿，哪些不可以赔偿，以及赔偿的标准等，有利于国家公职人员依法正确履行职责，大胆行使权力，这是对侦查、起诉、审判、监狱管理机关及其工作人员的职务行为的保护和支持。

第二节 刑事赔偿的范围

一、对侵犯人身权利的赔偿

根据《国家赔偿法》第十七条的规定，行使侦查、检察、审判职权的机关以及看守所、监狱管理机关及其工作人员在行使职权时有下列侵犯人身权利情形之一的，受害人有权取得赔偿：

（1）违反《刑事诉讼法》的规定对公民采取拘留措施的，或者依照《刑事诉讼法》规定的条件和程序对公民采取拘留措施，但是拘留时间超过《刑事诉讼法》规定的时限，其后决定撤销案件、不起诉或者判决宣告无罪终止追究刑事责任的；

（2）对公民采取逮捕措施后，决定撤销案件、不起诉或者判决宣告无罪终止追究刑事责任的；

（3）依照审判监督程序再审改判无罪，原判刑罚已经执行的；

（4）刑讯逼供或者以殴打、虐待等行为或者唆使、放纵他人以殴打、虐待等行为造成公民身体伤害或者死亡的；

（5）违法使用武器、警械造成公民身体伤害或者死亡的。

二、对财产损害的赔偿

根据《国家赔偿法》第十八条的规定，行使侦查、检察、审判职权的机关以及看守所、监狱管理机关及其工作人员在行使职权时有下列侵犯财产权情形之一的，受害人有取得赔偿的权利：

（1）违法对财产采取查封、扣押、冻结、追缴等措施的。因违法侵害被害人的财产权利，给被害人造成损失的，如超出法定的范围查封、扣押财物或冻结存款，追缴的财物不是犯罪分子的违法所得等情形，国家应当予以赔偿。《刑事诉讼法》第二百八十三条也规定，没收犯罪嫌疑人、被告人财产确有错误的，应当予以返还、赔偿。

（2）依照审判监督程序再审改判无罪，原判罚金、没收财产已经执行的，应当予以返还或者赔偿损失。依照审判监督程序再审改判无罪，原判罚金、没收财产已经执行的，也产生了财产损害。如果再审改判无罪，就说明原判的罚金、没收财产是错误的刑罚，一旦已经执行，应当予以赔偿。

三、国家不承担赔偿责任的情形

《国家赔偿法》第十九条规定，属于下列情形之一的，国家不承担赔偿责任：

（1）因公民自己故意作虚伪供述，或者伪造其他有罪证据被羁押或者被判处刑罚的；

（2）依照《刑法》第十七条、第十八条规定不负刑事责任的人被羁押的；

（3）依照《刑事诉讼法》第十五条、第一百四十二条第二款（2012年《刑事诉讼法》修改为第一百七十三条第二款——编者注）规定不追究刑事责任的人被羁押的；

（4）行使侦查、检察、审判职权的机关以及看守所、监狱管理机关的工作人员与行使职权无关的个人行为；

（5）因公民自伤、自残等故意行为致使损害发生的；

（6）法律规定的其他情形。

可见，虽然公民的人身或者财产权利可能遭受了一定的损害，但是，如果损害的发生并不是由于侦查、起诉、审判、监狱管理机关及其工作人员的错误，而是由于其他原因造成的，国家就无需进行刑事赔偿。

第三节　刑事赔偿请求人和赔偿义务机关

一、有权提出刑事赔偿的主体

根据《国家赔偿法》第六条的规定，受害的公民、法人和其他组织有权要求赔偿。受害的公民死亡，其继承人和其他有扶养关系的亲属有权要求赔偿。受害的法人或者其他组织终止，承受其权利的法人或者其他组织有权要求赔偿。

二、承担刑事赔偿的义务机关

根据《国家赔偿法》第二十一条的规定，承担刑事赔偿的义务机关分别是：

（1）行使侦查、检察、审判职权的机关以及看守所、监狱管理机关及其工作人员在行使职权时侵犯公民、法人和其他组织的合法权益造成损害的，该机关为赔偿义务机关。

（2）对公民采取拘留措施，依照本法的规定应当给予国家赔偿的，作出拘留决定的机关为赔偿义务机关。

（3）对公民采取逮捕措施后决定撤销案件、不起诉或者判决宣告无罪的，作出逮捕决定的机关为赔偿义务机关。

（4）再审改判无罪的，作出原生效判决的人民法院为赔偿义务机关。

（5）二审改判无罪，以及二审发回重审后作无罪处理的，作出一审有罪判决的人民法院为赔偿义务机关。

第四节 刑事赔偿办理的程序

一、提出赔偿请求

赔偿请求人要求赔偿，应当先向赔偿义务机关提出。

要求赔偿应当递交申请书，申请书应当载明下列事项：①受害人的姓名、性别、年龄、工作单位和住所，法人或者其他组织的名称、住所和法定代表人或者主要负责人的姓名、职务。②具体的要求、事实根据和理由。赔偿请求人根据受到的不同损害，可以同时提出数项赔偿要求。③申请的年、月、日。

赔偿请求人书写申请书确有困难的，可以委托他人代书；也可以口头申请，由赔偿义务机关记入笔录。赔偿请求人不是受害人本人的，应当说明与受害人的关系，并提供相应证明。赔偿请求人当面递交申请书的，赔偿义务机关应当当场出具加盖本机关专用印章并注明收讫日期的书面凭证。申请材料不齐全的，赔偿义务机关应当当场或者在5日内一次性告知赔偿请求人需要补正的全部内容。

二、赔偿义务机关作出决定

赔偿义务机关应当自收到申请之日起2个月内，作出是否赔偿的决定。赔偿义务机关作出赔偿决定，应当充分听取赔偿请求人的意见，并可以与赔偿请求人就赔偿方式、赔偿项目和赔偿数额等进行协商。赔偿义务机关决定赔偿的，应当制作赔偿决定书，并自作出决定之日起10日内送达赔偿请求人。

赔偿义务机关决定不予赔偿的，应当自作出决定之日起10日内书面通知赔偿请求人，并说明不予赔偿的理由。

三、申请复议

赔偿义务机关在规定期限内未作出是否赔偿的决定，赔偿请求人可以自期限届满之日起30日内向赔偿义务机关的上一级机关申请复议。赔偿请求人对赔偿的方式、项目、数额有异议的，或者赔偿义务机关作出不予赔偿决定的，赔偿请求人可以自赔偿义务机关作出赔偿或者不予赔偿决定之日起30日内，向赔偿义务机关的上一级机关申请复议。

复议机关应当自收到申请之日起2个月内作出决定。

四、向赔偿委员会提出赔偿申请

赔偿义务机关是人民法院的，赔偿请求人可以不用申请复议，直接向上一级人民法院赔偿委员会申请作出赔偿决定。

赔偿请求人不服复议决定的，可以在收到复议决定之日起 30 日内向复议机关所在地的同级人民法院赔偿委员会申请作出赔偿决定；复议机关逾期不作决定的，赔偿请求人可以自期限届满之日起 30 日内向复议机关所在地的同级人民法院赔偿委员会申请作出赔偿决定。

五、赔偿委员会的审查、处理

（1）赔偿委员会。中级以上的人民法院设立赔偿委员会，由人民法院 3 名以上审判员组成，组成人员的人数应当为单数。赔偿委员会作赔偿决定，实行少数服从多数的原则。

（2）举证责任。人民法院赔偿委员会处理赔偿请求，赔偿请求人和赔偿义务机关对自己提出的主张，应当提供证据。但是，被羁押人在羁押期间死亡或者丧失行为能力的，赔偿义务机关的行为与被羁押人的死亡或者丧失行为能力是否存在因果关系，赔偿义务机关应当提供证据。这里实行的是举证责任倒置。

（3）灵活的审查方式。人民法院赔偿委员会处理赔偿请求，一般采取书面审查的办法。必要时，可以向有关单位和人员调查情况、收集证据。赔偿请求人与赔偿义务机关对损害事实及因果关系有争议的，赔偿委员会可以听取赔偿请求人和赔偿义务机关的陈述和申辩，并可以进行质证。

（4）审查期限。人民法院赔偿委员会应当自收到赔偿申请之日起 3 个月内作出决定；属于疑难、复杂、重大案件的，经本院院长批准，可以延长 3 个月。

（5）审查决定。赔偿委员会作出的赔偿决定，是发生法律效力的决定，必须执行。

六、对赔偿委员会决定的救济

（1）赔偿请求人或者赔偿义务机关对赔偿委员会作出的决定，认为确有错误的，可以向上一级人民法院赔偿委员会提出申诉。

（2）赔偿委员会作出的赔偿决定生效后，如发现赔偿决定违反《国家赔偿法》规定的，经本院院长决定或者上级人民法院指令，赔偿委员会应当在 2 个月内重新审查并依法作出决定，上一级人民法院赔偿委员会也可以直接审查并作出决定。

（3）最高人民检察院对各级人民法院赔偿委员会作出的决定，上级人民检察院对下级人民法院赔偿委员会作出的决定，发现违反《国家赔偿法》规定的，应当向同级人民法院赔偿委员会提出意见，同级人民法院赔偿委员会应当在 2 个月内重新审查并依法作出决定。

七、对责任人的追偿

赔偿义务机关赔偿后，应当向负有罪错责任的工作人员追偿部分或者全部赔偿费用，并依法给予其处分。如果在处理案件中有贪污受贿、徇私舞弊、枉法裁判等行为构成犯罪的，应当依法追究其刑事责任。

八、刑事赔偿的时效期限

赔偿请求人请求国家赔偿的时效为两年，自其知道或者应当知道国家机关及其工作人员行使职权时的行为侵犯其人身权、财产权之日起计算，但被羁押等限制人身自由期间不计算在内。

赔偿请求人在赔偿请求时效的最后 6 个月内，因不可抗力或者其他障碍不能行使请求权的，时效中止。从中止时效的原因消除之日起，赔偿请求时效期间继续计算。

九、对外国人的刑事赔偿实行对等原则

外国人、外国企业和组织在中华人民共和国领域内要求中华人民共和国国家赔偿的，适用本法。外国人、外国企业和组织的所属国对中华人民共和国公民、法人和其他组织要求该国国家赔偿的权利不予保护或者限制的，中华人民共和国与该外国人、外国企业和组织的所属国实行对等原则。

第五节　刑事赔偿方式和计算标准

一、赔偿方式

国家赔偿以支付赔偿金为主要方式。能够返还财产或者恢复原状的，予以返还财产或者恢复原状。

二、计算标准

1. 人身自由的赔偿标准

侵犯公民人身自由的，每日赔偿金按照国家上年度职工日平均工资计算。

2. 生命健康的赔偿标准

侵犯公民生命健康权的，赔偿金按照下列规定计算：

（1）造成身体伤害的，应当支付医疗费、护理费，以及赔偿因误工减少的收入。减少的收入每日的赔偿金按照国家上年度职工日平均工资计算，最高额为国家上年度职工年平均工资的 5 倍。

（2）造成部分或者全部丧失劳动能力的，应当支付医疗费、护理费、残疾生活辅助具费、康复费等因残疾而增加的必要支出和继续治疗所必需的费用，以及残疾赔偿金。残疾赔偿金根据丧失劳动能力的程度，按照国家规定的伤残等级确定，最高不超过国家上年度职工年平均工资的 20 倍。造成全部丧失劳动能力的，对其扶养的无劳动能力的人，还应当支付生活费。

（3）造成死亡的，应当支付死亡赔偿金、丧葬费，总额为国家上年度职工年平均工资的 20 倍。对死者生前扶养的无劳动能力的人，还应当支付生活费。生活费的发放标准，参照当地最低生活保障标准执行。被扶养的人是未成年人的，生活费给付至 18 周岁止；其他无劳动能力的人，生活费给付至死亡时止。

3. 精神损害的赔偿

致人精神损害的，应当在侵权行为影响的范围内，为受害人消除影响，恢复名誉，赔礼道歉；造成严重后果的，应当支付相应的精神损害抚慰金。

4. 财产损失的赔偿标准

侵犯公民、法人和其他组织的财产权造成损害的，按照下列规定处理：

（1）处罚款、罚金、追缴、没收财产或者违法征收、征用财产的，返还财产；

（2）查封、扣押、冻结财产的，解除对财产的查封、扣押、冻结，造成财产损坏或者灭失的，依照损坏或者灭失的程度给予赔偿；

（3）应当返还的财产损坏的，能够恢复原状的恢复原状，不能恢复原状的，按照损害程度给付相应的赔偿金；

（4）应当返还的财产灭失的，给付相应的赔偿金；

（5）财产已经拍卖或者变卖的，给付拍卖或者变卖所得的价款；变卖的价款明显低于财产价值的，应当支付相应的赔偿金；

（6）吊销许可证和执照、责令停产停业的，赔偿停产停业期间必要的经常性费用开支；返还执行的罚款或者罚金、追缴或者没收的金钱，解除冻结的存款或者汇款的，应当支付银行同期存款利息；

（7）对财产权造成其他损害的，按照直接损失给予赔偿。

三、刑事赔偿金的支付

（1）赔偿请求人凭生效的判决书、复议决定书、赔偿决定书或者调解书，向赔偿义务机关申请支付赔偿金。

（2）赔偿费用列入各级财政预算。赔偿义务机关应当自收到支付赔偿金申请之日起 7 日内，依照预算管理权限向有关的财政部门提出支付申请。财政部门应当自收到支付申请之日起 15 日内支付赔偿金。

（3）赔偿请求人要求国家赔偿的，不用缴纳任何费用。对赔偿请求人取得的赔偿金不予征税。

案例分析

【案例】公安干警方某为制止一犯罪人正在行凶杀人的行为，向其开枪射击，结果击中一无辜群众王某，导致王某死亡。王某家中有妻子和一个两岁的孩子。王某的妻子要求公安机关赔偿。

【问题】该赔偿请求是否正当？

【解析】王某的意外死亡由于是侦查人员在行使职权的过程中造成的，国家应当给予刑事赔偿。赔偿义务机关应当支付死亡赔偿金、丧葬费，总额为国家上年度职工年平均工资的20倍；同时，还应当支付王某生前抚养的无劳动能力的孩子的生活费，生活费给付至其孩子满18周岁时止。

思考与练习

1. 我国刑事赔偿的范围是什么？
2. 刑事赔偿需遵循什么程序？
3. 刑事赔偿标准与数额怎么确定？

参考文献

1. 陈光中. 刑事诉讼法（第四版）. 北京：北京大学出版社、高等教育出版社，2012.

2. 陈卫东. 刑事诉讼法修改条文理解与适用. 北京：中国法制出版社，2012.

3. 梁玉霞. 刑事诉讼法学（第二版）. 广州：暨南大学出版社，2010.

4. 龙宗智，杨建广. 刑事诉讼法. 北京：高等教育出版社，2007.

5. 樊崇义. 刑事诉讼法学. 北京：法律出版社，2004.

6. 宋英辉. 刑事诉讼法学. 北京：中国人民大学出版社，2007.

7. 何家弘，刘品新. 证据法学. 北京：法律出版社，2004.

8. ［德］克劳思·罗科信. 刑事诉讼法. 吴丽琪译. 北京：法律出版社，2003.

9. 林钰雄. 刑事诉讼法（上）. 台北：元照出版有限公司，2004.

10. 季卫东. 法治秩序的建构. 北京：中国政法大学出版社，1999.

11. 陈瑞华. 刑事审判原理论. 北京：北京大学出版社，1997.

12. 龙宗智. 刑事庭审制度研究. 北京：中国政法大学出版社，2001.

13. ［美］戈尔丁. 法律哲学. 齐海滨译. 北京：三联书店，1987.

14. 左卫民等. 简易刑事程序研究. 北京：法律出版社，2005.

15. 宋英辉. 刑事诉讼目的论. 北京：中国人民公安大学出版社，1995.

16. 梁玉霞. 论刑事诉讼方式的正当性. 北京：中国法制出版社，2002.

17. 谢佑平，万毅. 刑事诉讼法原则：程序正义的基石. 北京：法律出版社，2002.

18. 邵世新，刘选. 刑事附带民事诉讼疑难问题研究. 北京：中国检察出版社，2002.

19. 赵秉志，邱兴隆. 死刑的正当程序之探讨. 北京：中国人民公安大学出版社，2005.

20. 田文昌. 刑事辩护学. 北京：群众出版社，2003.

21. 赵同聚，马力群. 刑事诉讼法案例教程. 北京：中国人民公安大学出版社，2002.